子ども虐待へのアウトリーチ

多機関連携による困難事例の対応

髙岡昂太 ──［著］

東京大学出版会

Outreach in Child Abuse and Neglect:
Multi-Disciplinary Team Approach
in Difficult Child Abuse and Neglect Cases
Kota TAKAOKA
University of Tokyo Press, 2013
ISBN 978-4-13-016116-9

はじめに

　本書は，子ども虐待における援助を求めない，あるいは求められない養育者に対して，どのように現場の支援者・臨床家達が多機関連携をしながら，アプローチをしていくかについて光を当てるものである．

　子ども虐待は，2012年度全国児童相談所対応件数として6万件近くになっている．現場で大事なことは件数だけでなく，今，この瞬間もどこかで子どもが虐待されている事実である．

　日本の将来に向けて，虐待死亡事例をなくし，虐待事例への早期介入＆予防をしていくためにも，本書では現場で求められる，家庭や支援機関に自ら出向いていくアプローチを意味するアウトリーチと多機関連携を議論の中心に据えた．自ら援助を求めず攻撃的・拒否的になる養育者というのはあくまで外部の者から見た視点であり，当事者の養育者にはそのような反応をせざるをえない理由や背景が必ずある．自分の子育てを傷つけられた・疑われたという思いから，怒りを表したり，関わりを拒絶することも無理もないと思われる．

　だが国の施策として，そして現場の支援者として，まずは親よりも力の弱い子どもの命を守り支援につなげるという明確なポリシーは最優先課題である．このポリシーと養育者のニーズは，現場では多分にずれていることは否めない．だがそのような状況で，子どもを守る優先順位は一貫した上で何とか養育者との関係を築き支援につなげるという大きな問題に現場は立ち向かっている．このような関わりに対して，現場の職員はニーズのないところに飛び込み，場合によっては養育者から身体的にも心理的にも傷つけられ，それでも支援につなげようと懸命に働いている．

　虐待対応はシステムや法体系にも依存するため，各国での施策や文化的な対応を日本にそのまま導入することはできない．だが本書はあえてこの現場にいる支援をする側の支援者，専門機関に焦点を当て，どのように子どもを守り，そして養育者に関わっていくのかについて明らかにすることを目的とした．

　すなわち，各支援機関の役割と限界，そして所属する支援者としてのスキルと葛藤を描き，現場に即したモデル生成と，そこから浮かび上がる問題点につ

いて光を当てる．

　また虐待対応には，それぞれ違った役割と限界を備えた多機関連携が不可欠である．現場では，機関としてのシステム要因だけでなく，支援者同士の葛藤などによって連携自体が難しい場合も少なくない．事実，支援機関同士の連携ができないことで，子どもの安全を守れないことは支援機関として最も避けるべきことであろう．

　本書では，養育者に対する関係構築に向けた各専門機関・支援者による臨床実践から得られたアウトリーチの手法（個人としての動機付け），および多機関連携によるアプローチ（システムとしての動機付け手法）の両者について，日本の現場の実状から明らかにしたい．

子ども虐待へのアウトリーチ　多機関連携による困難事例の対応──目　次

はじめに　i

第1部　研究背景

第1章　問　題　子ども虐待とその問題 …………………………………… 3

第1節　子ども虐待をめぐる議論　3
第2節　アウトリーチに関する先行研究　16
第3節　多機関連携に関する先行研究　22
第4節　先行研究のまとめ　28

第2章　研究の構造 ……………………………………………………………… 31

第1節　目的と意義　31
第2節　方法論　31
第3節　調査手続き　33
第4節　本書の構成　36

第2部　子育て支援の臨床心理学的地域援助
　　　　　　市区町村の心理士から

第3章　東京都子ども家庭支援センターにおける心理士雇用状況 …… 41

第1節　問題と目的　子育て支援の第一義的窓口となった市区町村　41
第2節　方　法　43
第3節　結　果　44
第4節　考　察　子育て支援における市区町村の心理士雇用　45

第4章　市区町村における臨床心理学的地域援助 ………………………… 51

第1節　問題と目的　51
第2節　方　法　51
第3節　結　果　子育て支援における市区町村の心理士役割　54
第4節　考　察　子育て支援に必要な心理士のスキル　73

第3部　相談ニーズの低い養育者へのアウトリーチ

第5章　保育園の保育士によるアウトリーチ……………………………… 85
　第1節　問題と目的　養育者対応が義務づけられた保育士たち　85
　第2節　方　法　86
　第3節　結　果　88
　第4節　考　察　日常生活に根ざしたアウトリーチ　110

第6章　保健センターの保健師によるアウトリーチ……………………… 115
　第1節　問題と目的　母子保健で培われたアウトリーチ先駆者達のノウハウ　115
　第2節　方　法　117
　第3節　結　果　119
　第4節　考　察　多機関につなぐ支援的なアウトリーチ　143

第7章　市区町村のワーカーによるアウトリーチ………………………… 147
　第1節　問題と目的　幅広い子育てニーズに対応する市区町村　147
　第2節　方　法　148
　第3節　結　果　151
　第4節　考　察　譲れないボトムラインを伝えるアウトリーチ　186

第8章　児童相談所の臨床家によるアウトリーチ………………………… 189
　第1節　問題と目的　子ども虐待現場の最前線にいる児童相談所　189
　第2節　方　法　191
　第3節　結　果　195
　第4節　考　察　法的権限を持つがゆえのアウトリーチとは　236

第9章　アウトリーチに関する総合考察　何が成功と失敗を分けるのか…… 241
　第1節　各機関によるアウトリーチの違い　241
　第2節　アウトリーチの共通点　247
　第3節　アウトリーチを発展させるより効果的な多機関連携に向けて　250

第4部　保育園・保健センター・市区町村・児童相談所の多機関連携

第10章　保育園から見た連携……………………………………………255

- 第1節　問題と目的　地域で異なる保育園の連携特色　255
- 第2節　方　法　256
- 第3節　結　果　257
- 第4節　考　察　家庭に最も近いゆえに生じる連携の苦悩　271

第11章　保健センターから見た連携……………………………………273

- 第1節　問題と目的　予防段階からかかわる保健センター　273
- 第2節　方　法　274
- 第3節　結　果　275
- 第4節　考　察　支援と介入役割の機関バランスをとる　293

第12章　市区町村から見た連携…………………………………………297

- 第1節　問題と目的　子育て支援から虐待対応まで行う市区町村　297
- 第2節　方　法　299
- 第3節　結　果　301
- 第4節　考　察　コーディネート業務に追われる調整機関　325

第13章　児童相談所から見た連携………………………………………327

- 第1節　問題と目的　法的権限を持つ児童相談所　327
- 第2節　方　法　328
- 第3節　結　果　331
- 第4節　考　察　一時保護をめぐる関係機関との温度差　347

第14章　多機関連携に関する総合考察…………………………………349

- 第1節　連携に関する各機関の比較検討　349
- 第2節　多機関連携に関する総合考察
  　　　　しなやかな協働に向けた2つのポイント　365

第5部　結論
効果的なアウトリーチと柔軟な会議のプロトコル

第15章　本書の地域援助モデル……………………………………… 375

第1節　各機関のアウトリーチと地域援助モデル　375
第2節　各部のまとめ　378
第3節　養育者の相談ニーズを引き出すアウトリーチとは？　379
第4節　より良い多機関連携をデザインする　385
第5節　養育者との対峙的関係を避ける新しい多機関連携のデザイン　403

第16章　今後の子ども虐待対応の実践と研究に向けて……………… 411

引用文献　413
あとがき　423
索　引　427

第 1 部
研 究 背 景

　第1部では，子ども虐待における社会的背景，アウトリーチに関する先行研究，多機関連携に関する先行研究について概観する．そして，先行研究の問題点から，本書の研究の目的と意義，方法論，調査手続き，本書の構成について述べる．また，児童福祉法に基づき，児童とは18歳に満たない者と定義される．児童福祉の中では，児童という言葉を使った場合，満18歳から20歳がすっぽりと抜け落ちてしまうことから，虐待対応機関や虐待防止学会などでも言葉を子ども虐待へ改めている．そのため，本書においても，児童虐待を「子ども虐待」と統一して呼ぶことにする．同様に，本書では，子どもの養育に関わっている者を「養育者」と呼ぶことにする．虐待対応の現場では，子どもに関わる大人は実父・実母や祖父母等の親族者だけではない．また母親の内夫・父親の内妻や，成人したきょうだいなど婚姻関係にない場合や，婚姻関係に至らず子どもを認知しないというような複雑な関係性も少なくないからである．

　本書では，このような複雑多岐にわたる大人について，昨今の親権問題の議論を回避するため，法律規定の中で子どもの監護権を持った親を保護者と読んでいる部分を引用する場合を除き，基本的に子どもの面倒を見ている大人を「養育者」として言葉を使用する．

第 1 章
問　題
子ども虐待とその問題

第 1 節　子ども虐待をめぐる議論

第 1 項　子ども虐待の歴史的外観

養育者やそれに代わる者が，子どもを傷つけたり，殺してしまうという事実は，歴史的には古くから見られ，神話の世界にまで遡ることも少なくない．事実，歴史的にも子ども虐待は，嬰児殺し，遺棄，身体的な暴行，子どもの買春，あるいは厳しい労働などという形で世に問われてきたといえる．

アメリカで小児科医 Kempe, H.（1962）が「被殴打児症候群 Battered Child Syndrome」を提唱したことにより，公式の場で子どもの虐待が世界的に認知されるようになった．Kempe らは，子どもに見受けられる傷を事故や病気の結果ではなく，養育者が故意に赤ん坊や子ども達を傷つけた結果であると断言したのである．同時に，Kempe らは専門家（特に医師）に対して，今まで子どもの虐待問題を無視し続けてきたことに対し，痛烈な批判を投じ，虐待の原因は養育者自身の子ども時代に心理的に満たされなかった親子関係にあると指摘した．そして養育者から虐待された子どもは，養育者から分離し，社会適応を目指すことが必要とされた．この発表を基に，子ども虐待に関する支援のモデルは 1970 年代，80 年代を通じて，アメリカから広く世界に子ども虐待への支援が叫ばれるようになっていった（Corby, 2000）．

その後，子ども虐待という言葉は，イギリスの 1980 年政府通知によって，公式の場で初めて用いられ，後の 1988 年のイギリス厚生労働省によって，現在も用いられている 4 つの虐待が定義された．以下では，その 4 つの虐待に関する説明を行う．

第2項　子ども虐待の分類と定義

(1) **身体的虐待**　身体的虐待とは，日本の厚生労働省（以下厚労省と略する）の子ども虐待対応の手引き改正版（2008）によると「外傷とは打撲傷，あざ（内出血），骨折，頭蓋内出血などの頭部外傷，内臓損傷，刺し傷，たばこなどによる火傷など．生命に危険のある暴行とは首を絞める，殴る，蹴る，投げ落とす，激しく揺さぶる，熱湯をかける，布団蒸しにする，溺れさせる，逆さ吊りにする，異物をのませる，食事を与えない，冬戸外に締め出す，縄などにより一室に拘束する．意図的に子どもを病気にさせる等」と規定されている．特に，「意図的に子どもを病気にさせる」とは近年ニュース等でも取り沙汰され事件化も増えている「代理者によるミュンヒハウゼン症候群」（Munchausen syndrome by proxy：以下 MSBP と略）のことであり，MSBP も身体的虐待の一つとして定義に盛り込まれている．その他にも SBS（Shaken Baby Syndrome）あるいは AHT（Abuse Head Trauma）と呼ばれる乳幼児揺さぶられ症候群／頭部外傷も身体的虐待に含まれる．

　子どもが受けた傷の重大さ，および養育者が故意に傷つけたか否かという点が重要であるが，養育者からしつけと称された体罰が身体的虐待に当たることは非常に多い．特に，養育者にとってはしつけのつもりでも，子どもの年齢によっては致命傷になりやすく，場合によっては虐待死亡事例にもつながりやすいといえる．

(2) **性的虐待**　親による近親姦，または親に代わる養育者による性的暴行とされる．厚労省の子ども虐待対応の手引き改正版（2008）では，「子どもへの性交，性的暴行，性的行為の強要・教唆など．性器を触る，又は触らせるなどの性的暴力，性的行為の強要・教唆等．性器や性交を見せる，ポルノグラフィーの被写体等に子どもを強要する等」とされ，性器挿入を伴う性交渉だけでなく，性器や性行為を見せること，さらに近年のインターネット普及に伴う児童ポルノ被害についても性的虐待に定義されている．

　この性的虐待の定義は，諸外国の研究者から，大人からの性的行為によって定義するのか，あるいは性的虐待への意識がどれだけあったかによって定義するのか等，歴史的にも議論の変遷があった（Finkelhor, 1984; Baker & Duncan,

1984 など).しかしながら,その他の虐待と一線を画す点は,養育者から子どもが性的な被害・暴行を受けることが,しつけでは説明のつかない,ある種明確な犯罪行為として規定される点である.

性的虐待によって身体的な外傷だけでなく,性的虐待症候群や解離性障害など,深刻な身体的・心理的後遺症が残る可能性が高い.それ以上に,子どもがある程度成人の身体構造へと発達する青年期に性虐待を受けたならば,妊娠のリスクも自ずと生じるのである.その他,性的虐待は現状の法体制では親告罪に該当することや,被害が一見しただけでは分かりにくいなど,発見の難しさから介入がしにくい問題が挙げられている.

子どもの安全を担保するために,また子どもに負担をかけず,医療−福祉−司法の連携を通したMDT(Multi-Disciplinary-Team)と呼ばれる多機関連携,そしてそのMDTの上に,子どもに負担を掛けない司法面接の枠組が日本でも必要である.

(3) ネグレクト　厚労省の子ども虐待対応の手引き改正版(2008)によれば,「子どもの健康・安全への配慮を怠っている場合等:1 家に閉じこめる(子どもの意思に反して学校等に登校させない),2 重大な病気になっても病院に連れて行かない,3 乳幼児を家に残したまま度々外出する,4 乳幼児を車の中に放置するなど.子どもにとって必要な情緒的欲求に応えていない(愛情遮断など).食事,衣服,住居など極端に不適切で健康状態を損なうほどの無関心・怠慢など.例えば,1 適切な食事を与えない,2 下着など長期間ひどく不潔なままにする,3 極端に不潔な環境の中で生活をさせるなど.親がパチンコに熱中している間,乳幼児を自動車の中に放置し,熱中症で子どもが死亡したり,誘拐されたり,乳幼児だけを家に残して火災で子どもが焼死したりする事件も,ネグレクトという虐待の結果であることに留意すべきである.子どもを遺棄する.祖父母,きょうだい,保護者の恋人などの同居人が身体的虐待・性的虐待・心理的虐待と同様の行為を行っているにもかかわらず,それを放置するなど」と,かなりの長文,かつ具体的な定義付けがなされている.

ネグレクトは,養育者が意図的に放棄する場合だけでなく,養育に関する知識の少なさや,養育者自身が精神障害を抱えていることで,結果的に育児ができない場合も含まれる.また養育者に精神障害・発達障害などが疑われ,家の

中にゴミをため込み，結果「ゴミ屋敷」の中で子育てが行われているという事例も近年少なからず報告されており，それ自体も不衛生な環境での養育としてネグレクトに該当するため，早期介入と継続的支援が必要となっている．

　研究者間でも，ネグレクトの背景には，所得の低さ，生活保護の受給，住宅事情や生活状況の悪さ，教育レベルの低さ，就業率の悪さといった問題と密接に関係があるという報告（Boehm, 1964; Polansky et al., 1974）や，社会的孤立という特徴（Polansky et al., 1979）など，多くの議論がなされてきた．

　さらに近年，子どもが病気になっても病院に受診させない医療ネグレクトも問題となっている．適切な病院での治療を受けさせない理由は，経済的困窮だけでなく，宗教的な理由から医療を受けさせない等，その背景には複雑多岐に渡る文化的要因が明らかとなってきている．

　また，ネグレクトは，子どもの虐待死に直結しないという誤解が存在し，軽視されることもあった．だが現在，ネグレクトは子どもの死に繋がるものである．ネグレクトにも早期介入が必要不可欠であることを訴える必要性が出てきている．

（4）心理的虐待　厚生労働省の子ども虐待対応の手引き改正版（2008）によると「ことばによる脅かし，脅迫など．子どもを無視したり，拒否的な態度を示すことなど．子どもの心を傷つけることを繰り返し言う．子どもの自尊心を傷つけるような言動など．他のきょうだいとは著しく差別的な扱いをする．配偶者やその他の家族などに対し暴力をふるう等」と定義されている．言葉による脅かしとは，例えば養育者が我が子に向かって「死ね」「お前なんか生まれてこなければよかったのに」「出て行け」と直接的に言い放つことである．一方，拒否的態度を示すこととは，自らの子ども全員あるいは一部を徹底的に無視・拒絶・差別する等，無言の圧力を含んでいる．例えば子ども全員，またはきょうだいの一部の子どもを溺愛する一方で，残された子どもは無視し続けていった明確な差別があげられる．親への愛を求め，それを糧にして育つ子どもが，養育者の愛を感じられず，肉親から存在を否定される体験の凄惨さはいうまでもないだろう．

　また，特に配偶者やその他の家族などに対し暴力をふるうという項目は，改正版で追加されたものであり，実質的には家庭内での夫婦間DV（ドメスティ

ック・バイオレンス）を指す．養育者同士の歪んだ愛情関係，暴力を伴う夫婦関係を見せること自体，子どもにとっては恐怖であり，心理的虐待として作用することが改めて追記されている．現場では，夫婦間のDVと子ども虐待が合併して起きていることも少なくない．当然のことながら，DVと虐待への介入の緊急度はDV被害者である側の親と子どもというファーストクライアントの違いについて議論されるべきではなく，どちらにも早期にDV対応機関と児童福祉機関で連携し，介入する必要がある．

　研究の視点では，心理的虐待も多くの議論が為されてきたが，実は心理的虐待の存在やその問題性が指摘されはじめたのはごく最近のことである．他の虐待と比べて，心理的虐待の議論が遅かったのは，その定義の困難さにあるといわれている（西澤, 1994）．すなわち，心理的虐待は，身体的虐待・性的虐待・ネグレクトにあてはまらない全ての虐待という定義をされてきたのである．心理的虐待の定義の困難さは，こうした除外定義以外に，子どもに及ぼす影響という点から定義することが必要だともいわれ，子どもに心理的外傷を与えるような大人の行為や態度を心理的虐待として定義するほうが事実に即しているという指摘もある（西澤, 1994）．

　つまり，心理的虐待の要素として，子どもに心理的外傷を与えるものは，大人の行為や態度であり，身体的虐待・性的虐待・ネグレクト等，虐待をされたこと自体が，子どもにとって心理的虐待，すなわち心的外傷として深い傷つき体験となりえる可能性が考えられる．こういった背景から，心理的虐待はあらゆる虐待からの子どもの傷つきであり，具体的に定義することは困難だという議論も未だに根強く存在していることを付記しておく．

第3項　子どもを虐待する養育者特徴の概観

　長年，我が国において現場保健師として活動してきた徳永（2007）によれば，虐待傾向のある養育者のタイプを，実践経験をもとに7つに分けている．それは，1：完璧な子育てを目指す育児ストレスタイプ，2：親としての責任や自覚が低い未熟タイプ，3：子どもに対する愛情欠如タイプ，4：養育者に産後うつ病など何らかの不安障害が発症している抑うつタイプ，5：ささいなことでキレやすく，怒りや暴力で相手をコントロールする易怒タイプ，6：なんらかの

パーソナリティ障害が疑われるタイプ，7：アルコール・薬物・ギャンブル・セックスなどへの依存タイプである．

事実，この分類について既存の先行研究においても，虐待を生じやすい母親の性格特徴には，依存性および受動性があるという指摘や，虐待する養育者の衝動性や攻撃性が高いこと，虐待傾向のある養育者には社会的に未成熟な傾向や，なんらかの精神疾患が疑われる可能性が以前より示されてきた（Merrill, 1962.; Bryant, 1963.; Lynch & Roberts, 1977 など）．1960 年代の時点で，Steele & Pollock（1968）の調査では，虐待傾向のある養育者に占める精神疾患を有する割合は約 10％ とされていた．日本においても 1988 年の時点で，虐待する養育者の内，精神・心理的問題を持つものは 71％，経済的問題 57％ とされており，心理社会的な問題の諸相を抱える養育者の実態は 20 年前から指摘されてきた（小林，2007）．

ただ，それ以上に子どもを虐待する養育者の特徴として懸念されることは，虐待行為には自然治癒はなく，助言や指導で治るものではないという指摘である（小林，2007）．すなわち，養育者が自然に虐待行為を止めることはほとんどなく，どんな支援機関が介入しても，一度の助言や指導で虐待行為が収まることはほぼあり得ないということである．

そしてこのような虐待を行う養育者は，支援に対して，そもそも相談のニーズ自体が乏しい場合が大半だとされている（宮井，2003）．そして，そのような相談ニーズが乏しい養育者に対して，支援機関が介入する際には，当然のことながら援助を求める動機付けがないために，養育者が支援機関の介入を快く受けることは少なく，攻撃的・拒否的な態度を示し，対立的な関係性になりやすいとされる（衣斐，2003）．

子育ての文化的背景や歴史的変遷はここでは論じることは避けるが，核家族化する中でなんとか自分なりに試行錯誤した結果，子育てにストレスを感じ，子どもに手が出てしまう養育者は少なくない．他にも望まれない妊娠・出産により，子どもに愛情をもてない結果虐待に至ってしまうことや，養育者自身が心理的・経済的・社会的に逼迫している状態で，子どもに愛を注ぐ余裕がないことで虐待に至るケースも多く見受けられる．そのような背景から，介入を受ける側の養育者にとって支援機関が介入することにニーズがないことは，無理もないことであろう．しかしながら，そのような養育者にニーズがないとし

ても，子どもを社会で守るという指針については疑問を呈する余地はない．

　つまり，このような援助を自ら求めない，あるいは求められない養育者に対して現場で求められることは，支援者側が自ら養育者のもとへ出向いていくアプローチ，すなわち"アウトリーチ"である．この点については，後述の第5項にて詳述する．

第4項　日本における子ども虐待対応の現状

　(1) 児童相談所の虐待対応件数　日本で，子ども虐待対応を最も中心に行ってきたのは児童相談所である（以下，児相と略すこともある）．その児童相談所の虐待対応件数について，厚生労働省のデータを概観していくことにしたい．

　日本で初めて大阪に「児童虐待防止協会」が設立された1990年度，児童相談所の虐待対応件数は1101件であった．その後，日本で子どもの虐待防止学会が発足した1996年度で，4102件，児童虐待防止法が制定された2000年度は1万7725件，続く2001年度は2万3274件であった．児童虐待防止法の第一次改正があった2004年度は3万3408件，児童虐待防止法の第二次改正があった2007年度は4万0639件，そして2008年度で4万2664件である．

　日本で子ども虐待対応に関心が芽生えはじめた1990年から20年経たぬうちに，児童相談所の虐待対応件数は約40倍に増えている．

　それにもかかわらず，児童相談所で虐待対応に従事する専門職の数は十分担保されているとはいえず，大都市圏の児童相談所では，児童福祉司1人当たりの担当ケース数は，常に100ケース以上であることも珍しくない．虐待対応において，対応する大幅な職員増が望めない以上，児童相談所だけが虐待対応の専門機関として機能することは難しい．

　そのため厚生労働省をはじめ，国会においても，子ども虐待対応は，都道府県および政令指定都市が持つ児童相談所だけでなく，市区町村の様々な支援機関も虐待対応を担っていくことが法的に義務づけられていった．この点については，(3) 児童福祉法・児童虐待防止法の制定と改正にて詳細を述べる．

　(2) 日本の虐待認識の概観　日本は子ども虐待についてどのように認識してきたのであろうか．津崎（2008）によれば，日本で児童福祉法（1947年）が制定

される以前は,「子返し」,「押し返し」と呼ばれた嬰児殺害が横行していた.それが1947年,日本で児童福祉法が制定されたことにより,児童福祉法第34条において,15歳未満の子どもの労働と人身売買を禁止する条項が盛り込まれた.しかしながら,当時は上記項目のみで,子どもへの身体的虐待,ネグレクト,性的虐待,心理的虐待の概念はまだ含まれていなかった.

1970年代前半になると,コインロッカーベイビーやマスコミの事件報道の増加と,「児童虐待」という言葉の認知が少しずつ広まっていった.しかしながら,当時の厚生省では「虐待」という言葉の定義を「暴行等身体的危害あるいは長時間の絶食,拘禁等,生命に危険を及ぼすような行為がなされたと判断されるもの」とされていた.

続く1970年代後半以降,「虐待」とは身体的虐待を指し,ネグレクトは「愛情剥奪」「子どもの放置」「要保護児童」に含まれる認識が出てきた.だが,まだ心理的虐待や性的虐待が虐待の一形態として認識はされていなかった.

そのような認識の流れが「子どもの権利条約」を1994年に日本も批准して以降,「子どもの人権」という視点と,専門家の議論による「児童虐待」の定義の間で一致し始め,身体的虐待,性的虐待,ネグレクト,心理的虐待の四つが「児童虐待」の内容として市民権を得たとされる.

その後,2000年に「児童虐待防止法」が成立し,社会的に認知されてきた虐待の概念が,法律で明確に定義されるに至り,それが現在の日本における虐待対応の社会的な認識基盤となっていった.

(3) 児童福祉法・児童虐待防止法の制定と改正　児童虐待防止法は,実は1933年(昭和8年)に,人身売買,軽業(かるわざ)などの労働強制,性的搾取などの子どもへの権利侵害の横行を防ぐべく制定されていた.しかし,1947年児童福祉法が制定されたことにより,先の児童虐待防止法が廃止され,児童福祉法第34条において,15歳未満の子どもの労働と人身売買の禁止が制定された.ただし,当時の世論調査の結果では,児童の人身売買を必ずしも否定していなかったところがあり,児童福祉法にも身体的虐待,性的虐待,ネグレクト,心理的虐待の概念自体は含まれなかった.ただ,児童虐待防止法ができたことは,江戸時代以前から起こっていた「子殺し」「押し返し」と呼ばれる嬰児殺害の横行に対して,明治・大正期からこの問題に積極的に取り組んでいた先駆者達の活動

の成果であったともいえる．国や時代を問わず，子ども虐待は広く存在してきたと考えられるが，その一方で自ら訴える力をもたない子ども達のために，児童虐待は社会全体の大人達が真摯に取り組まなければならない課題であった（津崎，2008）．

そのような中，2000年に再度「児童虐待防止法」が制定された．児童虐待防止法の骨子をまとめると，「虐待問題に対する社会的関心の喚起，関係機関や近隣住民による通告の促進，そして児童相談所による迅速な初期介入の促し」という3点に集約される．虐待問題に対する社会的関心の喚起とは，国民に広く虐待問題を知らせることである．関係機関や近隣住民による通告の促進とは，地域の住人が早期に虐待を発見し，関係機関へ通告を促すことである．児童相談所による迅速な初期介入とは，児童相談所の職員が家庭や学校・保育園などに自ら積極的かつ早期に出向くアウトリーチの必要性を意味している．

さらに2004年の児童虐待防止法第一次改正，および児童福祉法の一部改正において，「保護者以外の同居人からの虐待はネグレクト，DVを心理的虐待として追加，疑わしい児童も通告の対象とすること，市区町村の子育て支援機関が，児童相談所に代わり，子育て支援および虐待対応の第一義的窓口機関として位置づけられた．そのため，児童相談所は市区町村をはじめとする多機関の後方支援に回る役割を担うことになった．さらに，虐待対応の第一義的窓口となった市区町村は，各支援機関の連携を必須とするため，機関連携のコーディネート機能を付与された要保護児童対策地域協議会（後節で詳述）の設置が促された．このことは，多機関連携を各市区町村に促すよう求められた法的な契機ともなっている．

それ以後2007年，児童虐待防止法の第二次改正が行われたことにより，「子どもの安全確認のために児童相談所による立入調査等の権限強化，保護者に対する面会・通信制限等の児童相談所による制限機能の強化，そして保護者に対する指導に従わない場合の児童相談所による措置の明確化」が追加された．この第二次改正により，児童相談所は，多機関連携による支援・指導・介入に従わない養育者に対して，市区町村や保健センターなどでは持ち得ない，法的権限（立ち入り調査，臨検・捜索等）を持つことになった．児童相談所が福祉警察化すると当時揶揄される風潮もあったが，逆にそこまでしなければ支援機関の介入に抵抗する養育者のもとに立ち入れず，子どもの安全を守れない情勢と

なっていた．

　このような第二次改正によって，児童相談所とその他の支援機関の連携においては，法的権限があるかないかという点で，多機関連携における役割分担に明確な違いを生み出すことになった．このことは，各機関が多機関連携を前提とするよう求められ，連携の際の役割分担をより明確に差異化することにつながっていると考えられる．

　このように，今現在，子どもを守る主な機関は，児童相談所，要保護児童対策地域協議会が設置された市区町村，保健センター，保育園，幼稚園，小学校・中学校等の教育現場，医療機関などである．その他にも警察，弁護士，裁判所，人権擁護委員，DVが関係する場合は配偶者暴力相談支援センター，女性相談センター，犯罪被害者支援センター，福祉事務所，民生委員，児童委員，民間虐待防止団体（NPO, NGO）等，多くの支援機関が連携システムの中に組み込まれている．

　(4) 日本における虐待対応の課題　2000年に児童虐待防止法が制定された当時は4000件だった全国の児童相談所に対する児童虐待報告件数から考えると，10年以上経った現在約15倍に膨れあがっている．ただし，虐待報告件数については，統計的な基準が未だ不明確であり，現在5万5000件を超えても，まだまだ氷山の一角である可能性も否めない．

　また，現場の対応について目を向けると，前述のように日本の都市部の児相では一人当たりのケースワーカーのケース数は100ケースを軽く超えているといわれている．虐待対応の最前線である児相の仕事量も年々増加し，それにならい子どもを親と分離する「一時保護」を行う件数も増えてきた．しかしながら，先に触れたように虐待傾向のある養育者の特徴は相談ニーズが低いため，養育者のもとにアプローチを行ってもその反応は攻撃的・拒否的であることがほとんどである．特に，児相によって子どもを保護されたことに怒りを露わにし，児相の職員達に激しい攻撃や非難，暴力，あるいは児相の関わりに一切の接触拒否を示す養育者も少なくない．そのため，児相の職員は膨大なケース量と1例1例のケースの質的な重さに疲弊しきっている（才村，2005）．

　このように，相談ニーズが低く，自ら支援機関を訪れない養育者にアプローチするために，支援者自らが積極的にアウトリーチを行っていくが，それでも

接点が見いだせない際は，児相が持つ法的権限（出頭要請，臨検・捜索，立入調査権，一時保護）がやはり必要不可欠となる．

だが，アウトリーチを行った結果，何故相談ニーズの低い養育者は支援者に対して，攻撃的・拒否的な態度を取りやすいのであろうか．この点について次項で検討する．

第5項　虐待介入時における攻撃的・拒否的な養育者の特徴

相談ニーズが低い虐待傾向のある養育者が，自主的に支援機関を訪れることが少ないのは，支援機関から批判的な物言いで攻撃されることへの予期不安的な警戒や，自らの子育てが非難されることへの不安からだとされる（原田, 2006）．また，鈴木（2001）によれば，集団に馴染めない，あるいは援助や介入に対する動機・ニーズが低い養育者達は，特に重い人格障害や，未熟さをかかえていることが多く，それが原因で虐待の否認や，援助者の介入に対する抵抗に起因している場合があるという．養育者達は全般的にレジリエンス（精神的回復力）が低いとされ，衝動的で怒りっぽい場合が多いことから，必然的に支援者は攻撃にさらされることが多くなる．そのような養育者達は，育った精神的環境が損なわれていたことによって心理的に未成熟な点を抱えており，人間関係を否定的に捉える人格特徴から，援助者に対する徹底した敵意，あるいは協力的な従順さのどちらかとなるスプリット（分裂）状態が発生しているとされる．そのためこれらの親に対して援助者は良いモデルとして機能することが求められ，その試し行動から逃げてはならないと指摘される（鈴木, 2001）．

だが，日本だけでなく世界でも児相をはじめとする多くの支援機関において，このような反応を示す養育者との関係構築が失敗するケースは少なくない．なぜ関係構築が失敗するのかについて，その要因を検討した海外の研究によれば，関係構築失敗の要因で最も多いのは，養育者の生育歴からの情報を吟味しなかったことだといわれる（Munro, 1999）．その他の要因は，支援者側が虐待のリスク要因を査定しなかったこと，過去の支援機関の情報を連携時に検討しなかったこと，虐待の決定因を特定できなかったこと，養育者の第一印象を保持し続けてしまったことだといわれている．そして，これらの失敗要因については，支援者がどれだけ意識できるかによって改善しうるといわれている（Munro,

1999).しかしながら,それでも上手くいかないという現場の声は後を絶たない.ではこのような人格的にも未成熟,かつ人格障害のような症状を養育者が持っている場合,どのように養育者を見立て,対応していけばよいのだろうか.

現状の先行研究には海外文献を含め,アウトリーチの際に,アセスメントのために臨床心理学の視点とソーシャルワークの視点を両方併せ持った統合的な対応モデルが明示された研究は臨床ソーシャルワークの分野をのぞき,まだあまり見られない.なぜならば海外では,虐待が疑われる際には,法的枠組みを優先し,養育者の逮捕と親権剥奪または停止,子どもの保護と里親へのつなぎが積極的になされている.そのため,このような養育者への対応は,法律問題や人権問題として多くの研究がなされてきた.一方,日本では,まだまだ法的枠組みが整備段階であり,法律領域よりも児童福祉領域で扱っている研究がほとんどである.そのため,日本では法的枠組み,および児童福祉領域の中で研究が蓄積されている段階であり,生物-心理-社会的な統合的かつ学際的視点を併せ持った研究が待ち望まれていると考えられる.

日本は子ども虐待におけるシステムも法的枠組みも,先進諸外国から10年以上遅れているといわれており,当然このような相談ニーズの低い養育者の特徴から支援者に対して攻撃的・拒否的な反応を示す対峙的関係に関する研究もまだあまり進んでこなかった.このようなシステムの違いによっても,攻撃的・拒否的な反応を示す養育者に対する研究の進捗は,海外と日本においても大きな違いが見られるといわざるをえない.

第6項　虐待死亡事例研究からの示唆

虐待対応において最も深刻なケースは虐待による死亡事例である.Ania (1995) によれば1984年のイングランドとウェールズにおける実子殺害の動機調査では,全65件中しつけが16件,望まれない出産が13件,一人で子育てをすること等への報復行為12件,精神病9件が上位を占めるという.また英国のリーズで行われた1991年から92年の乳児死亡事例の調査では,46人の死亡中,25人が家庭で貧困や社会的欠乏に窮しており,相当数の家庭が複雑な心理・社会的問題を抱えていることが報告されている (Wynne & Gelletlie, 1995).そのためReder & Duncan (1999) は,虐待死予防のために援助者は虐

待死が乳児突然死症候群（SIDS）と誤診されているという認識を持つことで，連続実子殺害のリスクは減少すること，また養育者の閉鎖，暗示的な警告，子どもを巻き込んだ妄想的な思考，未解決のケア葛藤とコントロール葛藤の徴候に関するエピソードへ注意を払うことが必要だと指摘する．

日本でも厚労省 社会保障審議会児童部会児童虐待等要保護事例の検証に関する専門委員会（2010）によれば，圧倒的に0歳から4歳までの子どもの死亡リスクが高いとされる．そのため，死亡事例を防ぐためには，まずもって0歳から4歳の子どもに関わる支援機関のアウトリーチと連携機能の強化が必要とされた．

子どもの安否確認が取れない，親に連絡がつかない，あるいは養育者の心理的な寂しさやストレスが原因で支援機関への援助要請が思い浮かばないケースの場合，支援する側の法的基盤の整備や多機関連携の強化として，そのアプローチの手法をより明確にし，洗練させていかなければ，結果として子どもを死なせてしまうことにつながりかねない．

このように，最悪な事態を避けるためにも，今現場に求められているニーズを解く一つの鍵として，インターネットによるソーシャルコミュニケーションが台頭するこの時期に，支援者が粘り強く養育者のもとに直接出向く出向くアウトリーチという手法に注目することが必要不可欠になってきた．

今まで日本においてアウトリーチを行ってきたのは，従来面接室での援助を中心としてきた心理士ではなく，家庭訪問を実践してきたソーシャルワーカーや保健師という職種であった．しかしながら，虐待をする養育者の特徴として，自ら援助を求めない，あるいは求められないという対人コミュニケーションスキルの低さや，その背景に相まった精神不安等があるため，従来の支援的なかかわり方のアウトリーチだけではなく，相談ニーズが低い養育者へのアウトリーチには臨床心理学的なアセスメントが不可欠になってきたと考えられる．

その一方で，臨床心理学は今まで面接室の外に出て行くことについてはそれほど声を大にはしていなかった．近年コミュニティ心理学分野から，コミュニティ支援におけるアウトリーチの必要性が叫ばれるようになってきたが，日本における虐待へのアウトリーチに関する研究は現段階ではほとんど見当たらなかった．

一方，多機関連携を強化するとは，従来の連携の仕組みをより修正し，洗練

していくに他ならない．そのような修正・改革を行うためには，現状のトップダウン式に求められた連携が，現場ではどのような仕組みになっているのか，まずはボトムアップ的な視点から理解することも大切ではなかろうか．もしそうであれば，連携が上手くできる要因，そして連携が上手くいかない要因について，丁寧に吟味し，検討することが可能だと考えられる．しかしながら，現時点の日本においては，そのような調査研究はまだまだ乏しいといわざるをえない．

　欧米の取り組みに目を向けてみると，世界でも虐待対応において先進的な取り組みを行っているイギリスでは，虐待死亡事例の検証を行い，多機関連携において何が不十分であったのかをその都度，実践と研究の両視点から明らかにしてきた（Laming, 2003）．その結果，多機関連携の刷新に取り組み，Working Together to Safeguard Children というガイドラインの作成に至っている（HM Government, 2006）．日本においても，虐待による死亡事例検証（CDR＝Child Death Review）は少しずつ進んではいるが，多機関連携における検証についてはまだまだ不十分な点が多いといえる．

　そのため，第2節ではアウトリーチ自体について検討を行い，そして第3節では，日本でも法的に義務づけられた多機関連携について，先行研究の議論を概観する．

第2節　アウトリーチに関する先行研究

第1項　アウトリーチの概念整理

　ここでは，今一度アウトリーチについて概念を整理したい．アウトリーチ（Outreach）とは，直訳すると「出向く・手を伸ばす」という意味である．福祉領域では元来，援助者が被援助者のもとに出向いていく，すなわち「家庭訪問」に近いニュアンスで用いられている．日本においても，2002年以降，ACT（Assertive Community Treatment の略語で包括型地域生活支援プログラムと訳される）が広まっている．ACTとは，支援に対して気乗りしないあるいは非協力的な人々に接触とサービスをアウトリーチによって提供を続ける

コミュニティ支援のことである（Marshall & Lockwood, 2003）. そして ACT の A：assertive の意味はもともと「専門家が積極的」に出向いていくこととされる（西尾, 2004; 高木, 2008）. 子育て支援では予防的援助, あるいは問題の早期発見と介入的援助に重点が置かれているとされる（村本, 2004）. アウトリーチを行う場合には危機介入を含めた地域社会のリソースについての知識や他の多様な組織とネットワークを組みながら関わっていく能力が必要最低限求められ, 支援者は通常の精神療法や心理治療に比べて, 実質的で具体的, かつ積極的な援助を行う必要がある（三沢, 2004）.

先に論じたように, 日本において, 家庭訪問を行ってきたのは, ソーシャルワーカー, 保健師, そして警察官や家裁調査官等, 法的に立ち入り調査権を付与された職種であった. しかしながら, 従来の支援的なソーシャルワークでは, 虐待ケースは立ちゆかず「ソーシャルワークの敗北」ともいわれた（才村, 2005）. そのため, 子どもの安全を守るためにも, 家庭への立入調査や子どもの職権保護, 児童福祉法28条申し立てなどの強制権限の発動が現場ではどうしても求められる. その上で, 強制権限の発動によって生じた養育者との対立関係を乗り越えて, 常に先を見通した冷静かつ客観的な作業を行っていく対応が求められていた.

しかしながら, 養育者への法的な強制力を持ったアウトリーチ介入は, 支援的なソーシャルワークの一過程として位置づけることは困難なので, 事例によっては児童相談所の担当者に何らかの困惑をもたらしているのではないかという指摘も存在している（及川, 2002）.

様々な問題がアウトリーチには含まれている. まず誰がアウトリーチをするのか. アウトリーチを行う人はソーシャルワーカーなのか, 保健師なのか, 心理士なのか, あるいは前提としてそもそも専門職なのか. また専門職であろうと専門的な研修をきちんと受けた専門職であるのか否か. アウトリーチを行う支援者に対するスーパービジョンやケア体制があるのか否か. これらは各支援機関の雇用・勤務条件や地域の専門職の数など全国でもかなりばらつきがあると考えられる. このような日本の未整理な背景要因を抱えつつも, どんどん新たな困難ケースが増え, 目の前の虐待事例に日々向き合わざるをえない状況があることも現場のアウトリーチの背景として付記しておく.

第2項　学際的視点から見た相談ニーズの低い養育者へのアウトリーチ

　もともと，養育者に相談ニーズのある場合は，アウトリーチで果たされる援助機能は必ずしも訪問特有のものではなく，一般の臨床でやることとそれほど大差はないといわれる（大木・森田，2003）．しかし，子ども虐待対応において，相談ニーズがある養育者へのアウトリーチと，相談ニーズが低い養育者へのアウトリーチには，大きな違いがあるのではないだろうか．それは，養育者からの援助要請の差だけでなく，子どもの命に関わるという緊急性の違い，そしてアプローチの支援・治療的構造の違いにあると考えられる．臨床心理学の視点でいえば，相談ニーズの低い養育者へのアウトリーチは，支援者自身を守る治療構造の枠を遵守するのではなく，その枠を抜け出て，まずは社会的に子どもの安全を守ることが最優先されると考えられる．

　このような問題と近似のテーマとして，コミュニティ心理学の視点からは，危機介入というテーマが大きく取り上げられてきた（山本，2000）．だが，コミュニティ心理学における危機介入とは，基本的にはクライエントが危機であることをクライエント自身が，直接カウンセラーに伝達することから始まる．それによってカウンセラーは早期のカウンセリングを始め，その他の機関と連携を取ることで対応していた（山本，2000）．つまり近年まで，コミュニティ心理学の視点において，カウンセラーは面接室から出て，さらにクライエントのもとに出向くことまではほとんど言及されてこなかった．

　だが，先にも触れた通り，子ども虐待対応の現場においては，そもそも養育者に相談ニーズがない，または相談ニーズを持てないために，自ら援助を求めて来ることはほとんどない．そのため，基本的に信頼関係を築いているクライアントに対するコミュニティ心理学の危機介入の理論的視点と，現場の援助を求めない養育者へのアウトリーチは若干援助対象の範囲が異なっていると考えられる．

　また，子ども虐待問題について，家族システム理論の視点からは，母子関係という枠組みを超えて，家族関係全体の認識から捉えられている．例えば，家庭内で起こる子ども虐待への介入も，子どもと養育者など家族成員の関係性を見立て，相互作用に働きかける．その際に，子どもの安全を確保するためには，与えられた社会的権限をリソースとして積極的に活用すると指摘される（衣斐，

2003).さらにブリーフセラピーの中でもソリューション・フォーカスド・アプローチ（問題解決アプローチ）への注目が集まり，介入の焦点を親がうまく子どもを育てていくことに向けて，現在・未来への焦点付けによって関係性を維持する可能性を示唆している（宮田，2003）．Berg et al.（2000）は，虐待家庭への介入では先入観を持たずに面接に臨むこと，クライエントにとって重要なことは見抜くこと，クライエントの言葉をそのまま使う，クライエントの状況について本人の説明を聞く，命令や脅しよりも質問のほうが良いこと，意見や基準が違うことを予測すること，洞察を期待しないこと，クライエントに解決の責任を持たせることが重要だと指摘する．しかしながら，Bergをはじめとする問題解決アプローチを用いた子ども虐待対応の研究はそれほど多くはないのが現状である．

一方で，今までアウトリーチを行ってきた，ソーシャルワークや保健学の分野からは，怒りを顕わにする困難な養育者に対するアウトリーチでは，最初の導入部分で対象者やその家族とどのような関係を構築できるのか，本人やその家族のニーズをどのように捉えていくか，生活に即した援助をどのように展開していくか，具体的な生活へのアセスメントを構築することが重要であるといわれる（河野，2001）．特に精神障害を伴った養育者の場合は，病理へのアセスメントだけでなく，健康や生活に影響している家族をアセスメントする能力，そして多機関と連携して支える能力が必要だという指摘も存在する（津村・白井・和田，1998）．その他にも，援助者から「通報は国民の義務であり，通報者の名前は法律で守られているので言うことはできない．でも通報の中身を鵜呑みにしているわけではない．本当のところが知りたい，事情があるのなら相談にものりたい」と訪問の目的をはっきりと伝える必要性が指摘されている（桐野，2003）．

また法律の分野でも，虐待家庭へのアウトリーチとしての保護プランは，あくまでも虐待の存在を前提とするもので，そのことを率直に親に伝えない限り，虐待防止のための保護プランを実践していくことは不可能であるとされる（峯本，2001）．

社会福祉の分野では，子ども虐待対応における養育者と支援者の関係構築では，他者援助のためにどんな理論的モデルを使うとしても，影響を与えるのにも最も有用な力は関係性の中にこそあるといわれている（Perlman, 1972）．養育

者の行動に影響を及ぼすための専門的スキルと尊重と思いやりを特徴とする関係を発展させるための個人的な温かみや能力の程度が，事態を転換させる鍵となることが指摘されている（MacKinon & James, 1992）．そのため，養育者からのフィードバックをワーカーや支援者達が得るための重要なことは，ワーカーのモラルであるとも示されている（Winefield & Barlow, 1995）．自らの日常生活に介入された養育者は，ワーカーと自らの関係を「単なる仕事」として対応されることを望んでいない（Cleaver & Freeman, 1995）．また，専門職と家族の間のパートナーシップは，養育者だけでなくワーカーも望んでおり，たとえ法的介入が実行された場合でも，ワーカーと家族の協力関係は成立しうると述べている（Turnell & Edwards, 1999）．このように，子どもの虐待対応において，この養育者とワーカーの間で対立状態であっても，子どもの安全については協力関係ができるという考え方は，サインズ・オブ・セーフティー・アプローチ（以下サインズと略）と呼ばれている．サインズの考え方では，虐待対応ワーカーは養育者に変化をもたらすことに焦点を当てるのではなく，子どもの安全に焦点化しつづけることが大切である．サインズでは，養育者とワーカーの関係構築とはあくまで「処遇」であるとされている．なぜなら，児童保護機関が介入する家族にサービスを提供する支援者はその家族が欲するものだけに焦点を合わせることはできないからである．このような状況でもアウトリーチを成功させるためには，家族のゴールと同じように児童保護機関のゴールにも配慮する必要があるとされ，養育者と援助者が対峙的状況であっても，あくまで子どもの安全を構築するために，養育者と援助者が協働していく目標設定がなされるべきだといわれている．サインズは，オーストラリア，ニュージーランドの虐待対応ワーカー達によって，家族療法やソリューション・フォーカスド・アプローチをもとに育まれたアプローチであり，近年，日本でも特に児童相談所で広まりつつあるアプローチである．

　一方で，日本独自のソーシャルワークの手法として，長年，児相で培われてきた介入型ソーシャルワークという手法が存在する．介入型ソーシャルワークとは，強い介入が援助関係を破壊するのではなく，親の無謀な行動に歯止めとなる壁の体験を与え，相手が妥協したときに労いをかける．そしてその際に養育者の子育ての苦労を共感することによって援助関係が形成されるといわれる（津崎，2005）．

また介入を受けた当事者である養育者へのインタビュー研究からの示唆として，支援の段階でも，養育者はワーカーの権力について常に敏感に注意を向けるため，養育者は介入してきたワーカーとは対等なパートナーシップは結べないという不信感を少なからず持っているという指摘がある（Dumbrill, 2006）．すなわち介入段階では，養育者に対しては傾聴よりも直面化を強く意識し，直面化をした後に，パートナーシップを築くためにより細かいコミュニケーションスキルを使うほうが効果的であるといわれる．その他にも，養育者の攻撃的な反応を減らすために，動機付け面接のスキルが中心となるという指摘も存在した（Donald, 2008）．

　以上を整理すると，サインズが養育者と対峙的関係であっても，子どもの安全というゴールを設定した協力関係は可能という立場なのに対し，介入型ソーシャルワークでは一旦養育者が法的対応によって虐待認識を持たない限り，協力関係には至らないという立場である．いずれにせよ，介入の際に，子どもの安全という点は譲らない点は変わらず，そこから介入型ソーシャルワークは養育者が折れるまで，その態度を貫く．一方，サインズはパートナーシップを築くために，ソリューション・フォーカスド・アプローチに基づくスキルを用いるという違いがある．

第3項　日本におけるアウトリーチの問題

　このように，現在の日本では子ども虐待対応における養育者との関係構築の手法は，大きく分けて，従来の福祉分野で培われた支援的ソーシャルワーク，介入型ソーシャルワーク，そして新しく導入されたSoSAという3つの手法が存在しているといえる．しかしながら，どれだけ現場の臨床家がこれらのアプローチを厳密に理解し，手法として用いているかということからいえば，全てがこの3つの手法のどれかに必ず当てはまるということは考えにくい．つまり，現場の支援者・臨床家達は，これら3つのアプローチのどれかを基盤として用いながらも，さらに現場の臨床家は自らの臨床経験に基づいた工夫や臨床知によって独自のアプローチを行っている可能性が考えられる．言い換えれば，日本における子ども虐待対応として現場の支援者・臨床家達は独自に工夫したアプローチを行っていると考えられる。

このように，アウトリーチに対する学際的な視点から，既存のソーシャルワークや保健学の視点と臨床心理学の視点の両者が，より協働していく必要性が垣間見られる．しかしながら，子ども虐待の中で多領域での学際的視点が必要といわれながらも，実質的な研究はほとんど進んでこなかった．

今までの臨床心理学と他領域の関係性の一つの例として，家族療法が臨床心理学のみならず，社会福祉学の中で盛んに取り入れられ，むしろ社会福祉分野で多様な発展を遂げていったこと，そして多職種のコラボレイティブなアプローチの進化を鑑みれば，臨床心理学から子ども虐待対応のケースワークへのまなざしは，今まさに必要不可欠な視点となる．

そのため相談ニーズの低い，言い換えれば治療動機が相当低いと考えられる養育者へのアウトリーチについては，まだまだ現場の支援者・臨床家達の臨床知を理論化できる可能性が多く残されており，現場の声に根ざした研究が急務であると考えられた．

第3節　多機関連携に関する先行研究

第1項　各専門性から見た多機関連携の議論

もっとも死亡リスクの高いのは0から3歳または4歳といわれる（社会保障審議会児童部会児童虐待など要保護事例の検証に関する専門委員会，2012）．ここではこの年代に関わるソーシャルワーク，母子保健，臨床心理学，保育学の4つの専門性から，日本における連携の議論について検討する．

ソーシャルワークにおける子ども虐待への多機関連携の系譜は，先行研究を繙くとスーパービジョンとコンサルテーションの歴史にその萌芽が見られる．その一つに，イギリスにおいて，第二次世界大戦時期に，養育者と分離された子どもへの疎開政策が見出される．養育者と分離された子どもの生活支援において，今でいう虐待によるPTSDのような症状が子どもに見られたため，ソーシャルワーカーだけでは対応できない心理的ケアが必要な場合に，精神科チームと協働したことが上げられる（Kanter, 2004）．

また戦後のイギリスにおいては，ハムステッド入所制乳幼児保育施設では，

アンナ・フロイドがソーシャルワーカーらと共に連携している記述がある（Freud, 1946; 1974）。日本におけるソーシャルワークにおいても，「個人と環境の相互作用」に参与する関係性が重要視されており，リソースをつなぐために，多機関連携を行うことは，むしろソーシャルワークにおける基本的概念として位置づけられていると考えられる（坂野，2005）。

母子保健においては，昔から産婦人科と母子保健の連携が築かれており，また1980年代以降，周産期精神医学と母子保健の連携も必要不可欠となってきている（吉田，2006）。また以前から日本においては，母子保健分野では世界的にも貴重な取り組みとして，全母子に対する母子手帳の交付が1942年（昭和17年．その開始当時は妊産婦手帳と呼ばれていた）から始まっていることや，1歳半・3歳児健診など公的機関が定期的に関わる仕組みができており，その結果，周産期における精神医学との協働だけでなく，生活支援のために，生活保護，および児童福祉との社会的リソースをつなげる活動が行われてきた．

このような背景から，日本でもソーシャルワーク，および母子保健分野では，古くから子育て支援，および子ども虐待対応においては，多機関連携によって多くの機関で対象者を抱える手法が確立されていったと考えられる．

一方で，日本の臨床心理学における連携の視点は，特に臨床心理学的地域援助の文脈から，多機関連携について検討を行ってきたのは先に触れたコミュニティ心理学であった（山本，1986 & 2001; 下山・丹野，2002など）。そのほか，精神医学領域では，組織内における連携として主に総合病院などでコンサルテーション・リエゾン精神医学として議論が深められてきた系譜がある（保坂・町田・中嶋，2001）。だが，日本における臨床心理学の中でも多機関連携や協働の視点はスクールカウンセリングが進んできた今，だいぶ市民権を得てきたが，まだまだ個人臨床に特化する流派と，家族療法やコミュニティ心理学のように多機関連携に開かれている流派など，様々な考え方が日本の臨床心理学の中に共存している点も併わせて記しておく．

最後に，保育学の視点はどうであろうか．日本における保育学における多機関連携の先行研究を調査したところ，水内・増田・七木田（2001）や藤崎・木原（2005），坂口・梅崎（2008）による事例研究，および藤後（2001）や米田（2007）による質問紙調査による研究報告，そのほか正岡（2007）による軽度発達障害児童に対する連携対応の記述があるのみで，そのほとんどは連携の視点

が有効であるという示唆で終わり，日本における具体的な保育学からの連携のモデル等は，ほぼ体系化されていないことが明らかとなった．

以上のことから，ソーシャルワークや保健学といった分野では多機関連携の視点がごく当然の支援技法として確立している一方で，臨床心理学や保育学といった分野ではまだ多機関連携の視点は今まさに体系化されつつある時期だと考えられ，徐々に研究知見を蓄積している段階だと考えられる．

また，ソーシャルワークや母子保健学では，多機関連携の手法も，教育現場や現場研修で少なからずカリキュラムに組まれていることが考えられる．そのため，若手実践家が現場に入った際も，ある程度多機関連携についての予備知識があると考えられる．だが，臨床心理学を実践する臨床心理士や保育学を実践する保育士は，研究知見を蓄積している現在では，まだまだカリキュラムとしての教育体制は整備中であり，現場でも多機関連携においていくらか不得手なところがあることが予想される．そのため，臨床心理士や保育士がどのような多機関連携の実践を行っているのか，またその際にどのような苦労や不得手なところがあるのか，現場の実態についても詳しく検討していく必要があると考えられた．

第2項　欧米における多職種専門家チームの研究背景

第1項では，日本における各ディシプリンからみた多機関連携の先行研究を概観した．第1節でも見てきたように，子ども虐待死亡事例を防ぐべく，特に0歳から4歳の子どもに対する支援機関の連携強化が急務であるとされていた．そのため，この第2項では，どのように先進諸外国では，多機関・多職種専門家チーム（Multi Disciplinary Team，以下MDTと略す）について概観する．

近年，生物-心理-社会モデルにおける支援においては，協働（Collaboration）という多機関連携が世界的にもデファクトスタンダードとなりつつある．協働とは，2つ以上の組織が同じ目標の達成に取り組む，互いに有益で明確な関係といわれる（Mettessich, Murray, & Monsey, 2001）．また，そのような協働的な多機関連携はコミュニティのステークホルダーらと多領域の組織がコミュニティヘルスの促進と維持の状態を高めるために共に働く同盟（Hicks, Larson, Nelson et al., 2008），またはケア，支援，コミュニティ，健康，自己決定，参与，

権力の共有，人間の多様性，社会的公正などの価値を促す関係であり，これらの価値はサービスとサポート，連携とソーシャルアクション，調査・研究と評価を促すもの（Nelson, Prilleltensky, & MacGillivary, 2001）と定義されている．以下ではより具体的な MDT 研究を概観する．

　ウェールズでは Area Child Protection Committees（ACPCs）という子ども虐待対応機関があり，この機関が予防から調査，治療までを行政として一貫して行っている．ここでは，子どもの保護に特化した調査権限が与えられ，MDT として多職種が統合的な視点を携えながら関わることが必要とされている．また，その場合，介入から治療までを行うため，最終的には治療の役割を持った児童精神科機関の医師が中心となって，協力しあいながらチームアプローチのコーディネートを一貫して行うのが良いという指摘がある（Sanders, 1996）．その他，イギリスとアメリカのニュージャージー州で MDT を比較したところ，機能，会議の構造，参加者などに違いは見られなかったが，法的システムがニュージャージー州の方が強固なために MDT が有効に働いたという調査結果も存在している（Bell & Feldman, 1999）．特にニュージャージー州の MDT は心理・社会・司法・医学などの専門家によって構成されており，会議への参加率は子どもの保護担当は 100％ 参加するものの，その他の職種の参加率にはばらつきがあった．この結果から，MDT とはケース毎に対応するのではなく，チームとして子ども虐待全般に対応するのだから，参加率についても均等であるべきだという提言も存在する（Bell, 2001）．

　また，MDT で鍵となるのは，情報共有と共通理解のモデル，そして専門家としてのアイデンティティであるといわれる．そのため，MDT の効果的な戦略とは，それぞれの得意とする領域の問題を相互補完的に組み合わせることだといわれている（Frost & Robinson, 2007）．そして何より，MDT および協働には，法的な枠組みが不可欠とされる（Horwath & Morrison, 2007）．実際の MDT によるアプローチには，まず協働することの必要性を認識し，行政がその枠組みを与えることから始まる．そして，誰がリーダーシップを取るかの選定を行い，介入の考え方を共通基盤として持つ．さらに法的介入とその手順を明確にすることが必要であるとされる．また，協働に向けた訓練や，習得のためのスーパービジョン，評価を行うことで対応の質を維持し，同時に支援者自体のケアも必要とされる（Morrison, 1996）．

このように MDT は共通の価値観を発展させると同時に，その多様性に関わることを通して，創造的な雰囲気を作り出すとされる（Frost & Robinson, 2007）．Goldbeck, Laib-Koehnemund, & Fegert（2007）によって，個別の支援者介入アプローチ群と，他の専門職との協働的な視点を入れ込んだ MDT の介入アプローチ群のどちらが効果的であるのかを RCT（ランダム化比較試験）で検討した研究では，MDT の介入アプローチ群のほうが，個別の支援者によるアプローチ群よりも，効果的なアプローチであることを実証的に示している．

しかしながら，見てきた通り，MDT を支える最も根本的な基盤は法的枠組みであり，国が違えば文化・法的枠組みも異なるため，標準化された MDT アプローチについては世界的にもまだまだ議論が絶えない状況である．

次項では，多機関連携における諸外国の背景と日本の現状について，2つに分けて概観したい．

第3項　子ども虐待対応における MDT の問題と日本の現状

2012年現在，日本には欧米と同様のレベルの MDT はまだ無いといわざるを得ない．MDT という言葉自体がまだあまり日本では馴染みがないことが，その傍証ともいえよう．MDT は単なる多機関連携を指し示すわけではなく，医療-福祉-司法による捜査・調査という初期初動の段階から支援・治療までの多機関連携を含める．そのため，しばしば誤解されるように，見守りや支援を目的とした要保護児童対策地域協議会とは一線を画すことを明記しておく．現状，児童相談所において性虐待を受けた子どもの被害確認のために用いられる司法面接（被害確認面接）が少しずつ導入されはじめているが，本来司法面接も医療-福祉-司法による多機関連携が前提となってできたものであり，日本では今まさにその連携を構築し始めた段階といえる．今後日本でも子どもの負担を減らし専門職同士が効果的に連携するための素地を作っていく必要がある．

一方で，今後の MDT 構築にも関係することだが，子ども虐待において，調査・介入および子どもの保護を全て同一担当者で行うべきか，あるいは保護担当者，そして保護後に治療・支援を別担当者が行うべきかどうかに関する議論が諸外国では80年代から存在し，いまだに議論が継続している．子ども虐待対応において，最も根底にあるものとして，まずもって守るべきものは子ども

の安全性である．例えばアメリカ，バークレーにおける Berkeley Planning Associates では，介入を担当するワーカーと治療を担当するワーカーを別担当としている．これは介入の後，養育者の不安や怒りを吐き出させるよう，支援・治療の担当ワーカーは，介入したワーカー以外の人間がすべきであるという指摘があるからである（Drews, 1980）.

　一方で，介入と援助は，職種を分けるのではなく，同一のワーカーが担当すべきという意見の1つ目の理由は，援助者として養育者と信頼関係を築くことを第一にするのではなく，保護した子どもの情報についても介入時点からよく分かっている人物が担当することによって，行政機関として一貫した対応と責任を養育者に対して取れるという主張からである．2つ目の理由は，養育者が支援的な役割を負う援助者とは関係が築けるが，強権的な役割を負う援助者には拒否的な反応を貫くような場合，養育者自身は援助者の態度に応じて表面的に反応するだけで，自らの虐待について認識しようとせず，行動変容にまで至らない可能性が高いからである．3つ目の理由は，裁判における印象として，もし保護担当者と保護後の支援者との間で養育者から得た情報に差があったならば，介入者と援助者の証言に食い違いが生まれてしまう可能性があるからである．そのため，初めから1人の援助者が介入の視点と援助の視点両方を持つことが重要だという指摘も存在する（Hegar, 1982）.

　日本においては，現在機関として児童相談所が保護と支援の両方を引き受けており，特に子どもの治療および支援については，保護後に児童養護施設がその大半を担っている状況にある．この議論は今なお論争が続けられているが，実質的な予算・人員・勤務時間に鑑みると，養育者への支援者を明確に割り当てるだけの十分な人的資源を持ち得ていないのが実状である．

　また，日本では子ども虐待対応における法的未整備も非常に大きな問題となっている．先に記した通り，MDT の介入における協働には，まずもって法的枠組みが必要であるということが，欧米の研究結果のほとんどに明記されていた．日本における MDT の指摘，および研究結果がいまだそれほど多くはない理由のひとつに，人的資源はもとより，そのベースとなるアウトリーチと連携の法的枠組みがいまだもって未整備であることが考えられる．欧米では子どもを社会で育てるという文化的背景と相まって，法的枠組みの整備から，虐待を疑われた家庭には，児童保護機関等をはじめとする行政機関との接触を強制的

に養育者が持たされる実状がある．しかし，日本においては，まずもってどのように養育者と子ども虐待という問題について話し合うかという所に支援者の大半のエネルギーが割かれ，多くの現場の職員が疲弊している．

　もうひとつ大きな理由として考えられるのは，日本における支援組織の縦割り行政である．日本では，福祉と教育が厚生労働省と文部科学省で分断されている実状をはじめ，市区町村単位でも，母子支援課，子ども福祉課といった縦割り組織となっており，MDTに必要な横の連携が組みにくいことがあげられる．今後，この問題は行政システムの中で改善・修正されていく必要があるが，現時点で日本の連携を考えるには，MDTという各専門職同士の連携の前に，支援機関という各組織同士の多機関連携について検討することが必要である．

　このように，各国の子ども虐待対応，特にアウトリーチにおけるMDTの指向性は，その文化的・法的枠組みによって違いが存在し，特に日本では，子ども虐待に関する法的未整備だけでなく，縦割り行政の側面が何らかの影響を与えている可能性も検討しなければならない．

　その他，機関同士の連携については，特に各機関の長や管理職の判断や，決裁によるところが大きく，支援機関の管理職がどのような支援に対する指向性を持っているかという要因も大きく影響することが考えられる．いずれにせよ，日本においては，多機関連携についても厚生労働省からトップダウン式に現場で下ろされたところが強いため，ほとんど研究が進んでいない機関間の連携に対して，ボトムアップ的に光を当てる必要がある．特に，より良い連携のためにも，現段階でどのような点に各機関の連携の乖離が生じているのか，その連携失敗例として捉えられる連携の葛藤状況について詳しく検討する必要がある．

　そしてそのための優先順位としては，最も虐待死亡事例のリスクが高い0歳から4歳に関わる主な支援機関，保育園・幼稚園，保健センター，市区町村，児童相談所の多機関連携のあり方について検討が急務であると考えられた．

第4節　先行研究のまとめ

　ここまで子ども虐待対応におけるアウトリーチの必要性，そして理論的背景を踏まえて，MDTという近年日本でも盛んに求められている視点について概

観してきた．その上で，本章では，今までの研究を振り返り，現場の実状を浮き彫りにした．

このような現場の実状から見出された問題に対して，現場で役立つ研究課題とは，日本におけるMDTのあり方を検討することだと考えられる．どのようにして多職種そして多機関が協働して，チームで子ども虐待にアプローチしていくのか，特に法改正によって後方支援という位置づけに変わっていった児相と市区町村や保健センター，保育園など専門機関における機関ごとの連携について着目し，今後構築すべきより効果的なMDTとアウトリーチを検討していくことが必要であると考えられる．なぜならば，日本における多機関連携は先に論じたように，専門職同士よりも，所属機関の機関決定における専門機関同士の連携という色彩が，非常に強いからである．

そのため，関係が切れやすい相談ニーズの低い養育者に関わる地域援助とは，各機関内で専門職によって行われるアウトリーチの視点と，その専門職が所属する専門機関ごとが連携する多機関連携の視点，両方の視点から見ることが必要と考えられる．特に日本では，近年，児童相談所と市区町村の関係機関の間で設置された要保護児童地域対策協議会において，どのような連携と介入が計画されているのか，現場の実状をボトムアップ的に描くことが求められる．その上で，既存のひとつの専門性だけではなく，学際的な視点が現場研究には望まれていることに鑑み，今まで現場が育んできた臨床知と，これから作り上げていくMDTによるアウトリーチに焦点を当て，日本独自の現場に根ざしたモデルが必要であると考えられる．

このような背景から，以下では子どもの虐待死という最悪なリスクを回避するため，虐待死亡事例のリスクが最も高い0から4歳までに対応する機関（保育園・保健センター・市区町村・児童相談所）のアプローチについて研究を進めることが急務だと考えられた．

なかでも，自ら支援機関に援助を求めない相談ニーズの低い養育者へのアプローチとして期待されるアウトリーチについても，その反応で攻撃的・拒否的態度を取られた際の対応の仕方については，日本ではまだまだ研究が進んでいない．そのため，各支援機関の専門職が，どのように養育者にアプローチしているのか，支援者側から見た支援者−養育者との個々人の間に生じているアプローチ・モデルを生成することが急がれる．

一方，そのような自ら援助を求めない養育者に対して，実際の現場では，機関間での連携が上手くなされていないことも現場の声として聞こえている．だが，このように各機関間で連携がどのように上手く行くのか，あるいは上手く行かないのかについて，機関間で生じる齟齬や葛藤がどのように成り立ち，また解決されているのかに関して焦点を当てた研究もほとんど進んでいなかった．そのため，各機関に所属する専門職員から見た，所属する支援機関−他機関という機関間の連携モデルを生成することが必要であり，同時に，その際に生じている葛藤関係・および葛藤を回避／解決する視点を組み込んだ研究が必要であると考えられる．

　このことが検討できれば，日本における子ども虐待対応で，相談ニーズの低い養育者に対してアウトリーチを行った際に，攻撃的・拒否的態度を示される対峙的関係において，どのようにアプローチをすれば良いかを明らかにでき，現場に即したモデルとして現場に還元できると考えられる．また，日本では法的枠組みによってトップダウンに多機関連携が現場に落とし込まれたが，実際の現場では連携が上手く行かないからこそ困っている実状がある．そのような現場の実状に対して，本書の研究で機関同士の連携が上手く行かない要因をモデルとして生成し，光を当てることができれば，具体的な解決策を現場に提示することにつながる．そして日本の子ども虐待対応に対して，現場実践と研究の両者に，多くの知見と実践的視点を還元できると考えられる．

第2章
研究の構造

第1節　目的と意義

　第1章に示した通り，子ども虐待対応を行う現場には厚労省からの指針として，積極的に家庭に出向く家庭訪問（＝アウトリーチ）対応と，多機関連携が望まれている．

　本書は，そのような実状から，日本においてまだほとんど研究が進んでいない相談ニーズの低い攻撃的・拒否的な養育者に対して各機関の専門職がどのようにアウトリーチを行っているのか，その構造とプロセスモデルを明らかにすること，そしてその際に各専門職が所属する機関ごとの連携の構造について現場に即した形でモデル化すること，以上2つを目的とする．

第2節　方　法　論

　以下では，本書の大部分を占める第2部第4章，第3部，第4部の方法論を述べる．第2部第3章についてのみ，第3章内の方法論で述べる．

第1項　質的研究法の特徴

　心理学における研究法は，探索型研究と検証型研究に大きく分けることができる（南風原，2001）．探索型研究とは興味のある対象について，行動観察や面接を通して理論を作っていくいわゆるボトムアップ型の研究である．一方検証型研究とは，仮説を設定し，それに伴う結果を演繹的に予測することで，実験や調査によるデータからその可否を問うというトップダウン型の研究である．このような性質を考えると，本書のテーマのように先行研究があまり存在しな

い場合には，探索型研究として，現場で起こっている現象に焦点を当てることが望ましいといえる．能智（2001）によれば，質的研究は現実の現象から機能的に理解のための新たな概念や理論を発見することを目指すといわれる．またFlick（1995）は日常的体験について着目できるともいわれる．以上のように本書でも現場の現象自体を対象とすることから，探索型研究である質的研究を方法論に採択した．

第2項　グラウンデッド・セオリー・アプローチ

本書の各研究では，分析的な枠組みとしてグラウンデッド・セオリー・アプローチ（以下GTAと略）を用いた．GTAとは，Glaser & Strauss（1967）によって考案された研究法であり，データに根ざして分析を進め，データに基づいた理論をつくることをめざす方法論である．本書では，相談ニーズの低い養育者との関係構築に関して得られたエピソードからその全体像について記述するという目的があるため，この方法が妥当であると考えた．

またGTAには現在いくつかの方法があるが，分析方法の明確さからStrauss & Corbin（1998）の方法に準じて分析を行った．

Charmaz（2006）によれば，Strauss & Corbinが提唱する軸足コード化や条件マトリックスといった技法は，研究者による柔軟な解釈や分析を妨げる可能性があるといわれる．しかしながら本書では現場研究として，短時間かつ1回だけのインタビューデータから見出された内容をどれだけ漏らさずに活用するかが分析時の焦点となった．さらに筆者自身は各支援機関に所属していない，いわば外部の人間であり，守秘義務の観点からも一度のインタビューで全てのエピソードの事象を知ることはできなかった．そのため，分析者の恣意的解釈をできるだけ避け，データから一般化可能な知見を理論化することを重要視した．以上のように，現場の現象を客観的に理論として橋渡しをすることに重きを置いたことから，それに最も適していると考えられるStrauss & Corbin版GTAを採用した．

Strauss & Corbin版のGTAでは，オープン・コーディング，軸足コーディング，選択コーディングの3つがある．オープン・コーディングとは，まず得られたデータを1文ずつ，あるいは意味内容のまとまりとして解体し，コード

化を行う．その後類似したコードをまとめ，カテゴリを生成しながら，さらにその特性を同定していく作業である．続く軸足コーディングとは，いくつかのカテゴリを軸としてカテゴリ同士の関連づけおよびカテゴリの精緻化を行うことである．選択コーディングでは，構成されたカテゴリの中から特に中心となるものを選び，他のカテゴリを再編成することである．分析は，オープン・コーディングから始まるが，その後は各分析段階において，作業過程を確認するため，3つのコーディングを全て用いながら行きつ戻りつ繰り返し，カテゴリの検討を行った（戈木クレイグヒル，2006）．なお，コーディング作業を行ったのは筆者一人である．本書の構成において，第2部4章から第4部まで，各章で対象となる支援者の属性を発展的に拡大させ，分析を行った．そのため，各章での詳しい方法論については，本項を参照して頂きたい．

第3節　調査手続き

第1項　調査対象

　本書における調査対象者（インフォーマント．以後，適宜 Info. と略す）は，保育園，保健センター，市区町村，児童相談所に所属する支援者・臨床家達である．これら4機関を調査対象に選定した理由は，虐待死亡事例が0から4歳に多くなっており，この年齢の子どもに関わる上記の機関こそ，現場実践を早急にモデルとして体系化することが必要と考えたからである．以下に，調査対象者として選定した理由を述べる．

　まず，0から4歳の子どもを日常的に見る機関は保育園・幼稚園である．つまり専門職としては保育園の保育士，および幼稚園の幼稚園教諭である．この保育士，幼稚園教諭という専門職は，従来通り子どもの保育を中心とした関わりを継続する一方で，児童福祉法の改正によって現在では親対応まで業務が求められるようになっている．そして保育士・幼稚園教諭は，働く養育者，あるいはなんらかの事情で子育てができない養育者よりも，子どもと接する時間が日中長いことが考えられる．そのため，もし子どもに何らかの虐待が疑われる際は，その小さな行動変容をも観察できる非常に貴重な専門職となる．本書で

は，幼稚園ではなく保育園のみに選定したが，その理由は保育園が生活の困窮した親子や，育児不安が高い養育者などに対する公的な入園制度を持っていることが多いからである．そのため，保育園のほうが，必然的に親子の見守り対応が求められる虐待，および虐待予備群ケースが多くあると考えられたため，今回は幼稚園ではなく保育園に調査対象を特化して検討を行った．

また，保健センターに所属する保健師は，家庭訪問や，精神障害におけるケースワーク対応など多くの地域実践を行ってきた実績がある．保健師は地域のリソースを知り得ており，また精神障害に対する知見も豊富に持っている．さらには1歳半健診，3歳健診など母子保健において非常に有用な虐待へのチェック（予防）機能を持っており，特に0から4歳児童に密接に関わる機関となっていることから，保健師を調査対象として選定した．

続く市区町村は，2003, 2004年に改正された児童福祉法により，虐待対応の第一義的窓口として役割を持っている．そのため，まず虐待通告があった場合には，市区町村の虐待対策ワーカー達が通告のあった家庭の基本情報を調べ，必要に応じて家庭へのアウトリーチ，家庭訪問を行うことになっている．現場における虐待対応のアウトリーチ機関として，第一義的窓口である市区町村も調査対象とした．

最後に，児童相談所は0歳から18歳の児童を対象とする公的機関である．市区町村では対応できない最も深刻な虐待事例を扱い，法的にも子どもを強制的に保護する権限，および深刻な虐待が疑われる家庭には，強制的な臨検・捜索の権限が与えられている．相談ニーズの低い養育者に対しても，法的権限を持ってアウトリーチを行う機関として，調査対象に選定した．

これらの調査対象者に対して，経験年数，地域性（市区町村推定人口30万人未満を地方部，30万人以上を都市部として暫定的に分類），役職などに基づき理論的サンプリングを行った．

第2項　インタビューガイド

本書において，第2部で市区町村における臨床心理学を学んだ心理士の役割をボトムアップ的に浮き彫りにするため，臨床心理学的地域援助の実態調査を行っている．そのためインタビューガイドは

> ① 市区町村における心理士の役割
> ② 具体的な業務内容
> ③ 子育て支援における臨床心理学的地域援助とは何か

の3点に従って半構造化インタビューを行った.

また，本書では，各機関のアウトリーチ対応の現状，および連携項目をあぶり出すために，第3部・第4部には共通したインタビューガイドを設定した.

> A 攻撃的・拒否的な養育者へのアウトリーチの手法について
>   1) 関係構築が果たせたと思われる成功例の具体的なエピソード
>   2) 関係構築が果たせなかったと思われる失敗例の具体的なエピソード
> B アウトリーチ時の具体的な多機関連携エピソードについて
>   3) 具体的な連携が上手く行ったエピソード
>   4) 具体的な連携が上手く行かなかったエピソード
>   5) 連携時の困難・葛藤について
>   6) 連携時に大事にしている意識・工夫について

以上のように大まかなインタビューガイドを作成し，半構造化インタビューを行った．詳細は，各章に記載しているので参照されたい．

第3項　インタビュー内容の設定

第1章に述べたように，子ども虐待には，身体的虐待，ネグレクト，性的虐待，および心理的虐待という4つの虐待の種類が存在する．しかしながら，現場の虐待対応ケースを聞く中で，どれか1つのみの虐待というのは非常に稀であり，4つの虐待が各ケースに応じて複合的に組み合わされていることが非常に多い．また上記のエピソードについて幅広いデータを集めるためにも，本書では，あえてインタビュー内容に虐待の種類を調査者が操作的に限定することは避けた．

また，第3部のインタビューガイドA項目について，攻撃的，あるいは拒否的な態度を示す養育者のエピソードについては，そのどちらか一方に限定しなかった．なぜならば，現場のケースにおいて，支援者が非常に困難を極める

ケースは，そもそも養育者に相談のニーズがなく，そのような養育者にアプローチする際は，攻撃的，拒否的，いずれも示す可能性が高いからである．そのため，本研究では，特に現場が困っている攻撃的・拒否的な養育者への対応について仮説を生成することを目的とし，現場に即した介入仮説モデルを構築することを目指したことから，攻撃的，拒否的，あるいはその両方の具体的なエピソードについてインタビューを行った．

さらに，第4部では，ボトムアップ的に現場に即したモデルを組み上げる以上，連携が上手く行く，上手く行かないという基準自体がインフォーマント毎に揺れる点についても，インタビューガイドの5）連携時の困難・葛藤，6）連携時に大事にしている意識・工夫を含めて，多機関連携モデルに反映させることが重要であると考えた．そのため，インタビューガイドB項目については，連携が上手くいったエピソード，上手く行かなかったエピソードの基準は，全てインフォーマント自身の主観的な基準にあえて委ねている．

以上のように，本書では，現場が今まで対応に奔走し，なかなか体系化できなかった攻撃的・拒否的な養育者に対するアウトリーチ対応および，現場で行われている0から4歳に対応する保育園，保健センター，市区町村，児童相談所まずは4機関の連携を，モデルとして体系化していくことを目指した．

第4節　本書の構成

前章と本章による第1部では，問題と目的，および研究の構成について検討を行った．

第2部では，市区町村の心理士による虐待対応について把握する．これは法改正により，子ども虐待への対応に関して，市区町村が全ての初期対応（虐待の事実確認，家庭訪問による調査，介入など）を担うことになったことからである．なかでも，現場では複雑な虐待ケースに対応するために，心理士の役割が期待されていたことから，まず第3章で心理士の雇用状況について電話調査を行った．そして続く第4章では，現場の心理士にインタビュー調査を行い，今まで体系化されてこなかった，子育て支援領域における臨床心理学的地域援助についてボトムアップ的にモデル化を試みる．

第3部では，各機関に所属する専門家のアウトリーチについて，より詳細な検討を行う．保育園（第5章），保健センター（第6章），市区町村（第7章），児童相談所（第8章）を対象にし，所属する支援者達が，どのように相談ニーズの低い養育者にアウトリーチを行っているかについてモデル化する．第9章では，得られた結果をもとに，相談ニーズの低い養育者に対するアウトリーチの中で，何がケースの成功と失敗を分けるのかについて検討を行う．

　第4部では，各専門家が所属する支援機関ごとの多機関連携について，より詳細な検討を行う．保育園（第10章），保健センター（第11章），市区町村（第12章），児童相談所（第13章）が，特に虐待死亡事例の可能性が高い0-4歳のケースに介入する際に，どのような基本的な連携方針を持っているのかについて，そして連携の際に失敗要因になる各機関の葛藤，および成功要因ともなる各機関が連携時に大切にしている工夫や意識などについて，モデル化を行う．そしてこれらの結果から，第14章にて連携における各機関の共通点，相違点を検討し，より良い連携の仕方を，特に会議の視点から考察を行う．

　最後に第5部では，第2・3・4部のまとめとして，第15章で得られたモデルを統合し，現場に即した形で地域援助モデルを生成した．その上で，アウトリーチ・多機関連携から得られた知見をもとに総合考察を行う．そして第16章で，本研究の限界と今後の展望についてまとめる．以上の本構成を図1に示した．

```
┌─────────────────────────────────┐
│        第1部  研究背景           │
│  ┌──────────┐  ┌────────────┐   │
│  │第1章 問題│  │第2章 研究の構造│  │
│  └──────────┘  └────────────┘   │
└─────────────────────────────────┘
              ↓
┌─────────────────────────────────────────┐
│   第2部  子育て支援の臨床心理学的地域援助  │
│  ┌──────────────┐  ┌──────────────┐     │
│  │第3章 東京都子ども│  │第4章 市区町村に│   │
│  │家庭センターにおける│ │おける臨床心理学的│ │
│  │心理士雇用状況    │  │地域援助      │     │
│  └──────────────┘  └──────────────┘     │
└─────────────────────────────────────────┘
```

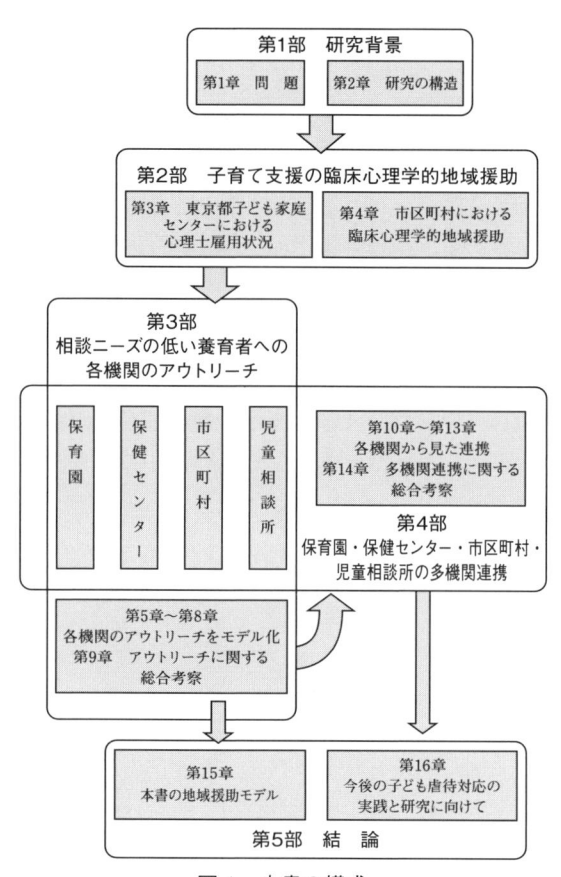

図1　本書の構成

第 2 部
子育て支援の臨床心理学的地域援助

市区町村の心理士から

　2003 年，2004 年児童福祉法改正により，市区町村が虐待ケースについて積極的に出向いていく第一義的な窓口として位置づけられた．つまり法改正以降，虐待への初期対応も，第一義的窓口として市区町村が担うことになったのである．そのような背景から，第 2 部では，市区町村の虐待対応モデル事業とされている東京都子ども家庭支援センターに焦点を当てる．

　子ども虐待対応の現場では，子どもへの対応，および人格障害などを呈する養育者への支援のためにも，心理士への期待が強いとされる（東京都社会福祉協議会，2004）．だが，このような虐待ケースに積極的に出向いていく市区町村の子ども家庭支援センターにおいて，心理士はどのような地域援助役割を担っているのであろうか．

　この問題を明らかにするため，第 2 部では，東京都子ども家庭支援センターの心理士 32 名を対象に，子育て支援の臨床心理学的地域援助について検討を行う．

第3章
東京都子ども家庭支援センターにおける心理士雇用状況

第1節　問題と目的
子育て支援の第一義的窓口となった市区町村

　2003, 2004年の児童福祉法改正により，子ども虐待対応の第一義的窓口は，児童相談所から，市区町村へと業務が実質的に下ろされた．その結果，児童相談所は市区町村の後方支援としての機能を持ちつつ，市区町村で対応できない，重篤かつ深刻なケースを担当する機関として機能することになった．そのため，市区町村にはそれ以前に児童相談所が行っていた，子ども虐待の事実確認調査，および軽−中程度レベルの虐待に対する介入と支援の役割が求められることとなった．さらに，ほとんどの市区町村には，要保護児童対策地域協議会といわれる，支援に関する実質的な多機関連携のコーディネート機能，および虐待予防のための地域ネットワーク作りの調整機能も期待されることとなった．

　つまり，全国の市区町村は，従来児童相談所が担当していた，子ども虐待対応におけるアウトリーチによる事実調査と介入，多機関連携のコーディネート機能，さらには虐待予防の地域ネットワーク作りという新たに3つの役割を担うことになったのである．

　そのような法改正の動きに合わせて，東京都では，全市区町村が持っている子育て支援窓口を「子ども家庭支援センター」として各市区町村で名称統一し，子育て支援の総合的な第一義的窓口として設置した．そして日本でもいち早く市区町村のモデル事業として，市区町村における虐待対応のアウトリーチ機能を持たせた「先駆型子ども家庭支援センター」を導入した．

　そのため現在，東京都の子ども家庭支援センターには，従来型子ども家庭支援センターと先駆型の子ども家庭支援センターという2種類が共存している．従来型子ども家庭支援センターとは，育児不安や発達の問題を含めた子育て支援の相談窓口を持ち，子育てサロンや子どもを遊ばせる広場事業，多機関コーディネート機能，子育て支援ネットワークの中核機能等を持つ総合的な子育て

支援機関である．その他にも各市区町村の方針で異なるが，在宅の子育て支援サービス事業や一時保育やショートステイ事業など自治体によって特色を持つ．しかしながら，従来型子ども家庭支援センターには，市区町村に求められる虐待の事実確認調査の機能，虐待ケースへのアウトリーチ介入，およびその支援機能は持ち得ていない．

　その一方で，先駆型子ども家庭支援センターは，従来型の機能に加えて，子ども虐待の未然防止や地域の見守り機能に加え，従来型が持ち得なかった家庭訪問や所属機関への訪問など，積極的なアウトリーチにも対応できるよう，子ども虐待への介入を強化していることが特徴となる．

　このように新しい役割が数多く設置された市区町村には，東京都社会福祉協議会（2004）の調査報告によると，まず現場施設には専門相談員として心理士が求められるとされ，多種多様な業務内容が現場の心理士に期待されていた．このような実状に対して，武田（2004）は現場の心理士役割として，目の前の事例をこなすことだけを考えるのでなく事例，とりわけ子どもや弱い立場の者たちから聞き取ったメッセージに対して社会に何ができるのか考えなければならないといい，従来の心理面接以外の重要性について，心理士は予防の観点から子どもの育つ環境整備に対して専門的に意見を述べることが必要と指摘した．同様に，村本（2004）は子育て支援における心理士の役割を特にメンタル面で，子どもの健全な発達を保証し，子育て中の親自身の生涯発達支援をその中核に据え，予防的援助，あるいは問題の早期発見と介入的援助に重点を置くと指摘している．予防だけでなく介入の視点について，三沢（2004）は臨床心理士の業務全体に関わることとして，臨床心理士が従来の「面接室モデル」の業務をメインにしつづけるか，あるいは「臨床心理学的地域援助」としてさまざまな「地域モデル」の仕事もより積極的に開拓していくかという点は議論するべき課題であると指摘する．このような地域モデルにおける心理士の機能は，常に日常生活の心理的問題をめぐって心理臨床活動が展開されるという指摘もある（定森，1994）．

　以上のように，病院臨床とは異なる地域コミュニティでの心理士役割は，面接室での治療構造を保守することではない可能性が見えてくる．特に，現場に従事する心理士の子育て支援における認識は，子育て支援は虐待予防活動そのものであり，当事者から要請がない場合でも出向いていって信頼関係を構築し，

サービスを提供するものといわれる（倭文，2004）．また，実質的な子育て支援では，治療を求めて臨床家にアクセスしてくるわけではない親子へのアウトリーチが主といわれる（村本，2004）．

つまり，子育て支援においても臨床心理学は，従来のしっかりとした治療構造をもつ部分だけでなく，治療枠に基づいた面接室から外に向かう必要性があると考えられる．

今後の臨床心理学の展望として，下山（2002）は「臨床心理学の活動は，閉鎖的な活動に限られるものではない．"治療"ではなく心理"援助"ということを考えるならば，多様な活動の拡がりが見えてくる」と述べ，さらに「心理療法は，多様な活動の中の一つの方法でしかなく，しかも社会に対して閉鎖的な治療構造を前提とするといった限定つきの方法となる．したがって，臨床心理学を社会システムに定着させていくためには，心理療法の枠を超えて社会的に開かれた柔軟な枠組みに基づく幅広い活動を展開していくことが必要」と指摘する．このような従来の心理面接業務を超え，現場のニーズに即した心理士業務を，山本（2001）は，コミュニティ心理学の臨床心理学的実践版とも評している．

このように様々な具体的な子育て支援に求められる新たな臨床心理士の地域援助モデルについて，いくつかの提言は蓄積されてきた．だが，具体的な調査研究として子育て支援の臨床心理学的地域援助について体系化された研究は，まだ多くはない．

そのため，本章では，市区町村の子育て支援，および虐待対応において，日本でもモデル地域となっている東京都子ども家庭支援センターの心理士が，まずどのような雇用体制で配置されているのか実態調査を行う．

第2節　方　法

第1項　調査対象

2005年7月上旬から11月上旬にかけて東京都内全市区町村（島しょ部を除く）の全子ども家庭支援センターを対象とした．

第2項　調査方法

2005年7月上旬，事前に東京都福祉保健局に電話をし，福祉保健局からの雇用状況の開示はできないが，調査者自身がそれぞれのセンターに電話をし，各センター長の判断で調査の許可がおりればとの条件付きで電話での調査許可を得た．その上で，調査者自ら東京都に設置された子ども家庭支援センターをウェブ上から調べ，該当する市区町村の子ども家庭支援センターに電話をし，各センター長判断の下，調査協力を得た．

データ自体は2005年のものであるが，心理士による子育て支援におけるアプローチの実状，および子ども虐待対応における多機関連携の実態，および新人の心理士が現場に入る上では，重要な手がかりとなるデータと考えられたため，2005年当時のデータをそのまま採用し検討を行った．

第3項　質問内容

心理士配置の有無，および雇用人数．常勤/非常勤．出勤日時，および勤務時間．以上3点について，電話調査を行った．

第3節　結　果

2005年11月現在，東京都の離島部，および村を除く，全市区町に電話調査を行った．回答を得た心理士雇用状況は表1の通りである．ただし，センター長の判断によって，詳細な情報開示に許可が頂けなかった点については，表1備考欄に勤務形態を付記しなかった．

電話調査の結果，当時の先駆型子ども家庭支援センター22施設，従来型子ども家庭支援センター34施設から回答を得られた．東京都における子ども家庭支援センターの常勤心理士は12名，非常勤心理士は54名，計64名である．また心理士雇用の予定なしは21施設（内，先駆型4施設，従来型16施設）であった．

また勤務日数の比較は，常勤12名は週5日勤務である．また非常勤心理士

の勤務日数は週5日勤務が1名，週4日勤務は17名，週3日勤務2名，週2日勤務10名（月10日勤務含む），週1日勤務8名，隔週勤務2名，月1日勤務6名，その他8名は不明または心理相談が必要と判断された際に外部依頼するという形式であった．

　その他，心理士の雇用予定なしの子ども家庭支援センターに理由を尋ねたところ，「心理士の代わりに昔から地元と密着してきた保健師やソーシャルワーカー，ベテラン保育士などが各相談業務を請け負っていること」，また「地元と密着している保健師やソーシャルワーカーだからこそ心理士よりも機関連携の調整機能を強く押し出せる」という回答を得た．そのため，心理相談や心理的なケアが必要なリスクレベルが中程度の虐待対応においては，心理士雇用のない子ども家庭支援センターでは，ケースを抱えずに，すぐさま関係機関へのケースリファー環境を整えるという回答を得ている．特に従来型子ども家庭支援センターで心理士雇用の予定がないところは，上記の調整機能を押し出すだけでなく，「地域の子育てサロンや広場事業の提供に重きを置いているため，心理士よりも保育士雇用を優先した」という回答を得た．

第4節　考　察
子育て支援における市区町村の心理士雇用

　調査結果から，東京都の子ども家庭支援センターに在職する心理士の雇用状況，および心理士雇用の予定がない機関の心理士雇用をしない理由について明らかになった．また，この結果から，子ども家庭支援センター心理士雇用の特徴として，常勤より非常勤雇用が多いこと，また心理士の雇用自体を予定しないという方針もあることが見出された．そのため，以下では非常勤が多いこと，心理士の雇用自体を予定しない方針の2つにわけて考察を述べる．

第1項　心理士の非常勤雇用について

　全雇用のうち常勤が約20％，非常勤約80％程度と，圧倒的に非常勤雇用が多かった．そして，非常勤の勤務日数について判明している分でも，週4日勤務が全非常勤心理士54名中17名として最も多く，続く週2日が10名，週1

表1　東京都子ども家庭支援センター（2005年11月現在）

市区町村	場　所	先駆型・従来型	心理士雇用状況			非常勤勤務備考	認定
			常勤	非常勤	合計		
市	町田	先駆型	0	1	1	臨床心理士資格取得見込み　週4日勤務	平成15年4月に認定
区	足立	先駆型	0	1	1	週3日勤務（臨床心理士資格は持っていないが児相で心理相談30年のベテラン）	
区	葛飾金町	先駆型	0	1	1	週1日勤務．保育園などの巡回も行う．	
区	葛飾青戸	先駆型	1	1	2	週4日勤務	
区	大田	先駆型	0	2	2	—	平成16年4月に認定
区	豊島東部	先駆型	1	2	3	週4日（2名）勤務．その他専門心理相談員が月に数度来所	
区	板橋	先駆型	0	2	2	週4日勤務	
市	三鷹	先駆型	0	3	3	1人は週1日，残り2人は隔週or月1日勤務	
市	調布	先駆型	2	3	5	所長が臨床心理士，非常勤は週1日（1名），週2日（2名），週4日（1名）勤務	
区	新宿	先駆型	0	0	0	関連機関への振り分けが中心のため，専門としての心理士の採用なし	
区	品川	先駆型	1	0	1	週2日勤務	
区	世田谷	先駆型（基幹型）	1			世田谷のみ先駆型指定．	
区	世田谷きたざわ	・		3	4	非常勤1名は世田谷，残り2名が2箇所ずつ担当．世田谷が中心基幹であり，そこから非常勤心理士が派遣されているという形式．非常勤は週3日（1名），週2日（2名）勤務	
区	世田谷たまがわ	・					
区	世田谷きぬた	・					
区	世田谷からすやま	・					
区	渋谷	先駆型	0	1	1	週4日勤務	
区	中野	先駆型	0	2	2	週1（2名）日勤務	
区	杉並	先駆型	0	1	1	相談予約が入れば，外部に講師扱いとして委託	
市	八王子	先駆型	0	2	2	非常勤は週5日（1名），月10日（1名）勤務	
市	立川	先駆型	0	1	1	週4日勤務	
市	武蔵野	先駆型	0	0	0	—	
市	昭島	先駆型	0	0	0	専門心理相談員の設置無し，心理相談の場合はクリニックに依頼	

市	多摩	先駆型	0	1	1	週4日勤務	
区	港	先駆型	0	1	1	週4日勤務で，産業カウンセラー資格取得者（臨床心理士資格ではない）	平成17年4月に認定
市	清瀬	先駆型	0	0	0	―	
区	中央	―	―	―	―	2007年先駆型として設置予定のため，調査時点では分からず（2007年以前は子育て支援課担当）	平成17年10月に認定
区	千代田	従来型	0	1	1	週1日勤務	
区	文京	従来型	0	1	1	週1日勤務	
区	台東	従来型	0	2	2	週4日勤務（1名は臨床心理士資格を持たないが，ベテランの相談員）	
区	墨田	従来型	0	1	1	臨床心理士資格は未取得だが，大学院生が非常勤心理相談員として時々来所とのこと	
区	江東（東陽）	従来型	0	3	3	心理相談日は週1日（1名），月2日（1名），月1日（1名）	
区	江東（大島）	従来型	0	1	1	月1日勤務	
区	江東（深川北）	従来型	0	1	1	月1日勤務	
区	目黒	従来型	0	0	0	心理雇用予定なし	
区	豊島西部	従来型（発達）	1	1	2	週4日勤務　その他，東部と同じ専門相談員が月に数度来所	
区	北	従来型	0	2	2	週2日勤務（2名）	
区	荒川	従来型	0	1	1	臨床心理士資格見込み者が勤務中	
区	練馬	従来型	0	0	0	心理雇用予定なし	
区	江戸川	従来型	0	2	2	週4日（2名）勤務	
市	府中たっち	従来型	2	0	2	―	
市	府中しらとり	従来型	1	1	2		
市	小金井	従来型	0	0	0		
市	小平	従来型	1	0	1		
市	日野東部	従来型	0	0	0	心理雇用予定なし	
市	日野西部	従来型	0	0	0	―	
市	東村山	従来型	0	0	0	―	
市	国分寺	従来型	1	1	2	週5日勤務	
市	国立	従来型	0	0	0	―	
市	東久留米	従来型	0	0	0	心理雇用予定なし	
市	狛江	従来型	0	0	0	心理雇用予定なし	
市	東大和	従来型	0	0	0	―	
市	武蔵村山	従来型	0	0	0	心理雇用予定なし	

市	稲城	従来型	0	1	1	週4日勤務（ただし1日6時間勤務枠）
市	羽村	従来型	0	1	1	—
市	あきる野	従来型	0	0	0	調整機関として振り分けが主.
市	西東京	従来型	0	2	2	月1日（2名）勤務
市	福生	従来型	0	0	0	心理雇用予定なし
市	青梅	従来型	0	1	1	—
町	日の出	従来型	0	0	0	心理雇用予定なし
町	瑞穂	従来型	0	0	0	心理雇用予定なし
町	大島	従来型	0	0	0	心理雇用予定なし（月1で児童相談所職員来所）
町	奥多摩郡	従来型	0	0	0	設置初年度につき心理士雇用なし
	計	先駆型22 従来型34	12	52	64	

村．離島は調査なし
備考欄「—」は雇用形態について回答なし
※1 非常勤勤務備考については，電話調査時に取得できた情報のみ記載．そのため備考欄「—」は雇用形態について回答なし．
※2 本表における心理士とは，臨床心理士資格を持っている場合と，臨床心理士資格を持っていないが，心理的な相談業務を長年，資格制度が成立する以前から行っている場合のみカウントした．ただし臨床心理士資格見込みについては心理相談を業務で行っている場合のみカウントしている．

日が8名，月1日が6名，週3日が2名，そして常勤と同じ週5日勤務が1名という順であった．

　これらは，各市区町村および子ども家庭支援センターの所長の方針や予算の付き方にひとつの特徴があると考えられるが，週4日が一番多く，それに続く週2日，月1日という雇用形態は，心理士に求められる業務に幾分の違いがあるように感じられる．

　週4日勤務の心理士の先駆型と従来型の内訳を見ると，先駆型12名，従来型5名と先駆型のほうが多い．週4日の勤務においては，病院臨床のように終日心理士が，心理相談と査定に当てられているとは考えにくい．なぜならば，先駆型子ども家庭支援センターには，虐待の事実確認のためのアウトリーチ機能が求められることや，軽-中程度レベルの虐待ケースは児童相談所にリファーするのではなく市区町村単位で支援していくことから，非常勤心理士も虐待対応において心理的なアセスメントを用いながら，アウトリーチ機能および虐待を受けた子どものケアや養育者へのアプローチを行っている可能性が考えられた．

だが一方で，週2日勤務，あるいは月1日勤務のように，心理士の勤務日数が少ない場合は，先の週4日勤務の心理士と役割に大きく違いがあるのではなかろうか．この仮説は，本章の電話調査だけでは確証は得られないので，次章で検討することにするが，心理士雇用予定なしの理由に，専門の心理相談が必要な場合は他機関にリファーが掲げられていたことから，勤務日数が少ない非常勤心理士雇用は，より他職種が担えない精神障害への心理面接や，あるいは子どもと大人の発達障害に関する見立てなど，短時間で最大限に心理士の専門性が活かせるような既存の心理業務が考えられる．あるいはケースのインテークのみを行い，その後の対応はどの機関に任せるかという振り分け機能が期待されていることも推測された．

第2項　心理士の雇用予定なしについて

今回対象とした全56施設の内，約4割弱の機関が心理士雇用を行っていなかった．先駆型子ども家庭支援センターである新宿区の回答（備考欄）にあるように，先駆型であっても虐待を受けた子どもと虐待者である養育者の支援・治療的機能は保持しておらず，あくまで多機関連携における調整機能に特化した場合もあると考えられた．すなわち，地域における多機関連携の調整は，今まで地域で働いてきた保健師やソーシャルワーカー，保育士といった職種のほうが，それぞれの保健センター，社会福祉サービス機関，保育園等の地域情報を持ち，すでにそれぞれの機関と顔つなぎができていることから，その人脈を活かしながらネットワークを形成したほうが，心理士よりも効果的だと判断されていたのではなかろうか．

また，従来型子ども家庭支援センターには先駆型のような虐待対応に関する積極的なアウトリーチ機能は特には持ち合わせていないが，地域の子育てサロンや広場事業等，子育て支援における親子への支援プログラムが充実している所も見られた．このようなプログラムは以前からも導入されていたものであり，実際にその子育て支援事業や広場事業を担当してきた保健師やソーシャルワーカー，保育士までが中心になっているとも考えられる．

2005年当時，子育て支援における心理士の役割はまだ新しく，現場で長く仕事をしてきた保健師，ソーシャルワーカー，保育士の実績のほうが，子ども

家庭支援センターにおける，新規事業展開には心理士よりも有用だと判断されていたことが推測された．

第3項　第4章にむけて

　本章では非常勤雇用の多い心理士には従来の心理業務を活かしながらも，その他の業務にも役割が期待されていることや，また勤務日数が少ない非常勤心理士にはより専門性の高い心理相談や査定といった業務が期待されている可能性が推測された．しかしながら，具体的に現場で行われている心理士の業務内容については，未だ不明な点が多く，さらに踏み込んだ調査が必要であると考えられた．

　また，心理士雇用のない子ども家庭支援センターでは，古くから地域での子育て支援領域で働いてきた実績のある保健師やソーシャルワーカー，保育士などが雇用されていた．これは，子ども家庭支援センターの役割である地域ネットワークを組む際にも，地域で働いてきたなじみのある職種のほうが連携を取りやすいと考えられているのではないかと推測された．また，子ども家庭支援センターが地域ネットワークを組み，連携における関係機関との調整役割を求められる以上，たとえ非常勤であっても，心理士も多機関連携および地域に根ざしたリソースの把握は必須であると考えられる．

　本章では，東京都の市区町村における心理士雇用の状況を明らかにしたが，これはそれぞれの機関が心理士に期待する業務役割の違いにも通じているとも考えられた．そのため，第4章では，本章で明らかにできなかった具体的な市区町村における心理士の業務内容を把握することを目指す．

第4章
市区町村における臨床心理学的地域援助

第1節　問題と目的

　第3章において，東京都子ども家庭支援センターの心理士雇用状況が明らかになったが，その具体的な業務内容については不明な点が多かった．そのため，本章では，日本の市区町村におけるモデル事業のひとつともなっている東京都子ども家庭支援センターの心理士業務，および役割から，現場で行われている臨床心理学的地域援助モデルを明らかにする．

第2節　方　法

第1項　調査対象

　調査対象（インフォーマント）は東京都子ども家庭支援センター23施設に勤務する32名の心理士（表2参照）．なお，今後インフォーマントをInfo.と略す．

第2項　調査手続き

　半構造化面接によるインタビュー調査．調査対象者1人につき1時間から1時間半である．調査者が1人で全てのインタビューを行い，その後逐語録に起こし分析を行った．

表2 調査対象者一覧

Info.	センター	性別	雇用形態	勤務形態	センター勤務年数	分析段階
1	従来型	女性	常勤	週5	1年	ステップ1
2	従来型	女性	常勤	週5	1年	
3	先駆型	女性	常勤	週5	5年	
4	先駆型	女性	非常勤	週5	5年	
5	先駆型	女性	非常勤	週4	3年	
6	先駆型	女性	非常勤	週2	5年	
7	先駆型	女性	常勤	週5	―	
8	先駆型	女性	非常勤	週2	―	
9	先駆型	女性	非常勤	週3	3年	
10	先駆型	男性	常勤	週5	5年	
11	先駆型	女性	非常勤	週4	1年	
12	先駆型	女性	常勤	週5	―	
13	先駆型	女性	非常勤	週3	―	
14	先駆型	女性	非常勤	週4	1年	
15	先駆型	女性	非常勤	週1	2年	
16	従来型	女性	常勤	週5	10年	ステップ2
17	従来型	女性	常勤	週5	4年	
18	先駆型	女性	非常勤	月2	4年	
19	先駆型	女性	非常勤	週1	4年	
20	先駆型	女性	非常勤	週1	3年	
21	先駆型	女性	非常勤	週4	5年	
22	先駆型	女性	非常勤	週4	1年	
23	従来型	男性	非常勤	週4	2年	
24	従来型	女性	非常勤	週5	4年	
25	先駆型	女性	非常勤	週4	1年	
26	従来型	女性	非常勤	週2	4年	ステップ3
27	従来型	女性	非常勤	週4	―	
28	先駆型	女性	非常勤	週4	5年	
29	先駆型	女性	非常勤	週4	1年	
30	先駆型	男性	非常勤	週1	1年	
31	先駆型	女性	非常勤	週5	10年	
32	従来型	女性	非常勤	週1	7年	

第3項 調査期間

2005年2月から2010年5月にかけて行った．

第4項　インタビューガイド

ⅰ）　子ども家庭支援センター内で求められる役割．
ⅱ）　特に虐待対応における心理士の役割と位置づけ．
ⅲ）　子育て支援における臨床心理学的地域援助とは何か．

第5項　分析手法

　得られたインタビューデータは，全てプロトコルに起こし，グラウンデッド・セオリー・アプローチ（Strauss & Corbin, 1998）を用いて分析を行った．分析手法については第2章第2節を参照してほしい．

第6項　理論的サンプリングと段階的分析手続き

　ステップ1では，Info. 1から15まで先駆型子ども家庭支援センターの属性を中心にサンプリングおよび分析を行った．この段階ではカテゴリの生成を目指した．
　続くステップ2では，Info. 16から25まで従来型と先駆型子ども家庭支援センターのサンプリングを行い比較検討しながら分析を行った．この段階ではデータを追加することで，カテゴリの追加と修正を目指した．
　最後にステップ3では，Info. 26から32まで雇用状況に着目してサンプリングを行い，比較検討を行った．この段階ではさらなるデータを追加することにより，カテゴリの精緻化を試み，最終的な理論的飽和をもって，現場に即した市区町村の臨床心理学的地域援助の構造をモデルとして生成した．
　なお，現場の心理士は業務多忙であり，インタビュー調査に協力頂くためには，調査協力して頂けるInfo.のご都合に合わせて調査日程を組む必要があった．そのため，厳密な理論的サンプリングは不可能であり，分析の段階が前後左右する場合があった．ただし，各段階において属性ごとの絶えざる比較を行いながら，できるかぎりの段階的な分析手続きを行った．

第3節　結　果
子育て支援における市区町村の心理士役割

第1項　ステップ1——カテゴリの生成

　ステップ1では，Info.1から15までのインタビューデータを対象に分析を行った．特に先駆型子ども家庭支援センターの心理士機能を分析の中心に据えた．分析の結果，表3のようなカテゴリ一覧表が得られた．
　以下では，得られたカテゴリグループ，カテゴリ，サブカテゴリの説明を行う．文中の《　》はカテゴリグループ，〈　〉はカテゴリ，「　」はサブカテゴリを示す．カテゴリグループとは，類似したカテゴリ同士をまとめた上位カテゴリである．なお，この表記は，続く第3部，第4部でも同様とする．

《センター内での心理士機能》
　このカテゴリグループには，〈面接室外での新たな業務〉〈従来の心理面接業務〉〈統合的アセスメント〉〈コンサルテーションと研修〉という4つのカテゴリが存在する．

〈面接室外での新たな業務〉
　このカテゴリには，「アウトリーチ」，「広場でのアプローチ」，「行政への提言」という3つのサブカテゴリがある．
　「アウトリーチ」とは，実際に心理士自らが養育者の家庭に訪問することを意味している．常勤の心理士は，虐待対策ワーカーを兼ねていることもあり，その場合は1人あるいはケースワーカーと訪問する場合が多かった．また非常勤であっても，他の虐待対策ワーカーと一緒に家庭訪問する場合も見受けられた．
　「広場でのアプローチ」とは，子ども家庭支援センター内に設置された広場スペースに，心理士が積極的に養育者と子どもの元に出向いて，子どもと遊んだり，会話を楽しんだり，あるいは養育者同士を孤立させないようにつなぐ等，支援的に関わるアプローチのことである．このアプローチには，養育者と子どもに心理士が日常的に接することによって，心理相談に対する垣根を低くする意味が込められていた．子ども家庭支援センターにおける広場は，実質屋根の

表3 ステップ1

カテゴリ グループ	カテゴリ	サブカテゴリ	データ
センター内での心理士機能	面接室外での新たな業務	アウトリーチ	家庭訪問をやってます．私たちだけで一緒に行くんじゃなくてね，ワーカーさんと一緒に動いてて．(Info. 12)
		広場でのアプローチ	心理面接以外だと，そこの遊びの広場があるじゃないですか．そこのほうに必ず見守りという形で，職員が，まぁ安全確保ってのが第一なんですけど，それにともなう気になるお母さんとかお子さんとかに，うまーく，アプローチができるように目を配ってやっています．広場っていう遊ぶスペースのところに，私たちが見守りの時間を持ちながら，出て行くっていうのが一つの売りになってるんですね．で，そこで相談室っていうんじゃなくて，気軽に相談できるっていうこと．(Info. 3)
		行政への提言	私は行政職でもあるので，そういう現場のこともわかりつつ行政に反映していき，たえず求められていることを現場に下ろしながら，今求められていることに敏感になって，そのことを現場に反映させていく．それで上手い政策の展開ですとか，そういうことができたらいいかなって思って．(Info. 7)
	従来の心理面接業務	親支援プログラム	親グループをやったりしています．それを私がやってるのは，どちらかというと，行動療法的にね，騒いだときにクールダウンさせるために，まぁ無視をするとか．あとはご褒美をあげるときのあげ方，良い行動をしたときに，その場でその行動にぱっと与えるとか．非常に実践的な感じだよね．だから気づきというよりはスキル，趣味のようなものでお母さんたちと話をするというのは楽しいので．(Info. 10)
		一時的な心理面接	私の方で何か虐待に対してできるといったら，親御さんの葛藤を減らす一つの手立てとしての心理面接．それはちょっと中へ入れば，お母さんやご家族自身の当面何がしんどいかということ．そしてそれはどこから来ているのか，どうして子どもにいっちゃうのか，ということを分かっていこうということです．(Info. 15)
	統合的アセスメント	関係機関からの情報収集	関係機関から情報集めて，お母さんが夜遅くまで働いていて帰ってこないとか，親が夜遅く，いつまでもテレビ見てて，子どもが何してようが構わないっていう家庭の養育力のなさとかが見えてくるんですよね．(Info. 13)
		社会的アセスメント	なんか個人じゃないんですね．対象としているのが子ども一人だけのことじゃないし，そこには親がいたり兄弟がいたり，家族がいたり近隣の人がいたり，所属先があればそこの社会も関わっていたりだとか，社会の中にいる一人の個人っていうふうに捉えていかないといけないかなぁと．で，個人，クライエントを支援していればだけじゃなく，そこを支えているほかの人へもちょっとお手伝い．(Info. 11)
		心理的アセスメント	接し方の部分とかで不安があったりとかね．苦手なお母さんと会ったりとか，そういうのだったりとかね．それから気になるところを見てほしいとか．そ

			ういうのがあるんじゃないのかって思うんですよね．あとは発達とか，それから心理的な見立てとかね．(Info. 13)
	コンサルテーションと研修	職員研修	すごくね，重い仕事なんですよね，やっぱりね．そこから研修とかで上手に目をそらしたり，どっかでぽっと手を引いたり，っていうのを教えてあげないと，どっぷり入っちゃったりするとね，ほんとバーンアウトしちゃうからね．(Info. 13)
		職員サポート	ほんとに，何気ない話の中でね，事例のこと話してる中で，その事例の見方みたいなとか，そんなに上の視点みたいなのじゃなくて，やっぱり他の相談員さんのプライドを傷つけないように一緒に考えて，相談員さんが気づいたような形にしてく．で，自信持ってってもらうっていうのは大事なことだろうなって．(介入したときに親からしたら)そう言わざるを得ない，お母さんからやっぱり(相談員にとって)痛いところつかれた形には，もう(相談員も)戻ってきちゃうよね．そういうような話をしてあげると，だから「大変だったよねえ」って言ってあげる．労ってあげなきゃいけないし．(Info. 13)
		コンサルテーション	母親が抱いてくれないだけで，発達が滞ってしまうわけだから，保育園の先生方もね，普通の健康なお子さんたちたくさん見てるから，ちょっと変だな，って思ったときに連絡をくれたりする．あの子気になってるんですよね，っていうようなね．(Info. 9)
		訪問コンサルテーション	やっぱり保育園行ったときに保育園の先生方もすごく気にしてらっしゃるので，やっぱり虐待という視点もまだ甘いから．こういう扱いを受けたお子さんたちは，こういう特徴があるから，こんなとこ気をつけて見てくださいってよくお答えしたり．お母さんとの接触，結局家族の方がお迎えに見えるから，そのときにお母さんの様子を気にしてくださいとかね．何か変わったことがあったらすぐお知らせくださいとか．巡回しながらコンサルしてます．(Info. 13)
多機関連携のコーディネート	地域に根ざした虐待予防・介入・再発防止	多機関との情報共有	フィードバックを必要な関連機関にしていくことで，了解を得ていくこともありますし，危険がある場合はその限りではありませんが，関係している機関の方々にもそういう話をしてお母さんやご家族の悩みをわかってもらって，まわりの機関が，その方の理解を共有しておくという連携があると思うんですけど．(Info. 15)
		親子を多機関につなげる	どちらかというとこう，なんというかサービスの調整だったり，より適した機関につなぐとかっていうことのほうが多いですね．(Info. 1)
		再発防止の見守り	親の病的なのとかね，やっぱり子どもの治療機関は予約でいっぱいだとかね．精神科を紹介するときの問題ってのは大きいと思う．この人にはこういう治療が必要だと思って，行った方が楽になるのになぁと思ってもさ，うまく行ってくれないし．だからそういうのをやるときはずーっと見守ってないとだめだよね．(Info. 9)
		地域に根ざした虐待予防	虐待の治療とかに労力とエネルギーはすごくかかる．それならばもっと子どもが小さいうちからとか，基

		本となる親子関係とか，そういう早い段階から関われることがすごく意味があるんじゃないかなと思って．で，それはここが予防に重点をおいた機関である，っていうのは一つの大きな特徴っていうか，思いがあるので．予防ってやっぱり地域に根ざしてないと出来ない部分かな．日常生活の一部にあるようなところだし．(Info. 1)
連携のしやすさ	地域リソースの知識	パンフレット取り寄せたりとか．地域の支援軸はないかとか，子どもたちが通える場所はどこかとか調べるよね．それはどこでしてもいっしょ．家庭支援センターだからってこともないし，面接室っていうのもそんなに便利じゃないしさ．箱庭もないし．だからその他機関で何ができるか，いっぱい知っておかないと．わからないときはいっぱい電話して教えてもらって．(Info. 12)
	仲間を増やす努力	(学校の)先生は先生で苦労してるし．だからお互いの専門性を活かしてこの人のことを考えていけたらすごく鬼に金棒だし．心理ってとかく(他の専門職と)敵対しちゃうでしょ，なんだろうね．ただ学校に行って先生たちの苦労とかも見たらそこで仲間ができて，ちょっとお互いに苦労してるんだねみたいなことを続けていく．(Info. 7)
	わかりやすい言葉の選択	お互いに役所の人と(連携を)やるときはその人が分かりやすい言葉で．だから，例えば先生と話をするときだったら，カンファレンスがどうとかこうとか言わないで，「職員会議とか学年会議とかやるでしょ？ こういう感じで会議するんです」とか，そういう風に，あっちにも分かりやすいような通訳の役割をしてるなぁと．(Info. 7)
	顔見知りとの連携しやすさ	やっぱり顔見知りであるとか，仕事のしやすさってそんなくだらないところにあるからね．「今度こういう支援で入らせて〜」"いいよ〜"とかさ．なんかやりたいことをさ．そんなケース，ケースが大事っていうなんとか話をしても，実際は，頼み頼まれの世界だからさ．義理人情の世界なんですよ(笑)「わるいんだけどこのお母さんやっかいなんだけど，面倒見てくれる？」"しょーがねーなー"って(Info. 10)
連携の上手くいかなさ	連携機関の温度差	やっていることはお互い違うんだという大前提なんだけれども．で，それが，どうしても家庭っていうのを持っていると，子どもを受け持っているところからすると，どうしても子ども側からの視点になるし．親側の担当をしているところだと親からの視点なのでそうすると，どうしても機関同士でギャップが出ちゃったりとか，同じケースというか同じ問題を話し合っているのに議論がかみ合わないとかね．食い違っちゃったりすることも，まぁ消耗みたいなのがあったりね．危機感の感じ方の温度差の違いっていうのも，きつい面はあったりもちろんするんですけど(Info. 11)
	顔見知りでない連携のしにくさ	みなさんやっぱり本当に非常勤以外は区の職員なんですけど，みなさんやっぱり区でつながりがあるのでみなさんにつながりが広い方で．みなさんな感じなんですけど，私は4月に来たばっかりなので，他との繋がりもない中で，やっぱり連携とるのもや

柔軟な心理士アイデンティティ	柔軟な心理士役割	ソーシャルワーク的側面	っぱ難しいですよね．(Info. 14)
			虐待とかになるとお母さんたちは困ってない，困ってないし，来てくれない．で，カウンセリングという枠組みだと，こっちの相談室モデルだと話にならないんだよね．実際心理はいらないんじゃないかという話になったりすることもあったり．ソーシャルワークもやるし，ベースは心理だし．でも現実的にはアウトリーチで．(Info. 10)
		心理士としての戸惑い	正直言ってここまでソーシャルワーク的な動きが強いとは思っていなかったので，今もちょっと混乱している部分はあるし，模索中って感じで．ソーシャルワーカーみたいな動きのほうが自分の中にも臨床だけでなくて一人の人が何役もやらなきゃいけない，みたいな感じはちょっと持っていて，そこが少し最初のイメージとは違ったところ．っていうのは，心理っていうのが出て構えている面かなっては思うんだけど，やっぱちょっと現実とギャップがありましたね．(Info. 2)
		雇用条件による職務内容の違い	常勤となると，もちろんそういう専門性を持ちながら．でも私たちは行政の職員だし，常勤の正職員となると自分の専門のことだけをやっているのでは仕事がまわらないわけだし，そのへんの違いはあるかなって．(Info. 1)

ついた公園としても機能しており，多くの親子連れが訪れている．上記の「アウトリーチ」が子ども家庭支援センターに来られないニーズの低い養育者への関わりであるのに対し，「広場でのアプローチ」は，子ども家庭支援センターに来られる程度のニーズを持ってもらえたが，まだまだ気になる養育者へのアプローチとして，非常に大切な機会を意味していた．

「行政への提言」とは，現場の意見やニーズを，役所の業務や行政に反映させていく等，積極的な働きかけを意味する．

このように〈面接室外での新たな業務〉は，従来の臨床心理面接業務とは，ひと味違った，より養育者と子どもの日常に関わるアプローチとして重要な意味を持っている．

〈従来の心理面接業務〉

このカテゴリには，「親支援プログラム」と「一時的な心理面接」という2つのサブカテゴリがある．

「親支援プログラム」は，各センターの予算に応じて，期限と回数が限られた半構造的な枠組みの中で行われる．様々なプログラムがあるが，その多くは養育者同士の関係性を築きながら子育ての悩みを解決するようなグループワークである．子ども家庭支援センターには，その他にもベビーマッサージや，養

育者同士の関係作りのきっかけとして子育てサロン等の事業が展開されているが，心理士が行う親支援プログラムは育児不安の高い養育者をも対象とし，効果も実証された Nobody's Perfect や Triple P, Star parenting，コモンセンスペアレンティングといったグループワークの構造を発展的に利用したものや，中には虐待をする養育者に焦点を当てた MCG（Mother Child Group）を行うセンターも存在した．

「一時的な心理面接」とは，従来の心理面接をセンター内で行う短期間の心理支援である．長期間ケースを抱えるのではなく，あくまで次の機関につなぐまで，あるいは一時的な養育者自身の揺れ動きに対して機能する心理面接である．

いずれにせよ，子ども家庭支援センターは，治療機関ではなく，あくまで支援の調整機関として機能するため，長期間に渡る継続的なケースはなるべく減らし，短期的なつなぎとしての心理面接が機能として目指されていた．

〈統合的アセスメント〉

このカテゴリには，「関係機関からの情報収集」，「社会的アセスメント」，「心理的アセスメント」の3つのサブカテゴリがある．

「関係機関からの情報収集」とは，虐待予防あるいは介入というケースワークにおいて，子ども家庭支援センターで把握できない親子の日常生活の様子や，その他の親子の医学的な情報（医療機関や保健センターなどの情報など）を含めて関係機関から親子の情報を収集することである．

「社会的アセスメント」は，親子の経済的なリソースや，親族や地域ネットワークなどのリソース，および保育園や学校などの機関調整を含めて，生活に関する支援をどれだけ社会的に受けられるかというアセスメントである．

そして「心理的アセスメント」は，親子のパーソナリティや，育児不安や虐待に至る心理的な認知，感情，および子どもの発達など，心理的な側面を見立てることであった．

〈統合的アセスメント〉とは，子ども家庭支援センターの心理士が，最終的に情報をまとめ上げ，生物－心理－社会的に統合されたアセスメントを目指すことを示している．

〈コンサルテーションと研修〉

このカテゴリは，「職員研修」，「職員サポート」，「コンサルテーション」，

「訪問型コンサルテーション」という4つのサブカテゴリがある.
　「職員研修」とは，虐待対応という非常に困難を極める職務に対して，センター内にて研修という形を取って，その支援方針や対応策を伝えることである．
　「職員サポート」は，センター内での何気ない会話や昼食時等の休憩時等に，職員の話について共感的に耳を傾けたり，行き詰まったケースの相談に乗るなど，インフォーマルなサポートをすることである．これらは心理士から職員へのミニスーパービジョンの役割を備え，「職員研修」と同様に職員のバーンアウトを日常的に予防することも意識されていた．
　「コンサルテーション」とは，通常の心理士が担当する他の専門職との間でなされるコンサルテーションのことである．センター内に来てもらい，臨床心理学の専門性に基づく見立てを行い具体的な対応策を講じるなど，心理教育的な視点を含めた相談形態である．
　「訪問型コンサルテーション」は，「コンサルテーション」のバリエーションとも捉えられるが，心理士自らが保育園や学校，保健センター等に積極的に巡回しながら出向き，コンサルテーションを行うことを指す．ただ単にコンサルテーションを行うだけでなく，臨床心理学の専門性と，子ども家庭支援センターが持つ様々な機能を，保育園や学校などに出向くことでアピールすることにもつながっていた．そして実際に心理士が出向いて，相手機関の担当者とつながることで，連携のために機関ごとの顔つなぎにもなるという意味も込められていた．先駆型では特にこの手法が多く使われていたことから，バリエーションではなく，サブカテゴリとして位置づけた．
　以上のことから，このカテゴリは，センター内および多機関連携の支援者に対する心理的なバックアップ機能を意味している．

《多機関連携のコーディネート》
　このカテゴリグループには，〈地域に根ざした虐待予防と再発防止〉という具体的な支援の役割のカテゴリ，〈連携のしやすさ〉という多機関連携をするために，日頃から心理士が意識している要因のカテゴリ，そして〈連携の上手くいかなさ〉という連携の失敗要因のカテゴリ，以上3つのカテゴリから組み上がっている．

〈地域に根ざした虐待予防から再発防止〉

このカテゴリには,「多機関との情報共有」,「親子を多機関につなげる」,「再発防止の見守り」,「地域に根ざした虐待予防」という4つのサブカテゴリがある.

「多機関との情報共有」とは,対応しているケースについて常に関連機関にフィードバックをしながら,進行ケースの情報を最新状態にアップデートしていくことである.

「親子を多機関につなげる」とは,支援する親子にとってより適切なサービスを提供する機関にリファーすること,あるいは多機関で一緒に関わっていくために,様々な機関で関係が養育者と切れないようにつないでいくことである.これは,特に拒否的な養育者への対応において,ひとつの支援機関と関係が切れても,その他の支援機関と関係が保てるように,子育支援から虐待予防・介入までの間に,早期に分散型のリスクヘッジを行う意味も存在していた.

「再発防止の見守り」とは,一度虐待介入で関わった親子に対して,再度虐待が発生しないよう継続的に見守ることである.この点はコミュニティ心理学における再発防止の三次予防と同様の意味を持つ.

「地域に根ざした虐待予防」とは,虐待ケースへの介入だけでなく,虐待事例が発生する前に,予防的に日常からグレーゾーンのケースには関わりを持つことである.早期発見,早期対応が中心となり,日常生活から地域援助を行っていることを意味する.この点はコミュニティ心理学における一次予防と同様の意味を持つ.

以上のことから,このカテゴリは,虐待発生自体を予防する一次予防としての連携,虐待介入において常に多機関と情報を共有しながら,ケース自体をつなぐ二次予防としての連携(「多機関との情報共有」と「親子を多機関につなげる」),介入後の再発防止のための三次予防としての連携といった各段階を包括している.

〈連携のしやすさ〉

このカテゴリには,「地域リソースの知識」,「仲間を増やす努力」,「わかりやすい言葉の選択」,「顔見知りとの連携のしやすさ」という4つのサブカテゴリがある.

「地域リソースの知識」とは,関係機関や施設の事業内容や,使える支援プ

ログラムなど，支援対象の家庭にとって有効なサービスや機関について，積極的にアンテナを張って知り得ておくことである．

「仲間を増やす努力」とは，多機関および多職種の専門性を理解するだけでなく，相手の苦労を労いながら，顔を合わせて知り合いになっておくような，日頃からのインフォーマルネットワークを構築する努力である．それによって，「地域リソースの知識」とは異なり，担当者の性格やスタンス，あるいは各機関で代表者がどのような人物であるか，連携の許可をその都度求めるべきか否かといった機関長の指向性等も情報として把握することに繋がっている．

「わかりやすい言葉の選択」とは，専門用語を使うことなく，多職種で共通の言葉を使うように意識することである．データにもあるように専門性は高いにこしたことはないが，言葉の使用はわかりやすいものでなければ，連携する際に各機関の間で敷居を高くしてしまい（場合によっては信頼感を失い），柔軟なコミュニケーションが取れなくなってしまう場合もある．そのため現場の心理士は，従来の聞くだけでなく，専門用語を使わず，かつシンプルで分かりやすく"話す・伝える"能力にも注意を払っていた．

「顔見知りとの連携のしやすさ」は，上記3つのカテゴリとの関連によって，実際の連携時においても，顔見知りであることによって，仕事を頼みやすくなったり，頼まれやすくなったりすることである．このサブカテゴリは連携の柔軟さの肝となっており，一朝一夕でできるものではなかった．日頃から「地域リソースの知識」，「仲間を増やす努力」，「わかりやすい言葉の選択」を意識して繰り返した結果の「顔見知りとの連携のしやすさ」として位置づけられる．

このように，このカテゴリは，実際にフォーマルに多機関連携をする前段階として，日頃からのインフォーマルなネットワーク作りに現場の心理士が意識・工夫していた点である．

〈連携の上手くいかなさ〉

このカテゴリには，「連携機関の温度差」，「顔見知りでない連携のしにくさ」という2つのサブカテゴリがある．

「連携機関の温度差」とは，連携機関あるいは担当者ごとによる見立ての相違や虐待の危機感の違い，あるいは役割分担における認識の不一致など，連携自体が上手く行かないことを示している．子ども家庭支援センターが多機関連携のコーディネート機能を担っている以上，非常に多機関連携における機関ご

との役割調整に困難を極める点である．連携において，情報の共有は基本事項である．だが，シンプルであるがゆえに，共有すること自体が現場では難しい場合も少なくない．各機関（長）の指向性や，虐待事例に対する個人情報の取り扱いに関するリテラシーの違いによって，情報共有の仕方に違いが見られ，情報共有がきちんとなされないことも見られた．その場合は多機関連携で見立ての齟齬が起きたり，実際の支援で足並みが揃わない場合や，養育者との間でも「知った・知らない」ことが原因で，不和が起きるなどケースの進行自体を妨げる場合もデータには見られた．

「顔見知りでない連携のしにくさ」とは，「連携機関の温度差」に至る要因として位置づけられる．〈連携のしやすさ〉では顔見知りであることが柔軟な連携をする際の要因となっていたが，顔見知りでないことによって，逆に連携が上手くいかない場合が生じていた．もちろん顔見知りであっても機関決定の内容に齟齬がある場合もあるが，データでも示しているように，雇用形態などによって多機関と顔見知りになりにくい場合等，子ども家庭支援センターの心理士としても連携がしにくくなる要因が示されている．同様に，多機関の担当者が子ども家庭支援センターの心理士と顔見知りでない事によっても，連携が取れにくいこともあるというデータもバリエーションとして見受けられた．

以上のように，このカテゴリは，連携自体が相手の出方やスタンスが見えないことによって，連携を取ること自体に二の足を踏んでしまう可能性や，対応の齟齬が生じる等，連携時における困難要素，または連携時の失敗になりえる要因を意味していた．

《柔軟な心理士アイデンティティ》
　このカテゴリグループには，〈柔軟な心理士役割〉，〈雇用条件による職務内容の違い〉という2つのカテゴリが存在する．
　〈柔軟な心理士役割〉
　このカテゴリには，「ソーシャルワーク的側面」と「心理士としての戸惑い」という2つのサブカテゴリがある．
　「ソーシャルワーク的側面」とは，心理士自らが養育者の情報を積極的に集め，必要に応じて養育者のもとに出向いたり，広場でも進んで声を掛ける等のアプローチのことである．虐待対応では，そもそも養育者側に相談ニーズが低

く，来談が見込めないことが非常に多い．そのため，まずは心理士自ら〈面接室外での新たな業務〉として，「アウトリーチ」や「広場でのアプローチ」など，積極的に養育者と関係を築くアプローチを行っていた．また，特に「アウトリーチ」の際には，〈統合的アセスメント〉のため「関係機関からの情報収集」など，心理士のソーシャルワーク機能が現場では必要不可欠であることが示されている．

「心理士としての戸惑い」とは，上記「ソーシャルワーク的側面」のサブカテゴリが示すように，臨床心理学の専門性だけでなく，その他の業務も多く求められることから，心理の専門家としての立ち位置に疑問を感じることである．なぜならば，現場の心理士には，専門的な心理面接や査定だけでなく，現在の大学や大学院教育で臨床心理学カリキュラムにはほとんど入っていないソーシャルワークのスキルや，一般的な事務作業・電話応対・お茶汲み等，雑用的な職務も多く求められるからである．これらは特にこの内容は，経験年数が若い心理士ほど，このギャップや戸惑いを感じていた．この内容は，社会人経験としての側面も考えられるが，一般的な事務作業や常識的な社会人としてのマナーなど，心理士としての専門性の前に，個人として支援機関内・間から期待される能力でもある．このような能力やスキルは，オンザジョブトレーニングとしてその都度覚えていくものと考えられるが，そこにこそ現場の心理士は戸惑いを感じていた．データにもあるように，厳密なカウンセリングの治療構造理論だけをイメージして働くことと，現場で求められる実践的な仕事内容とのイメージの間でギャップが生じていることを意味している．

以上のように，このカテゴリは，より柔軟に役割をこなしていくことが現場では求められており，特にそのソーシャルワーク的側面に戸惑いを覚えながらも仕事を行う，現場に即した新たな心理士役割を意味している．

〈雇用条件による職務内容の違い〉

このカテゴリは，第3章で示した通り，常勤，非常勤という雇用形態，および非常勤の勤務日数という点で，担う役割が違っていることである．データにもあるように，常勤は事務的な仕事をしつつ，ソーシャルワーク機能までこなしていくことが求められている一方で，勤務日数が少ない非常勤は限られた勤務日数からより専門の心理的な機能を求められていた．以下に具体例を示す．

> 非常勤で心理職ということは半分お客さんじゃないけど，お客さんで"このことだけやってくれればいいです"，"これをやってください"，それが面接だったりとか検査だったりとか，そういう風なのでしょうけど．そういう感じで専門的なことだけをやるのが非常勤で．でも常勤にはもろもろいろんなことがついてくるっていうのは違いかな．（Info. 1）

ただし，役割に差がある一方で，ケースワークとして関わる以上，常勤と非常勤に求められるケースへの専門性に対する期待度には差はないと考えられる．以下に具体例を示す．

> 常勤非常勤というよりは，常勤が単純に情報をたくさんもっているので，そこでみんなでこう知恵を出し合って，ケースを検討するっていうのができているかなって思います．ケースに対しては常勤非常勤の差はないですね．（Info. 3）

以上のことから，このカテゴリは，ケースへの専門性の期待に違いはないとしても，雇用状態によって若干職務内容が現場の心理士ごとに違う可能性を意味している．

第2項　ステップ2——カテゴリの追加修正

ステップ2では，Info. 16 から 25 までを対象とし，分析を行った．この段階では，従来型子ども家庭支援センターの心理士役割を比較対象として分析の中心に据えた．追加・修正されたカテゴリは以下の通りである．

(1) カテゴリの追加

ステップ2で得られたデータから，表4のようなカテゴリが追加された．ステップ1で得られた〈面接室外での新たな業務〉のサブカテゴリ「アウトリーチ」，「広場でのアプローチ」，「行政への提言」により分化した内容が追加されたため，この3つのサブカテゴリをそれぞれカテゴリに昇格させ，修正した．表4に具体例を示す．

〈アウトリーチ〉のカテゴリ追加

　ここでは,「虐待の事実確認」と「緊急介入」という2つのサブカテゴリが追加された.

　「虐待の事実確認」とは,電話での通告,あるいは関係機関からの連絡などで,子ども家庭支援センター自体が,事実確認のために,家庭訪問を行うことである.

　一方,「緊急介入」とは,虐待が深刻である場合,あるいは養育者自身が自殺の危険や精神状態が不安定になりそうな場合には,担当の職員が家庭に訪問する危機介入,場合によっては市区町村のショートステイサービス等で子どもを預かる,あるいは児童相談所との連携により一時保護を目的とした,緊急介入的な家庭訪問を意味する.

　このように,アウトリーチとしての家庭訪問には,虐待の深刻度合いによって2段階が設定されていることが明らかとなった.

〈広場でのアプローチ〉のカテゴリ追加

　ここでは,「子どもにケンカを練習させる場」「養育者のエンパワメント」「来なくなったら限界の広場」という3つのサブカテゴリが追加された.なお,ステップ1で見出された〈広場でのアプローチ〉に関する内容は,「気軽な相談」として位置づけた.

　「子どもにケンカを練習させる場」とは,広場という安心・安全な空間で,子ども自体が大人に見守られた中でケンカができる場ということである.特に,子どもにとって成長に必要なケンカができるということだけではなく,養育者にとっても子どものケンカへの対応方法を客観的に観察し,適切な対応を支援者からモデリングできることや,常に子どもの一挙手一投足に目を光らせている養育者のストレスを,広場で職員を含めた多くの大人で対応することによって,和らげることにも繋がっていた.

　「養育者のエンパワメント」では,データに示されている通り,養育者自身が広場で知り合いができるなど居場所を見つけ出し,その場で少しずつエンパワメントされていくことである.子育てに悩む同じ仲間の存在を見つけるだけでなく,虐待のリスクファクターのひとつが家庭での孤立化であることから,広場は子どもにとってだけでなく,養育者への支援としても非常に効果があると考えられていた.

表4　カテゴリの追加

カテゴリ	サブカテゴリ	データ
アウトリーチ	虐待の事実確認	虐待を受けてる子に会えることってのはわりと稀で，特に電話で，まわりから泣き声が聞こえるとか，（それでアウトリーチしても養育者は）だいたいドア開けてくれない．でもそこで子どもに会えれば，傷があるかどうかとかもやってるし，生活はどれくらいできてんのかとか，体の大きい小っちゃいとかってなのは（調査）してる．でも，虐待に関しては，心理的幻聴がどうとか，相手がどういう風な世界に住んでるっていうよりも，実際に何が起きてるかという現実を重視する．殴ってるか殴ってないかとか，養育してるかしてないかとか，そこが一番大事ですね．虐待の訪問っていうのはさ，まず現認っていうのは一番は通報の確認だから．心理面接とか構造論とは全然違うところで動いてるんですよ．（Info. 22）
	緊急介入	たとえば，ここにいらっしゃってて，もう私が関わっているお母さんで，「どうもまずい，このままじゃ危ない！！」ってことで電話がきたりすれば，「いつでも行くからね」って伝えてあるんですよね．（Info. 23）
広場でのアプローチ	気軽な相談	
	子どもにケンカを練習させる場	子ども同士取っ組み合いというか喧嘩を少し練習させたい．もう，これだけは親が教えられないんですよね．物の取り合いするとか，まして今一人っ子が多いんで，取り合って取り返してって，ぎりぎりまでみんなやらせる．メンバーは固定されているわけだから，みんなOKなわけだから．ぎりぎりまでやってお母さんたちも見ていて．まぁ引き離すのは大体職員ですけど，お母さんたちも見るようになるわよね．あわてないですよね．いい，いい，やらせておいてって．（Info. 16）
	養育者のエンパワメント	ここで相当，広場で予防できてるの．だから逆に，こういう風にきちんと親子が受け止めたり，友達ができたりっていう風なことがなっていっていればそんなに（広場に来てくれる家族にはアウトリーチに）出なくたってやれると思う．もちろん本当に一部の（重度な虐待などの）ところはね，（職員が）出で行かなきゃならない部分はありますよ．だからゼロにはできないけれども，でもね，できると思う．ここでどれだけ地域の人同士のつながりがあって，どれだけ支えられているかっていうようなことだと思う．だから広場があるところは，広場を充実するっていうそこのところに私はもう少し力を注ぐべきだと考えている．口コミで連れてきて自分は最初の頃はすごいおどおどしててセンターに来て，3回目くらいに〈友達連れてきました〜〉って（お母さんが）言って．下向いてたお母さんが上向いてきてね．しかもどうするかと思ったら，自分の実家みたいに〈ココはこうするところなの，ああするところなのよ〜〉っていってその人に教えてあるんですよ．でも，2週間前まであんなだったなんて考えられないくらい生き生きしていて．〈いいしゃないですか！〉って，こっちもそれを認めるからね．（Info. 25）
	来なくなったら限界の広場	だけど，広場は来なくなったら終わりなので限界があります．（Info. 20）

第4章　市区町村における臨床心理学的地域援助　　67

「来なくなったら限界の広場」とは，サブカテゴリの名称の通り，広場には親子で来所してもらうことが前提で，親子が広場に来てくれなければ広場での支援には必然的に限界が生じることである．そのため，もし来なくなった場合は広場機能の限界となるが，逆に子ども家庭支援センターとしては，来所しないことをひとつの養育者の心理状態として見立てていた．特に虐待グレーゾーンの親子が広場に来なくなることは危険なサインであり，場合によっては〈アウトリーチ〉等への対応に移る段階であることを示唆することも意味されていた．

以上のように，〈広場でのアプローチ〉は心理士自らが敷居を下げて日常的な相談に乗れるだけでなく，心理士をはじめとする職員が養育者に安心と安全の空間を提供し，そこでの養育者のエンパワメント，あるいはアウトリーチに移るか否かの判断ポイントになっていることが示された．特に広場機能は従来型子ども家庭支援センターが持つひとつの大きな特徴であり，広場において相当数の虐待グレーゾーンの養育者や子ども達を支援できる可能性がある．それゆえに広場における心理士のアプローチ，および保育士などとの協働が非常に有効なものとして考えられていた．

(2) カテゴリの修正

〈行政への提言〉改め〈啓発活動〉へのカテゴリ修正

このカテゴリは，ステップ1で得られた〈行政への提言〉に新たに「広報活動」が追加されたことから，情報を心理士自らが発信するという意味で，表5のように〈啓発活動〉とカテゴリ名を改めた．

「広報活動」とは，心理士自らが発行する地域広報紙であったり，チラシやパンフレットあるいはセンター内に貼るポスターやポップ等の作成業務である．心理士による心理面接というと，非常に敷居が高いイメージを養育者が持つため，心理士から積極的に情報を外に発信し，心理士イメージの敷居を下げることを意識していた．

以上のことから〈啓発活動〉とは，心理士からの積極的な情報発信であり，養育者だけでなく地域，あるいは行政にも働きかけるひとつの自ら外に出向いていく間接的な役割として位置づけられる．

(3) サブカテゴリの追加

ステップ2で得られたデータから，サブカテゴリの追加は表6の通りである．

〈コンサルテーションと研修〉のサブカテゴリ追加

「定期巡回型コンサルテーション」とは，定期的に保育園・幼稚園を訪問し，困っていることがないかニーズを聞きながら相談にのるアプローチである．定期的に巡回することで，発達や虐待疑いの問題のある子どもを継続的に観察することもでき，また保育士・幼稚園教諭と一緒に切れ目のない支援プランを作っていけるというメリットがある．

このようにコンサルテーションのスタンスは，センター内での職員研修という非常にきっちりした内容のものから，要望があった場合の「コンサルテーション」「訪問型コンサルテーション」，「職員サポート」というインフォーマルなコンサルテーション，そして出前型として相手機関のニーズを発掘しながら出向いていく「定期巡回型コンサルテーション」という，非常に多種多様なコンサルテーションの形が存在しており，その都度，臨機応変に対応していることが明らかになった．

〈連携の上手くいかなさ〉のサブカテゴリ追加

「ケースの大幅な増加」とは，子ども家庭支援センターが虐待対応機関の第一義的窓口になったことから，ケースが全て子ども家庭支援センターに一度集約され，現状のマンパワーでは回らなくなってしまうことが示されている．連携においても他の機関からリファーされ，子ども家庭支援センターに丸投げにされてしまうことも多い．その結果，子ども家庭支援センターの心理士も必然的にケース数が増加し，ひとつひとつのケースや連携のやり取りに割く時間が現実的に少なくなってしまう懸念が示されている．そのことにより，柔軟なきめの細かい連携が物理的に上手くいかない場合が生じることを意味している．

(4) バリエーションの拡大

「一時的な心理面接」のバリエーションとして，虐待してしまう養育者の特徴から，他機関にリファー後でも，リファー先と関係が切れないようにバックアップする場合が見受けられた．以下に具体例を示す．

表5　カテゴリの修正

カテゴリ	サブカテゴリ	データ
啓発活動	行政への提言	
	広報活動	今やっていることの一つに情報誌はこちらで発行しますね．一応季刊誌になっていて年4回出しているんですけど，心理のほうで気軽に相談いつでもしてくださいというような文面を載せて，各児童館，公民館，図書館などなどに配布はしていて．そういう役目も心理なんですけど，配達だとか印刷だとかいうのもやっています．ほんとに職員がいないので，何でも屋にならざるをえなくてですね．（Info,17）

表6　サブカテゴリの追加

カテゴリ	サブカテゴリ	データ
コンサルテーションと研修	職員研修	
	職員サポート	
	コンサルテーション	
	訪問型コンサルテーション	
	定期巡回型コンサルテーション	学童の場合には先生だからコンサルテーションって言う場合もありますね．幼稚園とかも．場合によっては，終園しているところに出向いて保育園幼稚園に出向いて子どもさんの様子を見せてもらったり，先生方と話をしたりということもします．それから場所をセンターだけに固定してないという風に考えていいですね．で，いわゆる相談室で相談を受けるという風なスタンスというのはかなり柔軟に考えているという風なのが，私のコンサルテーションのスタンスですね．（Info. 25）
連携の上手くいかなさ	連携機関の温度差	
	顔見知りでない連携のしにくさ	
	ケース数の増加	法とかも変わって，DVの家庭で子どもの前でそういう暴力を見せることも虐待という定義ができたんですよね．それでDVの家庭のお子さんのセラピーとか，そういうのも支援センターにポーンと投げられるようになってきていて．でもここはセラピーの出来るような施設もありませんし，予算もつけてないのにそういう役割ばっかりぽんぽんぽんぽん投げられてくる感じで．ネットワークって難しいなって思うんですよね．（Info. 17）

> 私の中では地域援助をする臨床心理士というのは，やはり終わりがない．そこで（支援関係が）切れないんですよね．例えばお母さんが新しい専門機関に行った．でもまだ迷いが多い．どうしても前の担当者の影響っていうのは良くも悪くも大きいですよね．相手の新しい人との関係が気になってけっこう舞い戻ってらっしゃるんですよ，たくさん……．で，それをおそらくは今までの従来のモデルだと（支援関係を）切って「いや，あちらに行きなさいよ．あなたが来るところじゃないよ」ってつないでいくんですが，もちろんそれ原則なので最初はそうするんですが，でも中にはそれが非常に難しいし，見捨てられ不安を抱えているお母さんが大変多い．むしろそちらの相談の流れにのるような形のバックアップという形で必要かなと．ここに来て，「あっちの先生（医師など）に上手く言えなかった～，やっぱりあぁ言えば良かった，こう言えばよかった」ってバーっと出てくるんですよ．相手の治療に踏み込むことはもちろん絶対しないですけれども，〈あなたが伝えたかったことはこういうことじゃないの？ じゃあこういうふうに伝えてみたら？〉ってな形で．お母さんの気持ちを整理して，少しスムーズに流れに戻す．来たら戻すってやりながら，だんだんお母さんが戻ってこなくなったら，そこで初めて私の役目は終わりかなって．（Info. 23）

また，〈連携のしやすさ〉で示した「仲間を増やす努力」というインフォーマルなネットワークを構築していくためにも，養育者への対応と同様に，礼儀を惜しまず，相手を思いやりながらていねいに時間を掛けてネットワーク作りが意識されているデータが見受けられた．以下に具体例を示す．

> もちろんDV対応を扱ってらっしゃる女性センターとかに治療の役割をポーンと渡せればすごくいいと思うんですけど，そのネットワークを構築するにはそれなりの準備期間，調整とか話し合いとかが必要だと思うんです．で，やっぱり新しくできたところなんで，支援センターが．歴史が浅いので，私みたいなペーペーはもちろんそうしなきゃいけないんですけど，結構年配の経験のある職員でも，若い保健師さんに頭を下げて，「よろしく～」みたいなことをする．ケースに関わる人（支援者）が嫌な思いをしないように自分が頭を下げてそれで済むんだったら良いっていう感じ，ですね．（Info. 17）

第3項　ステップ3——カテゴリの精緻化とモデル生成

ステップ3では，Info. 26から32を対象に，カテゴリの最終的な精緻化を目指した．データから得られたものは表7の通りである．

(1) カテゴリの追加修正
〈アウトリーチ〉

以下の「養育者とつながる視点を探す」「飴と鞭の役割分担」という2つのサブカテゴリが追加された．

「養育者とつながる視点を探す」とは，養育者の中には，アウトリーチをしても攻撃的・拒否的な反応であることも多く，そのような養育者と，どのポイントならば，関係が構築できるかという探索的な視点を常に意識していることである．特に心理士がアウトリーチする際には，養育者の心理的なアセスメントを含めながら，養育者とつながれる視点・接点を探していた．

「飴と鞭の役割分担」とは，虐待行為を認めないという強い態度で介入を行う児童相談所職員と，養育者の気持ちには寄り添う支援的な態度で介入を行う子ども家庭支援センターの心理士というような役割分担を行うことである．このような役割分担は特に「緊急介入」が必要な場合になされることが多く，児童相談所や他機関と一緒にアウトリーチを行う際に，どのような役割分担を具体的に行うのか事前に話し合われている．このことは，たとえ児童相談所と養育者との関係が対立的なものとなり，児童相談所と養育者のつながりが切れそうだとしても，支援的に関わっている子ども家庭支援センターとは関係が切れないようにする，戦略的な役割分担と考えられる．

(2) 最終的なカテゴリ，モデルの確定

その他に追加修正するカテゴリは見当たらなかった．よって最終的なカテゴリ一覧は表8に確定された．また表8をもとに，最も中心的なカテゴリから子育て支援における臨床心理学的地域援助を図2に示す．

表 7　カテゴリ精緻化

カテゴリ	サブカテゴリ	データ
アウトリーチ	虐待の事実確認	
	緊急介入	
	養育者とつながる視点を探す	どうやってその人とつながりを持つかみたいなところ？　その人が一番受け入れやすかったりとか，その人がつながりを持ちやすい部分はどこかなっていうところで付き合っていくのは，やっぱりベースが心理だったりして，すごく他の人よりはハードルが低いかなぁとは思うんですね．それはケースワークやっている中でも，そういうところはすごく信頼関係をつないでいくところは活かせるし，やっぱりどうしても今，精神疾患の人がものすごく多いので，その人たちともケースの進め方とか，親御さんのやることが今後どれぐらい不利益になりますよとか，そういうことを親御さん側にお伝えして，ちょっと待ってもらうとか．そういうことは比較的，すごく視点として大事だなと思うので，そのあたりの，なんかこうアセスメントをしたりとかっていうところは，一つのケースワークをやりながら動かせるところですね．(Info.27)
	飴と鞭の役割分担	児相は指導的に行って，こちらは親を受け止める側にて行って，〈何か困ったらこういうところありますからね，来てくださいね〉なんていう形で入るっていうやり方をとったりすることもあるんですよね．そうすると，当事者の方としては，児相にガーンと言われてショックだけど，こういう場所があるから相談してみようかなぁ，とかみたいにですね．(Info.30)

第 4 節　考　察
子育て支援に必要な心理士のスキル

第 1 項　市区町村の子育て支援における臨床心理学的地域援助について

　第 2 部の研究の結果から，子育て支援における臨床心理学的地域援助には，《心理士の役割》があり，その具体的な援助内容は，〈アウトリーチ〉〈コンサルテーションと研修〉〈広場でのアプローチ〉「一時的な心理面接」「親支援プログラム」〈啓発活動〉〈統合的アセスメント〉であった．さらに，これらに加えて，《多機関連携のコーディネート》を行い，《柔軟な心理士アイデンティティ》を持って地域援助を行っていることが明らかとなった．

表8 最終的なカテゴリー覧

カテゴリグループ	カテゴリ	サブカテゴリ
心理士の役割	アウトリーチ	虐待の事実確認 関係のある養育者の緊急介入 養育者とつながる視点を探す 飴と鞭の役割分担
	広場でのアプローチ	気軽な相談 子どもにケンカを練習させる安全な場 養育者のエンパワメント 来なくなったら限界
	啓発活動	広報活動 行政への提言
	統合的アセスメント	関係機関からの情報収集 社会的アセスメント 心理的アセスメント
	コンサルテーションと研修	職員研修 職員サポート コンサルテーション 訪問型コンサルテーション 定期巡回型コンサルテーション
	従来の心理面接業務	親支援プログラム 一時的な心理面接
柔軟な心理士アイデンティティ	柔軟な心理士役割	ソーシャルワーク的側面 心理士としての戸惑い
	雇用条件による職務内容の違い	
多機関連携のコーディネート	地域に根ざした虐待予防と再発防止	多機関との情報共有 親子を多機関につなげる 再発防止の見守り 地域に根ざした虐待予防
	連携のしやすさ	地域リソースの知識 仲間を増やす努力 わかりやすい言葉の選択 顔見知りの連携のしやすさ
	連携の上手くいかなさ	連携機関の温度差 顔見知りでない連携のしにくさ ケース数の増加

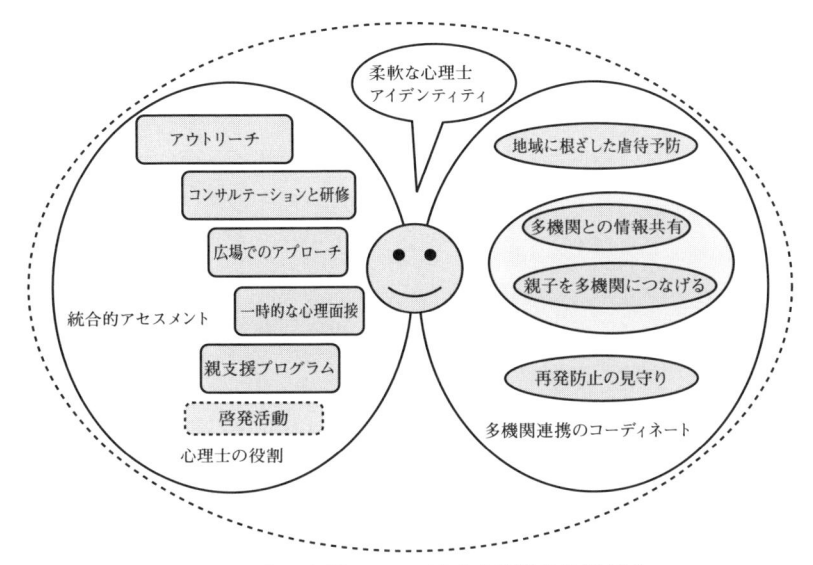

図2　子育て支援における臨床心理学的地域援助

　しかしながら，そのような《柔軟な心理士アイデンティティ》をもつ一方で「ソーシャルワーク的側面」の多さから，従来の面接室モデルからかけ離れ「心理士としての戸惑い」を覚えながら仕事をしていることが現場心理士の実状として浮き彫りになった．つまり，子育て支援における臨床心理学的地域援助とは，相当に幅の広い業務内容であり，それゆえに心理士に求められる機能も，より応用的な業務内容といえる．

　特に「ソーシャルワーク的側面」で最も顕著となる〈アウトリーチ〉は，実際に家庭訪問を行い，治療機関につながらない親子へのアプローチであったが，これは従来の臨床心理士養成カリキュラムでは全く扱われてこなかった支援内容であった．まして，臨床心理学の治療構造を守り，クライアントの語りに傾聴すると基礎的に教えられてきたものと，今回明らかになった現場のソーシャルワーク的側面の業務とは明らかな違いがある．

　現場では，虐待という命に関わる対応を行う場合，即時行動が不可欠である．そして子ども虐待の養育者が持つ特徴として，相談意欲（ニーズ）が低いことから，ただ単に家庭訪問をすれば良いというわけではなかった．「養育者とつながれる視点を探す」というように，家庭訪問に対して攻撃的・拒否的な態度

を示す養育者を〈統合的アセスメント〉をしながら，関係性が切れないような関わりを行う必要があった．すなわち，ディシプリンとして面接室での業務を訓練された心理士は，現場では面接室の外で，相談ニーズの低い養育者と会いながら，かつ関係が切れないようなアプローチを求められているのである．

　実際に，虐待傾向のある養育者には，人格障害やうつ病など，精神的な病理を抱えている場合も多く，中には養育者自身も虐待された経験を持つサバイバーであることが多い．また，経済的な状況や，地域での孤立など複雑多岐に渡る要因も持っていることも少なくない．そのような養育者は，やはり自分から援助を求められない，あるいは求めないことから，必然的に現場では支援者にアウトリーチ対応が求められていた．このような様々な背景を持つ虐待ケースとその対応の中で，特に新人の心理士が「心理士としての戸惑い」を覚えるのは無理もないことであろう．そして今まで「心理士としての戸惑い」を感じながらも，心理士自ら子ども家庭支援センターでの業務を開拓し，現場の中で自らの役割を見据えた結果，ここまでの多様な業務内容を網羅するに至ったと考えられる．

第2項　勤務日数の違いによる心理士の業務内容

　〈雇用条件による職務内容の違い〉があるように，雇用形態によっては，その全ての業務内容を行うわけではなかった．インフォーマントごとに得られた代表的な心理士の業務内容の分布を勤務日数ごとに並びかえたものを表9として作成した．なお，表9において，要望対応コンサルテーションは「コンサルテーション」および「訪問型コンサルテーション」を統合した形で示している．

　これを見ると，ほとんどの心理士が「要望対応コンサルテーション」，「職員研修」，「広場でのアプローチ」，「心理面接」を行っているが，家庭訪問を行っているのは週3日以上のインフォーマントに限られていた．

　本書の研究は，インタビューによる実態調査であり，サンプル数も少ないため統計的な分析は加えないが，雇用条件の中でも特に勤務日数が多ければ多いほど，心理士にも「ソーシャルワーク的側面」の業務が多く期待されているのではないかと考えられた．また，特に地域援助の要として，コンサルテーションへの期待は非常に高いと考えられる．そして一時的にせよ，臨床心理学的な

アセスメントスキルに基づく臨床心理面接業務ができることが，やはり現場における心理士雇用のメリットとして機能していると考えられた．

ただし，インフォーマントによっては「一時的な心理面接」よりも「ソーシャルワーク的側面」のほうが仕事量として実際に多いというデータが見受けられた．以下に具体例を示す．

> ほんとにどんなケースの相談でも来たら受けなきゃいけないんですね．週に1回1時間の面接に来られる人だけ受けるってわけにはいかなくて．そんな風にしてると，ほんとに死んじゃう人がいたりしてってこともあるので．そういう中で信頼関係築いてやっていくっていうのは，今のセンターの実状では無理なので……．うん．だから本当に，面接の仕事はほんの少ししかなくって，ソーシャルワークみたいに働いている部分のほうが大きいかもしれませんねぇ．面接とか子どもの面接も親の面接もありますし，あとはお母さんのグループをやってたりとか，そのあたりがスタンダードの仕事かもしれないですけど，でもそれは半分，いや3分の1ぐらいですかね．(Info. 27)

やはり現場では，心理士に対して心理面接よりもアウトリーチをはじめとするソーシャルワーク機能が求められることが少なくなかった．そして多機関連携における調整機関として機能する子ども家庭支援センターでは，継続的な心理面接ではなく，やはり「一時的な心理面接」であり，そこでは短時間でケースのアセスメントを行い，適切な支援をしてくれる他の機関への振り分けやケースワークとして関わるための情報（家族が持っているストレングス，コーピングスタイルや社会的なリソースなど）が求められている場合が多いと考えられた．

第3項　市区町村における臨床心理学的地域援助で求められる心理士スキル

現場に求められる子育て支援の臨床心理学的地域援助の能力とは，表6に見出された《心理士の役割》《多機関連携のコーディネート》のカテゴリから，次の4点にまとめることができると考えられる．

①アセスメント能力：養育者を「見立てる」スキル，②コミュニケーション能力：関係を切らせないため「聞くだけでなく，わかりやすく話す・説得する」スキル，③ソーシャルワーク能力：面接室の外に出て，ケースを見立てて

表9 心理士の勤務日数と業務分布

Info.	センター	性別	雇用形態	勤務日数	家庭訪問	要望対応コンサルテーション	定期巡回型コンサルテーション	職員研修	広場	親教育プログラム	心理面接	センター勤務年数
1	従来型	女性	常勤	週5	×	×	×	○	◎	×	○	1年
2	従来型	女性	常勤	週5	×	×	×	×	◎	×	○	1年
3	先駆型	女性	常勤	週5	○	△	×	×	△	—	△	5年
4	先駆型	女性	非常勤	週5	◎	○	×	○	×	—	◎	5年
7	先駆型	男性	常勤	週5	×	○	○	○	×	◎	△	—
10	従来型	女性	常勤	週5	◎	○	◎	○	×	◎	△	5年
12	従来型	女性	常勤	週5	×	○	◎	○	×	○	△	10年
16	従来型	女性	常勤	週5	◎	○	○	○	×	○	△	4年
17	従来型	女性	常勤	週5	×	◎	◎	◎	×	○	○	10年
24	先駆型	女性	非常勤	週5	◎	○	○	○	◎	○	○	3年
31	先駆型	女性	非常勤	週5	×	○	×	○	◎	○	△	1年
5	先駆型	女性	非常勤	週4	×	○	○	◎	△	○	○	1年
11	先駆型	女性	非常勤	週4	◎	○	◎	×	○	○	◎	5年
14	先駆型	女性	非常勤	週4	×	○	×	×	◎	○	◎	1年
21	従来型	男性	非常勤	週4	◎	◎	◎	◎	◎	○	○	2年
22	従来型	女性	非常勤	週4	×	◎	◎	◎	○	*	◎	1年
23	先駆型	女性	非常勤	週4	◎	○	×	△	×	○	×	—
25	先駆型	女性	非常勤	週4	×	○	×	○	×	○	◎	5年
27	従来型	女性	非常勤	週3	○	△	○	×	×	×	◎	1年
28	先駆型	女性	非常勤	週3	*	△	×	△	×	×	◎	3年
29	先駆型	女性	非常勤	週3	*	◎	×	○	◎	—	◎	—
9	先駆型	女性	非常勤	週2	×	○	×	○	×	○	◎	5年
13	先駆型	女性	非常勤	週2	×	◎	◎	×	×	×	◎	1年
6	先駆型	女性	非常勤	週2	×	○	△	◎	△	○	○	4年
8	先駆型	女性	非常勤	週2	×	◎	△	△	×	△	○	2年
26	先駆型	女性	非常勤	週1	×	○	○	◎	×	△	◎	4年
15	先駆型	女性	非常勤	週1	×	×	○	×	△	◎	◎	4年
19	先駆型	女性	非常勤	週1	×	○	○	○	×	○	○	3年
20	先駆型	女性	非常勤	週1	×	○	×	×	△	—	○	1年
30	従来型	男性	非常勤	週1	×	○	×	◎	×	◎	◎	7年
32	従来型	女性	非常勤	週1	×	×	×	×	×	—	×	—
18	先駆型	女性	非常勤	週0.5	×	○	×	×	×	○	◎	4年

記号の意味 ◎：よく行う，○：行う，△：たまに行う，×：行っていない，または現在行う予定無し，＊：現在実施に向けて検討中，—：不明

適切な機関に「つなげる」スキル，④マネージメント能力：全体のサポートとして「まわりを支える（エンパワメント）・まわりを動かす（ファシリテート）」スキルである．

　このような4つの能力をもとに，より高度で統合的な視点を持つ心理士は，現場で自らの役割を模索し続け，現場に叩き上げられながら自らの専門性の位置を見出していると考えられる．今後，現場のニーズに適した臨床心理士の育成のためには，理論と現場の"溝"を埋める大学院教育のカリキュラム刷新が必要になってくるだろう．そして，学問分野に捉われず，臨床心理学的視点とソーシャルワーク視点の両方をツールとして使えるようなカリキュラムが必要であると考えられる．なぜならば，臨床心理士が行う子育て支援の臨床心理学的地域援助は，特に先で示した①アセスメント能力という臨床心理学的面接と査定の技術が確固たる基盤であり，その上に②から④までの能力が付加的に積み上げられると考えられるからである．より詳しく見ていくならば，現場の心理士は，まず養育者と子どもにとって今，何が必要かを見立てる（①アセスメント能力）ことから始めている．そして関係を切らさないような関わりを継続し（②コミュニケーション能力），並行して適切な援助ができる地域資源を探し，調整し，つないでいる（③ソーシャルワーク能力）．そして必要に応じて臨床心理学という専門性を通して多機関を支える（④コンサルテーション能力）ことがなされていた．

　①のアセスメント能力と③ソーシャルワーク能力，そして④マネージメント能力は，現場でのオンザジョブトレーニングと事例検討会や研修会の積極的な参加，スーパービジョンを受けることなどで育つものであろう．一方で，いかに"聴くか"ということを大切にされてきた臨床心理士育成カリキュラムの中で，分かりやすく話しをすることについては，まだまだ注目がされていないと考えられる．心理教育についても基本的なプレゼンテーション能力として"シンプルに，わかりやすく，記憶に残る伝え方"についても今後臨床心理士育成のためには必要になってくるだろう．すなわちいかに"話すか"，"伝えるか"という臨床心理士養成カリキュラムも必要になってくる．

　以上のことから，子育て支援における臨床心理学的地域援助とは，臨床心理学的アセスメントスキルの上に成り立つものであり，アセスメントに基づいた統合的な援助方針プランを立て，それを多機関と連携しながら実践することだ

と考えられる．そしてそのような子育て支援における臨床心理学的地域援助を行うためには，個人面接スキル（①のスキル）のほかに，個人面接で足りない点を生物-心理-社会的な視点から総合的に見立て，より良い援助方針を立てるために多機関と連携しながら，チームとして援助方針を立てる臨床心理士の豊かな経験によって培われた統合的なスキル（①を前提とした②③④の統合的なスキル）が必要であると考えられる．このように子育て支援における臨床心理学的地域援助とは，臨床心理士が備えるべきスキルを最終的に高度に統合された状態が理想であり，さらに現場のニーズに基づいて柔軟な支援策を新たに創造していく力が求められる．そのため臨床心理士過程を修了したばかりの臨床心理士全てが，すぐさま現場で求められるレベルで対応できるものではないと考えられる．そのため，臨床心理士養成カリキュラムについても更なる刷新を図るだけでなく，現場でもメンター・メンティーのようになるべく複数の先輩・後輩心理士によって持続可能な形で相互に学び合える勤務・雇用体制が望ましいと考えられる．

第4項　第2部の研究の限界と第3部に向けて

　本書第2部では，子育て支援における臨床心理学的地域援助について，現場の心理士の声を通して網羅的に体系化した．本章で見出された子育て支援における臨床心理学的地域援助は，臨床心理学的なアセスメント能力をもとに，面接室の外での業務（アウトリーチといったソーシャルワーク機能）・多機関連携の視点を携えることであった．しかしながら，本章では体系的な臨床心理学的地域援助の構造を見出すことが目的であったため，それぞれのアプローチについて詳しく見ていくことには限界があった．

　そのため，まず第3部では，臨床心理学的な視点をもとに保育園の保育士，保健センターの保健師，市区町村の虐待対応ワーカー，児童相談所の児童福祉司・児童心理司によるアウトリーチについてより詳細な検討を行っていく．

　注　本章では，現場に即した臨床心理学的地域援助の内容について，その構造を体系化し把握することを目的にしたため，カテゴリグループ，カテゴリ，サブカテゴリの相互の関連づけは行わなかった．また，心理士職務に関するカテゴリ内容を把握のた

め，ストーリーラインの記述は行わない．その代わり，アウトリーチおよび，多機関連携の点について，第3部，第4部でカテゴリの関連づけ，またストーリーラインの記述をより詳細に行っていく．

第3部
相談ニーズの低い養育者への アウトリーチ

　第3部では，第2部で扱えなかった面接室の外に働きかける機能，アウトリーチについて検討を行う．

　アウトリーチをする対象は，自ら相談機関に訪れることが少ない相談ニーズの低い養育者である．このような相談ニーズの低い養育者に，自らが出向いてアウトリーチを行う支援機関は市区町村だけではない．多くの機関が様々な形でアウトリーチを呈していると考えられる．

　第3部では，特に虐待死亡事例が多く，虐待に対するリスクが高い0歳から4歳児への対応を主に行う保育園，保健センター，市区町村，児童相談所という4つの機関に限定し，それぞれの機関がどのように相談ニーズの低い養育者のもとへアウトリーチをしているのか検討を試みる．

第5章
保育園の保育士によるアウトリーチ

第1節　問題と目的
養育者対応が義務づけられた保育士たち

　2001年の児童福祉法改正では，保育園保育士に対して「専門的知識及び技術をもって，児童の保育及び児童の保護者に対する保育に関する指導を行うこと」（第18条の4）が義務づけられた．これは，今まで子どもの保育を業務の中心にしていた現場の保育士に対して，発達に問題のあるケースや虐待ケース，養育困難なケースにおける"養育者"への対応が，初めて法的に求められたことを意味する．

　だが，いきなりトップダウン式に，今まで子どもの保育を主な職務にしていた保育士に養育者への対応を求めることについて，現場保育士はどのように対応しているのであろうか．藤後（2001a）によると，保育者養成校は従来通り2年間のカリキュラムが主であり，障害児分野や保護者支援など専門的な内容を学ぶ機会が十分保証されているとは言い難いとされ，カリキュラムに養育者対応に関する授業は含まれていない．

　だが，現場における保育園の最大の強みは，子どもの日常生活を把握できる点，子どもの変化について毎日観察およびフィードバックができる点，保育士と養育者が顔なじみで，保育士に相談する機会を利用しやすい点などである．日常生活空間のひとつである保育園で，保育士へ相談できる機会は養育者にとって利用しやすいため，保育園の相談機能が親の育児不安に対して予防的役割を果たすといわれている（藤後，2001b）．だが，その明確な相談システムについて体系化された研究や報告書はまだ乏しいといわざるをえない．

　また，保育士による延長保育という子育て支援は，就業している養育者の時間的サポートを行う目的の他に，虐待ケースや養育困難な気になる養育者への精神的なサポート機能も果たしえるという指摘がある（浜崎・荒木・田村ほか，2003）．保育士による親への関わりについては，子どもへの関わりと同様，基

本的には受容的なものだといわれている（石原・鎌田・楢木野ほか，2003）．ただ，養育困難や虐待疑いの養育者には，単に助言するだけでは解決しない．そのような親には指導ではなく，いっしょに考えてくれる人をどれだけ多くその母親のまわりに見つけていけるかが鍵になるといわれている（庄司・白石・渡辺，2000）．

しかしながら，保育園における親への虐待対応に関する研究はほとんど進んでいなかった．そのため，本章では保育園が行っている相談ニーズの低い，攻撃的・拒否的な養育者へのアウトリーチの構造とプロセスを現場に即した形でボトムアップ的にモデル化することを目的とする．

第2節　方　法

第1項　調査対象

Info.は，保育園9施設に勤務する保育士11名である（表10）．

第2項　調査手続き

半構造化面接によるインタビュー調査である．調査対象者1人につきインタビュー時間は2時間から2時間半である（第10章の多機関連携内容を含む）．調査者が1人で全てのインタビュー調査を行い，その後逐語録に起こし分析を行った．

第3項　調査期間

2008年10月から2010年3月にかけて調査を行った．

第4項　インタビューガイド

相談ニーズの低い，攻撃的・拒否的な養育者に対して保育園から主体的に出

表 10　保育園フェイスシート

Info.	性別	年齢	経験年数	地域性	園内役職	分析手続き
Info. 1	女	48	28 年	都市部	—	ステップ1
Info. 2	女	41	31 年	都市部	—	
Info. 3	女	40	15 年	地方部	園長	
Info. 4	女	45	24 年	都市部	—	
Info. 5	女	41	20 年	地方部	主任保育士	ステップ2
Info. 6	女	41	18 年	地方部	主任保育士	
Info. 7	女	36	7 年	都市部	主任保育士	
Info. 8	女	31	10 年	地方部	—	ステップ3
Info. 9	女	52	30 年	地方部	—	
Info. 10	女	39	17 年	地方部	—	
Info. 11	女	53	32 年	地方部	主任保育士	

向いてアウトリーチを行ったケースについて，
　① 関係構築が果たせたと思われる具体的な成功例エピソード
　② 関係構築が果たせなかったと思われる具体的な失敗例エピソード
　③ アウトリーチの際に意識・工夫していること
以上 3 点である．

第 5 項　分析手法

　得られたインタビューデータは，全てプロトコルに起こし，グラウンデッドセオリー・アプローチ（Strauss & Corbin, 1998）を用いて分析を行った．分析手法については第 2 章第 2 節を参照して頂きたい．

第 6 項　理論的サンプリングと段階的分析手続き

　ステップ 1 では，Info. 1 から 4 まで現場の保育士のアウトリーチについてサンプリングおよび分析を行った．この段階では，まずカテゴリの生成を目指した．
　続くステップ 2 では，Info. 5 から 7 まで保育士をまとめる"主任保育士"を中心にサンプリングを行い，担任となる保育士と，担任をまとめる主任保育士の立場を比較検討しながら分析を行った．この段階はデータを追加することで，

カテゴリの追加と修正を目指した．その上で，カテゴリグループ，カテゴリの関連づけを行い，初期モデルを生成した．

最後にステップ3では，Info. 8 から 11 まで地域性における"地方部"（市区町村推定人口が30万人未満）に着目してサンプリングを行い，今まで得た都市部（市区町村推定人口が30万人以上）と地方部の保育園のアウトリーチについて絶えざる比較を行った．この段階では，更なるデータを追加することにより，カテゴリの精緻化を試み，最終的な理論的飽和をもって，現場に即した保育園のアウトリーチ構造としてモデルを確定した．

なお，現場の保育士は業務多忙であり，インタビュー調査に協力頂くためには，調査協力して頂ける Info. のご都合に合わせて調査日程を組む必要があった．そのため，厳密な理論的サンプリングは不可能であり，分析の段階が前後左右する場合があった．ただし，各段階においても属性ごとの絶えざる比較を行いながら，できる限りの段階的な分析手続きを行った．

第7項　分析手続きの構造とプロセスについて

本章では，アウトリーチの段階として，時系列に沿って内容を把握した．すなわち「I. アウトリーチを始める段階」「II. アウトリーチを継続する段階」「III. アウトリーチの結果段階」という分析における一連のパラダイムである．それぞれステップ 1-3 という分析手続きを踏み，最終的に得られたそれぞれの構造のモデルを統合し，最終的な保育士のアウトリーチに関して「IV. プロセスモデル」「V. ストーリーライン」として把握した．

第3節　結　果

I. アウトリーチを始める段階

第1項　ステップ1——カテゴリの生成

ステップ1では，Info. 1 から 4 までを対象にカテゴリを生成した．その結果

を表11に示す．以下では，カテゴリグループ，カテゴリ，サブカテゴリの説明を行う．

《養育者を支える》
　このカテゴリグループには，保育士から養育者に関わりはじめる初期段階の対応である．〈徹底した声掛け〉〈親子の見立て〉〈受容的態度〉〈緊急時の心得〉の4つのカテゴリが存在する．

〈徹底した声掛け〉
　このカテゴリには，「日常的な声掛け」「子どもの様子を伝える」「ポジティブフィードバック」「保育園イベントにつなぐ」という4つのサブカテゴリがある．
　「日常的な声掛け」とは，登園時，お迎えの時に，虐待疑い等で気になる養育者に必ず挨拶だけで済まさず世間話をするように意識された対応である．
　「子どもの様子を伝える」とは，お迎え時に，その日の子どもの様子を伝え，養育者を安心させることである．特にポジティブな子どもの様子を伝えることで，養育者の安心感を意図的に引き出すような言葉掛けがされていた．
　「ポジティブフィードバック」とは，養育者自身へのポジティブなフィードバックである．データにあるとおり，子どもの行動に先回りして何でもやってしまう養育者に対してでも，ポジティブにリフレーミングを行い，褒めたり，労いの言葉を掛けたり等，養育者自身を肯定する言葉掛けが意識されていた．
　「保育園イベントにつなぐ」では，養育者自身を園のイベントに誘い，仲間を増やす機会を提供したり，保育園での何らかの役割をお願いすることでつながりを強めようとすることである．
　このように，保育士は，毎日養育者と登園時，お迎え時に接触があるため，自然な形でコミュニケーションを増やすような声掛けを徹底していた．

〈親子の見立て〉
　このカテゴリには，「気になる言動への注目」「ニーズへの焦点化」という2つのサブカテゴリがある．
　「気になる言動への注目」では，養育者自身が虐待をほのめかすような言動，あるいは子どもの危険を感じるような内容について保育士が敏感に注目していることを示している．

表11 ステップ1

カテゴリ グループ	カテゴリ	サブカテゴリ	データ
養育者を支える	徹底した声掛け	日常的な声掛け	朝はもうほんとに，〈今日もよく来たね〉っていうのと〈体の調子どう？〉とか．なるべくお母さんの体調とかお子さんの様子とか．本当に最初は日常会話的なところ．(Info. 4)
		子どもの様子を伝える	帰りの時も〈今日友達とこんなことがあってね〉って．〈こんなこと言ってたのよ〉とか，〈遊びの時にこう何気なくやさしい言葉をかけてあげてるところがあったわよ〉とか，〈小っちゃい子にこんなことしてあげてたわ〉とか．〈なんかずいぶん保育園にも慣れてお友達ともずいぶん遊べるようになったみたい〉とか，やっぱりお母さんがほっとするような場面をとらえて話をするっていうか．(Info. 4)
		ポジティブフィードバック	常にやってるんだけど，何でも子どものことをやっちゃうお母さんにね，〈お母さん本当に行動的だよね〉って．〈すごい思ったことは素直に出せていいよねー〉って言ったりとか．(Info. 2)
		保育園イベントにつなぐ	就学相談のために，保育参観とか1日，あるいは半日過ごしてもらって，自分の子どもが集団の中でどうなのか気付いてもらう．行事の一環だからっていうことでなんとか説得して．あとは運動会とか夏祭りとかのイベントにもお手伝いをお願いしたりとか．(Info. 1)
	親子の見立て	気になる言動への注目	平気で言うんですよね，「私はお姉ちゃんは可愛いけど，この子はホントにいらない子だったんです」って．もう，それは，私たちにもはっきりと言って．「この子がいるから，私の生活は困るんだ」とか，「私の人生この子が生まれたことで台無しになった」って．(Info. 2)
		ニーズへの焦点化	お母さんは何を本当はなんの話したいのかなって思いながら，とりあえず世間話も付き合っておくっていうか．そこを閉じてしまうと世間話もしてくんない，こっちが断絶してしまうことはよくないので．その中でお母さんが言いたいことを探すっていうか．(Info. 4)
	受容的態度	安心を感じてもらう	やっぱりまずは安心してもらうことが第一番みたいな．難しい話は安心してからじゃないと言ってくれるものではありませんみたいなところなので．まずはほんとに安心してもらうために，っていう感じでしたね．(Info. 4)
		徹底的に聴く	ただやっぱりお母さんの話を聞くって，もう徹底的に聞く，聞いていくっていうことを，やっぱり心がけて．(Info. 4)
		最低限来園を目指す	子どもが休まないことかなやっぱり．親になると子どもも休ませてでも来なくなりますんで．子どもが休まず来てくれたことかな．傷があろうが何があろうが．両方とれますから．ここ預けてれば安心って思ってくれてるのか，もしくはそういう判断がつかないくらいきちゃってるのか．もういいから子どもと離れたいって思って預けにきてるのかここは読めないですけれども．とりあえ

			ず毎日安否確認ができるっていうのはあったのかなって．(Info. 3)
	緊急時の心得	緊急時の即時対応	雪の中裸足で来たっていう子の場合ね，もうこれは，子どもホントこれじゃ死んじゃうよってことで，すぐにもう児相の方に連絡して，結局はもう親から引き離したんですよ．もうそれは，もうずーっと過去見てきてて，すごく酷かった例だったので．(Info. 2)
		譲れないボトムライン	一朝一夕でできることではないんで．〈次傷つくと児童相談所直でいく〉と言ってあるんで．(Info. 3)
保育士の意識	基本的態度	一歩も引かない態度	何言っても引かないことですよね．あきれた顔も，えっ？ていう顔もしない．必死ですけどこっちも．〈そうなんだー，いらっとするときあるよねー〉とか．実際ありますからそういうの．すごく怖がってるんですよ．そういうお母さん達とお話をしてると，必ず出てくるのは"怖い"っていうのが必ず出てくるので，〈こんなこといったら嫌われるんじゃないか，悪く言われるんじゃないか〉とか．〈そうなんだー〉とか〈そういうときもあるよね〉なんて言いながら話をして．良いことじゃないので全肯定はしませんけど，とりあえずお母さんの気持ちは楽にする．〈敵じゃないってことを分かってほしい．だから心配なの〉って話をよくします．〈私は心配なの，お母さんのことも心配だし，○○ちゃんのことも心配〉みたいな．(Info. 3)
		困った親という先入観を持たない	こちらが相手にちゃんと人間扱いっていうのは，相手にするってことでもいいんじゃないかって思いますけどね．人間扱いっていったら変ですけど，困った人がきたーって．嫌じゃないですか，人間扱いされないの．子どもと一緒でひねるんですよ．ひねるとマイナスの力って増幅していっちゃうと余計くずれていくので．(Info. 3)
		養育者の反応を当然と思わない	とにかくもう連絡する．知らせたりとか，手紙で知らせたりとかね．ホントに子どもを通して，こういういろんなアプローチをしてったんだけども，あまりにね，その答えを待っちゃいけないのかなぁ．で，期待してなかったんだけど，期待しない方が，何かで一言ノートに，例えば書いてきたりとか手紙？ 保護者会に一度も出席したことがない親御さんから何かでこう，出席はできませんっていう，例えばマルして返事書いてきただけでも，それだけでも有難いと思えたことの方がよかったのかもしれない．(Info. 2)
	保育士の抱える不安	根拠を持った説明	私達保育士は，根拠をつけて伝えるのが苦手．どうも私たちほんと感情的に，〈こんなに一生懸命頑張ってるんだから大丈夫よ〉みたいな話口調になってしまうし，そういう論点になってしまいがちなので．今精いっぱい頑張ってるお母さんに，〈精一杯がんばってるんだから大丈夫よ〉って言っても，「先生それはわかってます」みたいなふうになっちゃったとこがあったかなーって．(Info. 4)

		対応の自信のなさ	やっぱりグレーゾーンのお子さんに，今私がしている対応で大丈夫かしら？　もっと違ったその子にあったピンポイントな対応をしてあげられるに違いないみたいな．ちゃんとこう知識が，しっかりあって対応できれば，もうちょっとこう穏やかに，いらいらせずに一日この子は過ごせるかもしれないとか思ったりすることがあって．その時に自分でどうしようどうしようって思っちゃうと視野狭窄みたいになっちゃって．考えがぎゅーっとこう固まっちゃうことが多くて．（Info. 4）
		保育士自身が感じる偏り	ずっと5歳児に生傷が絶えない．小さい頃からその兆候があった．でも最悪，本当にそれが起きてるかどうか分からない．信頼関係が親とあると，親を良い方で見てしまうというか．真意は真意として見るべきなんだけど，今はひいき目になっている．この見極めの難しさは是非知りたいところ．（Info. 1）
	園全体で抱える	園長の理解	園長の方でフォローしてくださるって感じで，そういう意味では心強い．安心してこう，自分たちだけでなんとかしなくちゃいけないっていう感じではなく，うん，誰彼かまわず相談はできないけど園長先生はいつもこう気にして見ててくれて声かけてくださるので，やっぱりそういうのって大事かなって．（Info. 4）
		みんなで抱える	やっぱりみんなが声をかける．一人にしないっていうかぽつんとしない．保育園ってうっかりすると，お迎え来て担任とだけは声をかわすけども，「おはようございます，ああ元気です」みたいな感じで声掛けるけど，他の人とは顔も見ずに行き来しちゃうってことも案外可能なんですよね．だけどそうじゃなくてこう，みんなで声をかける，みんなに声掛けてもらうっていうことと，お母さんとのコミュニケーションとろうという努力を見せるって言うと変だけど，いつもお母さんのことを気にかけてるよってして見せる．担任だけではない，みんながこう私のことを支えてくれてるって，ここは私にとって大事な安心できる場所っていうふうに．（Info. 4）

「ニーズへの焦点化」では，〈徹底した声掛け〉による取り留めのない日常会話であっても，養育者が何に困っているのか，気になっているのか等，養育者の潜在的なニーズを探ることを意味する．

このように保育士は養育者の言動から，虐待のリスクアセスメントを初期から始めている．

〈受容的態度〉

ここでは，「安心を感じてもらう」「徹底的に聞く」「最低限来園を目指す」といった3つのサブカテゴリがある．

「安心を感じてもらう」とは，養育者自身に安心して子どもを預けられる場だと思ってもらうこと，あるいは養育者自身が日常的にホッと出来るような場

になれるような，保育士の思いのことである．家庭に最も近い日常である分，アットホームな関係が築けるような意図が込められている．

「徹底的に聞く」とは，養育者の話を唯々聞いていくことを意味する．いきなりアドバイスをするのではなく，まずは愚痴聴きであろうとたわいのない話であろうと，情報収集の意味も込めて，保育士は徹底的に受容的な態度で養育者の話を聞いていた．

「最低限来園を目指す」とは，保育士の関わりが最低限，継続した来園を目標にしていることを示す．虐待が気になる養育者であろうと，他の支援機関から情報共有が来た親子であろうと，親子の日常生活にもっとも近い保育士は，継続した支援と毎日の安否確認のために，まずは切れない関係性を目標としていた．

このように，保育士は保育園という場を養育者に安心・安全と捉えてもらえるように受容的態度で接することによって，最低限関係が切れないように継続した来園を目指していた．

〈緊急時の心得〉

ここでは「緊急時の即時対応」「譲れないボトムライン」という2つのサブカテゴリがある．

「緊急時の即時対応」とは，虐待の深刻度が高い場合には，初期の段階であろうと，すぐさま通告の準備を用意しておくということである．

「譲れないボトムライン」も同様に，虐待の深刻度が高い場合には，予め養育者に児童相談所に連絡することを伝えておく等，虐待である際には，保育士はそれを見逃すことはできないことを養育者に明確に示すことである．

このように最も養育者に近く，「最低限来園を目指す」保育園であっても，緊急度が高い場合には，関係構築よりも子どもの安全を何よりも優先する準備をしていた．

《保育士の意識》

このカテゴリグループには，〈基本的態度〉〈保育士の抱える不安〉〈園全体で抱える〉という3つのカテゴリが存在する．

〈基本的態度〉

ここでは「一歩も引かない態度」「困った親という先入観を持たない」「養育

者の反応を当然と思わない」といった3つのサブカテゴリがある．

「一歩も引かない態度」とは，養育者がどんな反応をしようとも，保育士自身がぶれない態度で接することを意味する．敵じゃないことを伝え，養育者に安心を伝えながらも，虐待行為自体は決して肯定しない，かつ養育者の言動に一歩も驚かない芯の通った態度のことである．

「困った親という先入観を持たない」とは，その名の通り，養育者に対して偏見を始めから持たない意識である．クレーマーという言葉にあるように，養育者自身を困った親と見なした時点で，すでにその思いが養育者に伝わってしまい，支援が上手く行かないことがある．中立的に，バイアスを持たないよう，現場の保育士は共通して意識していた．

「養育者の反応を当然と思わない」とは，こちらから〈養育者を支える〉関わりをしても，養育者がすぐさま何かしらの反応があると期待しないことである．すぐさま反応できない事情がある場合を見立てながら，継続して連絡をし続けることを意識していた．

このように，〈基本的態度〉とは，支援者として過度な思い込みやバイアスを避け，中立的な立場で物事を判断するスタンスを示している．

〈保育士の抱える不安〉

このカテゴリには，「根拠を持った説明」「対応の自信のなさ」「保育士自身が感じる偏り」という3つのサブカテゴリがある．

「根拠を持った説明」とは，データにもあるように保育士自身の傾向として，普段から感情的に話すことが多く，保育士が感じる親子への違和感などについて根拠を持って話すことが苦手だとされた．このことから，養育者への説明にも不安があるというデータも見受けられた．保育士全体ではなく各個人の要因とも考えられたが，インフォーマント4人全員から共通して見られたデータのため，サブカテゴリに採用した．

「対応の自信のなさ」とは，保育士が行う支援が本当に正しいのか，子どもと養育者にあった対応ができているのかについて自信が持てない感覚である．保育士が心理士へのコンサルテーションを多く求める点でもある．

「保育士自身が感じる偏り」とは，データにある通り，養育者と家庭に日常的に会っているからこそ，保育士が養育者の思いに引っ張られがちになり，子どもの安全見極めに影響をきたす場合があるということである．

このように，〈保育士の抱える不安〉とは養育者に関わる際に，常に感じている不安や苦手部分であると同時に，子どもと養育者に日常的に関わっている保育士の特徴でもある．

〈園全体で抱える〉

このカテゴリには「園長の理解」「みんなで抱える」という2つのサブカテゴリがある．

「園長の理解」とは，園長自体が担任保育士への理解を示し，担任保育士が守られている状態である．担任保育士も生身の人間であり，養育者を守る保育士自身が，保育園に守られているという環境要因である．

「みんなで抱える」とは，担任だけでなく，園全体で職員会議等をもちながら気になる家庭には職員全員で声掛けや，心配であることを伝えようとする方針である．

このように，このカテゴリは虐待ケースに対して担任だけでなく，園全体で対応する園内連携のあり方を示している．

第2項　ステップ2——カテゴリの追加修正と関連づけ

ステップ2では，Info. 5から7のデータからカテゴリの追加修正と関連づけ，および初期モデルの生成を行う．

(1)　カテゴリの追加

《養育者を支える》内に〈子どもへの配慮〉カテゴリを追加

〈子どもへの配慮〉

これは，養育者から十分な養育を受けられない子どもに対して，保育園が仕方なく必要な衣食住の対応を迫られる内容である．以下に具体例を示す．

> （養育者が）お迎えに来なくて，園で面倒をみてたっていうことはありましたですね．やっぱり時間になればお腹も空くじゃないですか．そういうのは園長，副園長の配慮で，たまたま園長が隣に住んで，お家に連れて帰って，ご飯を食べさせてやったりとかはありました．(Info. 6)

実際に，保育園で頻繁に対応に迫られるケースはネグレクトである．養育者

が何らかの事情で朝子どもを連れてこない場合は，保育士自らがお迎えに行ってあげたり，服が汚い場合は園で洗濯をしてあげる等，他の子達よりも特別な対応を行う必要性があると感じられていた．ネグレクトでもすぐに命に関わるわけではないレベルの場合，なかなか児童相談所へのリファーもできず，非常に困難を極める保育士の対応を示している．

《養育者を支える》内に〈保護者同士の調整〉カテゴリを追加

このカテゴリは，保育士が気になる養育者や子どもは，同様にその他の周りの保護者からも非常に気になる親子と見なされていることも多い．それゆえ，保護者間で噂になったり，あらぬ話が出てきたり等，保護者同士の間で余計な詮索をされないよう，園全体でも注意を払っておく必要が出ていた．以下に具体例を示す．

> やっぱり送迎のときに，すごく「早くしろ！」とか，そういった大きな声で罵声をその子に対して普通に浴びせてしまうので，他の保護者の方が"どうしたの？"って，反対に心配されていたんですね．で，まぁ，園としては〈一生懸命お話してるんですけどー〉なんて．そうこうしてたら，反対に他の保護者の方が，「あそこの家は虐待をしている」って通報をしてしまったりとか，そういったときもありましたね．で，通報したということがそのママにも耳に入ったときに，ママはやめるとかそういうわけではなく，「だってこの子がこんな調子だからしかたないでしょ，あなた私の気持ちわかるの？」みたいな，反対にそういう形で出てしまったんですね．（Info. 5）

(2) バリエーションの拡大

〈保育士の抱える不安〉のバリエーション拡大

ここでは，養育者が攻撃的，拒否的であるだけなく，養育者からの脅しという内容も追加された．支援者として日常的に親と子に接する以上，執拗な脅しは，非常に保育士にとってストレスや怖さ，不安になっていた．以下に具体例を示す．

> 不満をね，言われてたんですよ．で，ママのほうから，ある日電話があって，「うちの父親が，まぁ要はその，暴力団の関係者だから，そういった感じのそう

いった道の方達なんかわかんないですけど，それが今から保育園に行くからって，保育園を辞めさせられるなんて納得できない，保育園に行きますので」って．こっちもぎょっとしたんですけど，それは全然はったりで，結局だれも来なかったんですが……．（Info. 7）

(3) カテゴリグループ・カテゴリ間の関連づけ
カテゴリ間の関連づけ

《保育士の意識》のカテゴリ〈基本的態度〉〈保育士の抱える不安〉〈園全体で抱える〉はそれぞれ同一カテゴリグループ内で，独立しながらも，互いに関連しながら成り立っている．そのため，それぞれに相互的な関連づけが考えられる．

一方，《養育者を支える》では，〈親子の見立て〉を行いながら，〈徹底した声掛け〉，〈受容的態度〉へと至る．そこから得た情報を元に再度〈親子の見立て〉を修正するという循環がデータから考えられた．具体例を示す．

やっぱり一番，信頼関係をとにかく作ることが大事だと思うし，まずは保育者が声をかけるってことで，まずお母さんの様子を聞く．で，最初はまぁ，いきなりもう聞くっていうことから始まるわけじゃなくて，子どもの良かったことを伝えたりだとか，保育園のことをね，ちょっと知ってもらうことで，楽しい経験をしてもらったことで，じゃあまた来ようかなって思ってもらって．もとにかく来てくれることが，第一かなと思うんですよね．で，そこでちょっと親御さんの顔色を見たりとか，あと子どもの毎月体重測定をしてるのでね，その体重の変化，それを見逃さずにちょっとデータを取ったりもしましたけども．で，それで，ボロっとね，「あたしはもう小さい時から親に捨てられたようなもんで，叩かれたりしてたからって．だからちょっとイラってするとこの子にもたたいちゃったりする時もあるんです」っていう理由の話をしてくれたので，あ，これはチャンスと思って．でも，そこで何か答えちゃいけないと思ったので，あんまり．〈あぁ，そうなのー〉って，〈ふーん〉って．とにかく〈うんうん〉ってずーっと聞いてたんですね．そしたら結構ずっといろんな話をしてくれて，家庭のことを話してくれて．（Info. 2）

ここからは，まず〈親子の見立て〉をもとに，〈徹底した声掛け〉から始ま

る．そして，〈親子の見立て〉〈徹底した声掛け〉を繰り返し継続的に行っていて，その後養育者からボロッと出てくる話を〈受容的態度〉で聞くことが繋がっていることが分かる．また，虐待の深刻度が高い場合には，〈受容的態度〉だけではなく，子どもの体重チェックなど〈緊急時の心得〉に移行する準備もしていた．

さらに〈子どもへの配慮〉〈保護者同士の調整〉は，継続した関わりの中で行われるものであり，〈徹底した声掛け〉〈親子の見立て〉〈受容的態度〉と並行した内容として関連づけられる．

カテゴリグループ間の関連づけ

《養育者を支える》と《保育士の意識》の関連づけは，《保育士の意識》によって《養育者を支える》ことができているので，《保育士の意識》は支援全体にかかる内容として《養育者を支える》と関連づけられた．

第3項　ステップ3——カテゴリの精緻化とモデルの確定

ステップ3では，Info.8から11を対象に，カテゴリの精緻化とモデルの確定を行う．

(1) サブカテゴリの追加

〈親子の見立て〉内に「虐待事実の摺り合わせ」の追加

「虐待事実の摺り合わせ」とは，保育士が子どもに傷・アザがある場合に，子どもから話を聞くことと並行して，養育者にも傷跡について理由を尋ねることである．その上で，子どもと養育者の話を摺り合わせ，整合性を取った上で，虐待の深刻度を見極める際の参考にしていた．以下に具体例を示す．

> そこらへんでお父さん（加害者）がやったっていうの聞き出さないといけないんだけれども，やっぱりそのちょっと言葉のやり取りを気をつけながら聞いたら，やっぱり始めは（お父さんは）「なんて（子どもが）言ってました？」って言って．で，（お父さんは）子ども達の反応を聞こうとしていたので．でも，もう，子どもからは聴いていたので，〈実はお父さんがやったっていう話を聞いてるん

> です〉って言ったら,「あぁそうなんですか」って言いながら,まぁその状況を話して下さったんですけど…….(Info.11)

その他にはカテゴリの追加修正は見当たらなかった.

(2) 最終的なモデルの確定

以上のことから,図3のようなモデルが確定された.

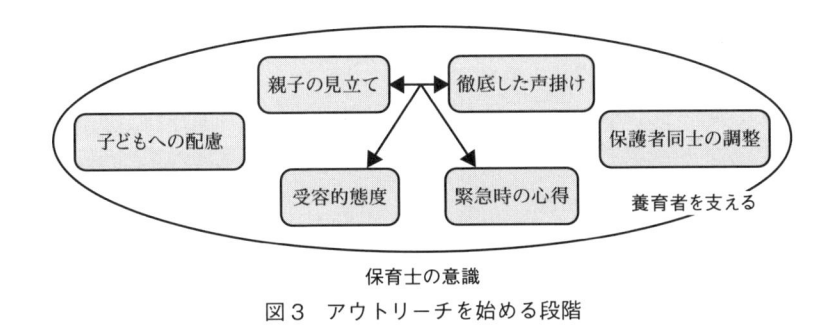

図3 アウトリーチを始める段階

II. アウトリーチを継続する段階

第1項 ステップ1——カテゴリの生成

ステップ1では,Info.1から4までを対象にカテゴリを生成した.その結果を,表12に示す.

《保育士と養育者の協働作業》

このカテゴリグループには,〈適度な相談関係〉〈養育者の小さな変化〉という2つのカテゴリが存在する.

〈適度な相談関係〉

このカテゴリには「じっくり話を聞く」「必要最低限のアドバイス」2つのサブカテゴリがある.

「じっくり話を聞く」とは,"アウトリーチを始める段階"の〈徹底した声掛

け〉から養育者がポロっとこぼした話を〈受容的態度〉で聞く内容から発展し，20-30分程度きちんと時間と部屋をとって話を聞くことを意味している．養育者の不安や愚痴など非常にバリエーションが多様だが，少なくとも相談ができる関係性を示すものである．

「必要最低限のアドバイス」とは，保育士が養育者からの話を聞くだけでなく，この段階で初めて養育者の行き詰まりに対して必要最低限のアドバイスをすることを意味している．保育士自身の経験談も様々なバリエーションが見られた．特に，保育士は通常の養育者には，すぐさまアドバイスをするところを，相談ニーズが低い養育者には"アウトリーチを始める段階"でアドバイスするのではなく，ある程度相談に乗れるような関係になってから初めて，「必要最低限のアドバイス」をしていた．すなわち，養育者が求める適切なタイミングまでアドバイスはせず，そしてそのタイミングが来ても必要最低限のコンパクトなアドバイスに留めていた．

〈養育者の小さな変化〉

このカテゴリは，養育者とのある程度の相談関係を築けつつある指標である変化を意味する．相談ニーズがなかった養育者から何らかの反応があったり，保育士に自発的に言葉を掛けてくれる等，少しずつ変化が見られる段階のことである．

このように，このカテゴリグループは，保育士による関わりに対して，養育者が何らかの自発的な反応を起こす段階であり，少しずつ保育士と養育者との間で協働的なやり取りが行われることを意味している．

《養育者とのつながりにくさ》

このカテゴリグループは，〈養育者の不安定さ〉〈子どもに手を焼く〉という2つのカテゴリが存在する．

〈養育者の不安定さ〉

このカテゴリには，「相談ニーズのなさ」「余裕のない生活」「養育者の揺れ動き」という3つのサブカテゴリがある．

「相談ニーズのなさ」とは，保育士がいくら声掛けをしても，養育者自身に相談に対するニーズがなく，まさにのれんに腕押し状態であることを意味する．

「余裕のない生活」とは，養育者自身の生理的，心理的，社会的な要因から

表12　ステップ1

カテゴリグループ	カテゴリ	サブカテゴリ	データ
保育士と養育者の協働作業	適度な相談関係	じっくり話を聞く	ちょっとその話を聞きますよっていう風に向けると，えーっと，ほんとに10分でも20分でも，もう朝どんな状態でも30分でも話がしていきたい方なので，なるべくこう，まあ話を聞く．まあ逆に難しいんですけど話を聞けるように，こっちもこう体制を整えて聞ける？　上手に声をかけていかないと，体制ダメな時でもお母さんはほんとは話したいので，上手に声をかけ，今日は大丈夫ですって言う時にはじっくり話を聞き，みたいな風にしていかないと．(Info. 4)
		必要最低限のアドバイス	もっと冷静に，〈いやいや，やっぱりこううまく情報が入りにくい子だから，もっと整理して言ってあげましょう〉とか，〈もっと視覚に訴えて対応してあげましょう〉とか．そういうことを言ってほしいなって思う時がどっか自分のきっかけじゃないけど，一歩踏み出すためにそういうことを言ってくれる，アドバイスをもらえる機会があったらいいなと．(Info. 4)
		養育者の小さな変化	きっとお母さん方の性格にもよりますし，その人それぞれの表現の仕方は違うんだと思うけど，お母さんたちの方から，冗談って言うか突っ込みが入るみたいな．「やだ．先生何やってんの？」みたいなことがちょろっとでも出てくるようになると，少しこう，近くなったかなね．そうすると，慣れあいでなくなく．そうすると，ちょっとこっちも，じゃあそこまで来たなら，社交辞令じゃなくて，一般論ってか，ほんとに普段の生活だけのことじゃなくって，じゃあほらもっとこういうことしたらいいかなっていうことを言えるかなって．お母さんたちの方からのアプローチがまあ若者言葉でいうとタメぐちみたいな風になってくると，少しこう，気持ちがこっちに寄ってきたかなって思える．(Info. 4)
養育者とのつながりにくさ	養育者の不安定さ	相談ニーズのなさ	保育士としては気になっていても親御さんは何とも思っていないですので．(Info. 1)
		余裕のない生活	朝は遅いんですよ，もうなかなか起きられないみたいで．で，〈この子起きられないんです〉って来るんだけども，まぁ実際はお母さんが起きられなかったとかね．いつもご飯食べに来るようなもんで11時に来たりとか，もうホントにめちゃくちゃだったんですよね．お迎えもとにかく遅くなって，いつも延長に入ったりとかね．(Info. 2)
		養育者の揺れ動き	やっぱり〈自分だけを見て〉とか，〈自分を大事にして，一番に考えて〉って．お母さん，奥さんとしてはって思うんでしょうけども，やっぱり男の人が家庭を省みなかったりすると，やっぱり寂しいのが子どもにあたっちゃうのかなとか思うし．(Info. 2)
		子どもに手を焼く	子育ての一つ一つがね，とにかくわからないみたいなところもあるだろうし，やっぱり育児書とはね，かけ離れてるっていうところ実際問題うまくいかないんだっていうので悩んでる方もたくさんいらっしゃるし．でも，自分は良いお母さんになんなきゃいけないとか，かえってそういう風に思ってるお母さんの方が，やっぱ型にはめようっていうんじゃないけど，お母さんの方が結構イライラしちゃったりとか，子どもにあたるっていうケースが多い気がしますね．(Info. 2)

生活していくことだけで精一杯な状況のことである．それゆえに，保育園への対応にもなかなか乗って来られないことを意味している．

「養育者の揺れ動き」とは，養育者自身に何らかのニーズが生まれたとしても，養育者自身の生育歴やパーソナリティ傾向，問題解決能力如何によって，養育者自身の気持ちが揺れ動くことを示している．

〈子どもに手を焼く〉

このカテゴリは，養育者が実際に子どもに手を焼き，上手く対応できないためにイライラしてしまい，虐待の悪循環にはまることを示す．

このように，このカテゴリグループは，養育者との相談関係が不安定であること，絶えず揺れ動く相談関係であることを示している．

第2項　ステップ2——カテゴリの追加修正と関連づけ，初期モデルの生成

(1)　バリエーションの拡大

「じっくり話を聞く」のバリエーション拡大

このサブカテゴリには，養育者の属性に応じて，保育士の話しやすさに違いが見られることがバリエーションとして見受けられた．以下に具体例を示す．

> 就任して1年目の職員に同じことを求めても，難しいところはありますよね．やっぱりそういう細かいところまで対応するっていうのは，園長を筆頭にやっぱりベテランの職員が当たる．(Info. 5)

> やっぱりちょっと若いということで，すごく話しやすいという感じがお母さんにはあったようで，また若い保育士もすごく保護者とのかかわりがとても上手な子でして．で，「保育園がいろいろ言うけど私は大変なのよ」みたいな話も一緒にできたようなので．(Info. 6)

上記のように，養育者のタイプあるいは保育士の力量によって，対応する保育士が違っている場合がある．保育園は治療という場ではなく，より養育者にとって日常に近い機関であることから，担任という枠に囚われず柔軟に養育者が話しやすい保育士が話を聞く必要があると考えられた．

それ以外のカテゴリの追加，修正は見当たらなかった．

(2) カテゴリ・カテゴリグループの関連づけ

カテゴリの関連づけ

　カテゴリの説明からデータで示した通り，「じっくり話を聞く」ことを行ってから保育士は「必要最低限のアドバイス」を行っていた．そのため，「じっくり話を聞く」から「必要最低限のアドバイス」へと至ることとなる．また，〈養育者の小さな変化〉が〈適度な相談関係〉に至る指標となっていたことから，〈養育者の小さな変化〉によって，〈適度な相談関係〉へと移行する．

　一方，《養育者の不安定さ》では，得られたデータから〈養育者とのつながりにくさ〉と〈子どもに手を焼く〉は同時に起こっていると考えられる．

カテゴリグループの関連づけ

　《保育士と養育者の協働作業》と《養育者の不安定さ》は，互いに絶えず行きつ戻りつを継続的に繰り返すと考えられる．以下に具体例を示す．

> 結局こっちから話し掛けたりしないと，親は何もしなくなってしまうんですよね．だから絶えず話を聞くっていうところはありましたね．あぁ，調子良さそうだなって見えるから，距離を置くっていう言い方は変ですけど，他の保護者と同じような対応をしていると，段々と親御さん，下がってきますよね．モチベーションをあげるっていう言い方は変なんですけど，常にお母さんのモチベーションをあげるために，一緒に働きかけをする．それをしなくなれば，やはり暴力にいったりだとか，そういうところに繋がるんではないかという懸念がありましたので．
> （Info. 7）

　このデータは《養育者の不安定さ》に対して，相談や養育へのモチベーションを保つために常に《保育士と養育者の協働作業》を必要とする例である．このように2つのカテゴリグループは相互に関係しあっていると考えられる．

第3項　ステップ3——カテゴリの精緻化とモデルの確定

　ステップ3では，特に追加・修正するカテゴリはなかった．そのため，最終的なカテゴリ一覧は表12とし，最終的なモデルは図4として確定された．

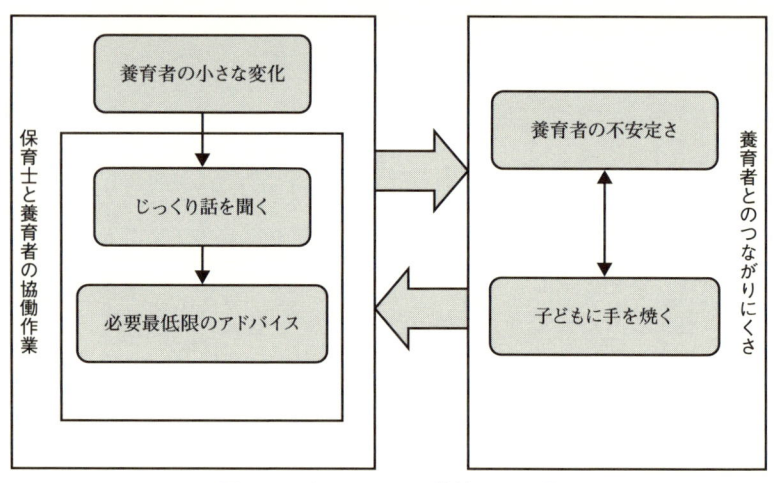

図4　アウトリーチを継続する段階

III. アウトリーチの結果段階

第1項　ステップ1——カテゴリの生成

ステップ1では，Info.1から4までを対象にカテゴリを生成した．その結果を表13に示す．

《養育者とのつながり》
このカテゴリグループには〈養育者の肯定的な変化〉〈ある程度の信頼関係〉という2つのカテゴリが存在する．

〈養育者の肯定的な変化〉
これは，養育者自身が落ち着き，また子どもの接し方にも改善が見られ，ポジティブな変化が見て取れる変化のことである．

〈ある程度の信頼関係〉
このカテゴリは，保育士と養育者の間にある程度の信頼関係ができたと確認できることを指す．もちろん養育者自身の不安定さから，完璧な信頼関係の構築は難しいが，まずは保育士の中で養育者とつながれた基準として〈ある程度の信頼関係〉が《養育者とのつながり》の中で認識されていた．

表13 ステップ1

カテゴリグループ	カテゴリ	データ
養育者とのつながり	養育者の肯定的な変化	表情が柔らかくなったりとか,話し方とか,最近子どもと話,「ときどき一緒に遊んで話するのが楽しいんです」なんていうようなことがお母さんの口からも出てくるっていうのが,「どうしたらいいんでしょう？」ばっかりだったところから,ちょっとこう「いいことがありました」みたいな感じがね,出てくる.「楽しいです」とか「こんなこと一緒にやって,今度こんなこと,こう一緒にお料理してみようと思うんです」とか.で,「作ってみて楽しかったです」なんて話が出てくると,ああ,またちょっと近寄ったかなとか.（Info. 4）
	ある程度の信頼関係	笑顔が見えるぐらいになったのはやっぱり1年たって,まあとりあえず何にもなく過ぎたころから,ちょっとこう表情も和らいできてるし,私たちなんかに話す感じもちょっと余裕が,ちょっと警戒緩んだかなみたいな感じ.だらだら話しちゃうといつまでもになっちゃって子どもも不安になるから,そういうことをあんまり子どもに負担掛けないようにっていうふうにしてて.で,もうほんとに時間取って話しなくちゃならない程でもない位で落ち着いてきて.（Info. 4）
対話の限界		こちらがこうしてほしいなって思って,いろいろ手紙出したり話したりするじゃないですか.でもそれに対して返事が無くて,いつも〈あーあ〉って思ってて.こっちばっかり,やっぱり要求したり,求めすぎるっていうのが,それは上手くいかなかったなって思ったりね.で,あんまり自分の経験談を話し過ぎちゃっても「あー,自分は先生みたいになれないんだから」って,やっぱりこう返されたりとかね.それで〈先生は100点よ,で,私は0点よ〉っていうね,自分と比べちゃったお母さんがいましたね.（Info. 2）

《対話の限界》

このカテゴリグループは，養育者自身に変化が見られなかったり，保育士の関わりに対して，悉くネガティブな反応を示し続ける場合のことを示す．虐待が深刻な場合は，多機関につなぐことが考えられるが，そうでない場合は，保育園で引き続き見守ることとなる．

第2項　ステップ2——カテゴリの追加修正と関連づけ，初期モデルの生成

ステップ2では，カテゴリの追加修正は見られなかったが，以下に示すバリエーションの拡大が見られた．

(1) バリエーションの拡大

《対話の限界》のバリエーション拡大

次のようなデータが見られたことから《対話の限界》にバリエーションの広がりが見出された．以下に具体例を示す．

> お父さんも複雑な環境で育ってこられたので，そういった正論が嫌いみたいな．「そんなこと言ったって子どもは育つんだから大丈夫なんだ！」の一点張りになってしまうので．だから園としても説得することはできないけど，何とかお父さんが納得をしてくださるような言い回しができればよかったんだろうなっていうところは反省点でありますね．それに本当は園に来ていただいて，お父さんとお話し合いをする機会を持ちたかったんですね．で，お父さんに〈一度園にね，来ていただけないですか？〉なんてご連絡をすると，事態が悪化することが多かったので……．(Info.6)

上記の例は，保育士の関わりによって，逆に養育者との関係が悪化するというバリエーションであった．

また一方，保育園全体での対応方針が揺れてしまい，その結果担当の保育士と養育者との間で対話の限界に至るようなバリエーションも見出された．以下に具体例を示す．

> まぁ言ってみれば，正直バラバラだった感じですよね．私よりも経験のあるベテランの先生達が何人かいる中で，私の立場は（管理職のため）彼ら（ベテランの先生）を管理しないといけない立場にあって．認識の違いもあったのかもしれないんですけど．わりと経験歴の長い保育士さんからすると，汚れ物がキレイに洗ってなかったり，洗濯物がキレイにたたんでない，ぐしゃぐしゃって鞄に入っているだとか．あるいは，子どもの身なりがあんまりキレイじゃなかったりとか．それを，すぐにだらしない母親なんだと決めつける向きがあるなっていうのも，私自身が最初に感じたことで．で，そんなに簡単に決めつけなくてもいいんじゃないのかなって私が思ったことがあったんですよ．だけど結果，このケースの場合には，やっぱり問題のあったケースだったので．間違ってなかったのかもしれないですが，保育士の持っている，子どもの身なりだとか，服装だとか持ち物から，虐待疑いだとつなげていく？　判断する過程に疑問を感じたことがあったのは事実ありましたね．まぁ，結果で行けば流石だなぁ，やっぱ直観が，勘とコツ

> と経験がある人達は何か見抜く力を持っているのかなって思ったんですけど，ただそんなに簡単に，一概に決めてしまうことによって，全ての保護者が完璧じゃないといけないっていうことを保育士が要求してしまいかねないですよね．私はどこまでしていいかわからない，私自身戸惑いがありましたね．この時，その辺の難しさを感じたのを今思い出しました．（Info. 7）

　上記の例は，ネグレクトケースに対する保育士ごとの認識の違いで，養育者への関わり方に揺れがあったことを示している．このようにこのカテゴリグループには，養育者自身の変化のなさや悪化だけでなく，保育士側の対応の揺れという点もバリエーションに含まれていると考えられた．

(2) カテゴリ・カテゴリグループの関連づけ

カテゴリの関連づけ

　〈養育者の肯定的な変化〉と〈ある程度の信頼関係〉は，データに示した通り，同時に生起している事象として捉えられた．そのため，相互に影響しあうものと位置づけられる．

カテゴリグループの関連づけ

　《養育者とのつながり》は関わりの成功例，また《対話の限界》は関わりの失敗例と位置づけられる．そのため《対話の限界》では，初期段階の「I. アウトリーチを始める段階」に戻ると考えられる．

第3項　ステップ3──カテゴリの精緻化とモデルの確定

　ステップ3では，追加修正するカテゴリはなかった．そのため，最終的なカテゴリ一覧は表13，および図5が最終的なモデルとして確定された．

IV. プロセスモデル

　以上のようにアウトリーチを始める段階，アウトリーチを継続する段階，アウトリーチの結果段階という3つのそれぞれの構造を統合し，保育園の保育士

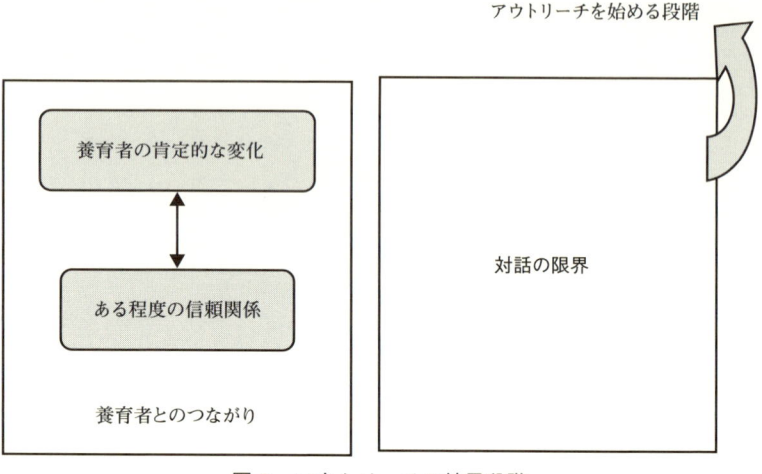

図5　アウトリーチの結果段階

による相談ニーズの低い養育者へのアウトリーチのプロセスモデルは図6のようになる．

V. ストーリーライン

以下では，主要なカテゴリグループ，カテゴリを用いて保育園の保育士によるアウトリーチのストーリーラインを述べる．

保育園の保育士によるアウトリーチは，保育園という養育者の日常と最も密接に関わる機関としての位置づけから始まる．

保育士は他機関からの通告情報や情報提供による場合と，保育園内で気になる養育者に関わる場合のどちらかから対応が始まっていた．まず《保育士の意識》として「困った親という先入観を持たない」で，「一歩も引かない態度」で養育者に関わっていく．その自然な形で《養育者を支える》際には，〈親子の見立て〉と〈徹底した声掛け〉を繰り返し行いながら，養育者が時折こぼす日常生活の悩みや不安などを〈受容的態度〉で接していく．同時に，子どもが安全に園に通えるように〈子どもへの配慮〉をしたり，養育者に対して他の保護者達の間で余計な噂話が立ったり，保護者間で生じやすい様々なトラブルを防ぐため，〈保護者同士の調整〉を行っていた．そして万が一の場合に備えて

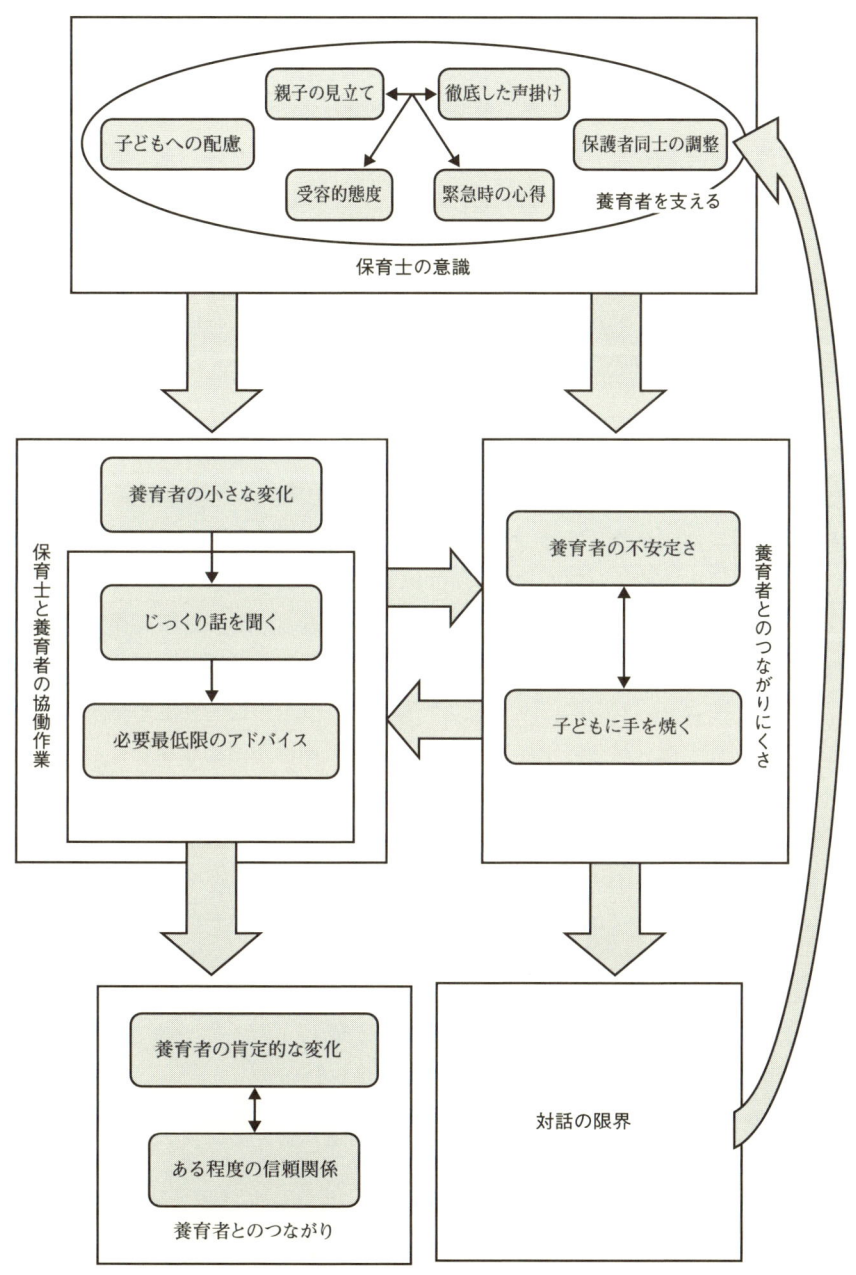

図6　保育園の保育士によるアウトリーチのプロセスモデル

〈緊急時の心得〉を保育士は常に意識していた.

次に，関わりの段階を深めていく場合には，《保育士と養育者の協働作業》の段階へと移る．継続して粘り強く養育者に関わる中で，今までなかなか反応がなかった〈養育者の小さな変化〉が少しずつ見える頃から，今まで立ち話で養育者の相談ニーズを探る声掛けから，一度時間を取って〈じっくり話を聞く〉ことを提案していく．そして養育者のニーズが出てきたタイミングにおいてのみ，〈必要最低限のアドバイス〉を行っていた．だが一方で養育者が〈子どもに手を焼く〉ことが多く，すぐに子どもに変化が見られないことや，養育者自身が抱える問題によって〈養育者とのつながりにくさ〉が生じる場合，《養育者の不安定さ》という揺れ動きも見られている．ただしこの関わりの段階では，このような養育者の揺れ動きはごく自然なものであり，保育士自身も早急に養育者と信頼関係を築くのではなく，行きつ戻りつを繰り返しながら，少しずつ協働作業を通してゆっくりと関係性を深めていた．

その結果，少しずつ〈養育者の肯定的な変化〉が見えてきて，多かれ少なかれ養育者の揺れ動きは引き続き生じるものの，〈ある程度の信頼関係〉ができた場合に，保育園の保育士は《養育者とのつながり》を達成できたと感じていた．だが，やはり《養育者の不安定さ》が強く残り，拒否的態度が継続する場合には，保育士は《対話の限界》を感じていた．虐待が深刻な場合は，児童相談所や市区町村，保健センター等に積極的に連携を取る．だが，それほど虐待が深刻でない場合は《対話の限界》を，保育士は関係性の構築が失敗ではなく，継続中と捉え直しており，《保育士の意識》を持ちながら再度《養育者を支える》段階に戻ってアプローチを継続していた．

第4節　考　察
日常生活に根ざしたアウトリーチ

本章は，保育園による相談ニーズの低い養育者に対するアウトリーチの構造とプロセスについて検討をしてきた．

その結果，保育士によるアウトリーチは，まずもって保育園が持つ最も養育者と子どもの日常生活に近い場という点から，非常に受容的な態度で接していることが明らかとなった．千葉（2001）は「親を敵対視して子どもを救うとい

う意識ではなく，親もまた援助の必要な人として付き合っていく」ことが大切だという指摘をするが，本章の研究で得られた「受容的態度」《保育士の意識》も，養育者自身への援助をはじめる基盤として同様の意味を示していると考えられる．さらに〈子どもへの配慮〉とあるように，保育士は親対応だけでなく，従来の保育についても，特別な配慮を求められていた．虐待を受けた子どもは，激しい行動化や，あるいはその真逆の抑うつ状態を示すなど，通常保育とは違った特別な配慮を必要とする場合が多い．保育士はそのような気になる子への重点的な保育だけでなく，ネグレクトが疑われるケースに対して食事や洗濯のケア，あるいは登園できない場合には迎えに出向くなど，養育者と子どもの生活面にも積極的な支援を行っていた．杉山（2007）は「自分を受け入れてくれた保育士や教師の存在が，わずかなりとも虐待を受けた子どもたちの愛着をつなぎ留めている」と指摘するが，保育士の子どもを預かる保育と地道な生活支援は，子どもとの愛着をつなぎとめるだけでなく，養育者に対しても関係を切らさないための非常に大きな意味を持っていると考えられる．つまり，保育園の保育士によるアウトリーチとは，ただ養育者のもとに保育士が声かけをしながら出向くだけでなく，日常生活へのアプローチをしながら，少しずつ養育者と関係を築いていくこともひとつの特徴として考えられるだろう．

　しかしながら，このようなアウトリーチを行う一方で，保育士は〈保育士の抱える不安〉の中で「対応の自信のなさ」や「保育士自身が感じる偏り」を感じていた．これは保育士自身が虐待ケースという誰しも困難を感じる対応において，自分の対応がこれでよいのかという不安や焦り，あるいは価値観の偏り等に関してまだまだ危惧するところが大きいものと考えられる．

　この点は，保育士の特徴として，先行研究でも「保育者個人の考え方や価値観，被虐待児の保育経験の有無，保育者自身の子どもの有無によって大きく左右される」「保育者が親子の関わり場面を見ても，それが育児方針やしつけと考えてしまい，虐待を疑う事への迷いが生じている」と言われている（田邊・望月・北村ほか，2006）．現時点で，保育士がこのような悩みを抱えていることは，多機関連携においても認識される必要があり，それによってより保育園との綿密な連携の役割分担を決める必要があるのではなかろうか．そして，実際に保育園の保育士が相談ニーズの低い養育者に対してアウトリーチを行う際には，多機関連携においても，保育士へのコンサルテーション，スーパービジョ

ンの充実だけでなく，保育士の行う支援を認め，エンパワメントするような関わりが必要であると考える．

　再度，プロセスモデルに戻り考察を進めると，保育士は時間を掛けて《養育者を支える》ことを継続し，少しずつ《保育士と養育者の協働作業》へと移っている．この時間を掛けてていねいに関わる点は，《保育士の意識》にもある通り，養育者に対して「一歩も引かない態度」から始まり，辛抱強く《養育者の不安定さ》に付き添いつつ，じっくりと時間をかけた結果として《養育者とのつながり》に至っているのである．このことは，養育者の日常に寄り添う保育園の保育士だからこそできる最大のメリットであると考えられる．つまり，相談ニーズの低い養育者のアウトリーチを行うためには，「一歩も引かない態度」を示しながらも，すぐさま養育者に変化を迫るのではなく，養育者のペースで変容できるように"時間をかける"支援が非常に大切なポイントになる．

　カウンセリングのように毎週1回1時間というような枠組みではなく，ほぼ毎日顔を合わせる保育士には，「これまでの親指導というポジションではなく，共に悩み，つきあっていく意識での対応」が保育現場では望まれるという（千葉，2001）．すなわち，児童相談所や市区町村など，虐待事例が深刻で緊急時にのみ関わり即時的な効果を求めるのではなく，保育園の保育士にとっては，常に親の生活の基盤となるように，朝夕の声掛けをていねいに繰り返しながら，時間をかけて養育者の不安定さに寄り添うことこそが，アウトリーチの根幹をなすアプローチだと考えられる．

　もちろん緊急の場合には，児童相談所や保健センター等にも連携を取っていくことは保育士も遵守していたが，保育園である程度抱えられるケースは，保育士が養育者に寄り添いながら，共に悩みにつきあっていくスタンスでアウトリーチを行っていると考えられた．そして，《対話の限界》を関係構築の失敗ではなく，まだまだ"時間をかけて"アウトリーチを継続している段階として捉え直し，関わりを始める最初の段階に常に立ち返りながら支援を行っている可能性が見出された．

　このような研究の考察から，保育園の保育士による相談ニーズの低い養育者に対するアウトリーチの成功目標は《養育者とのつながり》《対話の限界》のカテゴリ内容をふまえ，"一歩も引かない態度で養育者を支え，時間をかけてじっくりと養育者の生活に寄り添いながら，養育者のペースで肯定的な変化を

促し，保育士と養育者の間にある程度の信頼関係が築けた状態"と仮説生成された．

第6章
保健センターの保健師による
アウトリーチ

第1節　問題と目的
母子保健で培われたアウトリーチ先駆者達のノウハウ

　子どもの虐待への支援が必要であると保健師が気づきやすいのは，身体的虐待であり，次にネグレクト，そして性的虐待だといわれる（佐藤，2008）．そのような中，特に保健所や保健センターに勤務する保健師は，自ら訴えることもなく，相談にいくこともできないような人に対して家庭訪問を行ってきた歴史的背景を持つ（小林・納谷・鈴木，1995）．保健師は家庭訪問（＝アウトリーチ）を主な支援方針とする職種であり，保健師の経験・技術は虐待が疑われる家族への接触や支援において，極めて大きな効果が期待されている（前田・山崎・塩之谷ほか，2005）．また保健師による家庭訪問は，健診未受診者の把握はもとよりグレーゾーン・虐待群に対しても行われている（德永，2005）．特に，市区町村の管轄である保健センター／母子保健課には，育児支援家庭訪問事業が設置されており，専門的な支援が必要と判断される（＝ハイリスク）家族を見出し，家族自らがその必要性を認識していなくても，積極的に介入するというハイリスクアプローチを行ってきた．このハイリスクな家庭を見出すために，ポピュレーションアプローチとして存在する既存の支援事業（母子健康手帳交付時面接，妊婦訪問・両親学級，新生児訪問事業，1ヶ月児童健康診査，乳幼児健康診査，育児教室，広場事業等）と結びつけることでより効果的な支援が実施できると考えられている（中板・但馬・疋田ほか，2007）．そのような保健師の家庭訪問を上野（2008）は"しんどさ"に気持ちを寄せる支援，"しんどさ"を軽減する支援，親の試し行動に付き合う支援という3つにまとめている．虐待をしてしまう親への支援は，身体的にも心理的にも膨大なエネルギーを必要とするが，家庭訪問によって実際の家庭の生活状況を把握することで多くの支援プログラムや事業につなげることができている．これは，地域の社会資源に詳しい保健師だからこそできる支援といわれ，事実国内外でも保健師の家庭訪問

の有効性については古くから実証されている．たとえば，英国で行われた保健師（Community Nurse）による家庭訪問の効果研究の結果，家庭訪問がなされた群は，家庭訪問がなされなかった群に比べて，虐待による外傷や事故発生率が減少し，母親自身の生活が安定するなど，実証的に効果が示されている（Olds, Henderson, Chamberlin et al., 1986）．

また2004年児童虐待防止法の改正で，虐待防止対策には虐待予防から保護・自立支援までの切れ目のない支援が必要と認められ，保健センターにおける「養育支援訪問事業（当時は育児支援家庭訪問事業）」，そして2007年から「生後4ヶ月までの全戸訪問事業（こんにちは赤ちゃん事業，現在は乳児家庭全戸訪問事業）」等が公的に保健師による支援として始まった（来生，2009）．さらに，近年虐待予防においても注目される産後うつについても，いち早く母子保健領域では家庭訪問の際に対応を図ってきている．特に，産後うつ尺度として世界的にも信頼性が高いEPDS（＝エジンバラ産後うつ病質問票）を導入した市区町村は，新生児訪問においても「養育者への心理的支援」「虐待予防・把握」といった視点をより強く持っていたといわれる（村中，2007）．

産後うつ病の養育者が退院後に問題と感じるのは「家庭の協力の必要性」「具体的な育児の不安」「家族間のプライバシー保護」「母親の身体的変化」「情報源の不足」の5つだとされる（天野・松田，2003）．しかしながら，一度の家庭訪問では赤ちゃんへの気持ちや育児への気持ち，EPDS得点の変化はみられにくいといわれ，家庭訪問の効果を期待するには，上記の5つの評価指標だけでなく，他の指標を組み合わせながら複数回の家庭訪問を継続することが必要ともいわれている（上野，2009）．

このように我が国において，多角的な視点から家庭訪問を行う保健センターの保健師によるアウトリーチは，家庭訪問の導入そのものが相談援助プロセスともいわれる（大木・森田，2003）．また保健師の家庭訪問の際には強引な関係作りはせず，対話を通してニーズを把握する，そしてどのように支援したらよいのかを対象者とともに考えることが重要だともいわれている（河野，2001）．上野・山田（1997）によれば「話をする」「養育者と信頼関係をとる」「育児の知識や方法を指導する」と表現された援助内容の中に十分表現できていない，分析されていない多くの保健婦の援助能力があるという指摘もなされている．だが，保健師によるニーズの低い養育者に関わる体系的なアウトリーチモデル

について具体的な研究はほとんど見られなかった．

そのため，以上のような先行研究の問題点から，本章では相談ニーズが低い健診未受診家庭への家庭訪問や全戸訪問事業，養育支援家庭への家庭訪問事業において，攻撃的・拒否的な養育者に対する保健センターのアウトリーチの構造とプロセスを現場に即した形で，ボトムアップ的にモデル化することを目的とする．

第2節　方　法

第1項　調査対象

調査対象者は保健センター8施設に勤務する保健師11名，および助産師1名の計12名である（表14）．

第2項　調査手続き

半構造化面接によるインタビュー調査である．調査対象者1人につき1時間半から2時間である（多機関連携の内容を含む）．調査者が1人で全てのインタビュー調査を行い，その後逐語録に起こし分析を行った．

第3項　調査期間

2009年1月から2010年5月にかけて調査を行った．

第4項　インタビューガイド

相談ニーズの低い，攻撃的・拒否的な養育者に対して保健センターから主体的に出向いてアウトリーチを行ったケースについて，
①関係構築が果たせたと思われる具体的な成功例エピソード
②関係構築が果たせなかったと思われる具体的な失敗例エピソード

表14　保健センター，フェイスシート

Info.	性別	職種	年齢	経験年数	地域性	分析手続き
Info.1	女	保健師	26	4年	都市部	ステップ1
Info.2	女	保健師	27	5年	都市部	
Info.3	女	保健師	33	11年	都市部	
Info.4	女	保健師	46	22年	都市部	
Info.5	女	保健師	59	37年	都市部	
Info.6	女	保健師	42	15年	地方部	ステップ2
Info.7	女	保健師	43	21年	都市部	
Info.8	女	保健師	40	16年	地方部	
Info.9	女	保健師	37	10年	都市部	
Info.10	女	保健師	37	8年	都市部	ステップ3
Info.11	女	保健師	32	10年	都市部	
Info.12	女	助産師	51	19年	都市部	

③アウトリーチの際に意識・工夫していること

以上3点である．

第5項　分析手法

得られたインタビューデータは，全てプロトコルに起こし，グラウンデッド・セオリー・アプローチ（Strauss & Corbin, 1998）を用いて分析を行った．分析手法については第2章第2節を参照して頂きたい．

第6項　理論的サンプリングと段階的分析手続き

ステップ1では，Info.1から5まで現場の保健センターの保健師によるアウトリーチについてサンプリングおよび分析を行った．この段階では，まずカテゴリの生成を目指した．

続くステップ2では，Info.6から9まで"地方部と都市部"の保健センターを中心にサンプリングを行い，地方部の保健センターと都市部の保健センターで地域性によるアプローチの違いについて比較検討しながら分析を行った．この段階はデータを追加し，カテゴリの追加と修正を目指した．サンプリングの属性を比較することで，より妥当性のあるカテゴリ内容を把握し，その上で，カテゴリグループ，カテゴリの関連づけ，および初期モデルを生成した．

最後にステップ3では，Info.10から12まで経験年数10年以内という"経験年数の違い"，および保健センターで保健師と仕事を共にする助産師という"他職種からの視点"によってサンプリングを行い，今まで得たステップ2までの内容と比較検討を行った．この段階では，更なるデータを追加することにより，カテゴリの精緻化を試み，最終的な理論的飽和をもって，現場に即した保健センター保健師の構造としてモデルを確定した．

　なお，現場の保健師および助産師は業務多忙であり，インタビュー調査に協力頂くためには，調査協力して頂けるInfo.のご都合に合わせて調査日程を組む必要があった．そのため，厳密な理論的サンプリングは不可能であり，分析の段階が前後左右する場合があった．ただし，各段階においても属性ごとの絶えざる比較を行いながら，できる限り段階的な分析手続きを踏襲した．

第7項　分析手続きの構造とプロセスについて

　本章でも第5章同様，アウトリーチの段階として，時系列に沿って内容を把握した．すなわち「I. アウトリーチを始める段階」「II. アウトリーチを継続する段階」「III. アウトリーチの結果段階」という分析における一連のパラダイムである．それぞれステップ1-3という分析手続きを踏み，最終的に得られたそれぞれの構造のモデルを統合し，最終的な保健センターのアウトリーチに関して「IV. プロセスモデル」「V. ストーリーライン」として把握した．

第3節　結　果

I. アウトリーチを始める段階

第1項　ステップ1――カテゴリの生成

　ステップ1ではInfo.1から5までを対象にカテゴリを生成した（表15）．以下ではカテゴリの説明を行う．

表15　ステップ1

カテゴリグループ	カテゴリ	サブカテゴリ	データ
接点を作る	訪問の際の意識	訪問のマナー	やっぱりね，礼儀正しさってどこでも通用するなって思ったんですね．独特な文化の地域であっても，しっかりと挨拶をして，言葉遣いに気をつけてね．そういう，笑顔も作るし．そういうのって，例えどんな地域であっても，どんな家であっても，すごく大事なことだなって思ってますね．(Info. 1)
		積極的な訪問	なんだかんだで行ってる．〈インフルとかで予防注射打った〉とか？〈子どもの落ち着きないって言ってたけどっ？〉て．言ってないような気もするけど，そんなん曖昧だからわからないじゃないですか．〈実際どう？〉とか．〈お母さん前，精神科に通ってたっていってたけど今どうですか？　季節の変わり目ですけど〉って．関係的に切られちゃうけど，まずは訪問だよね．(Info. 1)
		最低限関係を切らさない目標	体重のやはり伸びが悪い話しが出てきたのと，少し運動面の遅れが出てきていました．1歳半健診来ないのもわかっていましたので，3ヶ月ごとぐらいに運動面と発育の確認ということで，訪問に行ってますね．(Info. 3)
	訪問での関わり	医療的な関わり	体重や身長を測りましたかという言い方で，〈あのー，どこかで測ってらっしゃいますか〉という言い方で入っていきました．あと，私どもの場合は必ず体重計を，持って行けますので，〈体重計を持って行っているので，もし測ってなければ測りませんか〉という声かけをして，入っていってます．(Info. 3)
		訪問時の見立て	訪問していて結構家の中の，なんていうんだろう，たとえば，カーテンとかテレビとか全部ピンクのおうちとかね．あとお母さんがすごい異様なポスターを貼っているとか，スケジュール表に書いてあることがちょっと……とか，台所が使われていそうもないなぁとかね．そういった，赤ちゃんの居場所を柵で覆ってるとかね．〈転倒防止だ，危ないから柵してるんだ〉って言うけど，本当は台所とか自分の居間のほうに入ってこられるのが嫌なんだとかっていうのは，かなり直感的なものですよね．おかしいなってね．うん，結構ありますよね．人格障害のお母さんとかは，家の中のこだわりがあるから．そういう結構直感的な．(Info. 5)
		役割を伝える	やっぱり最初，一番最初が肝心かもしれない，なんでもそうだと思うけど，〈今お母さんが不安に思ってたり心配してることはどういうことか〉っていうのをまず聞くのと，〈私は保健師としてここが心配だよ〉っていうのは伝えるようにはしてる．攻撃的な人とか，お母さんに私が何をする人かっていうのをどう伝えられるかも．私は保健師だか

			ら，〈赤ちゃんの体重を測ったり，お母さんが，そのときは母乳をうまく飲ませられなかったから，こうやって抱っこしてこうやって飲ませてごらん〉っていうような，そういう具体的な保健師ができる育児支援をどう分かりやすく伝えられるかだと思いますね．(Info. 5)
保健師の意識	基本的態度	一歩も引かない態度	ただ，一人の女性として，子育てを始めたお母さんに寄り添っていきたいって思ってるから．結婚してないとか，私に子どもがいないとかそんなこと関係ないわって思ってるけど．だって，私はお母さんより，いろいろな家庭だって見ているわけだし，専門職としての知識だってあるわけだし．あとは別にあなたの人生とか，あなたの子育てをどうしようって一切思ってませんから，一人の女性の人生を応援したいって考えてる．そういうスタンスだから全然気圧されないですね．(Info. 1)
		最後のセーフティネットとしての責任	保健師ってやっぱり地域のセーフティネットだと思います．健康に関するね．まぁここが最後のセーフティネットとして機能していないと，もっとやっぱりここさえ漏れていっちゃうとしたら，もうどこにも行き場が無くなってしまうのではないかと思うんですね．で，そういう重いケースだっていうことを本当に，つらいときもあるんですけれど，でも自分達がそういう役割なんだっていうところをちょっと思いますね．本当に地域のことをよくわかっている保健師だから，そこのところの役割をとってます．(Info. 4)
	保健師の抱える不安	見守りしかできない不安	拒否されてしまって，親が困ってなくても，絶対に問題が起こってしまうっていうケースが，私たちは困ってるんですよ．でも現時点では見守り以外ない．それはいつも問題として上がってくるんですよ．すっごい問題の家庭だけれども，いつ何が起こるかもわからんっていう家庭だけれども，関わってくれるなっていうところももちろんあって．(Info. 1)
		仕事内容の曖昧さ	なんか保健師自体の仕事に，多分このケースだけじゃなくってね，全般的なことで言うと，これが保健師の仕事っていうのが，本当にいつも曖昧だと思うんですよ．それは良い意味でも悪い意味でもね．(Info. 1)
	保健師のメリット	児相より身近な存在	保健師って今のところ行くと健診とかでも会ったりとか，家庭訪問をしてたりとかしてますっていう名目だったらね，別に訪問しても自分だけ特別って思わないと思うんですよ，対象者にとってね．どこの家にも訪問しないような児童相談所の人ととかね，そういう人達が行くと，自分が特別なんかあるから来られてるのかなっていうところで，まず対象者が身構えてしまうところはあると思うんですね．だから，まぁそこらへんが身近な，どんな人でも訪問に行ったり電話してますって思われてる人が関わってくるっていうのは，向こうにとってもガードが低くなるし，一番対象者

保健師の意識			の身近な存在なのかなって思うんですよ．(Info. 1)
	自然な形での接点		やっぱり新生児訪問って家に入れてくれる受け入れの度合いは高いような気がしますね．名目もあるし，お母さんのおっぱいが大丈夫かなとか，赤ちゃん体重増えてるか見させて下さいって言えるし，実際見てるし．うん，だからなんかしっかり受け入れてもらってる感がありますよね．で，1歳半とか3歳になってくると，この子保育所も行ってるし，健康なんですけどってなると，私たちが何かするっていうのも少なくなってきますし．(Info. 1)
	保健センター全体で抱える	上司の理解	私が係長になって，若い人達をいつもそういう風に，こう支援している人がいるんだねっていうことを本当に伝えるようにして，みんなで共有します．もう本当に重いケースばかりですから．(Info. 4)
		みんなで抱える	やっぱりめげちゃうことも多いから，自分もね．あぁだめだったとか，すごいこと言われちゃうとか，そういう自分も嫌になっちゃうなぁっていう，めげちゃうことが多いので，やっぱり帰ってきてみんなに，こうだったああだったって言いながらかなぁ．時間かける．今回だめでもまぁうまくいくかな，みたいなのもあるから，みんなに相談しながら，自分の気持ちのメンテナンスも，そういう中でもう一回やってみるかみたいな．それはちょっと同僚とか大事かな．友達とか先輩とか．(Info. 5)
養育者の揺れ			赤ちゃんの体重を書き取らせてもらってたんですね．で，〈お母さん母子手帳見せて下さいね〉っていう話をして，で，それを見ている間に，お母さんがまた母子手帳を見ながら「何を書き取ってるの？」って言われて，「また赤ちゃんの体重の増えが悪いってどこかにあなた報告するんでしょ？」ってその場でも言われたり．そういうことをお母さんは敏感になっていましたね．(Info. 4)

《接点を作る》

このカテゴリグループは〈訪問の際の意識〉〈訪問での関わり〉という2つのカテゴリが存在する．

〈訪問の際の意識〉

このカテゴリには，「訪問のマナー」「積極的な訪問」「最低限関係を切らさない目標」という3つのサブカテゴリを持っている．

「訪問のマナー」とは，保健師が家庭訪問をする際に，日本の文化に即して礼儀，挨拶，言葉遣いなどを大切にすることである．

「積極的な訪問」とは，とにかく理由を付けて訪問することを意味する．母子保健領域では，健診や予防接種，栄養管理，保育園への入園手続き等様々な

リソースを持っている．それらを何かしらの理由にして，まずは積極的に養育者のもとに家庭訪問を行う保健師の意識である．

最後に「最低限関係を切らさない目標」とは，養育者に攻撃的・拒否的な反応を示されようとも，とにかく安否確認の意義で，養育者へのまなざしをずらさず，必ず次の訪問・面接につなげようとする意識である．

このように，このカテゴリは，保健師が家庭訪問に行く際の意識をまとめたものとして位置づけられる．

〈訪問での関わり〉

このカテゴリには「医療的な関わり」「訪問時の見立て」「役割を伝える」という3つのサブカテゴリが存在する．

「医療的な関わり」では，保健師にできる医学，保健といった生理的な側面からの関わりを意味する．聴診器を使ったり，体重を測るなど，保健師ならではの関わりをアピールできる内容である．

「訪問時の見立て」とは，訪問の際に，親子のアセスメントだけでなく，家全体の様子や地域との兼ね合いなど，総合的に養育者の日常を見立てることである．特に，家庭訪問で室内に入れる場合は，部屋の様子や乳幼児の養育環境などの情報を集められる他，養育者の生活感，掃除洗濯の様子なども観察していることがバリエーションとして見受けられた．

最後に「役割を伝える」とは，訪問の目的と，保健師として心配であるというメッセージを伝えることである．攻撃的であろうと，養育者のメリットとなるような情報や養育の仕方など，母子保健で培ってきた保健師ならではの子育て支援の役割を伝えている．

このように，このカテゴリは最初に養育者のもとに家庭訪問する際の保健師の意識と対応に関する内容である．

以上のように，《接点を作る》では，初回訪問の際に保健師が養育者との間で最初の関わりを作る働きかけを意味している．

《保健師の意識》

ここでは〈基本的態度〉〈保健師の抱える不安〉〈保健師のメリット〉〈保健センター全体で抱える〉という4つのカテゴリが存在する．

第6章　保健センターの保健師によるアウトリーチ

〈基本的態度〉

このカテゴリには「一歩も引かない態度」「最後のセーフティネットとしての責任」という2つのサブカテゴリが存在する．

「一歩も引かない態度」とは，攻撃的拒否的な態度を養育者に示されようと，頑として一歩も引かない保健師の気構えを示している．

また「最後のセーフティネットとしての責任」は，データにも示されているように，保健師が日本の地域コミュニティにおける文化や情報を最も持った専門職であり，養育者と関係構築を果たす最後の砦としての役割と責任を持っていると，現場の保健師が感じていることを示している．

〈保健師の抱える不安〉

このカテゴリにも「見守りしかできない不安」「仕事内容の曖昧さ」という2つのサブカテゴリが存在する．

「見守りしかできない不安」とは，保健師が非常に優れた家庭訪問のスキルや多機関連携のコーディネート能力を持っていたとしても，虐待の深刻度がグレーゾーンであるようなケース，特にすぐさま命に関わらないような中程度のネグレクトケースには，見守りしかできないという不安のことである．例えば保健師が訪問できない時間に子どもの命に関わる問題が起こったらどうするのか，という不安を現場の保健師は感じているのである．

「仕事内容の曖昧さ」とは，保健師の仕事はいくら医療的な関わりができても医者ではなく，"これが保健師の仕事です"という，すぐさま養育者に保健師が関わることでメリットを感じてもらえるようなことが少ないという葛藤を意味している．そのため，養育者から"保健師は何をしてくれるのか"という問いに対して，非常に悩ましい思いを現場の保健師が感じているデータもバリエーションとして存在した．

〈保健師のメリット〉

このカテゴリにも「児相より身近な存在」「自然な形での接点」という2つのサブカテゴリが存在する．

「児相より身近な存在」とは，新聞やニュースの報道にあるように，虐待対応をメインに強権的に家庭訪問をする児相イメージとは異なり，保健師は昔から地域に訪問する仕事として，児相よりは養育者に受け入れられやすいことを肌身に感じていることである．

同様に「自然な形での接点」とは，保健師が養育者に関わる場面は，母子手帳交付や健診，新生児訪問など，保健師が養育者に自然と関わる場面は必ず公的な子育て支援の枠組みの中で規定されている．そのため，そのような制度・システム上の接点を理由に，養育者のもとへ訪問に行けることが保健師の訪問におけるひとつのメリットとなっていた．

〈保健センター全体で抱える〉

　このカテゴリにも「上司の理解」「みんなで抱える」という2つのサブカテゴリが存在する．

　「上司の理解」とは，基本的に保健師は地区担当，あるいは虐待対応など業務担当などで職務内容にセンターごとの違いが見られるものの，チームの上司から担当保健師の仕事を理解されていることが，ひとつの安心感に繋がっていることを示す．

　「みんなで抱える」とは，虐待ケースに関わる場合，2人対応が奨励されているが，現場の保健師は忙しさや地区担当制などによって1人で対応している場合も少なくない．そのため，養育者から厳しいことをいわれても，チーム全体でケースを抱えるような職場環境を整え，担当保健師の安心・安全の場をチームで確保することが目指されていた．

　以上のように《保健師の意識》とは，養育者への関わり全体を通して，前提となっているものであり，支援者としての基本的な意識を規定する内容を意味している．

《養育者の揺れ》

　このカテゴリグループは，養育者要因として，様々なケースごとの個別性が考えられるが，保健師が初回家庭訪問したことによって，養育者の中に少なからずの緊張や不安がある場合を，保健師が思い描いていた．そのため，特に攻撃的・拒否的な養育者の反応も，現場の保健師はひとつの養育者の揺れ動きとして捉えており，ごく自然な反応として捉え直していた．

第2項　ステップ2——カテゴリの追加修正と関連づけ

　ステップ2では，Info. 6から10を対象に，カテゴリの追加修正を行った．

結果，新たに追加されるカテゴリ等は見当たらず，バリエーションの追加のみ見出された．

(1) バリエーションの拡大

「積極的な訪問」内のバリエーションの拡大 "訪問の頻度"という各カテゴリ生成のための基準としていたプロパティ（特性）のディメンション（特性の範囲）について，バリエーションの追加となるデータを発見した．これは，保健師がケースの虐待深刻度によって，家庭訪問の頻度をその都度設定していることを意味している．以下に具体例を示す．

> 必ずしも，どれくらいかは決めてないですね．で，やっぱり赤ちゃんであったり，子どもさんが，明らかにそのやっぱり気になる時っていうのは，本当に1週間に2回行ったし，それこそ明日も来るわっていう時もあったので……．でもなんか，定期的に信頼関係ができるようになってくる．で，子どもさんも危険性があまりないだろうっていうか，命のね．わかりませんけど，それこそポンっと（虐待）されたら……（命の危険性はなくはない）．でもお母さんも落ち着いてるしっていう時には，1ヶ月とか2ヶ月の定期訪問はしていくっていう形にしてました．(Info. 6)

このように，初期は割と複数回訪問し，落ちついてきたら月1回の訪問頻度へと関わりが変化していた．ここでは，訪問の頻度を初期に増やしておくことで養育者との信頼関係を作り，子どもの安全を確認することが目的とされていた．落ちついてきたとはいえ，それでも何かあったらという不安があるものの，子どもの安全という観点から訪問の頻度が変化していくという実状である．

一方で，バリエーションとして，現実的に都市部で膨大に仕事を抱える保健師では，虐待の深刻度はそれほど高くないが，拒否的態度を崩さない養育者への訪問となると，養育者が利用している制度が切れる時などをきっかけにして，継続して年に数回訪問をするという例も存在した．以下に具体例を示す．

> 初回に何かの機会を見ては，（親子）交流会のパンフを渡しに行ったりとか行きますけど．あとは何かの制度を使ってて，それが消えそうな頃とか．（制度の期限が）切れると次の制度に乗っからなきゃいけないっていう人もいるので，そう

> いう時は絶好のチャンスだと思います．その人にとってのメリットはすごい大きいし，継続申請を教えてもらえるかどうかで随分違うので．そういう風なチャンスとかが少ないと，年に数回（だけの訪問）っていうことも人によってはあるんですけど．ただ，私は地域にいて，（親子を）応援する立場なので，是非何かあったら，基本は子どもとお母さんの相談を受ける立場だけれども，そういうことはアピールはしていると思うので．申請があった時とか，医療費の制度が切れるときとか．本当はもっと行けると良いのかも知れませんけど，現実的には年間3,4回訪問できればっていう感じかもしれません．あと電話ができれば，電話をするぐらいでしょうか．(Info. 8)

ここでも，現実的に親子に関わるきっかけをいかにもらさず作っていく，アピールしていくことが訪問の頻度に関係することが示されている．しかしながら，拒否的態度が継続していたり，制度申請につながらない場合は，現場の保健師としてもなかなか訪問の回数を増やせないという事も実状として見出された．

その他にカテゴリの追加修正は見当たらなかった．よって，表16のカテゴリ一覧表に変化はなかった．

(2) カテゴリ・カテゴリグループの関連づけ

カテゴリの関連づけ 《接点を作る》の〈訪問の際の意識〉は〈訪問での関わり〉のために意識している内容として位置づけられるので，〈訪問の際の意識〉を持って〈訪問での関わり〉へと移行すると考えられる．

カテゴリグループの関連づけ 《保健師の意識》は，保健師の家庭訪問を含めた支援する際の意識となっているため，具体的な家庭訪問によって養育者との間に《接点を作る》カテゴリグループを含む内容として捉えられる．

最後に，《揺れる養育者》は，保健師による《接点を作る》関わりに対する反応と考えられ，《接点を作る》から《揺れる養育者》へと移行することが見出された．

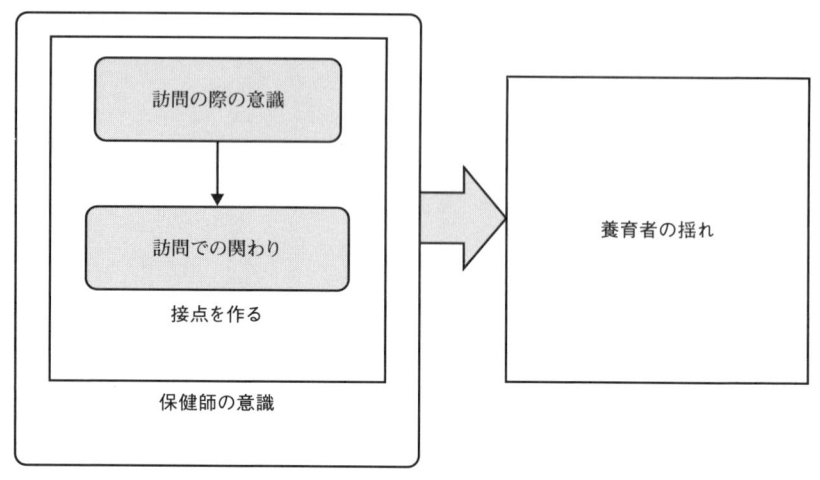

図7 アウトリーチを始める段階

第3項　ステップ3——カテゴリの精緻化とモデルの確定

ステップ3では，Info.11から13を対象とした．だがその結果，追加修正するカテゴリが見られなかった．そのため，最終的なカテゴリ一覧は表16，また図7を最終モデルに確定した．

II. アウトリーチを継続する段階

第1項　ステップ1——カテゴリの生成

ステップ1では，Info.1から5までを対象にカテゴリを生成した（表16）．以下ではカテゴリの説明を行う．

《怒り／拒否への対応》
このカテゴリグループには，〈心配な思いを伝える〉〈拒否が強い時の一旦退却〉という2つのカテゴリが存在する．

〈心配な思いを伝える〉
このカテゴリは，養育者が保健師の家庭訪問に対して，怒り（攻撃的態度）

表16　ステップ1

カテゴリ グループ	カテゴリ	サブカテゴリ	データ
怒り/拒否への対応	心配な思いを伝える		もう怒ってるんですよ，私達のこと拒否なんですよね．そういうときには，でも心配だから，〈すごく心配してる〉ってことを伝える．それは本当だし，なので，〈いろいろゆっくりとお話もしたいし，別に私が何かするっていうことではないのだけど，ゆっくり話を聞きたいんだ〉ってところで（言葉を）返してますけど．だからお母さんの質問には直では返してない，ちょっと外して返してるんですけどね．(Info. 1)
	拒否が強いときの一旦退却		あきらかに拒否が強いときとかは過度に関わろうとはしないですね．向こうが嫌がっているときに，〈でもね〉ってガンガン言ってしまうと，どんどん押し返されてしまうだけなので．よほど重篤な虐待でない場合は，もう本当に拒否というか，嫌がられてる間は，〈もう嫌だ〉と言われた日には，〈じゃあまた来る〉程度で身を引くというか，深入りしすぎないというか．(Info. 2)
ニーズの引き出し	徹底した受容的態度	時間を掛けて多機関につなぐ	健診の後とか，時間あれば行くって感じで行ったり，あとは医療機関に早くに結びつけるというのをやってましたね．お薬飲んじゃうと動けないっていう人には訪問看護ステーションにも入ってもらったし，それから精神保健，自立支援法の申請もしてもらったりして，あと障害者手帳，精神の取ってもらって．そうすると訪問看護ステーションも使えるし，それから医療費がかからないっていうのと，あとはヘルパーさん，精神のほうの入れるっていうのもあって，そういう社会資源をそれまでは本人とご主人とにこういう制度があるっていうことを何回か話して，何度も何度も訪問して，納得してもらうまで時間相当かかって．(Info. 5)
		とにかく話を聞く	たまに自分で反省することがあるんですけど，批評の目で話しを聞くことがあるんですよね．それってこれが原因じゃないとかね．それだと上手くいかないんですよ．とにかく，全てを受け入れるつもりで．まぁ，内心ぞっとしてますけど，もうなんだそれは！ってときもあるけど，あぁそうかそうかって．とにかく批評とかをしないで，まるごと話を受け入れる．否定的なことをいわないっていうので，話しを進めて行った時に，まあまあのそういう関係を築けることが多かったという気がしますね．指導とか，保健師の視点とか言い出すと，絶対上手くいかない．(Info. 1)
		必要最低限のアドバイス	育児のことは，まぁあまりに基本的なことを，ちょっと出来てなくって，ちょっとこれはやばい，いかんなって時は，〈これはこうしましょう〉っていうことは言いますけど，あんまり細かいこと？　通常の常識からずれるようなこと，ずれすぎて危険に及ぶようなこと以外に関しては，向こう

			から相談がない限り，指導は一切しない．(Info. 1)
		絶えざる関心	きれい事かもしれないですけど，まぁ誰もいないわけではないよっていうのを分かってもらえたら良いのかなっていう感じ．なんか具体的にこれをしてくれる人っていう認識はべつになくても良いのかなって思うのですけど．結局自分がなんか一人，誰にも関わってくれる人がいないとか，孤独になるっていう認識ではなしに，ふっと頼りたくなった時に，ああいう人も居たっていうことを思い出してもらえれば良いのかなぁって思いますね．存在として．で，とりあえず話を，何でも良いので言ってきてくれれば，然るべきところに繋ぐこともできるし，聞けるかなぁって思いますね．(Info. 2)
		支援のプランニング	やっぱり見立てですかね．やらなきゃいけないことと，やらない方が良いこと．あとは今すぐやらなきゃいけないこと．その辺のアセスメントを，何度も何度もするんですね．で，その確認を自分一人の判断にならないようにして，色んな人に意見を聞きながらそこはアセスメントして，で，その上で，対応をしていくっていうところが必要なことですかね．(Info. 4)
保健師と養育者の協働作業		養育者の変化	訪問では6, 7回ですかね．途中でその，小児科医師の内分泌の相談も行っていますし，あと，こちらのセンターとしての違う手段を出してみたりって．例えば子どもさんの集まりのプログラムとかですね．そういうのの案内をしたりっていうのは少しずつ変化をしてたと思います．でも，センターに来ただけで大きな一歩ですけどね．(Info. 3)
		できることの摺り合わせ	具体的にお母さんが悩んでることについては，〈じゃあこうしようかって，こうやってみる？〉っていうのは伝えるようにしていて．でも無理難題も多いから，それはできる？ これはできない？っていうことを〈私はできないけどこういう方法があるから，こういうのを利用してみる？とかこういう制度使ってみる？〉とかって情報提供はするけど．結構，朝起きれないから保育園連れて行ってくれとかね．〈それは私はできないよ〉っていうことは伝えるようにして，〈その代わり保育園のお母さんの仲間でとか，地域のボランティアさん紹介するよ〉とか，結構〈保育園の近くのお母さんに頼んでみる？〉とかね，だめな日はね．それとか，いろいろ情報提供するけど，それは私はできる，私はできないよっていうことは伝えるようにはしてるんですけどね．(Info. 5)

や拒否の態度を示すとしても，まず保健師は養育者に対して話を聞きたいことを誠実に伝えることを意味している．養育者が怒りや拒否を露わにすることは現場では多くあり，ここでも保健師の誠実で揺れない態度が求められていた．データにもあるように，保健師からは心配であることを伝え，養育者から「なぜ来るのか？」，「いつになったら来なくなるのか？」といった質問にはあえて答えずに，心配であるメッセージを伝え続け，関係を切らさないアプローチになっていることが読み取れる．

〈拒否が強い時の一旦退却〉
　上記の〈心配な思いを伝える〉を行っても，養育者の怒り，拒否が収まらない場合は一度引いて帰ることを示している．ただし，これができるのは虐待の深刻度が高くない場合であり，深刻度が高ければ児童相談所につなぐなど緊急の対応を行っていた．データにもあるように，完全撤退という意味ではなく，相手に負担を掛けすぎる段階ではないということで，一旦退却し体制を立て直す意味で，リトリートのニュアンスが強いことが読み取れる．
　以上のように，このカテゴリグループは養育者の攻撃的・拒否的態度への対応を示している．

《ニーズの引き出し》
　このカテゴリグループには，〈徹底した受容的態度〉〈必要最低限のアドバイス〉〈絶えざる関心〉〈支援のプランニング〉という4つのカテゴリが存在する．
〈徹底した受容的態度〉
　ここでは，「時間を掛けて多機関につなぐ」「とにかく話を聞く」という2つのサブカテゴリが存在する．
　「時間を掛けて多機関につなぐ」では，養育者を見立てた上で，適切なサービスを提供できる機関や支援プログラムをつないでいくための積極的な紹介と説得である．保健センターで行われている親支援教育のためのグループワーク事業への紹介などもこのサブカテゴリに入るが，日常での子どもと養育者の安全を把握するためにも，子育て支援広場や保育園等，多機関につなぐことが多くのデータから見出されたため，多機関につなぐというカテゴリ名を採用した．
　一方で「とにかく話を聞く」では，養育者の思いをていねいに聞いていくことを意味している．データにもあるように，母子保健領域の中で良しとされる

見立てや指導が保健師の頭に浮かんだとしても，それは表に出さず，まずは徹底して聞くことを保健師は意識していた．

　このようにこのカテゴリは，養育者のメリットにつながるサービスの紹介はするが，具体的な養育行動への指摘等はせず，とにかく初期段階では受容的態度で接することを意味している．

〈必要最低限のアドバイス〉

　このカテゴリは，本当に必要最低限の養育スキルや養育者からの質問には答えるが，養育者から相談がない場合には，上記の「とにかく話しを聞く」スタンスを優先するために，あえて意識的にアドバイスをしないという保健師のスタンスのことである．このカテゴリはどの保健師の発言にも指導的にならない態度として共通していたため，カテゴリとして独立して採用した．

〈絶えざる関心〉

　このカテゴリは，いかに養育者が攻撃的・拒否的であろうと，養育者に対する支援への関心を持ち続けることである．保健師によっては好奇心や諦めない，あるいは粘りという思いのバリエーションも見られた．いずれにせよ，養育者を孤立化させないメッセージと共に養育者に向け続ける一定のまなざしという意味があると考えられる．

〈支援のプランニング〉

　このカテゴリは，訪問のたびに集めた情報や養育者のニーズをもとに，保健センター内で様々な意見を取り入れながら，つなげたい多機関の調整をしたり，アプローチの仕方を工夫したり，絶えざるアセスメントに基づき具体的なケースプランニングを行うことを意味している．

　このように《ニーズの引き出し》は，たとえ養育者が攻撃的・拒否的であろうと，保健師がカテゴリに見出されたような内容を中心に，アウトリーチの訪問を行っていると考えられる．

《保健師と養育者の協働作業》

　このカテゴリグループには，〈養育者の変化〉〈できることの摺り合わせ〉という2つのカテゴリが存在する．

〈養育者の変化〉

　〈養育者の変化〉とは，保健師が訪問を繰り返し続けることによって，養育

者の中に少なからず肯定的な変化が見出されることである．示したデータには，養育者がセンターに来所とあるが，来所しなくても保健師による訪問で，少しずつ養育者の拒否的態度がとれ，話ができはじめるデータもバリエーションとして見られた．

一方〈出来ることの摺り合わせ〉とは，具体的にこちらが提示した内容に対して，養育者が何らかの意思表示をすることによって，少しずつ支援に向けてできること，できないことの摺り合わせが養育者と保健師の間でされはじめる段階である．データのように養育者からの無理難題を突き付けられる場合もあるが，保健師はできることとできないことを養育者にはっきりと伝えることを強く意識していた．そして同時に，この時点でも保健師だけの支援にならないよう，多機関に結びつけられる具体的支援策を常にイメージしていた．その他，バリエーションとして，保健師が養育者を病院に連れて行ったり，一緒に生活保護申請を手伝ったり等，養育者に任せるのではなく，養育者と一緒に保健師が支援を継続することで，具体的に養育者の行動に変化を促すこともデータには存在した．

このように，《保健師と養育者の協働作業》では，保健師が訪問を継続して続けることで，少しずつ養育者の攻撃的拒否的な態度が解けていくことを意味している．

第2項　ステップ2——カテゴリの追加修正と関連づけ

ここでは，Info. 6 から 10 を対象に更なるカテゴリの追加修正がないかについて分析を継続した．

(1)　カテゴリの追加

《保健師と養育者の協働作業》内に〈子どもの障害の告知〉のカテゴリ追加

このカテゴリは，保健師による訪問後，ある程度の信頼関係が養育者との間で見出された段階で，虐待の背景に子どもの発達に関する遅れや障害が疑われる場合に限り，その可能性を初めて養育者に伝えることを意味している．告知の内容は，発達障害や知的な遅れだけでなく，虐待やネグレクトによる子どもの愛着障害などを含めて，小学校入学以後の見通しを含めた内容を伝えること

である．ここでは告知だけでなく，今後の支援の見通しを示したり，さらに適切な機関へのつなぎを保健師は意識していた．以下に具体例を示す．

> 本当はこの子……っていうのは，誰が見ても遅れがあって，障害があって．でも拒否的な親はそれを認めない，「その必要がない」ってね．で，幼稚園どこに行っても断られる，上手くいかない．で，お母さんは思い通りにならないから，虐待まではいかないけど手がでる，叩いて．じゃあその子に対して，親から引き離して療育を受けるっていうのは（その親からしたら）やっぱりあり得ないわけで．そこでお母さん自身に働きかけた上で，まぁ時にはね，発達に遅れがありそうだっていうことを認めさせなきゃいけないこともありますよね．だからそういう時には，やっぱり難しいですね．やっぱり関係性ができてないときに，それを指摘すると，非常に攻撃的になったりとかするっていう，そのバランスが難しい気がしますね．ある程度関係ができた段階でそれを伝えて見通しを立てさせて，療育機関を紹介するとか．（Info.7）

このデータにもあるように，訪問した初期にたとえ発達に遅れがあったとしても指導的にならず，ある程度関係性が少しでも出たときに，初めて障害について話題にするという段階である．理由は，関係を切らさず養育者からのニーズが明確になるまで待つことが，養育者の拒否的態度を減らし，必要な時に必要な支援を提供するためであった．

その他にカテゴリの追加と修正する点は見当たらなかった．

(2) カテゴリ・カテゴリグループの関連づけ

カテゴリの関連づけ

《怒り／拒否への対応》では，カテゴリの説明をした通り，養育者が怒りを見せていても，保健師はまず〈心配な思いを伝える〉ことを意識していた．その後，それでも養育者の怒りが納まらなければ，〈拒否が強いときの一旦退却〉へと至っている．そのため，〈心配な思いを伝える〉から〈拒否が強い時の一旦退却〉へとカテゴリは移行すると考えられる．

《ニーズの引き出し》では，〈徹底した受容的態度〉と〈必要最低限のアドバイス〉は，カテゴリの内容と先に示したデータから相互に用いられていると考えられる．一方，この2つの関わりを行いながら，少しずつ分かって来た養育者の情報を元に，保健師に〈絶えざる関心〉を起こしていた．以下に具体例を

示す.

> このお母さんは,最初は全然頼ってくる感じでもなかったし,関係も途切れやすそうだったので,決して頼られるからってことではないと思うんですけど,話をじっくり聞いて.でもなんか,このお母さん自体がなんとなく気になってきたからなんでしょうね.このお母さんがこうしたいから上手く育てられないとかじゃなくって,お母さんは別に悪気はないんだけど育てられてないし,っていうのが気になって力が入っちゃったっていう感じ.あとは損をしているなぁって感じる人だとかは気になるかなぁ.なんか,あとは損はしてないんだけど,不器用なお母さんとか,一生懸命なんだけど空回りしている人とかは,ちょっと助けてあげたいなって.(Info. 6)

このように,拒否的な態度を持っていても,〈徹底した受容的態度〉で「とにかく話を聞く」ことを繰り返し,養育者の背景が分かってくることによって,助けてあげたいという〈絶えざる関心〉を向けている.このことから,〈徹底した受容的態度〉と〈必要最低限のアドバイス〉から,〈絶えざる関心〉へと移行していることがわかる.

また,〈支援のプランニング〉は,カテゴリ内容で示した通り,一度保健師が訪問から保健センターに帰り,チームで再度プランニングを考えることから,《ニーズの引き出し》の中でも,訪問から帰った最後の段階として位置づけられる.

《保健師と養育者の協働作業》では,カテゴリ内容を見てきた通り,〈養育者の変化〉が見られたことで,〈出来ることの摺り合わせ〉が行えるようになっていた.そして,ある程度の関係ができた段階で,〈子どもの障害の告知〉が行われていたことから,〈養育者の変化〉から〈できることの摺り合わせ〉〈子どもの障害の告知〉へと移行することが分かる.

カテゴリグループの関連付け

カテゴリ内容から,《怒り／拒否への対応》と《ニーズの引き出し》は同時並行で行われており,その結果,《保健師と養育者の協働作業》へ至っていた.それゆえ,《怒り／拒否への対応》と《ニーズの引き出し》は相互の関連づけが可能であり,そこから《保健師と養育者の協働作業》へと移行する.

```
┌─────────────────────────────┐ ┌─────────────────────────────────────────┐
│  ┌──────────────┐           │ │  ┌──────────────┐  ┌──────────────┐    │
│  │ 心配な思いを  │           │ │  │ 徹底した受容的 │◄─►│ 必要最低限の  │    │
│  │ 伝える       │           │ │  │ 態度         │   │ アドバイス    │    │
│  └──────┬───────┘           │ │  └──────┬───────┘  └──────────────┘    │
│         │             ◄────►│ │         ▼                               │
│         ▼                   │ │  ┌──────────────┐                      │
│  ┌──────────────┐           │ │  │ 絶えざる関心  │                      │
│  │ 拒否が強い時の│           │ │  └──────┬───────┘                      │
│  │ 一旦退却     │           │ │         ▼                               │
│  └──────────────┘           │ │  ┌──────────────┐                      │
│    怒り／拒否への対応         │ │  │ 支援のプラン  │                      │
│                             │ │  │ ニング       │                      │
│                             │ │  └──────────────┘                      │
│                             │ │        ニーズの引き出し                 │
└─────────────────────────────┘ └─────────────────────────────────────────┘
                    │
                    ▼
        ┌─────────────────────────────┐
        │  ┌──────────────┐           │
        │  │ 養育者の変化  │           │
        │  └──────┬───────┘           │
        │         ▼                   │
        │  ┌──────────────┐           │
        │  │ 出来ることの  │           │
        │  │ 摺り合わせ    │           │
        │  └──────┬───────┘           │
        │         ▼                   │
        │  ┌ ─ ─ ─ ─ ─ ─ ┐           │
        │    子どもの障害            │
        │  │ の告知       │           │
        │  └ ─ ─ ─ ─ ─ ─ ┘           │
        │   保健師と養育者の協働作業   │
        └─────────────────────────────┘
```

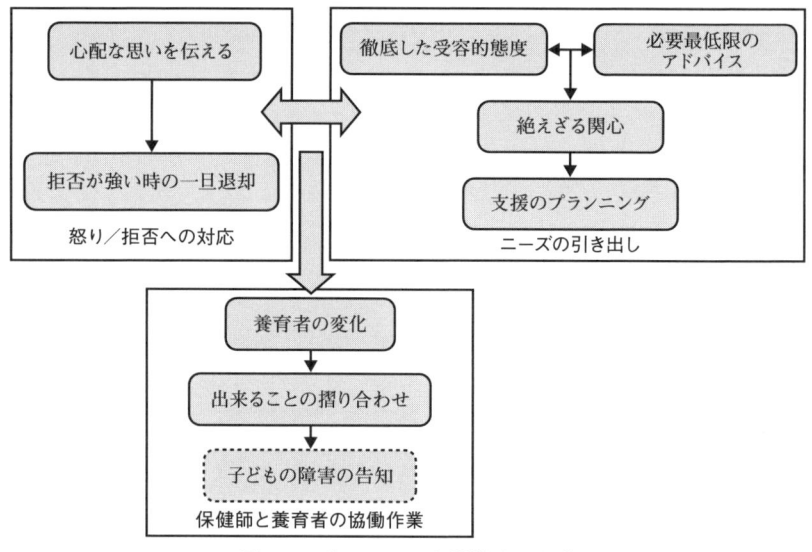

図8 アウトリーチを継続する段階

第3項 ステップ3——カテゴリの精緻化とモデルの確定

ステップ3では，Info.11から13を対象とした．しかしながら，追加修正するカテゴリは見られなかった．最終的なカテゴリ一覧は，ステップ2で追加修正された子どもに発達障害や知的障害など，なんらかの障害が疑われる際に限定的に追加される〈子どもの障害の告知〉を含めたものである．ただし，子どもに発達・知的な障害特性が見られる場合に限定されることから，最終的なカテゴリ一覧は表17とした．なお，最終的なモデルは図8で確定とした．

III. アウトリーチの結果段階

第1項 ステップ1——カテゴリの生成

ステップ1では，Info.1から5までを対象にカテゴリを生成した（表17）．以下ではカテゴリの説明を行う．

表17 ステップ1

カテゴリグループ	カテゴリ	データ
養育者とのつながり	養育者からの自発的な語り	たわいもないことを親御さんが話し始めたときかなぁ．そういうこちらが質問したことではなくって．まぁ関係が取れ始めると，あくまで一般の人っていう形で，お友達感覚で関わるわけにはいかないので，あえてこういう立場であるっていうことは伝えるようにしてるんですけど．そこに関わらないような，たわいもないような，身の上であるとか，そういうのを自分から話し始めるであるとか，聞いても抵抗なく話し始めるとか．そういうことってけっこうそうなのかなって思うのですけど．（Info.2）
	ある程度の信頼関係	こんなもんだと思ってくれるので．だから拒否もしないし，信頼を全面的に寄せるとか，信頼してくれるでもないんですよ．たんたんと受け入れられちゃってて．（Info.4）
対話の限界	養育者の変化のなさ	やっぱり上手くいかなかったケースって，話しをね，やっぱりね，お母さんしてくれなくなるよね．一問一答形式になってくるから，段々．で，まぁお母さん聞きたいことだけ，〈ミルクとか足りてるんですかね？〉とか，なんとかですかね，ってそれ以上話しをしようとしない．そのときは上手くいったとは思えないし……．〈別に何も心配ないです〉って，むこうが言ってしまったり，自分のことを話さなくなってしまうときかな．（Info.1）
	見立て違い	母の保育能力を少し高くみていたのかもしれません，私の中で．夜間置いて遊びに出てしまうことだったり，体重の伸びが悪かったのもミルクを薄めて作っていることが，ちょっと1週間ぐらいしてからわかったりだったり．そのあたりの育児の限界さをもっと早くに気付いて聞いていたら，良かったのかなというのが．この母も育ってきていたので，きっとやり方が分からない部分もあるのかなって思っていたんですね．で，子どものことも可愛がっているような印象もあったので．見立てが甘かったのか，思いつかなかったんですよね．（Info.3）
	養育者からの依存	子どもの病院にも受診，同行受診したし，あとお父さんに会うためにもまた家庭訪問したりとか．そのときは必要だと判断してやってたんだけれども，でもやっぱりそれが逆に，お母さんの依存を生んでしまって，良い援助者っていうものに作り上げられちゃったっていう，そういうきっかけを与えちゃったと思うんですよ．（Info.4）

《養育者とのつながり》

このカテゴリグループには〈養育者からの自発的な語り〉〈ある程度の信頼関係〉という2つのカテゴリが存在する．

〈養育者からの自発的な語り〉

保健師の継続した訪問によって，養育者の拒否的態度が解け，養育者自ら自発的に保健師に話をしてくれたり，相談事を打ち明けられるという状態を示す．

〈ある程度の信頼関係〉

拒否的態度が完全に解けたわけでなく，養育者の不安定さの中で，ある程度それが残っていたとしても，ある程度の信頼関係は築けた状態として保健師の中で認識される関係性である．

すなわち，このカテゴリグループは，保健師の度重なるアウトリーチの結果として，養育者との間である程度の信頼関係を築けた成功の段階として位置づけられる．

《対話の限界》

このカテゴリグループには，〈養育者の変化のなさ〉〈見立て違い〉〈養育者からの依存〉という3つのカテゴリが存在する．

〈養育者の変化のなさ〉

保健師の家庭訪問によっても，養育者自身の受け入れに変化がなく，さらなる支援が必要な段階である．

〈見立て違い〉

保健師の見立てとは異なった行動を養育者が起こしてしまい，緊急の対応が必要になった場合や，あるいは関係が悪化してしまったことを示す．

〈養育者からの依存〉

保健師からの家庭訪問によって，ある程度上手く行ったものの，逆に養育者のパーソナリティ傾向から保健師に対して執拗に依存的になりすぎてしまったり，理想化されすぎてしまって，担当の保健師以外とは上手く行かない状態である．

このカテゴリグループは以上のように，関係性の構築が失敗，あるいは今後さらに継続的な支援が必要な段階と位置づけられる．

第2項　ステップ2——カテゴリの追加修正と関連づけ，初期モデルの生成

ステップ2では，Info.6 から 10 を対象にカテゴリの追加修正を検討する．

(1)　カテゴリの修正
〈見立て違い〉を〈保健師の焦り〉に修正
以下に具体例を示す．

> 不安でついつい急いで家庭訪問をしてしまう事例があって．そうすると，向こうもそれだけのニーズを実感されてない時に，あえて訪問を無理にしてしまって．で，無理矢理こう，介入されたっていうのが残っているみたいなので．早くいかなくちゃっていう周りの声"どうするの？"って．で，私も心配．で，沢山の情報があって，(養育者が)自殺を何回も図っている．玄関を開けられない．(年上の兄弟が行っている)高校からも不安な情報がくる．で，色んな意味でなんとかしなきゃいけないと．で，多分みんな悪気はなかった．で，何とかできることはないんだろうかというところで，まぁ無理になんとか声を掛けて．たぶん向こうとしては，もう玄関開けざるを得なかったと思う，無理矢理引きずり出してしまったような状態になってしまった．で，こっちもなんとなくその実感がすごくあるんですよ，誰のための訪問だったのかって．何のための支援だったのか？　と．周りが安心するためだけの支援だったのかっていう感覚がする．で，確かにそれは，訪問してなきゃ，その子が，元気で生きてるかってわからなかったし．で，何が困ってるかっていうのは分からなかった．けれども，周りが自分達が安心したいがために，訪問をしたんじゃないか？っていう思いがすごく私なんかはあるんですよ．「自殺企図が何回もあって運ばれている．で，最近も運ばれた．で，あそこのお家の家庭はこんな状況」だと．いくらでも，なんていうんですかね，悪い方向へ．確かに支援する側では最悪の事態も考えてっていうのもあるんだろうけど，そこに本人達の思いとかっていうところを考えなかったじゃないかってすごく思うんですよ．(Info.6)

この例は，周りの意見からの焦りや，虐待事実確認がなかなかできない焦りなど，様々な要因から当事者不在の支援になってしまったという保健師が焦ったことへの後悔が語られている．ここではケース内容には踏み込まないが，子どもの安全は確認できたが，その後は養育者と関わりが取れなくなってしまった例として掲げられていた．保健師としても子どもの安全確認はできたものの，

その結果養育者との関係に失敗してしまったという点で，子どもの安全確保と養育者対応に非常にジレンマを感じているデータであった．このようなデータから，ステップ1で見出された〈見立て違い〉をも含められるカテゴリとして〈保健師の焦り〉へと修正した．

それ以外にカテゴリの追加修正は見当たらなかった．

(2) カテゴリ・カテゴリグループの関連づけ

《養育者とのつながり》において，カテゴリの説明で見てきたように，〈養育者からの自発的な語り〉によって，保健師は〈ある程度の信頼関係〉に至ったと判断していたことから，〈養育者からの自発的な語り〉から〈ある程度の信頼関係〉への判断に移行すると考えられる．

一方，《対話の限界》では，それぞれのカテゴリがケースごとの個別性の高い，関係構築ができなかった要因として考えられるので，関連づけは行えないと判断した．ただし，引き続き支援が必要な状態で，養育者が揺れていることからIのアウトリーチを始める段階へと戻ると考えられる．

第3項　ステップ3——カテゴリの精緻化とモデルの確定

ステップ3では，Info. 11から13を対象とした．しかしながら，追加修正するカテゴリが見られなかった．そのため，表16の〈見立て違い〉を〈保健師の焦り〉に修正したものを最終的なカテゴリ一覧表，および図9を最終モデルとして確定した．

IV. プロセスモデル

以上のようにアウトリーチを始める段階，アウトリーチを継続する段階，アウトリーチの結果段階という3つのそれぞれの構造を統合し，保健センターの保健師による相談ニーズの低い養育者に対するアウトリーチのプロセスモデルは図10のようになる．

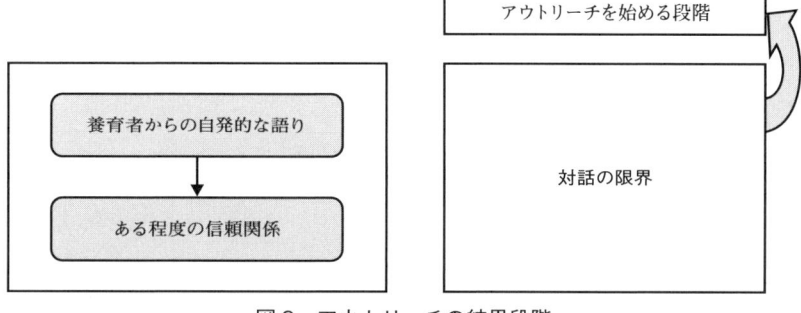

図9　アウトリーチの結果段階

V. ストーリーライン

　以下では，主要なカテゴリグループ，カテゴリを用いて保健センターの保健師によるアウトリーチのストーリーラインを述べる．

　保健センターでは，気になる養育者を健診後のフォローや，新生児への全戸訪問事業など，日頃から家庭訪問をすることがひとつの業務となっている．

　しかしながら，攻撃的拒否的な養育者への家庭訪問の際は《保健師の意識》として，「一歩も引かない態度」を示しつつ，「訪問のマナー」を大切にしながら，とにかく「積極的な訪問」を仕掛けていく．そしてその場で保健師のメリットである「医療的な関わり」を養育者に提示しながら，養育者の生活環境を含めて「訪問時の見立て」を行い，自らが養育者に何ができるのか，丁寧に保健師の「役割を伝える」ことを意識していた．だが，いきなり訪問された側としては《養育者の揺れ》が起こり，当然ながら養育者自身にとって自分が虐待をしていると疑われていると不安を見せることも少なくない．その結果，保健師に対して攻撃的・拒否的な態度を示すことに至っている．

　そのような養育者に対して保健師は養育者の怒りに屈することなく〈心配な思いを伝える〉ことを繰り返す．ただし，それでも上手くいかない際は，あえて〈拒否が強い時の一旦退却〉によって体制を立て直すことを意識していた．そのような怒りや拒否的態度を見せる養育者であっても，保健師は基本的に〈徹底した受容的態度〉を貫き，基本的な養育技術，あるいは養育者からの相談がある場合にのみ〈必要最低限のアドバイス〉を行っていく．このような支援的な態度で〈絶えざる関心〉を保健師から繰り返し養育者に向け続け，その

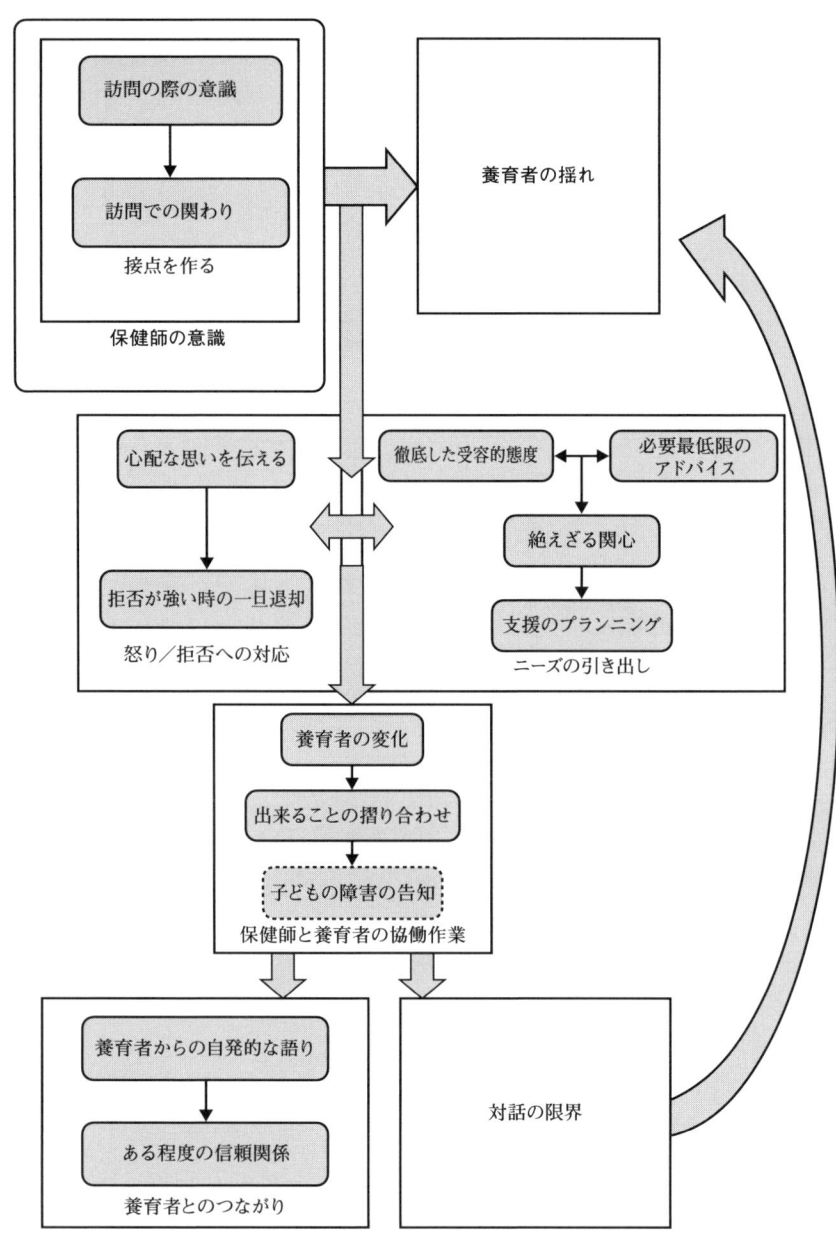

```
┌─────────────────────────┐
│  ┌───────────────┐      │
│  │ 訪問の際の意識 │      │
│  └───────┬───────┘      │        ┌─────────────┐
│          ↓              │───▷    │             │
│  ┌───────────────┐      │        │  養育者の揺れ │
│  │ 訪問での関わり │      │        │             │
│  └───────────────┘      │        └─────────────┘
│      接点を作る         │
│        保健師の意識     │
└─────────────────────────┘
```

図10 保健センターの保健師によるアウトリーチのプロセスモデル

（図中ラベル）
- 訪問の際の意識 → 訪問での関わり／接点を作る／保健師の意識
- 養育者の揺れ
- 心配な思いを伝える → 拒否が強い時の一旦退却／怒り／拒否への対応
- 徹底した受容的態度 ↔ 必要最低限のアドバイス → 絶えざる関心 → 支援のプランニング／ニーズの引き出し
- 養育者の変化 → 出来ることの摺り合わせ → 子どもの障害の告知／保健師と養育者の協働作業
- 養育者からの自発的な語り → ある程度の信頼関係／養育者とのつながり
- 対話の限界

142　第3部　相談ニーズの低い養育者へのアウトリーチ

都度〈支援のプランニング〉を保健センターのチームで組み直しながら，養育者の《ニーズの引き出し》を徹底して行っていく．

　一貫して《養育者の揺れ》に対して《ニーズの引き出し》を繰り返し続けることで，少しずつ〈養育者の変化〉が現れる．今まで拒否的だった養育者から少しずつ相談意欲が生まれた際に，その些細な変化を逃さず，保健師と養育者の間で相互に〈出来ることの摺り合わせ〉を行う段階に至っていた．そしてもし子どもに発達障害や愛着障害などの可能性があれば，この段階に至ってから初めて〈子どもの障害の告知〉を伝えていき，養育者のニーズに合わせた上で，具体的な支援を展開する．言い換えれば，明らかに子どもに発達障害などの問題があろうとも，ある程度の〈養育者の変化〉として拒否的な対応が少しでも変化した段階にならなければ，〈子どもの障害の告知〉は，たとえ障害の疑い程度の内容であろうとも，逆効果になると経験的に保健師は判断していた．

　このようなアウトリーチを継続した結果，〈養育者からの自発的な語り〉として，養育者は自らの困り感や相談ニーズを自発的に保健師に話し始めていた．それをもとに保健師は〈ある程度の信頼関係〉を《養育者とのつながり》として構築できたと判断していた．だが一方で，〈養育者の変化のなさ〉や〈保健師の焦り〉によって，支援関係が構築できず，《対話の限界》に至り，引き続き〈養育者の揺れ〉から支援を再継続することが求められていた．

第4節　考　察
多機関につなぐ支援的なアウトリーチ

　保健師によるアウトリーチは，積極的な家庭訪問から始まりつつも，その訪問時の態度は受容的かつ支援的な関わりを意識していたと考えられる．なぜならば保健師が日常的に母子保健，地域保健の観点から，地域における「最後のセーフティネットの責任」を感じつつ，粘り強く「積極的な訪問」を行っていることが明らかとなったからである．

　保健師によるアウトリーチは，保健師のフットワークの軽さをもとに，専門的な医学的知識や精神障害にも対応できる懐の広さを持っていた．その他にも地域資源を熟知しながら様々な機関につないでいく力など，生物-心理-社会的介入スキルを広く持っていることが大きな特徴であった．これらは，保健セン

ター内において「上司の理解」「みんなで抱える」でも示された通り，上司や先輩に支えられながら，その技術と地域リソースの情報，顔見知りの地域ネットワーク形成スキルが保健師間で代々受け継がれてきたものと考えられる．

　このような背景をもとに，保健師がアウトリーチの中で非常に有効な視点を示している点は，《接点を作る》ための技術だけでなく，1歳半健診や3歳健診などで必ず保健師との接点がポピュレーションアプローチとして組み込まれていることや，様々な母子保健の支援制度につなげたり，子育て支援の全戸訪問事業という公的な1次予防事業を用いて養育者に接する機会があること等，既存の公的な子育て支援の枠組みの中で，養育者との接点がシステム上，得やすいことがあげられる．このことは，支援を受ける側の養育者にとっても，健診で必ず保健師との接点があることから，全く見ず知らずな児相や市区町村の虐待対応の職員の突然訪問と比べた際に，一度接点のあった保健師による訪問は養育者にとっても受け入れがしやすい感触を保健師達は経験的に得ていた．このようなことから保健師の特徴として「児相より身近な存在」「自然な形での訪問」という点が見出されていると考えられ，保健師によるアウトリーチは，一次予防から二次予防にかけた対応をつなぐ意味合いを持っていると考えられた．

　さらにいえば，アウトリーチに至る保健師の特徴のひとつに，《ニーズの引き出し》から《保健師と養育者の協働作業》で示したように，受容的に話を聞くだけでなく，同時に多機関につなぐ〈支援のプランニング〉を考え，そして〈できることの摺り合わせ〉を具体的かつ明確に提示しながら関係性を構築していたことが挙げられる．つまり，保健師のアウトリーチには，具体的にできることを探っていくために養育者のストレングスに注目し，それを多くの社会資源に結びつけながら地域で支えていく，多機関を巻き込んだ問題解決指向を強く持っている可能性が考えられた．これは母子保健，地域保健で培われた歴史と，それに見合う地域リソース，地域ネットワークの蓄積によって可能となったことであり，その技術と情報があるからこそ，即時介入ではなく，養育者に時間をかけて〈徹底した受容的態度〉をていねいに示しながら，地域の機関を養育者に柔らかくつなぎ続けていけるのだと考えられる．保健師の役割は，親の頑張りを認める・励ます・うまくいかないところは一緒に考えようとする姿勢が基本といわれる（松山・平岩，2005）．また養育者に対しては，初期はな

るべく養育者なりの子育てのありかたを否定せず,「何か,今のところはわからないけれど,よほどの事があったのだろう」と考え,ここに至るまでの過程を尊重する姿勢といわれる（井上，2005）．実際にアウトリーチにおいても《保健師の意識》を持って《ニーズの引き出し》《保健師と養育者の協働作業》に至る際に,同様の姿勢がアプローチの根底にあると考えられる．そして《怒り／拒否への対応》の〈心配な思いを伝える〉や,《ニーズの引き出し》の〈絶えざる関心〉が,ひとつの具体的な保健師の姿勢として,アプローチの鍵になっていると考えられる．そして〈心配な思いを伝える〉アプローチを行いながらも,「あなたのことを心配しているよというエールを送りながら訪問しました．日々,はらはらの連続でした」（山本，2004）というベテラン保健師の声にもあるように,保健師は〈保健師の抱える不安〉の「見守りしかできない不安」を抱えながら,養育者との接点をひたすら紡ぐ活動をしていたと思われる．

　以上のことから,保健師のアウトリーチの目標仮説は,"一歩も引かない態度で,最後のセーフティネットとしての責任を感じながら,養育者との間に接点を作り,心配な思いを伝えながら,養育者のニーズを引き出す．そして,養育者のストレングスに注目しながら,多機関につなぎつつ,養育者のできる事を増やしていき,保健師との間にある程度の信頼関係が構築された状態を目指すこと"と仮説生成された．

　これは保育園のアウトリーチ介入の成功目標と非常に親しいものであるが,保健師は保育士以上に,養育者との顔を合わせた接触頻度が少ない分,なるべく訪問時に養育者のストレングスに注目し,できる事を増やしながら,多機関にもつないでいくという支援に広がりのあるアウトリーチ目標だと考えられた．

　以上のことから,保健師のアウトリーチは,保健師の問題解決視点,ストレングス視点,地域で支えるという視点をひとつの特徴として見出すことができ,多機関につなぐという点からも,保育士以上に多機関連携を強く意識したアプローチを行っていた．そのため,多機関連携においても,これら3つの視点について保健師の特徴を知っておくことで,さらに保健師のアウトリーチをバックアップでき,重奏的な支援へと繋げられると考えられる．

　だが一方で,保健師としての限界も見出された．関わりの接点をいくら探してもやはりつながれない養育者もいる．また母子保健として関わることが多い保健師は,子どもの安全だけでなく,親への支援も両方目指さなければならな

い．虐待対応においては，弱い立場の子どもの安全確保が優先されるが，その際に精神障害や何らかの問題を抱えた養育者に対してはダメージを与えてしまい，子どもの安全を確保できても養育者の支援が失敗に終わってしまうのではないか，という葛藤を抱えていることも見出された．これはその他の機関，支援者にとっても共通して見出せることであり，子どもの安全を優先すべき状況と，強い介入によって母親が傷つき更に子どもに悪影響になってしまうというジレンマが単一機関で関わる際の限界および葛藤として生じている可能性が見出された．

　本章では，保健所・保健センターの保健師による対応を見てきたが，このジレンマは多機関連携で捉える問題であるため，最終章にこのジレンマについては後の章でも引き続き検討を行う．以上のように専門職が持つ役割だけでなく限界や葛藤についても知っておくことも多機関連携の際に必要な事前知識になると考えられる．

第7章
市区町村のワーカーによるアウトリーチ

第1節　問題と目的
幅広い子育てニーズに対応する市区町村

　第2部において市町村における臨床心理学的地域援助の概要を示した通り，2003年，2004年の児童福祉法の改正により，子育て支援の第一義的窓口は，市区町村が担当することになった．すなわち，地域における子育てに関する全ての問題，例えば虐待だけでなく，発達障害や養育困難，地域リソースの把握など，全ての窓口が市区町村担当となったのである．

　さらに2004年児童福祉法改正の中に，従来の虐待防止ネットワークは，要保護児童対策地域協議会（以下，要対協と略）として，法律によって明確に多機関連携が定められるに至った．これは従来の虐待防止ネットワークとはことなり，公的機関だけでなくNPO等の民間団体にも守秘義務が課せられ，ネットワークで協働することが可能となった．そして多くの自治体は，市町村の子育て支援課，子ども福祉課等様々な部署にその機能を持たせることになった．そして実質は，その担当課が持つ施設，東京都で言えば子ども家庭支援センターが，要対協の機能を担うことになった．

　それゆえに，市町村は第一義的窓口として虐待の事実確認の調査をするだけでなく，多機関連携における調整機関として，コーディネート能力を期待されることになり，より多くの役割を一手に担うことになった．

　しかしながら，そのような市区町村の役割について，調整機関としての機能にはこれまでいくつかの研究がフォーカスを当ててきたものの，市区町村が行うアウトリーチ機能に関する調査研究は，ほとんど進んでいなかった．

　第2部では，心理士が従来の心理面接，心理査定，およびコンサルテーション業務を担うだけでなく，アウトリーチ機能や多機関調整のコーディネート機能等，多くのソーシャルワーク側面を請け負っていたことが示された．ただし，市区町村は，主にアウトリーチ機能を（虐待対応）ケースワーカーという名の

職種をはじめ，自治体によって，ソーシャルワーカー，虐待専従ワーカー，児童福祉ワーカーなど様々な呼び名があることから，本章では暫定的にワーカーと呼ぶことにする．

ワーカーを担う職員は社会福祉士資格を持った専門職が多いが，場合によっては臨床心理士，保健師，保育士，あるいは研修を受けた事務職員がワーカーになる自治体も存在した．

このように現場では，マンパワーがまだまだ少なく，またその経験知を今まさに蓄積している段階であるものの，市区町村における相談ニーズの低い養育者への対応の研究は未だほとんど進んでいないといえる．

以上のことから，本章では，市区町村における相談ニーズの低い，攻撃的・拒否的な養育者へのアウトリーチの構造とプロセスを，現場に即した形でモデル化することを目的とする．

第2節　方　法

第1項　調査対象

Info.は表18に示した市区町村13施設に勤務するワーカー15名である．なお，表18にもあるように，ワーカー担当者の専門職は，自治体の雇用条件から違いがある．そのため，本章では統合的にワーカーによる市区町村のアウトリーチの構造とプロセスを現場に即した形でボトムアップ的にモデル化することを目指した．社会福祉士は福祉士と略した．

第2項　調査手続き

半構造化面接によるインタビュー調査．調査対象者1人につき2時間から2時間半である．調査者が1人で全てのインタビュー調査を行い，その後逐語録に起こし分析を行った．

表 18 市区町村のフェイスシート

Info.	性別	職種	年齢	経験年数	地域性	分析手続き
Info. 1	男	心理士	50	20 年	都市部	ステップ 1
Info. 2	男	福祉士	42	14 年	都市部	
Info. 3	女	心理士	38	7 年	都市部	
Info. 4	女	福祉士	48	6 年	都市部	
Info. 5	男	福祉士	38	1 年	都市部	
Info. 6	男	福祉士	30	5 年	都市部	
Info. 7	女	福祉士	30	8 年	都市部	
Info. 8	女	福祉士	50	25 年	都市部	
Info. 9	女	福祉士	40	10 年	都市部	ステップ 2
Info. 10	女	福祉士	60	24 年	地方部	
Info. 11	女	保健師	57	27 年	地方部	
Info. 12	女	福祉士	32	3 年	地方部	
Info. 13	女	保育士	60	6 年	都市部	ステップ 3
Info. 14	女	保健師	42	16 年	都市部	
Info. 15	女	福祉士	41	2 年	地方部	

第 3 項　調査期間

2008 年 4 月から 2010 年 7 月にかけて調査を行った．

第 4 項　インタビューガイド

相談ニーズの低い，攻撃的・拒否的な養育者に対して市区町村から主体的に出向いてアウトリーチを行ったケースについて，

① 関係構築が果たせたと思われる具体的な成功例エピソード
② 関係構築が果たせなかったと思われる具体的な失敗例エピソード
③ アウトリーチの際に意識・工夫していること

以上 3 点である．特に市区町村は虐待対応の第一義的窓口として役割を持つことになったことから，虐待の通告や，近隣からの泣き声通報によって，虐待の事実確認調査を行うために訪問したケースについても内容を把握した．

第5項　分析手法

得られたインタビューデータは，全てプロトコルに起こし，グラウンデッド・セオリー・アプローチ（Strauss & Corbin, 1998）を用いて分析を行った．分析手法については第2章第2節を参照してほしい．

第6項　理論的サンプリングと段階的分析手続き

ステップ1では，Info. 1から8まで現場の市区町村のワーカーによるアウトリーチについてサンプリングおよび分析を行った．この段階では，まずカテゴリの生成を目指した．

続くステップ2では，Info. 9から12まで，"地方部と都市部"，および"10年以上のベテラン"という点からサンプリングし，比較検討をおこなった．この段階はデータを追加し，カテゴリの追加と修正を目指した．サンプリングの属性を比較することで，より妥当性のあるカテゴリ内容を把握し，その上でカテゴリグループ，カテゴリの関連づけ，および初期モデルを生成した．

最後にステップ3では，Info. 13から15まで，市区町村以外での専門職勤務は長く，経験豊富だが，市区町村に来て経験年数10年以内という"経験年数"について比較検討を行った．この段階では，更なるデータを追加することにより，カテゴリの精緻化を試み，最終的な理論的飽和をもって，現場に即した保健センター保健師の構造としてモデルを確定した．

なお，現場の市区町村ワーカーの方々は緊急虐待通告が入る事もあり，非常に多忙でインタビュー調査に協力頂くためには，調査協力して頂けるInfo.の都合に合わせて調査日程を組む必要があった．そのため，厳密な理論的サンプリングは不可能であり，分析の段階が前後左右する場合があった．ただし，各段階においてInfo.属性ごとに絶えざる比較を行いながら，できるかぎりの段階的な分析手続きを踏襲した．

第7項　分析手続きの構造とプロセスについて

本章でも第5章同様，アウトリーチの段階として，時系列に沿って内容を把

握した．すなわち「I. アウトリーチを始める段階」「II. アウトリーチを継続する段階」「III. アウトリーチの結果段階」という分析における一連のパラダイムである．それぞれステップ1-3という分析手続きを踏み，最終的に得られたそれぞれの構造のモデルを統合し，最終的な市区町村のワーカーによるアウトリーチに関して「IV. プロセスモデル」「V. ストーリーライン」として把握した．

第3節　結　果

I. アウトリーチを始める段階

第1項　ステップ1──カテゴリの生成

ステップ1では，Info.1から6までを対象にカテゴリを生成した（表19）．

《事実確認の訪問》
このカテゴリグループには〈事前の情報収集〉〈訪問の際の意識〉〈初回訪問の関わり〉という3つのカテゴリが存在する．

〈事前の情報収集〉
このカテゴリは「情報の絞り込み」「子どもに話を聴く」という2つのサブカテゴリがある．

「情報の絞り込み」とは，訪問前に関係機関から既往歴や係属歴等の情報収集を行い，必要な情報を精査することである．

また「子どもに話を聴く」は，保育園や学校などに子どもが行っている場合，子どもに会って虐待の事実確認を含め，事前に子どもから話を聞いておくことである．

このように，このカテゴリは，訪問前にできるかぎり情報を集めていることを意味している．

〈訪問の際の意識〉
このカテゴリには「訪問のマナー」「問題解決のための訪問」「わかりやすい

表 19　ステップ 1

カテゴリ グループ	カテゴリ	サブカテゴリ	データ
事前確認の訪問	事前の情報収集	情報の絞り込み	入る前に大筋の見立てはね，泣き声でも必ず調べてから行きます．あとは関係機関から健診の記録や保育園に行ってるか，生活保護はどうかとか基本情報は調べますね．(Info. 6)
		子どもに話を聴く	基本的には子どもとは必ず会うように，というか子どもからの情報はなるべく得るようにしてます．（真実は）わかんないかもしれないんですけど，わかろうっていう姿を（子どもにも）見せることっていう．(Info. 5)
	訪問の際の意識	訪問のマナー	お部屋入れたら入りますけど基本的に玄関先．〈ほらあの，近所から聞こえちゃうから〉って言って，玄関の中までは入れさせていただくように努力はしますけど．〈近所の手前もあるでしょうから，入ってもいいですか？〉って，来て言うのもなんだけどって．でも「上がってください」って言う方も多いですね．普通動揺しますので，その辺の準備はして．それはだから一番最初に戻ってるけど，客商売だと思ってるので．人と人との間のマナーというか礼儀かなというふうに．上からドンじゃなくてね，横からのアプローチっていうか．やっぱ児相がいるからできることなんですよね，児相は（保護などの）権利持ってるので．どうしようもなくなったら，（児相に）頼みゃいいしって．(Info. 5)
		問題解決のための訪問	じゃあここ（の家の問題）を知ろうとしたときに，訪問しなきゃわかんないんだったら訪問すりゃいいし，その人が行ってるどっかの施設に行けば会えるんだったら（行って）会えばいいし．というところで，この子の問題解決のためにどうやって働いたらいいかなって考えながら，しかも相手の心の内面とかね，動き方とかそういうものを察知しながら予測できるっていうのが，きちっとこう訪問すれば分析できるので．(Info. 8)
		わかりやすい言葉の選択	なるべく役所言葉を使わない．措置っていう言葉だとか，色んなその役所言葉っていうか，カタい言葉は使わないってことだね．砕けた言い方をする．〈子どもを預かることが出来るよ〉とか，そういう言い方だよね．実際は子どもを預かることが出来るっていうよりは，どっちかっていうと措置だから子どもを取られちゃうということなんだけど，でもそういうマイナスな言い方をしないで，〈お母さんが楽になるために，子どもを預かることができるよ，預かってもらうことができるよ〉っていうような言い方．(Info. 2)
		最低限関係を切らさない目標	やっぱりね，その後の関係が切れちゃうとそれでお終いなので，最初の入りってものすごく大事じゃないですか．だから，そこはもうね，ケースバイケースなんだけど，基本

		的にはね，介入的なアプローチはしないっていうことだよね．かなり受容的にっていうことを，私だけじゃなくて，うちの職場の人はみんなかなり神経質になって，意識的にやってる感じだよね．そこで養育者の性格っていうか，それを掴んで次につないでいく．(Info. 2)
初回訪問の関わり	安心を与える声掛け	支援者の雰囲気っていうのもとても大事で個性ですよね．入り込んでいくタイプと，受けるのが得意なタイプがいるんだけど，私は入っていくタイプ．例えば〈お疲れね〉とか〈お食事食べられてますか？〉とか．ちょっとしたヒントだと〈子どもって大変ね〉と（話しかけていく）．それで（養育者が）どの辺を困ったのかを見立ててながら．で，〈あなたが悪いわけではない，状況が悪いので状況を変えましょう〉って伝えます．(Info. 4)
	訪問時の見立て	常に二面性って言ったらおかしいですけど，聴く自分と言うべき自分とに実はけっこう分けていて，言うべきことはこっちに残してあるんだけど，まず聴くことでガーッと聴けるっていうのと，その間の（養育者の）指の動きとか手の動きだとか足だとか，目の動きだとか怒ってる間は観察してることが多いです．話あんまり聴いてない（笑）．最初の10分15分は，（養育者は）相当ビビってんだなって，怒鳴りながら手が震えてるとか．自分も責められるだろうなーとかね．だから，わりとちょっと俯瞰で見てるようにはしてますね．だからわりと飄々としてるっていうのかな．相手がどうこうっていうのは，ほんとの自分はちょっとこっちの方にちょっと置いといて，それで話を聴いてるので．解離じゃなくて技術としてね．とにかく聴こう聴こうというところで．事実は確認するけど，基本的にあまり責めてないと思いますね．(Info. 5)
	使える地域リソースの持参	向こうにメリットのある条件をある程度出して．うちが訪問に行くことで，むこうとしてはありがたいよっていう情報を，最初何度か続けて持っていく．それは例えば，下の子の健診の情報であったり，1歳6ヶ月健診とか，3歳児健診とかね．そういう健診ものは全て受けていないご家庭もいるんですよ．予防接種もやってないとかね．そうするとそういう情報を持っていってあげる．向こうにうま味のある情報を持って行って……．近所で予防接種ができる病院のリストを持っていったりとか．あと，健診の予定表を持っていったりとか．近くの健診を受けれるところを紹介したりっていう形を取ったり，あとはうちにある広場事業であったり．(Info. 2)
	不在時の仕掛け作り	（不在時に）手紙には必ず次また今度いつ行きますってあえて書いてきます．で，「都合が悪いからこんな日に来られても困る」って言って電話かかってくればこっちのもんです．わざとそういう仕掛けは作っておきます．あと，相

			談所の地図とか入れときますね.「こんなとこ行けねーよ」って言わせるために.で,「来させんのか」って怒っててもなんでもいいんですよ,つながればいいんです.そのあとこっちの技術でなんとか乗り切るしかないので.だからなんて言うのかな,意図的に怒らせるというと語弊があるかもしれないけれど,でも,〈こういうふうな通報があってこういうことなんだけどって,ただそればっかり聞いててもしょうがないし.例えば近隣トラブルかもしれないし,だからちょっとお話したかったんです〉っていう話をするときもあるし.〈お子さんのことで困ってらっしゃらないですか?〉ってつなぐきっかけ作りだよね.(Info. 5)
ワーカーの意識	基本的態度	一歩も引かない態度	ここは譲れないっていうところをこっちが持っていることですね.相手がどういうストーリーを持ってるであれ,どういう背景があるであれ,ここだけはこっちが譲れないっていう軸を持ってるってことです.そうじゃないとたぶん信じてもらえないから.今までの話と全く矛盾するかもしれないんだけど,そこも見透かされてくると思うんですよ,子どもを守るっていう軸ですよね.そこは持っているっていうのを,要所要所で見せつけてくっていうところですかね.それを表に出すのはいつでもできるんですよ.ただいろいろ聴くけれど,〈でもね,お母さん〉っていうところは,最後に取っとく.そこが大事かなって.ただストーリーを聴くとか,いろいろないっぱい話したけど,でもそこだけは何言ってもこいつ引かねーなってところ.色々聴いてくれたりするけど,あいつここだけはぜってー引かねーなって思わせるところかな.(Info. 5)
		困った親という先入観を持たない	自分の意識がやっぱり"なんだよ,この親"って思っていないっていうところが大きいんじゃないかな.やっぱり子どものためには関係を作るしかないし.一回切れたら向こう(養育者)から来れば良いやっていう,そういう思いになる場合もあるんだけど,でも,そうは思わないように(意識的に)してる.(Info. 2)
		養育者との波長合わせ	聞く耳を持ってる人なのか,持ってない人なのかっていうのがね,やっぱり本当に感覚的なものだよね.向こう(養育者)はどうだったっていうよりは,自分がこの人に合わせることができるのかっていう,そういう見極めの仕方だね.どんな暴力的であったり,攻撃的であったりしても,私自身がこの人だったらって感じているのか,感じていないのか,ってこっち側の問題として見極めるっていうところだね.共通の趣味というか,別に私はもう趣味じゃないんだけど,"養育者はバイク好き"で,私も少しバイクは乗ってた時期もあるから良さは分かる.そういうものがあれば,自分の中で安心感があるっていうことだよね.そういうもの(共通点)っていうのは,すごく大きいと思う.

			何か一つそういうものがあっただけで，自分の中で安心感ができて入りやすい．まったく自分が入れないケースってどういうケースかなって思うと，自分と何も共通点が無い人だよね，考えてみれば．それは別にケースじゃなくてもさ，友達関係でも同じことだと思う．(Info. 2)
	組織要因	センター長の理解	えっ，こういう人（暴力団関係だったり，前科がある養育者，薬物依存，精神病を持った養育者など）をここで見るの？　みたいなさ．でもそこはやっぱりセンター長の意思は強かったからね，〈そういう人も地域にいて当たり前なんです〉っていう．で，児相に行く．児相でも要保護みたいな形になる手前のところで（市区町村で）頑張れるケースは，頑張ってもいいんじゃないのっていうところで，やっぱりそこは，どこまでやるかっていうのはたぶん，センター長のご意思に関わってくる．そのセンター長だったりとか，受けてる組織の考え方によるんじゃないかな．(Info. 3)
		ワーカーの数/支援リソースの数	基本的には2人で行くことにはなってるんだよね．でも自分が地域持ってる，他のケースで訪問したついでとかじゃないと時間が作れないんですよ．そうするといちいち2人揃えていくということは，なかなかできないんで，1人で行くと，特に関係が切れて，攻撃的だったりすると，1人っていうのは，本当には危険なので，やってはいけないという話しなんだけど，ただ，支援センターの職員の人数を見ても，そんなに余裕は無いので，2人揃うまで待ってたら，いつまでたっても会えないし．またそのね，会えるタイミングというのも掴めないから．そうするとやっぱり，2人で行くときもあるし，1人で行くときもある，っていうことになるよね．でも，本当に危険だと感じているときは，絶対に1人では行かない．(Info. 2)
養育者の傷つき			結局，近隣からの通報ってことは近隣が虐待だと思ってるってことを伝えに行くようなもんですよね．だから訪問した後のことを考えると，うかつに訪問っていうのはあんまりね．だからわりと近隣の通報で匿名だとすると，〈あのー，通りがかりの人だったと思うんですけどー〉とか，そういうふうな〈地域の方じゃないんだけど気になったから電話掛けて来た〉っていう風な言い方にしたりとかして．その後地域生活していく中でね，そう思われてるってビビって生活する方がかわいそうなんで．で，やっぱり子どもで0，1，2歳なんで泣きますから．(Info. 5)

言葉の選択」「最低限関係を切らさない目標」という4つのサブカテゴリがある．

「訪問のマナー」とは，保健師のアウトリーチでもあったとおり，初回の訪問で，初めて養育者に会う場合は，礼節を守った訪問を意識することである．

「問題解決のための訪問」とは，虐待事実があるかどうかを見極め，さらに虐待の可能性がある場合には，その問題をどのように解決していくか，家族毎の個別性に合わせた情報収集を目的とした訪問である．

「わかりやすい言葉の選択」とは，役所言葉や専門用語は使わずに，養育者が理解しやすい言葉を意識的に選んで伝えることである．聞き慣れない言葉はそれだけでも養育者に距離を取らせてしまうきっかけになるとワーカーの方達は意識されていた[注1]．

[注1] ただし上記データは市区町村のレスパイトサービス（育児における養育者の息抜き，休養のためのサービス），児相の虐待事例ではなく養育困難事例としての一時保護など広義の保護を含んでいるが，児相の一時保護については親の同意があろうとなかろうと，保護解除は児相側に主導権があるため，親が望んだとしても子どもを返せない時もある．そのような場合は説明が足りず，市区町村ワーカーと児相職員が言った内容が異なり，さらに養育者との関係が悪化してしまうことがあるので注意が必要である．

「最低限関係を切らさない目標」とは，ワーカーによる初回の訪問に対して，養育者が拒否的になりやすく，関係が切れやすいので，養育者が拒否的態度を示すとしても，必ず再度訪問させてもらいますと伝え，なるべく次の取っかかりをつけることを最低限の目標としていることである．

このように，このカテゴリは訪問する際のワーカーが注意している内容のことを示す．

〈初回訪問の関わり〉

このカテゴリは，ワーカーが実際に初回の訪問時における養育者への具体的な対応方法である．「安心を与える声掛け」「訪問時の見立て」「使える地域リソースの持参」「不在時の仕掛け作り」という4つのサブカテゴリがある．

「安心を与える声掛け」では，ワーカーのタイプはいくつかあるものの，なるべく受容的，支援的な態度を養育者に示していくスタンスである．バリエー

ションとして，ワーカーが関わる前から関係のある生活保護ワーカーに同行してもらい，生活保護ワーカーと一緒に安心を与えるデータも見受けられた．

「訪問時の見立て」とは，養育者宅に出向いた際の家の様子や生活感などを観察しつつ，養育者自身の心理社会的な見立てを行うことである．バリエーションとして，虐待のリスクアセスメントや生活感の見立てだけでなく，養育者の呼吸やトーンに注目し，それにワーカーが感覚を合わせるデータも見受けられた．

「使える地域リソースの持参」とは，ワーカーが養育者への手土産として，子どもや養育者の支援事業，多機関の支援プログラム，健診や地域コミュニティの病院情報等を子育て中の養育者達に役立つ地域情報として持っていくことである．

「不在時の仕掛け作り」とは，突然の訪問の場合，養育者が不在であることも多いことから，手紙や市区町村の子育て支援のパンフレットを置いてくるだけでなく，ワーカーが直筆で一言メモを残す等，なるべく養育者から反応が得やすいように工夫をすることである．養育者からの反応があれば，そこから接点をつないでいくことができ，逆に反応がなければ再度粘り強く訪問していくスタンスを取る．

以上のように，《事実確認の訪問》とは，初回の訪問において，ワーカーが意識しておくこと，準備しておくこと，最低限養育者との間で必要な関わりをすることを内容としている．

《ワーカーの意識》
このカテゴリグループには〈基本的態度〉〈組織要因〉という2つのカテゴリが存在する．

〈基本的態度〉
このカテゴリは，ワーカーの訪問時の態度を描いている．「一歩も引かない態度」「困った親という先入観を持たない」「養育者との波長合わせ」という3つのサブカテゴリを持つ．

「一歩も引かない態度」とは，初回の訪問時に養育者が攻撃的・拒否的であろうと，頑として虐待行為は認めないという点について，ワーカーの絶対にぶれない態度である．

「困った親という先入観を持たない」とは，サブカテゴリ名の通り，養育者を困った親としてワーカーがラベリングをしない心がけのことである．ワーカーが心を開かなければ，養育者も心を開かなかったというデータもバリエーションとして見受けられた．

「養育者との波長合わせ」とは，ワーカー自身に養育者と共通の趣味や考え方，性格であるなど，何かしらつながれると感じる点があるかどうかという，支援者の臨床的なマッチングの直観である．これは第一印象で意図されるだけでなく，継続したケース対応の中で徐々に調律されるデータも見られた．

〈組織要因〉

このカテゴリには，「センター長の理解」「ワーカーの数／支援リソースの数」という2つのサブカテゴリがある．

「センター長の理解」とは，保健センターや保育園でも同様のサブカテゴリが見出されていたが，組織として動く以上，センター長の理解があってこそ安心してワーカーが仕事に専念できることを意味する．これは多くの支援者，臨床家にとって共通している考えであった．

「ワーカーの数／支援リソースの数」とは，市区町村の予算や施設規模，マンパワー，あるいは市区町村が独自に持つ支援事業サービスの数などによって，支援の方針が左右されることである．データにも示した通り，マンパワーの少なさから訪問も1人でいく場合があることや，施設が持っているリソースが少ないとそれ自体で，「使える地域リソースの持参」が限られてしまい，養育者にメリットを示しにくいというバリエーションも見受けられた．

《養育者の傷つき》

このカテゴリグループは，通告をもとにワーカーから訪問されたことによって，養育者は自らが虐待加害者と疑われているという不信感を抱いたり，あるいは養育者なりに頑張ってきた子育てを否定されたかのような傷付き体験を意味している．そのような養育者の心理的状態を前提としつつも，ワーカーは子どもの安全を最優先に仕事に関わる以上，養育者の傷つきもある程度考慮しながら訪問を行っていた．

第2項　ステップ2——カテゴリの追加修正と関連づけ

ここでは Info. 9 から 12 を対象にカテゴリの追加と修正を行う．

(1)　サブカテゴリの追加

〈ワーカーの意識〉内に「ワーカーの抱える不安」サブカテゴリ追加

　このサブカテゴリは保育士や保健師と同様のサブカテゴリであるが，同様に市区町村のワーカーも感じている不安感である．ワーカーの中で支援方針に関してこれでよいのかという疑問や不安，養育者に虐待であることを伝えることによって対立関係に完全に移行することが明らかな場合の緊張感など，多くのバリエーションが存在した．以下に具体例を示す．

> やっぱり子どもの安全確認と，やっぱり親に対して養育が多少不適切だったとしても，〈例えばこういう風になったら疑われちゃうよ〉みたいなのはやっぱり伝える必要があったのかなっていうので……．だけどやっぱり，まだその対応を親の中で適切にするね，対応できるかなっていうのはやっぱり結構言い渡すのって緊張というか，まあ（親にとって）良いことは言わないから．やっぱりこう自分にも不安はありますよね．（Info. 12）

　その他にカテゴリの追加修正等は見当たらなかった．

(2)　カテゴリ・カテゴリグループの関連づけ

カテゴリの関連づけ

　《事実確認の訪問》では，〈事前の情報収集〉を行ってから訪問に向かっている．そして訪問時には〈訪問の際の意識〉を行いながら〈初回訪問の関わり〉へと至っていることから，〈事前の情報収集〉から〈訪問の際の意識〉〈初回訪問の関わり〉という一連の流れが見られる．《ワーカーの意識》では，〈基本的態度〉〈組織要因〉ともに属性の要因としてのカテゴリであるため，関連づけは行わない．

カテゴリグループの関連づけ

　《ワーカーの意識》は《事実確認の訪問》をはじめ，支援全体を通して共通したものである．そのため，《事実確認の訪問》は《ワーカーの意識》を含ん

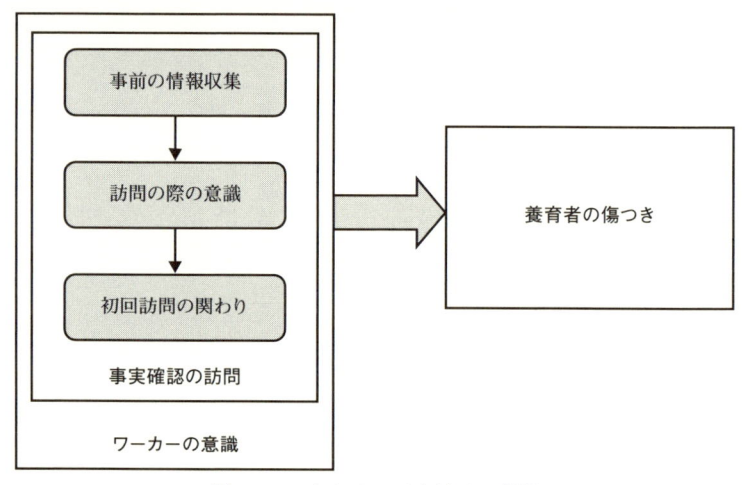

図11 アウトリーチを始める段階

だものとして位置づけられる．また《養育者の傷つき》は，ワーカーによる《事実確認の訪問》をされたことに由来するため，《事実確認の訪問》から《養育者の傷つき》へと至る．

第3項 ステップ3——カテゴリの精緻化とモデルの確定

ここでは新たに追加修正するカテゴリは見られず，バリエーションの追加のみであった．

(1) バリエーションの拡大
「不在時の仕掛け作り」のバリエーション拡大
「不在時の仕掛け作り」のバリエーションとして，次のようなデータが見出された．不在時でも，なるべく養育者と接点が持てるよう，様々な手紙の出し方の工夫がされていた．

> 最初は，直筆のメモ付けたりしてたけど，ダメなら少し強く出た方がいいのかとかね．（養育者の方が）役所仕事をやってる人なら，最初は違う封筒で出したんだけど，市区町村（の名前）が前面に書いてある封筒で出してみて，今度は役所

> を前面に押し出してみようかと．つまらない方法ですけれども（養育者の）勤め先が分かれば会社に手紙持ってくとか．それから郵便局の封筒も切手を貼って出そうとか書留で出そうとか．で，実際に最初はポストに入れてたんだけど，ポストもね，なんか他の郵送の物も含めて，もうパンパンに入ってたんですよ．そういうのも見てるかどうか（家に）見にいくわけですよ．(Info. 14)

その他にカテゴリの追加修正は見られなかったため，最終的なカテゴリ一覧は表20〈ワーカーの意識〉に「ワーカーの抱える不安」を追加し，最終的なモデルは図11で確定した．

II. アウトリーチを継続する段階

第1項　ステップ1——カテゴリの生成

ステップ1では，Info. 1から5までを対象にカテゴリを生成した（表20）．以下ではカテゴリの説明を行う．

《怒りへの対応》
このカテゴリグループには〈譲れないボトムラインを伝える〉〈養育者の怒りを見立てる〉という2つのカテゴリがある．

〈譲れないボトムラインを伝える〉
市区町村が虐待対応の第一義的窓口である以上，虐待の可能性が高い場合には，介入者として，子どもを叩く殴る等はいけないことをボトムラインとして実際に口頭で伝える点である．これは，「I アウトリーチを始める段階」における《ワーカーの意識》にあるサブカテゴリ「一歩も引かない態度」をさらに養育者との間に押し出して，実際に虐待行為は認めることはできないと毅然と養育者に言葉で伝えるものである．この点は，保健師や保育士よりも市区町村の虐待対応ワーカーとして，強く養育者に伝えていく大きな違いになっている．

〈養育者の怒りを見立てる〉
虐待の可能性が高い場合，養育者が怒ろうと拒否しようとその怒りを捌きながら，実際に虐待行為を止めてもらうことが必要となる．そのために怒りを聴

表20 ステップ1

カテゴリ グループ	カテゴリ	サブカテゴリ	データ
怒りへの対応	譲れないボトムラインを伝える		僕らジャッジする人間ではないので，虐待に当たりますよっていう，言うか言わないかっていったら言うんですけど．ただ，なんて言うのかな，これ以上やるなら状況悪いなら虐待だと思われちゃうしね，とかってやんわりした言い方で．ただそこは意識はさせてますね．わりと軽い感じのヤンキー調のお母ちゃんなんかは，あえて言ってプレッシャーかけるってことは駆け引きとしてやります．（Info. 5）
	養育者の怒りを見立てる		最初の怒鳴ってる40分でわりと（養育者の怒りを）見定めてくっていうかな．最初の入りのところでこう喋らせておいて概ねのパターン（を把握する）っていうか．割と説明しながら言いあぐねる方とか，自分の主張だけを押し通す方とかいっぱいいらっしゃるので．説明する方はだいたい後ろめたさをだいたい持ってるので，いつでも攻めるのは簡単なんだけど，そのカードをいつ出すかなって，聴いていろいろあるけれど，〈でも叩いちゃダメだよね？〉って言うところを，言うべきところはもちろん最後に（カードとして）取っておく．それまではその人を掴んでくっていうかな．事実を掴んでくんだけど，その人掴んでその人がやる発想だとか，動きだとかっていうところを掴んでって．例えば〈こういう状況になると叩きたくなっちゃうのか？〉とか〈そこまではいかない？〉とか，〈どうすると叩くことになっちゃいますかねー？〉とか，ほんとは叩かないためにどうしたらいいかって考えなきゃならないんだけど，そのためになんで叩いているのかっていうのをちょっと見立てつつ，鏡役になってみたりとか．（Info. 5）
ニーズの引き出し	エンパワメント		入るときには，必ずその人の良い所を評価してあげるっていうことをしなくちゃいけない．それはもう絶対，絶対にしなくちゃいけない．1つ指摘するんだったら，3つは褒めてあげないと．それはもう絶対やらないと．全然たわいもないことなんだけど，〈お父さん，タバコ吸ったやつ，きちんと吸い殻に入れて吸い殻3本溜まったら捨ててるよね．偉いよねー．そういうのって溜まっておくと，部屋に臭いこもったり，子どもも食べちゃったりするもんねー〉とか，あともっとひどいと〈灰皿を机の上に置いてるよね！偉いよねー．けっこうね，床に置きっぱなしで子どもが食べちゃったりする人多いんだよね．お父さん，子どものことちゃんと考えて机の上に置いてるよね〉って．もう拒否的な人には何でもいいから褒められるネタを見つけて評価してあげる．（Info. 2）
	ニーズへの焦点化	子どもの話題から入る	入ってくときは，だいたいお子さんの方から入っていく．例えばこう，家じゃなくて公園に会いに行った時なんかは

			いろんなお母さんに声かけつつ,その中で心配な親子に声かけてくってところで,お子さんのことについて〈どうですかー?〉みたいなことでやっていく.で,顔を売っとくっていう方法もやったこともあるし.(Info. 5)
		事前情報との摺り合わせ	家庭訪問行く前にまず周辺情報を押さえて行くようにはしてますね.この幼児園や保育園とかで(養育者から話を)聴く場合なんかは先に(幼稚園・保育園から)周辺情報を聴いて.当然話し聴くときは(初めて聞いたふりで)〈あーそうなんですかー〉とかって言って.で,場合によっちゃ既に実際にあるエピソードを聴いてるわけだから,ちょっとズルいけれども〈こういうことってありませんか?〉って.「あります,あります」って(養育者が)言ったら,ズルいけどラポール作るっていうところ.そのためには周辺情報だと思うし,こっち信用してもらわないとね,結局は相談していただけないっていうことだから,あとはこれで養育者の反応も見られるし.(Info. 5)
		親自身の話	親自身に話しかける内容は,やっぱり子どもの話題の後ですね.子育てのつらさの問題が,関係性なのか個人なのかも大切にします.関係性について話しをする時はまず夫婦の問題を話します.〈ご主人のサポートはありますか?〉「主人は仕事ばっかりだ」ってなればそこでいくし,それで話が続くなら〈具体的にご主人をコントロールできるか相談しましょう〉って.場合によっては,離婚が必要っていう方もいますよね.それでコントロール可能ならば,その話しについて.もし夫婦の話題を話にできなければ気持ちの受け止めよりも,その人自身にどう生きていくかをテーマにします.関係性について話をしても入らないとき,あるいは向こうが「夫より自分が……」という時には,個人の話しに移していきますかね.(Info. 4)
		困り感の特定	声掛けしたら拒否的で.関係が取りにくいっていうか.それって結構子どもとの関係が上手くいっていないことが多くて.親御さんの関わりによって状態が悪いっていうことも多いんですね,例えば叩いて教えるお母さんだったりすると,口を挟まないでっていう雰囲気.でもこれって,ある意味ニーズっていうか,お困りだって判断できるわけですよね.(Info. 4)
	養育者への絶えざる関心		3日間連続して(家庭訪問に)いくことも.〈私も考えておくわ〉って.親には自分のことを思ってくれている人がいるってことをひたすら伝えますね.(Info. 4)
養育者とのルール決め	養育者ができる内容決め		最低限の約束をしたり,ルールを決めさせてもらったりとか.ケースによって全然違うんだけど,ルールを決める時っていうのは,もうその親が出来る最低限のルール.その親ができるっていうのが重要なところだよね.出来ないルールを決めても何の意味もない.その親を見て,それは当

	然ケース会議を開いて，家庭の状況とか，子どもの状況とか，親の性格とかを全部情報として積んだ上で決めていくことなんだけど．会議を開いて，この親ができるであろうルールを1つ決める．それはもうかなり低い，ロ－ステップのルールなんだよね．保育園を朝連れてこれない親が居たとしたら，〈夜何時に寝るっていうことをやっていこうよ〉とか．そういうルールだったり，あと家に訪問してね，保育園に朝連れて行けない，起きれないっていう時間の管理が出来ていない人だったりすれば，訪問したときに部屋の中を見て．例えば時計が無かったと．この家には．じゃあ時計を買おうよ，と．で，〈寝る時間は，9時にしようね〉と．〈9時に必ず時計を見るようにしよう〉と．時計がないと時間の管理はまずできないので，まずそこをやろうと．で，すぐやってくれるかっていうと，絶対やってくれない（笑）．時計買うまでも2ヶ月くらいかかったりするわけよ．だから本当にできることをひとつずつスモールステップでやっていく．それを買えたら，また今度，継続してできるようになってから，次のルールをステップアップしてやっていくっていうようなことで，改善に向けてアプローチしていくっていうことかな．(Info.2)
見通しを伝える	DVもあるんだけど，〈今お子さんの前で，お父さんとお母さんがやっていること，それは子どもに暴力を教えていることになるから，今それをやらないと，後でこのお子さんが思春期を迎えたときに，お母さんに反抗するとき暴力を使うようになるよ．そうすると，お母さんは止められない．もう3年生だから，次はもう4年生後半とか，5年生前半で，プレ思春期に入ってくるから．そうすると，そういうお子さんは暴力とか平気で使い出すからって．今までだってそういう例は沢山見てるんだよ〉と．〈今，ここでそれをやれば，子どもがそういうことをやるっていうのは回避できるよ〉っていうやり方だったね．その辺りははっきり自分たちがメリット，デメリットを示してやると乗ってくることは多い．そこはだから，逆に明確に示されてないと絶対乗ってこない．〈なんとなくこうなると思うよとか，きっとこうなっちゃうよ〉とかっていうそういう弱い言い方だと，絶対乗ってこなくて．はっきりもう〈メリットはこれ，デメリットはこれ〉ときちんと明確に示してやることで乗ってきやすくなるかな．(Info.2)
次の課題を設定する	駆け引きですかね．でもあの言いたいことは最後に取っといて最後にバンってよく言う（笑）．ま，だいたいいつものパターンですかね．そこで（養育者がこちらの対応に）食いついてきたらまだ納得してないってことだから，〈次回はこのへんについて話しましょうね〉っていうふうに次の話題を出して終わるようにはする．だから〈ちょっと今日納得してもらえなかったみたいだから〉って，〈叩くこ

とによるデメリットってね．こっちも説明しなきゃいけないと思うし〉って次の見通しを説明する．(Info.5)

きながらも，その怒りの裏側にある養育者の不安や怖さを見立てながら，具体的な虐待に至るメカニズムを見定め，どのような状況で叩いてしまうのかをケースフォーミュレーションとして同定していく作業である．

以上のように，このカテゴリグループでは市区町村のワーカーは，児相と違って職権保護をちらつかせて強権的に入れない分，養育者の怒りにも，譲れないボトムラインを毅然として伝えながら，その様子を見立て，虐待の解決に向けたアプローチにつなげようとしている．

《ニーズの引き出し》
このカテゴリグループには，〈エンパワメント〉〈ニーズへの焦点化〉〈養育者への絶えざる関心〉という3つのカテゴリを含む．

〈エンパワメント〉
このカテゴリは，どんな拒否的な養育者であろうと，訪問時の関わりでは，ワーカーが養育者のポジティブな点に注目して，それを強化する点から関わることを意味している．関わり冒頭から指導的に入る事は避け，養育者の拒否的態度をさらに強化しないように工夫されたアプローチである．

〈ニーズへの焦点化〉
このカテゴリでは「子どもの話題から入る」「事前情報との摺り合わせ」「親自身の話」「困り感の特定」という4つのサブカテゴリを含む．非常に興味深いことであるが，ほとんどのワーカーで，意識的，無意識的な違いはあれど，共通した親への話の入り方であった．

まず第1に養育者に話の水を向ける場合は「子どもの話題から入る」ことを意識していた．このサブカテゴリは，子ども自身の様子を聴きながら，何か子どもに困っていることはないかを聴き，養育者の子育ての悩みを拾い上げることを目指していた．虐待の可能性が低いとしても，データが示すように，公園や広場などで初対面の時も，まず子どもの話題から入っていた．

「事前情報との摺り合わせ」とは，アウトリーチを始める段階にある〈事前の情報収集〉で得た内容をもとに，養育者から直接聞いた情報をワーカーの中

で摺り合わせを行うことである．そして事前に知り得た情報と養育者の話が違う場合は，養育者の困り感を事前情報を用いて〈お母さん，もしかしてこういうことで困っていない？　自分は専門職なので，もしそうだとしたら，〇〇な点でお役に立てると思いますよ〉といったように，養育者のニーズやアテンションを戦略的に養育者から引き出すことを意味している．

そして，その後「親自身の話」として，養育者自身の生育歴や，夫婦や親族関係等，養育者自身の話へと移行する．

その結果，養育者の「困り感の特定」が達成され，具体的にその困り感に対して支援プランを考えていくことにつながっていた．このサブカテゴリは，データにもあるように，拒否的であろうとも，養育者の困り感を養育者自身の非言語的な雰囲気等からワーカーは察することを意識していた．

このように〈ニーズへの焦点化〉は，ベテランの市区町村のワーカーの中では共通したクリティカルパスになっており，ある種の養育者からニーズを引き出すためのトリアージのように使われていた．

〈養育者への絶えざる関心〉

このカテゴリは，保健師でも同様のカテゴリが存在したが，ワーカーが非常に養育者を心配していることを伝え，常に関心を持っていることをメッセージとして伝える，具体的に訪問という行動で示すことである．

このように，このカテゴリグループは，養育者が何に困っているのかニーズを見出せるような関わり方を意味していた．

《養育者とのルール決め》

養育者の困っているニーズを見定めた上で，実際に虐待問題をスモールステップで解決できる，ワーカーから養育者に提案していくものである．ここでは〈養育者ができる内容決め〉〈見通しを伝える〉〈次の課題を設定する〉という3つのカテゴリが存在する．

〈養育者ができる内容決め〉

データにもあるように，養育者ができる内容をひとつひとつスモールステップで設定し，具体的な改善に向けたアプローチを始めることである．バリエーションとして，養育者自身の生活改善が見込めなかったり，ワーカーに対して平然と嘘をつく養育者に対しては，まずは子どもの安全を確保する内容を優先

的に決めていた．以下に具体例を示す．

> ウソつくお父さんの場合だと，やっぱりお子さんが学校に行けてないっていうことが問題だったのね．で，保護者の生活の乱れっていうのはかなりあって．でも，そこは言っても改善できない．急に家賃払えって言っても払えない．急にギャンブルやめられるかと言っても止められないので．子どものことが大事なので，子どもをきちんと学校に行かせる．そのためには何をするのかっていうことで学校と話をして．親が起きるっていうことは無理だと．子どもは3年生なので，じゃあ子どもの方に起きて貰おうと．なので，子どもにきちんと目覚ましを掛ける．まず，そこから入っていって．ある程度学校で見て貰う状態を作ってから，じゃあ親に次のアプローチをしていくっていうことだよね．で，親に対しては，この親はルールを決めるっていうことすらできないので，訪問を継続させてもらう根拠なんだと伝えました．(Info.2)

〈見通しを伝える〉

このカテゴリは〈養育者ができる内容決め〉へのモチベーションを高めてもらうために，子どもの今後の見通しを専門的な意見から伝え，養育者に今後の行動を選択させるきっかけである．各家庭の様子に即しながらも，虐待によって共通して起こりえる成長過程を見通しとして伝える．それによって，今〈養育者ができる内容決め〉をこなすことによって得られるメリット・デメリットの両面を説明し，養育者自身の認知を揺さぶり，変化への動機付けを促進させていた．

〈次の課題を設定する〉

〈養育者ができる内容〉設定や〈見通しを伝える〉ことに拒否的である場合には，無理に押して関係を悪化させるのではなく，一度引きながら，次回の訪問で再度話し合わなければならない内容を予めアジェンダとして伝えておくことである．

第2項　ステップ2——カテゴリの追加修正と関連づけ

ステップ2では，追加されるカテゴリは見当たらなかった．そのため以下では，カテゴリ同士の関連づけを行う．

（1） カテゴリ・カテゴリグループの関連づけ
カテゴリの関連づけ
　《怒りへの対応》では，〈譲れないボトムラインを伝える〉は，データに示した通り，必然的に養育者に示すカードであり，それをどのタイミングで伝えるかを〈養育者の怒りを見立てる〉で判断していた．そのため，〈養育者の怒りを見立てる〉から〈譲れないボトムラインを伝える〉に移行すると考えられる．
　《ニーズの引き出し》では，カテゴリの説明時に伝えたように，相手が拒否的であろうと，できていることをポジティブにフィードバックし，〈エンパワメント〉しながら切り口を摑んでいた．続いて〈ニーズへの焦点化〉では，「子どもの話題から入る」ことを意識し，そこで「事前情報との摺り合わせ」を行い，続いて「親自身の話」へと移行していた．養育者が拒否的であろうと，困っていることを雰囲気などからも読み取り，「困り感の特定」を行っていた．そのため，〈ニーズへの焦点化〉ではこの4つが連続して移行していると位置づけられる．そして養育者の拒否的態度が継続しようと，ワーカーは〈養育者への絶えざる関心〉を向け続けていた．以下に具体例を示す．

> 防衛的な方は，人を信じられないことが多い．信じられる人に会ってきていないから．だからその人にとって最善の道を伝えるっていうか，その方の立ち場に立つっていうのは，その状況に立ってみること，どこで繋がるかを探しながら．そうすると大切なのは見捨てないこと．それから親が思っている状況の中でなるべくその考え方を理解して，受け入れていく．それを受けつつ，相談したい気持ちを大切にする．それを繰り返していくんだよね．（Info. 9）

　上記は，養育者の相談したい気持ちを理解しながら，どこで繋がるか〈ニーズへの焦点化〉を行い，続いて見捨てない〈絶えざる関心〉を示すことを伝えている．そしてその流れを繰り返すと語られている．このことから，〈エンパワメント〉〈ニーズへの焦点化〉〈養育者への絶えざる関心〉が訪問の度に絶えず繰り返されていると位置づけられる．
　《養育者とのルール決め》では，〈養育者ができる内容決め〉を行い，〈見通しを伝える〉ことで，〈養育者ができる内容決め〉に乗せやすくすることがデータから想定された．つまり，〈養育者ができる内容決め〉と〈見通しを伝える〉は繰り返し相互に行われていると考えられる．またデータから示した通り，

〈次の課題を設定する〉は，スモールステップで〈養育者ができる内容〉がクリアされたら次の課題設定，拒否的態度が続いていても次回の訪問で話合う課題を再度提示し続けると考えられることから，〈養育者ができる内容決め〉〈見通しを伝える〉を繰り返し設定しながら，〈次の課題を設定する〉に至っていると位置づけられる．

カテゴリグループの関連づけ

《怒りへの対応》と《ニーズの引き出し》は，共に養育者が攻撃的である場合，拒否的である場合，並行して対応を継続していたことから，この2つは相互に関連づけられると考えられる．その上で，この2つのアプローチを行った後，《養育者とのルール決め》という具体的な問題解決の段階に移っていく．以下に具体例を示す．

> 「(養育者が)俺も(虐待を)やられてきた」ってことは必ず言うんだけれど，〈この歴史何年続いたか何秒，何十年続いたか何百年続いたかわかんないけど，だったらそこの家の歴史を止めるのはあなたかもしれない〉とか．いろんなとこで威張ってる男性に言います．〈だったらこれ止める勇気持ってるのはこの何代続いたあなたの家系の中であなただけかもしれないよ〉って．〈これ23世紀ぐらいまで続いちゃうところをあなたが断ち切ることができるかもしれない〉って言って〈すごいじゃないですか〉って．んで，〈その勇気を子どもがくれたんでしょ？〉って．〈もうやるやらないはもうお父さん次第だから，僕がやることじゃないから〉って．〈ただ，殴る勇気より殴らない勇気の方が，俺は大変だと思うから，あまり強くは言わないけれど〉って言うとね，(養育者は)ムカッとしてますけどね．でも，止めるってタバコもそうだし酒もそうだけど，止めるっていうことの方が大変なんだよねっていう話は，タバコ臭い人にはわりと禁煙の例は出しますけどね．〈だったらやれるとこから工夫しましょうよ〉って．(Info. 5)

この具体例は，拒否的態度で虐待を肯定する養育者から《ニーズの引き出し》の「親自身の話」から虐待を肯定せざるをえない「困り感の特定」をし，その上で，養育者の虐待を断ち切る立場をこのワーカーは物語を設定しながら〈エンパワメント〉し，選択の主体は養育者に任せつつ，やれるとこから工夫しようと《養育者とのルール決め》の〈養育者ができる内容決め〉へと至っている．以上のように，《怒りへの対応》《ニーズの引き出し》の後に《養育者と

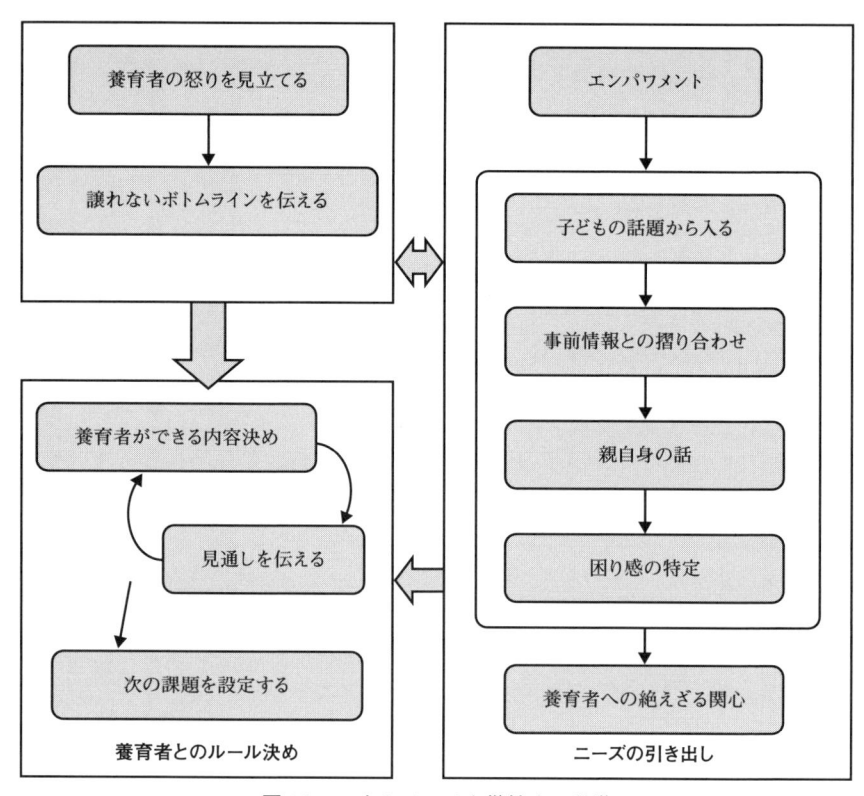

```
┌─────────────────────────┐  ┌─────────────────────────┐
│  ┌──────────────────┐   │  │   ┌──────────────┐      │
│  │ 養育者の怒りを見立てる │   │  │   │  エンパワメント  │     │
│  └────────┬─────────┘   │  │   └──────┬───────┘      │
│           ↓             │  │          ↓              │
│  ┌──────────────────┐   │  │   ┌──────────────┐      │
│  │譲れないボトムラインを伝える│  ⇔ │  子どもの話題から入る │  │
│  └──────────────────┘   │  │   └──────┬───────┘      │
│                         │  │          ↓              │
│  ┌──────────────────┐   │  │   ┌──────────────┐      │
│  │ 養育者ができる内容決め │   │  │  事前情報との摺り合わせ │ │
│  └──────────────────┘   │  │   └──────┬───────┘      │
│     ↑        ↓          │  │          ↓              │
│  ┌──────────────────┐   │  │   ┌──────────────┐      │
│  │   見通しを伝える    │   ⇐ │   │    親自身の話    │    │
│  └──────────────────┘   │  │   └──────┬───────┘      │
│           ↓             │  │          ↓              │
│  ┌──────────────────┐   │  │   ┌──────────────┐      │
│  │  次の課題を設定する   │  │  │   │   困り感の特定   │    │
│  └──────────────────┘   │  │   └──────┬───────┘      │
│                         │  │          ↓              │
│    養育者とのルール決め      │  │   ┌──────────────┐      │
│                         │  │   │ 養育者への絶えざる関心│ │
│                         │  │   └──────────────┘      │
│                         │  │       ニーズの引き出し        │
└─────────────────────────┘  └─────────────────────────┘
```

図12　アウトリーチを継続する段階

のルール決め》へと移行すると位置づけられた．

第3項　ステップ3——カテゴリの精緻化とモデルの確定

ここでは，新たにカテゴリの追加修正，およびバリエーションの把握は見出せなかった．よって，最終的なカテゴリ一覧は，表21のまま．およびモデルは図12を最終モデルとして確定した．

表21　ステップ1

カテゴリグループ	カテゴリ	サブカテゴリ	データ
養育者とのつながり	子どもへの肯定的な変化		評価として関係性を判断するべきところは，子どもにとって良くなったって思えるところ．だってその為の仕事ですもんね．別に親と仲良くなるのが仕事じゃないと，この仕事に関してはね．これに関しては子どもが良くなるのが一番の到達点なので．子ども自身に良い変化が見られているかどうか．そして拒否的攻撃的であろうと，親子関係が変化しているかどうかということ．アプローチはやっぱり時間がかかる，個人差あるし．(Info.4)
	多機関/支援事業につなぐ	複数で支える体制づくり	なるべく私とだけじゃなく，〈スタッフの◯◯さんっていうのは実は助産師でね，そういう話には詳しいのよ〉とかなんとか言ってちょっとつなげる．なんとなくサポートしたりとか，なるべく他の人に他の人にっていう仕事は，この仕事のひとつだと思う．それは地域でも同じことだよね．〈保健師さんっていう人がいてね，保健師さんってこういうお仕事するんだよ〉って，知らない人すごい多い．だから，そういう話もして，〈じゃあ私から地区担当に連絡しておくから，地区担から連絡が行くからね〉っていう形でちょっとつながるようにしておくかなぁ．(Info.3)
		市区町村の支援につなぐ	うちでやってる親支援プログラムにつないで，お母さん同士の〈私も子育て悩んでるのよ〉とか，そういう話が聞けたりとか．あとなんだろうな……まぁそれは広場でも聞けてたはずなんだけど，また違う，なんか密な内容？（親支援プログラムではお母さん方が）7,8人しかいないからさ．そこでの人間関係の中で，先輩ママっていうのがいるのよ．1学年上とか2学年上の．その先輩ママになついたりもしたのかな．それでなんかいろいろ話が聞けたりとか，毒吐きができたりとかして，良かったケースっていうのがあるね．(Info.2)
		養育者の生活支援	経済的に弱い家の場合は，生活保護につなげてやるっていうことは一番大きいかな．お父さんもお母さんも健康で，3人目を妊娠しちゃったと．その時点でリスクがやばいということで，生活保護を申請させて．で，結局申請が通って，生活保護を今受給してるんだけど，そういうところで信頼関係を．向こうは非常に信頼というか，すごいメリットじゃないですか．そういうことで，信頼関係，強い信頼関係を築いた．そうすると，ある程度信頼関係ができる

		と，強い口調で言えることもできるようになってきたりとか，家庭の様子もはっきり分かって来たりするので．やって良いことと悪いことっていうのを親にきちんと話ができる．そういう関係に持っていくと．(Info. 5)
	信頼関係はなくてもよい	援助関係を結ぶのが仕事かどうか……どうなんだろうね．子どもの安全が第一で，むしろ如何につないで，こことは切っていくか，終わっていくかを考える．援助関係，どうしようもないから，信頼関係はできなくても良いし，取り入ろうとも思っていない．(Info. 1)
対話の限界	対応の不備	結局虐待してんのは内縁の男性なんで，こっちからも聴きゃよかったなっていうのあるんだけど．で，ちょっと内縁の男性が入ることで話がこじれるので同席をルールとして拒んでたんですよね．ただ結局，当事者をやらないとダメだった．内縁の男性は体罰だったんだけど，元はお母さんのネグレクトだったの，ベースが．で，男性の悪口ばっかり言うの．こっち（＝内縁の男性）としては面倒，自分（＝母親）の子どもなのに面倒見させられて，んで，言うこと聞かねーわ，文句垂れるわで．んで，やがて手が出る足が出るになってったんだけど．こっち（＝母親）はもう旦那と子どものことしか言わないから．でも（内縁の男性に）聴きゃぁ，「なんで俺の話を聴いてくんないんだ」って挙げ句泣き始めて．基本的にだからほら，親権者じゃないので，話す必要は本当はない．で，案外ね，強気なのか弱気なのかわかんない人で，〈ちょっとお母さんだけいいですか〉って言ってそれっきりだったんです．それでちょっとね，いくらか損したことありますけどね．だから「一生懸命やってた俺が二の次なのか」と．んで，「挙げ句，犯罪者扱いか」みたいな話でね．最初は相談する気あったのに，こちらの対応が悪くて拒否的になったっていう．(Info. 5)
	関係機関から情報が漏れる	いっぱいあるんだけど，一番やばかったっていうのは，情報が他から回っちゃったことだね．それはもう決定的だね．二度と修復不可能っていうような感じだね．具体的には，学校の先生が"支援センターのワーカーさんがこう言ってたよ"って（お母さんに）言っちゃった．それをやられたらお終いだね．でもやられちゃうんだよね．もの凄くある．それはね，保育園や学校も然り．お母さんの対応に困っちゃうと"お母さんね，支援センターのワーカーさん，こう言ってたよ"って思わず言っちゃう．そうすると，言われた側はえー!?って．そうするともう攻

仕切り直しのアウトリーチ		撃的になっちゃうから．〈○○先生から，こういう風に聞いた．私のこと言ったんだって？〉もう，言ってないとは言えないから，〈ごめんね，言っちゃった……〉と．（Info. 2）
	再度接点を作る	これはねえ，もう週1くらいで行ったりとかしてたね．あのー，やっぱり電話とかじゃねぇ，もう一回完全に切れた時って電話で連絡とかって無理なんだよね．絶対出ないし．出ても怒鳴られるだけだから．もう行くしかない．（Info. 5）
	支援者の不備による謝罪	どういう言い方だったとか，どうのこうのっていう話しはもうしてもしょうがない．言い訳しても仕方がないからね．言ったか言わないかを聴かれたら，もう言ったのだから，〈ごめん，言っちゃった〉と．〈もうそれはね○○ちゃんが心配だったから，お母さんが心配だったから言っちゃった．それはお母さんに確認取らなくて本当に悪かったね〉って言うしかない．そこはね，ごまかすと絶対無理だね．自分にマイナスの情報っていうのは，あえて出すしかない．そこで隠すと，後でもっと大変なことになる．どっちかっていうと，あえてマイナスの情報を積極的に出していくくらいの感じじゃないと，収拾がつかない．一回関係が崩れたり，まずい状況になると，どうしてもごまかしたくなっちゃう．で，向こうはものすごい勢いで怒ってるし．ガンガン，ガンガン言われてるから，こっちもどきどきするし，緊張するし，やばいと思うし，冷や汗たらたらかいてるし．でもそこで，ごまかすっていうことは，絶対無い．良くない．あえて認めると，さらにマイナスな状況をだして，きちんとこう，提示していく，誠意を見せるとかってしないと収拾つかない．（Info. 2）

III. アウトリーチの結果段階

第1項　ステップ1——カテゴリの生成

　ステップ1では，Info. 1から5までを対象にカテゴリを生成した（表21）．以下ではカテゴリの説明を行う．

《養育者とのつながり》

　このカテゴリグループには，〈子どもへの肯定的な変化〉〈多機関／支援事業

につなぐ〉〈信頼関係はなくてもよい〉3つのカテゴリが存在する．

〈子どもへの肯定的な変化〉

養育者が《養育者とのルール決め》に乗りながら，少しずつ虐待問題の解決ができ，子どもへの対応が変わってきたことを意味する．

〈多機関／支援事業につなぐ〉

このカテゴリには「複数で支える体制作り」「市区町村の支援につなぐ」「養育者の生活支援」という3つのサブカテゴリがある．

「複数で支える体制作り」は，担当のワーカーがつなぐ際には，ひとつの機関と切れてもその他の機関とつながっているよう，複数で支える体制作りを意識することである．

「市区町村の支援につなぐ」は，市区町村が持っている親教育支援プログラムや，広場事業につなぐことである．特に心配な養育者には子どもを遊ばせながら常にワーカーだけでなくその他の職員も目を向け，皆で関わりながら養育者自身の居場所になるようなつなぎを意味していた．以下に具体例を示す．

> もう（お母さんは）フラフラなの，うつも入ってるし，DV被害もある．もうなんていうのかな，もちろん殴られる蹴られるもするし，一時期家もなくなって，住むとこなくなってるし．もう子ども見るどころじゃないのよ．でも，もう子どもいるわけだから〈とにかく毎日連れてきて，（広場で）休んでいいと，とにかくあなたの居場所だから，ここが居場所よ〉っていう話をして，連れて来させて．(Info. 7)

また広場につないだ際に，実際に家で起きていることを直接観察できるような場面もあり，心理的虐待など，直接命に関わらない重篤な虐待ケースでも広場を通して市区町村のチーム全体で養育者を抱えながら，支援を継続するデータも見られた．以下に具体例を示す．

> "お母さーん"って言って2人（の子ども達）がこう来たときに，2人の子ども同じ方向から入ってくるんだけど，お母さんは下の子だけ見て，上の子をまったく見ずにスルーなのよ．で，上の子は立ち尽くしちゃったんです．そこに．で，私もうあのシーンは一生忘れないと思うんだけど，ほんっとに孤独な背中だったの．今思い出してもね，グッとくるくらい……．みんなも私と一緒に見てたスタッフ，

> センター長も含めて凍りついたんだけど，これが家の中で起こってることだよねって言って．(Info. 7)

「養育者の生活支援」とは，子どもだけでなく養育者の生活を楽にするための機関や支援事業につなぐことである．データにあるように，生活保護につないだり，ショートステイ事業や家事などのヘルパー事業につなぐなど，少しでも養育者が楽になるようなサービスにつなぐことで，虐待してしまうストレスを緩和することにつなげていた．

〈信頼関係はなくてもよい〉

これは決して信頼関係を築かないということではない．このカテゴリは，信頼関係の構築を目標とするが，無理に養育者に媚びへつらってまで関係性を構築する必要はなく，子どもの安全を第一にする以上，多機関と養育者がつながり，多少の攻撃的・拒否的態度が養育者に見られようと，子どもの安全を守り，ある程度の共通理解をワーカーとの間に築けていれば，養育者とワーカーとの間に信頼関係がなくてもよいという意味合いである．

以上のように，《養育者とのつながり》における信頼関係とは，保健師や保育士とも違い，養育者との関係性の構築は市区町村のワーカーにとって，ワーカー自らとの信頼関係よりも，子どもの安全のために，多機関と複数の信頼関係を優先していると考えられた．

《対話の限界》

このカテゴリグループでは〈対応の不備〉〈多機関から情報が漏れる〉という2つのカテゴリが存在する．

〈対応の不備〉

ワーカーの対応が上手く行かず，結果として養育者の拒否的態度が継続，あるいは悪化してしまったことを示す．バリエーションとして，受容的にやりすぎて虐待という言葉を養育者に対して使うのを躊躇してしまったために，ワーカーの対応がぶれてしまった例が見受けられた．以下に具体例を示す．

> あんまり受容しなきゃよかったなっていうときはありますね．関係を取ろうとするあまり，（養育者の話を）聴きすぎちゃって介入するタイミングを逃したとか．

> 最初拒否的だったからね，受容，受容で行ったんだけれど，結局なんていうのかな，向こうも足下見てくるっていうかな．こっちも未熟だったっていうのもあって，そこで足下見られてなかなか保護まで行かなかったっていうところはあって．最初から〈これは虐待です〉って言葉をこの人に対しては使うべきだったなって．親はわかってない，もしくはわかってないふりをしてたんですよね，わかってるんだけど．だけどそれでこう「何が悪いの？」っていうような感じで．こっちは見立てがちょっとブレた……．やらないんだったらやるように言うし，できないんだったらできるように，ってどうしたらいいかやるんだけど，できないという判断を（市区町村側で）しちゃったことによって，結局保護にはなったんですけど．ちょっとね2，3ヶ月損したなっていうときはあります．（Info. 5）

〈関係機関から情報が漏れる〉

　ワーカーが気をつけていたとしても，自らとは与かり知らぬところで，関係機関の専門職がワーカーから聞いていた事前の情報収集を養育者に漏らしてしまい，養育者からワーカーに不信感を持たれ，関係性の構築ができなくなってしまったことを示している．

　このように，このカテゴリグループでは，ワーカー側の不備，あるいは多機関連携による不備が関係していた．市区町村のワーカーは，養育者との間で信頼関係が悪くとも，どこかしらの機関につないで子どもの安全を確保していることがその理由かもしれないが，続く分析手続きステップ2，3でInfo.を更に拡大し検討していく．

《仕切り直しのアウトリーチ》

　このカテゴリグループには〈再度接点を作る〉〈支援者の不備による謝罪〉という2つのカテゴリが存在する．

〈再度接点を作る〉

　ここでは，疎遠になってしまった養育者のもとへ再度アウトリーチし直すところからである．ただし，仕切り直しである以上，初回と違った緊張感があり，なんとかつながれる点をていねいに探っていくことを意味している．

〈支援者の不備による謝罪〉

　ワーカーだけでなく，多機関連携から情報が漏れる等の不備によって，養育者の拒否的態度を強めていた場合は，〈再度接点を作る〉の中でも，誠意を見

せた謝罪が大切になっていた．

　このように，このカテゴリグループでは，市区町村のワーカーとして，必ず疎遠な関係で終わらせず，再度，最低限切れない目標に向けて再度接点を構築するアウトリーチへと移行している．この後は，再度アウトリーチを始める段階に戻っていると考えられる．

第 2 項　ステップ 2 ── カテゴリの追加修正と関連づけ

　ステップ 2 では，《対話の限界》において表 22 のようにカテゴリの追加修正を行った．

（1）　カテゴリの修正
〈対応の不備〉から〈見立て違い〉へのカテゴリ修正

　ステップ 2 では，信頼できそうな親族などの家族リソースが見当たったとしても，そのリソースが養育者への支援を拒む場合は，それ自体を問題として介入的な対応をすべきだったというデータである．もちろん家族リソースが虐待問題解決に有用に働くことは多くある．だが，データのように家族リソースに対して見立てが違っており，結果過度な信頼をしたことで，その後事件化になるまで対応ができなかったという失敗事例も見出された．そのためステップ 1 で名付けた〈対応の不備〉ではなく，新たにステップ 2 で〈見立て違い〉として，カテゴリ名を修正した．

　またバリエーションとして，虐待問題解決のために，具体的な内容を設定したものの，養育者の気持ちを汲まず，提示するタイミングの順序をあやまってしまったことが理由で失敗事例に至るデータも見受けられた．以下に具体例を示す．

> お母さんの今の状況とか，子どもの今の状況考えずに，子どもの発達だけを見て，〈子どもの発達のためには今お母さん頑張んなきゃいけないよ〉，〈今お母さん療育センター行って，療育受けなきゃいけないよ〉みたいな感じを言い続けて切れちゃったところはあると思いますね．（Info. 10）

表22 ステップ2

カテゴリ グループ	ステップ1 カテゴリ	カテゴリ 追加修正	データ
対話の限界	対応の不備	見立て違い	お母さんがその子どもの養育をちゃんと出来てないっていうような相談はあったんですよ，ここにも．で，おばあちゃんが一生懸命その子の世話をしていて，自分が面倒見るから入らないでくれと．世間でいうハイリスクではなかったね．生活保護でもないし．じゃあお婆ちゃんに任せていいかなぁと思って．要するにそのことが，まぁ結果として，おばあちゃんに凄く負担がかかってしまったって事件が起きるまで気がつかなかったというか……．だから虐待通告とかがあったとしても，相手がその介入とかを拒否した場合に，そのままにしておいてはいけない．介入を拒否すること自体，やっぱりその家庭自体に介入の必要とする要因があるのかなぁっていうようなことは……．要するになんて言うか自分が相談したことを親戚にも，自分の息子にも娘にも，自分の夫にも言えないで，相談してるっていうことは，やっぱりもうちょっとね，慎重に対応しないといけなかったなって．それはちょっと感じてますね．(Info. 11)
	関係機関から情報が漏れる	連携の不備	養育ができる状況ではないのに，お母さんが次の子を妊娠してしまって．で，こちらのほうも介入して．まぁこの家庭に良いような方法を，色んな機関でやっているんだけど，なんか状況は何も変わらないまま．で，やっぱり家族全体のコーディネートというかね，例えば生活保護になった時点だとか，まぁその辺りで，やっぱり家族全体で，何が必要かみたいなところを，やっぱりしっかりアセスメント共有するタイミングを逃したかなと．バラバラっていうとおかしいけど，例えば児相と学校は，不登校の子をなんとか登校させようと一生懸命やって．で，保健センターは下の子が生まれて，きちっと育っているかどうかを見ていたと．で，生活福祉課は，生活保護のお金を出していた．で，中学校は，とにかく給食費の滞納があることと，学校に来ないことを心配していたということなんだけど．上の子については学校．あと下の子は児童相談所．で，育児は保健センターっていう．だから主担当が誰だかわからないんですよ．で，半年も経ってから，ところで〈誰かお父さんに会ってる？〉って言ったら誰も会っていないということが……．(Info. 11)
		養育者の変化のなさ	やっぱり，「これはうちのしつけだから」っていうとこで，虐待じゃない，しつけだっていう人は，やっぱり話がね，平行線かなあと．日常的に，例えば保育園の中でも叩く．でも〈お母さんそれダメだよ〉って，〈今は虐待になっちゃうよ〉みたいな保育士さんが言っても，「これうちのやりかただから，しつけだから先生黙っててください」みたいな，こんな親がいるんですって聞いたときに，どういうアプローチができるかなとは……．ま，もちろんね，そんなしつけと言ったって，〈今はこのご時世もうだめなんだよ〉っていうのは伝えないといけないんですけど，しつけと虐待とっていうのを適切に理解してもらって，〈あなたのやってる行為はダメだからやんないでください〉って伝えるのは，ワンパターンのようだけど，結構難しいなあと思いますね．やっぱりそこから改心してもらうというか，認識を変えてもらうっていうのは，やっぱり大人を変えるのってなかなか上手く行かない．(Info. 9)

〈関係機関から情報が漏れる〉から〈連携の不備〉へのカテゴリ修正

　提示したデータは，新たに他機関につなぎ，連携自体が上手く取れなかったことから，養育者との間に距離が知らない間にあいていたという内容である．このような状況では，再度ここから養育者との接点を探すことになるが，市区町村のワーカーが多機関につなぐことをひとつの養育者とつながる成功事例としていた一方で，このように多機関へつなぎはできたが，その後の見守りフォローが不十分であったことから失敗事例に至っていることも明らかとなった．以上のことから，養育者との関係構築を妨げるものとして位置づけていたことから，情報漏洩だけでなく，連携自体の失敗として〈連携の不備〉にカテゴリ名を修正した．このカテゴリは市区町村だけでなく，その他の支援機関でも起こりえることとして考えられる．

(2)　カテゴリ追加

〈養育者の変化のなさ〉のカテゴリ追加

　このデータはステップ１から追加されたものである．保健師のアウトリーチデータでも見受けられたが，養育者自身の変化のなさが《対話の限界》の一要因として検討されていた．

　また，ワーカーが養育者に関わりを持ち，虐待問題の解決をもって終結にしたケースが再度繰り返し虐待通告として上がってくることもバリエーションとして見出された．このような虐待問題が完全には解決されず，長期間に渡り支援機関が繰り返し対応しなければならないケースは，現場では"低空飛行ケース"と呼ばれていた．以下に具体例を示す．

> ほとんどが上手くいかないというか，良くなったから大丈夫かなと思うと，ちょっと手を離すとまた上がってくるっていう，その繰り返し．ずっと低空飛行なケースだよね．（Info. 12）

(3)　カテゴリ・カテゴリグループの関連づけ

カテゴリの関連づけ

　《養育者とのつながり》では，〈信頼関係はなくてもよい〉というカテゴリがひとつ市区町村のワーカーにおいて大切にされているところであった．もちろ

ん完全でなくとも信頼関係が築けるに越したことはないが，〈多機関／支援事業につなぐ〉ことによって一定水準の子どもの安全は多機関で守られることになる．つまり虐待問題を解決するために介入的にかかわる市区町村のワーカーは子どもの安全が保たれることが目標であることから，最終的に〈子どもへの肯定的な変化〉が見られることがアウトリーチの目的となっていた．以下に具体例を示す．

> 対立関係のまま，このお母さんちょっと難しいなっていった場合は距離を取る場合もあります．私個人としては，で，他の人が関わるような形をこっちが裏でマネージメントしてくっていうか．私個人では，このお母さんちょっと私が行ってもダメだなと思ったときには，療育センターの保育士さんにお母さんのフォローお願いしたりとか，保健師さんにフォローお願いするとか．私以外の人に見守ってもらえるような援助してもらえるようなことを考えますよね．で，子どもへの安全が最終的には高まってもらえればいいと．(Info. 10)

このように養育者と対峙的関係であろうと，多機関につなぐことで子どもの安全を守る，子どもに対して適切な対応ができることが目的であることがわかる．このことから〈信頼関係はなくてもよい〉から，〈多機関／支援事業につなぐ〉ことを通して〈子どもへの肯定的な変化〉を目指すことがこのカテゴリグループでの関連づけとなっている．

また《対話の限界》がステップ2でカテゴリの追加修正が行われたが，ここで得られた3つのカテゴリは，全て対話の限界・ブロック要因となるものである．そのため，カテゴリ同士は全て独立する形として位置づけられることから，関連づけは行わなかった．

さらに《仕切り直しのアウトリーチ》では，データにもあるように電話ではなく直接顔を合わせる機会によって〈再度接点を作る〉関わりを持ち，そこでワーカー側，あるいは多機関側の要因について〈支援者の不備による謝罪〉を行っていたことから，〈再度接点を作る〉から〈支援者の不備による謝罪〉へと至るものとした．

カテゴリグループの関連づけ

《養育者とのつながり》はデータからアウトリーチの成功例として位置づけ

られ，一方《対話の限界》は失敗例として位置づけられる．ただし，《対話の限界》において〈連携の不備〉というカテゴリがデータから見出されたことによって，《養育者とのつながり》〈多機関／支援事業につなぐ〉との関連づけが考えられる．すなわち，《養育者とのつながり》から場合によっては《対話の限界》に至ることもあり，《対話の限界》から《仕切り直しのアウトリーチ》によって，再度アウトリーチを始める段階へと戻ると考えられた．

第3項　ステップ3——カテゴリの精緻化とモデルの確定

(1) バリエーションの拡大

〈養育者の変わらなさ〉のバリエーションとして，拒否的態度を継続したまま，ワーカーに何も連絡がなく，転居してしまう事例が転居先にも引き継げず非常にリスクを保ったまま関係が切れてしまう場合が見出された．以下に具体例を示す．

> 失敗というか，転居していなくなっちゃった，もう心配……なんですけど，転居して，いなくなっちゃうケースが一番困るんですよね．まあ関係機関には，ちゃんと情報伝えますけどね．住民票が移ってないとかだと非常に（対応に）困りますよね．（Info. 13）

(2) 最終カテゴリ，モデルの確定

それ以外にカテゴリの追加修正は見出せなかった．よって，最終的なカテゴリ一覧は，表21に表22で追加されたカテゴリを統合したものとなる．また最終的なモデルは，図13として確定した．

IV．プロセスモデル

以上のようにアウトリーチを始める段階，アウトリーチを継続する段階，アウトリーチの結果段階という3つのそれぞれの構造を統合し，市区町村のワーカーによる相談ニーズの低い養育者に対するアウトリーチのプロセスモデルは図14のようになる．

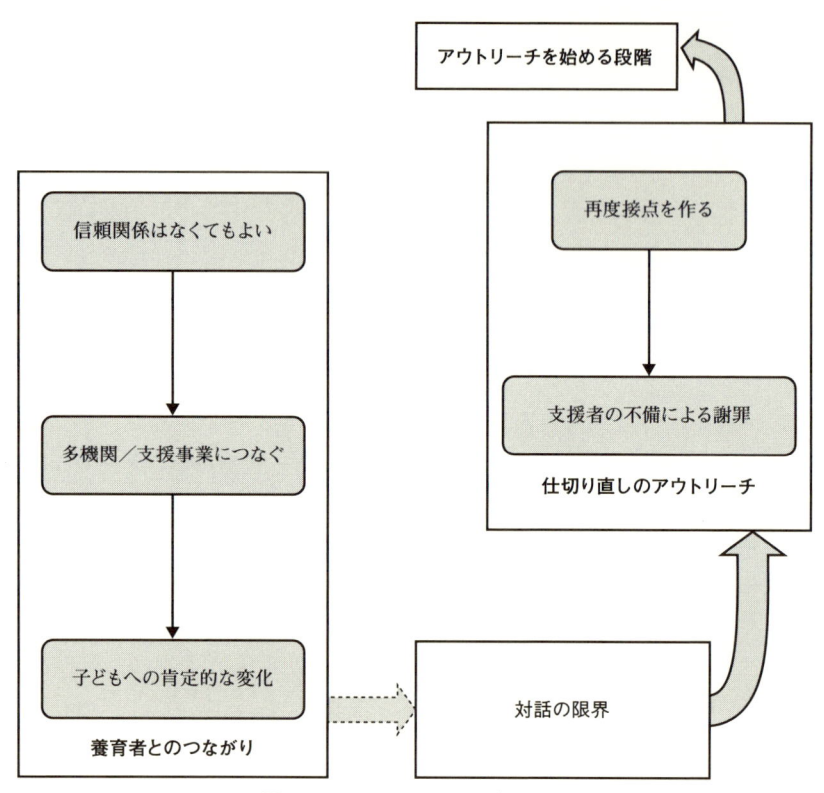

図13 アウトリーチの結果段階

V. ストーリーライン

　以下では，主要なカテゴリグループ，カテゴリを用いて市区町村のワーカーによるアウトリーチのストーリーラインを述べる．

　市区町村のワーカーは，虐待対応の第一義的窓口としての役割から積極的に虐待介入の役目を帯び，養育者宅に訪問を行う．しかしながら，児童相談所とは異なり，処遇に関する法的な職権保護や立入調査権は持ち得ていない．

　このような背景をもとに，通告があり次第《事実確認の訪問》のために，〈事前の情報収集〉を多機関から行い，実際に訪問した際に，虐待の深刻度を見立てる．その際に，養育者から攻撃的拒否的な態度を示されようと，「困った親という先入観を持たない」こと，そして「一歩も引かない態度」を〈基本

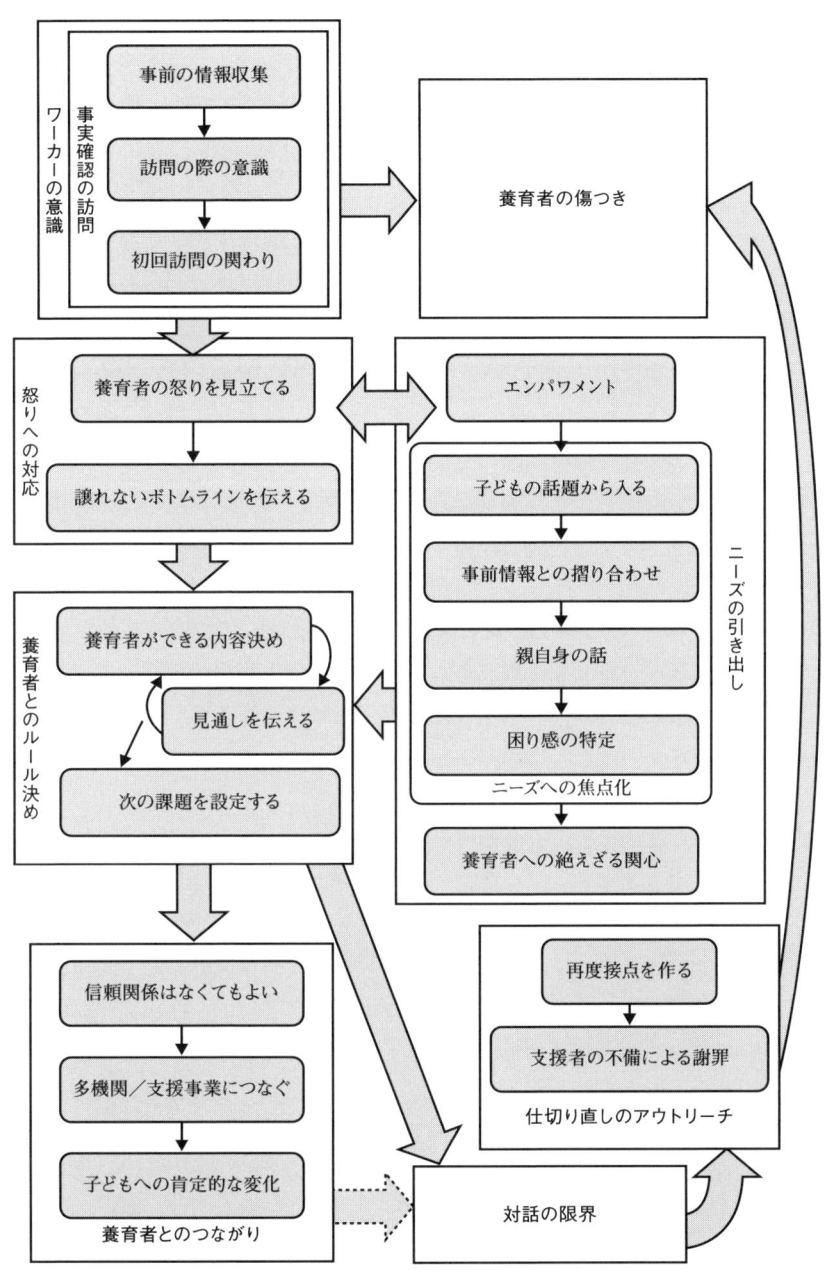

図14 市区町村のワーカーによるアウトリーチのプロセスモデル

的態度〉として大切にしていた．初回は，事実確認として使える地域リソースの持参を行い，なるべく支援的な介入方針を目指していた．また，もしアウトリーチを行っても不在時には，「不在時の仕掛け作り」として，手紙やパンフレット等を投函し，養育者から連絡をもらいやすい手がかりを残していた．

しかしながら，いかに支援的な訪問をしようとも，訪問をされた側の養育者は虐待を疑われている事に《養育者の傷つき》を感じ得ず，そこから怒りなどの攻撃的・拒否的態度が湧き起こっているとワーカーは考えていた．

そのような養育者には，《怒りへの対応》として，〈養育者の怒りを見立てる〉ことを行いながら，タイミングを見て，子どもの安全を守るために〈譲れないボトムラインを伝える〉．一方で養育者が攻撃的・拒否的な態度を継続していようと，ワーカー側は同時に《ニーズの引き出し》を行っている．どんな家庭でも，頭から批判をするような入り方をせず，常に〈エンパワメント〉するようにポジティブな点を見つけ関わりの接点を見つけていた．そして〈ニーズへの焦点化〉を行うために，「子どもの話題から入る」ことを意識していた．「事前情報との摺り合わせ」を行いながら，虐待の事実についてリスクアセスメントと，養育者の見立てを養育者との間で駆け引きしながら行っていく．そしてその後に親からの話で時折垣間見える〈親自身の話〉へと移行していく．家族からのサポートはどうなのか，相談できる人はいるのか，養育者自身の生育歴はどのようなものだったのか等，具体的な話をしながら，養育者の「困り感の特定」を行っていた．もし養育者が拒否的であろうと，例えば，困っていることに対して養育者が"口を挟むな"という態度を示すのであれば，口を挟むなという点にこそ，養育者の困り感があると〈ニーズへの焦点化〉を当て続けていた．そして，このやり取りを繰り返しながら，ワーカーは〈養育者への絶えざる関心〉をまなざしとして向け続けていた．このように《ニーズの引き出し》を行った後に，具体的な不適切な子育てを改善するために，今度は《養育者とのルール決め》へと至る．ここでは〈養育者ができる内容決め〉を行い，スモールステップで改善できるところから問題解決を目指す．そしてこの内容を決める際の根拠として，今，ワーカーからの指導案に乗ると近い将来子どもがどう変わるか，やらないとどうなるのかといった具体的なメリットとデメリットについて〈見通しを伝える〉ことを意識していた．そしてこの課題がクリアできれば次の目標へ至り，一方で養育者が納得しなければさらに説得するた

めに次回の訪問時に何をするのかについて最低限〈次の課題を設定する〉ことを大切にしていた．

　これが上手くいけば《養育者とのつながり》に至り，上手くいかなければ《対話の限界》に至る．《養育者とのつながり》では，まずワーカーは〈信頼関係はなくてもよい〉と考えていた．もちろんここは，信頼関係を築かなくてよいということではなく，築こうとしても養育者との間で信頼関係が築けない場合もあり，それはそれで仕方がないと養育者自身の関係性の築き方を肯定的に認めることである．なぜならば市区町村のワーカーは虐待に介入し，養育者と関係性を切れることなく，子どもの安全を守ることを第一の介入目標として一貫していたからである．そのため，無理に信頼関係を築くことだけに意を砕くのではなく，〈多機関／支援事業につなぐ〉ことを最低限の方法として位置づけ，そこで「複数で支える体制作り」を行い，最終的には〈子どもへの肯定的な変化〉を見いだせた段階で《養育者とのつながり》としてアウトリーチの成功と判断していた．

　だが，その一方で，養育者との関係構築が失敗に終わった場合は《対話の限界》へと至る．こちらに至る要因は，ワーカー側の〈見立て違い〉の場合や〈連携の不備〉によって養育者側との関係が切れてしまう場合，そして〈養育者の変化のなさ〉が存在した．《養育者とのつながり》の中でも〈多機関／支援事業につなぐ〉ことが上手くできない場合は，《対話の限界》へと至っていた．

　ただし，虐待問題解決のために介入としてアウトリーチを行う以上，養育者との関係が切れた状態は更なるリスクを負うことになる．そのため《仕切り直しのアウトリーチ》によって〈再度接点を作る〉ことを目指していた．もし関係が切れた要因が〈見立て違い〉〈連携の不備〉である場合は再度見立て直し，連携体制を再構築する．それ以外に，もし何らかの支援者側の不備が明確である場合は，養育者に誠実な謝罪の態度を示すことが肝要であり，〈支援者の不備による謝罪〉をていねいに行い，再度《ニーズの引き出し》《怒りへの対応》に戻っていた．

第4節　考　察
譲れないボトムラインを伝えるアウトリーチ

　結果から，市区町村のワーカーのアウトリーチ目標のひとつは，子どもの安全を守るため「多機関／支援事業につなぐ」ことによって多機関で養育者を見守る状態を構築することであった．

　その他にも，市区町村のワーカーは児童相談所と同様に，虐待が深刻な状況を見定め，そこに緊急に介入していく役割がある．深刻な場合は児童相談所に入ってもらうが，逆に直ぐさま命に関わらないネグレクトケースや改善がなかなか見られない低空飛行の虐待ケースへの関わりには市区町村のワーカーが対応の役割を担っていることが多かった．そのような家庭を地域のリソースと結びつけ，地域ネットワークの中で最低限それ以上深刻にならないよう，具体的な見守り基準を設けた多機関での役割分担へとつなぐことが第一目標とも考えられた．

　そのために〈養育者への絶えざる関心〉を向けながらも，〈信頼関係がなくてもよい〉というカテゴリが示すとおり，あくまで優先順位が高いのは子どもの安全であり，養育者との関係構築はその次であるというスタンスであった．

　さらに，市区町村のワーカーは，児童相談所と違って立入調査権や職権保護のような法的権限をもった介入策を持っていない．つまり，職権介入できないようなギリギリのグレーゾーンの虐待ケースに対して，関係が切れないように基本的に受容的なスタンスで訪問を繰り返しつつ，役割として〈譲れないボトムラインを伝える〉という強権的なスタンス，その両方のアプローチを使い分けて関わっていた．

　どの市区町村でも対応ケース数が増えており，介入から支援へと結びつける役割が今後強まると考えられるが，そのためにはまず結びつける支援体制が必要である．市区町村は地域に一番近い機関だからこそ情報を持っていると言われつつも，「ワーカーの数／支援リソースの数」で示した通り，各市区町村の施策がどれだけ子育て支援と虐待対応に力を入れているかによって，予算の付き方も支援リソースの数，人員配置も市区町村単位でバラバラな状態であった．

　ワーカーによっては，子どもを預かる一時保育やショートステイというサー

ビスが，自分の市区町村にないために，民生委員に見守りを頼みつつも，夜子どもに何があるか不安でたまらないという思いも「ワーカーの抱える不安」として聞かれている．これらは市区町村の方針や子育て支援サービスの予算配分などに依ることは明らかであり，全国的にも多機関に繋げられるリソースにかなり違いがあると考えられる．

　このような状況の中で市区町村のワーカーが目指すアウトリーチの目標仮説は，"支援的に関わりつつも，虐待問題の解決が見られない場合は，ゆずれないボトムラインを伝え，養育者を見立てながらも，養育者の困っているニーズを引き出していく．そして，虐待解決に向けたルール決めをスモールステップで行いながら，信頼関係が最悪できなくても，多機関／支援事業につなぎ，養育者が子どもに対して肯定的な変化を見せる状態を目指すこと"と仮説生成された．これは子どもの安全のために，まずは養育者を多機関につないで，家族が孤立しないように多機関でリスクヘッジできる支援体制を作ること，そして限られた人員配置の中で，継続ケースと新規ケースの両者に対応するため，養育者とどの段階でワーカーとの支援関係を終わらせていくのかという終結の基準も，現場の切実な課題となっていることが同時に考えられた．

第8章
児童相談所の臨床家によるアウトリーチ

　深刻な子どもの虐待被害が見られ，かつ養育者が児童相談所（以下児相と略す）の介入を承諾しない場合，児童相談所だけが支援機関の中で唯一持つ法的権限を用いたアウトリーチが可能であり，それが本章の中心となる．法的権限とは具体的には出頭要求，臨検・捜索，立入調査権と職権による一時保護等などである．そのため児相のアウトリーチの方法は，保育園，保健センター，市区町村が行ってきた支援的かつ受容的なアウトリーチとは，決定的に介入の条件が異なっている．

　以上の理由から本章のみ5章から7章とは構成を変え，まず"I 法的権限によるアウトリーチの介入目標"で，児童相談所による法的権限を用いた際のアウトリーチの目標について，具体的なエピソードをもとに明らかにする．そしてその後"II アウトリーチの構造とプロセス"の中で，第5から7章までと同様に，具体的なアウトリーチの構造とプロセスを明らかにしていくこととする．

第1節　問題と目的
子ども虐待現場の最前線にいる児童相談所

　子ども虐待において最悪の事態である子どもの虐待死亡事例を防ぐために，最も必要なアプローチは家庭訪問等，援助者が養育者のところに赴くアウトリーチが必要であることは今まで見てきた通りである．しかしながら，児童相談所をはじめとする援助機関がアウトリーチをしても，養育者が訪問に怒りを顕わにしたり，拒否的反応をする等，対立的関係になることも少なくない．事実，厚生労働省（2009）による『子ども虐待による死亡事例等の検証結果等について』の第5次報告書においても，養育者の攻撃的・拒否的態度により，対応が難しく，結果として死亡事例に至ったケースが報告されている．

　既存の研究では，虐待の介入時に，強制権限の発動によって生じた保護者との対立関係すら援助関係として活用していくなど，常に先を見通した冷静かつ

客観的な作業を行っていく必要があるといわれる（才村，2005）．また，怒りを顕わにする養育者は，未成熟な発達を持っており，人間関係を否定的に捉える人格特徴を持っていることから，そのような試し行動から逃げてはならないという指摘（鈴木，2001）や，対象のニーズをアセスメントしながら関係構築を行う（河本，2001）必要があるともいわれる．このような初期介入において臨床心理学の研究では，家族療法やブリーフセラピーの視点（衣斐，2003；Berg, 2000 等），そしてそれらの手法を発展させ，法的介入等の強制的手法が取られた場合でも，子どもの安全に焦点化し続け，ワーカーと家族の協力関係を目指すサインズ・オブ・セーフティ・アプローチ（以下サインズと略）（Turnell & Edwards, 1999）が存在する．

一方，先行研究でも見てきた通り，法制度が不十分な我が国において，津崎（2006）によって，現場から作り上げた介入型ソーシャルワークが提唱されている．介入型ソーシャルワークは「強い介入が援助関係を破壊するのではなく，親の無謀な行動に歯止めとなる壁の体験を与え，相手が妥協したときに労いをかけ，苦労を共感することによって，新たな質的に異なる援助関係が形成される」といわれている．

いずれにせよ，深刻な虐待傾向が見られる家族への援助を考える場合には，保護者の人格障害を視野に入れた高度な専門性が要求され，必然的に臨床心理学的なアセスメントスキルが現場で求められているといえる．フロイトが精神分析を立ち上げて以来，臨床心理学的な支援を行う中で，最も大事な要素は，ア・プリオリにクライエントの治療動機だとされてきた．しかし，今現在子ども虐待の現場で対応しているのは治療動機の低い養育者への積極的なアプローチであり，それこそが現場で求められるアウトリーチだと考えられる．そして，子どもの安全を守るために，アウトリーチをし続けても変化が見られない養育者には，やはり最終的には法的対応による介入をも辞さない．これこそが，児童相談所が今まで我が国における子ども虐待対応において最前線で実践してきた最大の強みであり，そして子どもの安全を守る最後の盾になっている．

先行研究で概観したように，現場の経験に基づくベテラン臨床家の提言や，上手く関係が築けたという事例研究はいくつか存在するものの，現場に即した体系的なアウトリーチに焦点を当てた研究は見当たらなかった．

また，たとえ現場の援助職が既存の理論的手法に沿うとしても，現場で重要

なのは機関決定として組織全体で行うケースマネージメントであり，実際は援助職ごとの経験に基づき自らの臨床知や工夫で対応していることの方が多いと考えられた．そのため，法的枠組みに基づく機関決定としてのアプローチとは別に，臨床心理学の視点から個々の児相の児童福祉司および児童心理司がどのように治療動機の低い処遇困難な養育者と関係構築を果たしていくのか，より現場に即した実践的な理論的枠組みを検討することが必要だと考えられた．

しかしながら，ケースの数だけ存在する子ども虐待対応について，すぐさまアプローチの構造とプロセスを体系化できるとは考えにくい．そのため本章では，そのような具体的アプローチの構造とプロセスの範囲を決定するために，現場の臨床家達が目指す治療動機の低い養育者に対する法的対応に基づいたアウトリーチ介入の目標の定義について検討する．そして，児童相談所における相談ニーズの低い，攻撃的・拒否的な養育者へのアウトリーチの構造とプロセスを，現場に即した形でモデル化することを目的とする．

第2節　方　法

第1項　調査対象

児童相談所15施設に勤務する児童心理司10名，児童福祉司12名の計22名を対象とした（表23）．なお表内では児童心理司をCP，児童福祉司をSW，両方の役職を経験したことのあるInfo.はCP・SWとして表記した．

児童心理司・児童福祉司両者を対象にした理由は，各児相の機関決定によって対応方針が若干異なるが，基本的に虐待通報から保護前の家庭への訪問と保護は主に児童福祉司が行い，児童心理司はそのサポートに回ることが多いこと，また保護後は児童福祉司と共に子どもの様子を踏まえながら児童心理司も養育者にかかわり，この両者の関わりが保護前から保護後まで切れ目なく繋がっているからである．そのため，分析結果では両職種を示す言葉として"臨床家"という言葉を暫定的に用いた．

表23　児童相談所のフェイスシート

Info.	年齢	性別	経験年数	職種	地域性	分析手続き	
						I. 目標設定	II. 以降構造
Info. 1	50	男	12年	CP・SW	都市部	ステップ1	ステップ1
Info. 2	48	男	15年	CP・SW	都市部		
Info. 3	46	男	4年	SW	都市部		
Info. 4	58	男	25年	CP	地方部		
Info. 5	51	男	29年	CP・SW	都市部		
Info. 6	51	男	28年	CP・SW	地方部		
Info. 7	47	男	13年	CP・SW	都市部		
Info. 8	33	女	4年	SW	地方部		
Info. 9	35	女	11年	CP	都市部		
Info. 10	58	女	36年	SW	地方部		ステップ2
Info. 11	47	男	8年	SW	地方部	ステップ2	
Info. 12	39	女	11年	SW	地方部		
Info. 13	38	女	8年	SW	地方部		
Info. 14	43	男	7年	CP・SW	地方部		
Info. 15	56	男	32年	CP・SW	都市部		
Info. 16	31	女	7年	SW	都市部		
Info. 17	63	男	35年	SW	都市部		
Info. 18	56	男	22年	CP・SW	地方部		
Info. 19	28	女	6年	SW	都市部		ステップ3
Info. 20	43	女	10年	SW	都市部		
Info. 21	44	男	3年	SW	都市部		
Info. 22	32	男	4年	SW	都市部		

第2項　調査手続き

半構造化面接によるインタビュー調査である．調査対象者1人につき2時間から3時間である．調査者が1人で全てのインタビュー調査を行い，その後逐語録に起こし分析を行った．

第3項　調査期間

2007年4月から12月にかけて調査を行った．

第4項　インタビューガイド

相談ニーズの低い，攻撃的・拒否的な養育者に対して児童相談所から主体的に出向いてアウトリーチを行ったケースについて，
① 関係構築が果たせたと思われる具体的な成功例エピソード
② 関係構築が果たせなかったと思われる具体的な失敗例エピソード
③ アウトリーチの際に意識・工夫していること
以上3点である．

第5項　分析手法

得られたインタビューデータは，全てプロトコルに起こし，グラウンデッドセオリーアプローチ（Strauss & Corbin, 1998）を用いて分析を行った．分析手法については第2章第2節を参照して頂きたい．

第6項　理論的サンプリングと段階的分析手続き

I 法的権限によるアウトリーチの介入目標について

守秘義務の関係から情報量に差はあるものの計70例（成功例44例，失敗例26例）のエピソードデータを得て，以下の2段階の分析手続きを経た．

ステップ1では攻撃的・拒否的な養育者と関係を構築するための具体的な目標について仮説を生成する．そのため，まず10名のインフォーマントについて時間的な流れを明確にするため，成功例，失敗例のエピソードを問わず，時系列に沿ってどのようなアプローチが行われているのか，全て切片化し，コーディング作業を行った．

ステップ2では，ここではステップ1で得た仮説の確定を目指す．ステップ1の時系列に沿ったアプローチのカテゴリを参考にし，インフォーマント22名分による全70例のエピソードを，特徴的なプロパティ（特性）とディメンション（特性の範囲）をもとに，典型的な成功例と失敗例に分類し，比較検討を行った．そして，そこから具体的に成功と失敗の境界線を検討することによって，初期介入の目標についてステップ1の仮説を精緻化し，仮説を確定した．

IIからIV アウトリーチの構造について

　ステップ1では，Info. 1-9まで児童相談所の児童心理司と児童福祉司によるアウトリーチについて比較検討を行いながら，サンプリングおよび分析を行った．この段階では，まずカテゴリの生成を目指した．

　続くステップ2では，Info. 10から18まで，地方部と都市部という点から比較検討をし，サンプリングおよび分析を行った．この段階はデータを追加し，カテゴリの追加と修正を目指した．サンプリングの属性を比較することで，より妥当性のあるカテゴリ内容を把握し，その上で，カテゴリグループ，カテゴリの関連づけ，および初期モデルを生成した．

　最後にステップ3では，Info. 19から22まで，経験年数について比較検討を行った．この段階では，更なるデータを追加することにより，カテゴリの精緻化を試み，最終的な理論的飽和をもって，現場に即した児童相談所の臨床家によるアウトリーチの構造としてモデルを確定した．

　なお，現場の児童相談所の臨床家の方々は，緊急虐待通告が入る事もあり，非常に多忙でインタビュー調査に協力頂くためには，調査協力して頂けるInfo. のご都合に合わせて調査日程を組む必要があった．そのため，厳密な理論的サンプリングは不可能であり，分析の段階が前後左右する場合があった．ただし，各段階においても属性ごとの絶えざる比較を行いながら，できるかぎりの段階的な分析手続きを行った．

第7項　分析手続きの構造とプロセスについて

　本章ではまず「I. 法的権限によるアウトリーチの介入目標」を具体的なエピソードについて内容を把握し，その具体的なひとつひとつのエピソードから仮説を生成させた．この目的は，計70例の各エピソード自体を大きな分析対象とし，大まかに法的権限を持った児童相談所の臨床家によるアウトリーチの概観を把握することによって，保育園・保健センター・市区町村の支援者によるアウトリーチと具体的にどのようにその目標が違うのかについて明らかにすることである．

　そして，その特殊な児童相談所のアウトリーチの違いについて把握した後，第5章から第7章と同様に，アウトリーチの段階として時系列に沿って，エピ

ソード単位の縛りを超えて，さらに詳細なコーディング作業を行い，具体的内容を構造的に把握した．

すなわち「II．アウトリーチを始める段階」「III．アウトリーチを継続する段階」「IV．アウトリーチの結果段階」という分析における一連のコーディング・パラダイムに沿った構造の提示である．

そして，それぞれステップ1から3という一連の分析手続きを踏み，最終的に得られたそれぞれの構造のモデルを統合し，最終的な児童相談所の臨床家によるアウトリーチに関して「V．プロセスモデル」「VI．ストーリーライン」として把握した．

第3節　結　果

I．法的権限によるアウトリーチの介入目標

第1項　ステップ1——時系列に沿ったエピソード把握と仮説生成

得られた具体的なエピソードを要約した結果，アプローチの時間軸に沿って対立関係の生起，対立関係へのアプローチ，対立関係へのアプローチ結果の大きく3段階に分けられた．表24はこの時系列に沿って，生成されたカテゴリグループの一覧である．

以下では，得られた3つの時系列に沿って，カテゴリの説明を行う．

(1)　時系列—対立関係の生起

ここでは《子どもの職権保護》《保護に対する養育者の態度》という2つのカテゴリグループが存在した．

《子どもの職権保護》

児相の臨床家は，虐待の有無を確かめる任意調査に始まり，場合によっては立ち入り調査を行い，虐待の深刻度を見極める．その結果，子どもに重篤な虐待の可能性が見出される場合には，法的手続きに則り子どもの職権保護を行う

表24 ステップ1

時系列	カテゴリグループ	カテゴリ	プロトコル例
対立関係の生起	子どもの職権保護		子どもについては預かるよっていうことで引き上げてくるわけですよね．それはそんなに時間かからずにやるけど．(Info.1)
	保護に対する養育者の態度	子どもを奪われた被害感	(保護する) と「あんた，信頼してたのに，信じてたのに」っていうことになるんで．(Info.3)
		衝動的反応	お母さんのほうが，もういいよ～とか言ってるんだけど，お父さんは，「そんな諦めたらあかん！ 返してもらうんだ！ 俺らがなんでこんな思いをしなきゃならないんだ！」っていうように．(Info.1)
		拒否的態度	児童相談所は保護者と話し合いますよね．でも待ってるけども，それに乗って来ない親は，いますね．(Info.3)
対立関係へのアプローチ	譲れない法的対応		「お前ら融通利かない奴だな」と．「情の無い奴らだ」とか「固い奴らだ」とかぼろかす言われるけれども．頑として（こちらは）動かないのよ．〈ダメなものはダメ．それはもう決められたことです〉と．(Info.2)
	支援的なかかわり	養育者のしんどさの受容	親も子もすごく一方的に思ってるけど，どっかでは後ろめたさがあったり，どっかではこれは受け止めないとなぁっていうのがあるんですよ．(Info.9)
		ニーズへの焦点化	逆を考えて聞いたらいいんです．〈じゃあこういうことですか？〉って聞いて，「そういうことです」って言ったら，そうなんだ，って．それですよね，僕がニーズを探すのは．この人は，何をどうなりたいのか，どう思ってるのかっていうのをね．だから，「今苦しいんだ」と，「この子のことで悩んでるんだ」と．〈じゃあもっと楽になりたいんですね，もっとA子ちゃんと上手くやりたいんですね〉って．(Info.7)
		養育者への絶えざる関心	努力してやらなきゃかもしれないけど，そこまでなかなか全てのケースで介入はできないけど，誰かがそのケースへの思いがあったときに，そういうつながりを作っていくことの想いをぶつけていってあげる．そういうことをすることができれば，多少なりとも変化が起きるかな．(Info4)
対立関係へのアプローチ結果	成功への変化	養育者の虐待認知	「あんな風に連れて行かれて，今思うと良かったと思うわ」と．「あのままいってたらどうなってたかわからない」というふうなことを言ってくれる親もいるんだよね．(Info.2)

	安全な子育て環境の構築	子どもが安全安心っていう状況が増えれば，ある程度のところまで増えたら，それで終わり．もう後は借金があろうが，何しようがそんなこととやかく言わないって．(Info.5)
	地域との連携	何がニーズかっていうと，児相みたいな公的なものに関わってほしくないんです．そのためには，今までみたいにがーっと行かない．児相以外のところと関わっているのであれば，それさえ続けてくれればいい．ちゃんと学校に行かすとか，地域の保健センターや医療機関に通ってもらうとか，そういうような外枠みたいなことをちゃんと確認するだけでも話ができます．(Info.7)
失敗の状態	養育者の変化のなさ	保護した後に家庭訪問をしたんです．居間に座らされて，すごく怒られて．養父と実母にすごくなんか責められて，お話をして．でも何時間か経って仕方なく帰ってきた．で，それからは全く連絡が取れなくなったり．(Info10)
	臨床家・組織による対応の誤り	まだ方針としてなんとなく見出せないなぁっていう時に，もう一人の上司の人が親に〈(子どもを)返す方向で考えているから〉って言ってしまって．で，いつからそうなったの？　ってなってしまったケースがあって．そうなると私からの修正のしようが無いのでね．どうしようもなくって．まぁ結果的には，そりゃぁ一応に条件は出して，〈通所してくださいね，家庭訪問はさせてもらいます〉とは言いますけど，いつになっても攻撃的で．「いつになったらあんた達来るの終わるの？」って毎回毎回言われて．(Info.8)

ことを意味している．

《保護に対する養育者の態度》

このカテゴリグループは，自らの子どもが児相に奪われたという反応を指す．ここでは〈子どもを奪われた被害感〉〈衝動的反応〉〈拒否的態度〉という3つのカテゴリが存在する．

〈子どもを奪われた被害感〉

保護によって養育者は子どもを奪われた，誘拐されたという被害感を感じる事を示している．既に臨床家と関係があるケースでは，養育者は臨床家に裏切られたという思いに至ることもある．また，養育者が虐待をしている親という

レッテルを貼られたと感じ，深く傷つくというバリエーションも存在した．
　〈衝動的反応〉
　子どもを奪われた事に対して，養育者が衝動的に怒りを顕わにする態度である．場合によっては，虐待事実の否認から，臨床家に対する非難，誹謗中傷，そして時には暴力や脅迫めいた反応を示すこともデータのバリエーションの中には存在した．
　〈拒否的態度〉
　臨床家からの関わりに対して無視をしたり，時には臨床家からの電話を着信拒否設定にする．臨床家のアウトリーチに対して居留守を決め込むといったような状態のことである．臨床家から養育者に関わる取っかかりがない場合も多く，そもそも話し合う機会すら持てない状況も少なくなかった．

(2)　時系列─対立関係へのアプローチ
　ここでは《譲れない法的対応》《支援的なかかわり》《養育者への絶えざる関心》という3つのカテゴリグループが存在した．

《譲れない法的対応》
　このカテゴリは，児相として法律に則って機関決定を行った以上，養育者からどのようなことをいわれようと，頑として動かない対応のことを指す．そのため，臨床家は，まず始めに子どもの安全を守るべく，法的対応をもとにして養育者との対立関係に切り込んでいた．

《支援的なかかわり》
　ここでは，〈ニーズへの焦点化〉〈養育者のしんどさの受容〉という2つのカテゴリがあった．どのエピソードからも対立関係へのアプローチは，《譲れない法的対応》を持って一貫してぶれない対応を行いながらも，並行して徐々に《支援的なかかわり》も行っていた．
　〈ニーズへの焦点化〉
　攻撃的・拒否的な養育者の反応があろうとも，どの内容なら話し合いの糸口があるのか，ひたすら養育者の隠されたニーズに焦点を当てていくことである．

〈養育者のしんどさの受容〉

このカテゴリは，何故虐待に至ったのか等，虐待ケースにおける全体像の把握やその中で養育者が感じている後ろめたさ等について，養育者自身が抱えていた子育てのしんどさを臨床家が受容するというような支援的な関わりを示している．

《養育者への絶えざる関心》

対立関係において最も大事にされていたアプローチである．どんなに養育者との関係が悪いとしても，養育者に対して臨床家は関心のまなざしを絶えず持ち続けることを意味している．対立関係では養育者は絶えず心理面・行動面共に揺れ動く．養育者のニーズに焦点をあて，養育者のしんどさを受容し，少しずつ関係が取れてきたなと臨床家が思っても，ある日，突然養育者と連絡がつかなくなることも現場では稀なことではない．しかしながら，データにもあるように，そのような関係を前提と見据えながら，臨床家は養育者に対して関心を薄めるのではなく，関心を常に抱いていくことを目指していた．

(3) 時系列―対立関係へのアプローチ結果

この段階では，《成功への変化》《失敗の状態》という２つのカテゴリグループが存在する．

《成功への変化》

養育者へのアプローチによって養育者の変容が促された状態である．ここには〈養育者の虐待認知〉〈安全な子育て環境の構築〉〈地域との連携〉という３つのカテゴリが存在する．

〈養育者の虐待認知〉

このカテゴリは，臨床家のアプローチにより，養育者の中で，自らの子育てを振り返り，虐待であったと認める場合である．これにより，養育者は具体的に虐待行為を反省しながら，臨床家と今後の方針について話し合えるようになる．

〈安全な子育て環境の構築〉

養育者自身はまだ攻撃的・拒否的な態度は少なからず存在するが，子どもを

引き取るために，最低限の安心と安全の環境を構築することについて，養育者が話し合いに応じる場合を意味している．

〈地域との連携〉

このカテゴリは，児相との関係よりも，最低限，地域の支援機関につながりながら，児相との話し合いに応じることである．

このように3つのカテゴリを持つ《成功への変化》とは，対立関係を乗り越えた状態として，子どもの安心・安全について養育者と話し合える状況を意味していた．

《失敗の状態》

このカテゴリグループには，〈養育者の変化のなさ〉〈臨床家・組織による対応の誤り〉という2つのカテゴリが存在した．

〈養育者の変化のなさ〉

このカテゴリは，臨床家がいくらアプローチをしようと，養育者の攻撃的・拒否的態度が収まらず，まったく話し合うきっかけが取れない状態のことである．データにもあるように，臨床家にとって非常に困難な状態である．

〈臨床家・組織による対応の誤り〉

このカテゴリは，臨床家による対応の誤りや，ケースの見誤りによって，話し合いの余地がほとんどない状態を示している．データにあるように，現場では虐待対応は複数人体制となっているが，お互いの連携がきちんと取れていなかった場合など，逆に養育者との対立関係が悪化してしまった状態が上げられていた．

すなわち，《失敗の状態》とは，対立関係が維持される，あるいは悪化した状態であり，子どもの安心・安全について話し合えない状況を意味していた．

（4）仮説生成

以上のように，時系列に沿ってエピソードを整理した結果，次のような示唆が得られた．養育者と臨床家が対立関係に至るのは児相が子どもを保護した時からである．対立関係とは，理性的な臨床家の法的根拠に基づく子どもの保護と，それに対して納得できない養育者の感情に基づく衝動性や被害感が"ズレ"として生じている状態だと考えられる．対立関係へのアプローチには，臨

床家と養育者の理性的な対応と感情的な対応の"ズレ"を修正するという一側面があると考えられる．児相は子どもの安全優先から早急な介入が求められるが，一方で養育者がそれを受け入れるためには臨床家の焦らない時間を掛けた関わりが望まれる．このような示唆から対立関係において最初に目指す初期介入の目標仮説は次のように生成された．それは「子どもの職権保護によって生じた児相・臨床家の理性的な法的対応と，養育者の感情的な被害感や衝動性の間に生じた"ズレ"に由来する対立関係を克服・修正し，子どもの引き取りに向けた安全な家庭環境の改善に向けた話し合いができる状態を目指すこと」である．

第2項　ステップ2——エピソードの分類による仮説確定

ステップ2では，インフォーマント22名分の全70例のエピソードを対象に，ステップ1で作成したカテゴリグループ，カテゴリ，およびそのプロパティとディメンションを元にしながらコーディング作業を行い，それぞれ類似したカテゴリ同士で分類し，より抽象度の高い典型例を生成した．その結果，成功例3タイプ，失敗例2タイプの計5つのエピソードが生成された．表25に，分類の際に，最も大きな基準となった各典型例の特徴的なプロパティ（文中では" "で示す）を掲げた．以下では，各典型例について説明を行う．

(1)　養育者が虐待行為を認めた相談関係

この典型例は成功例であり，成功例44例中の4例がこのタイプに当てはまった．"養育者の虐待認知"というプロパティが最も高いことを特徴に生成された．"養育者の後ろめたさ"が高く，養育者自身"不適切な養育を認める度合い"もとても高い．それにより，養育者自身が子どもへの虐待行為を認め，子どもへの謝罪の意思を持っていることが該当の4例に共通していた．それ故に，養育者と臨床家との間では，虐待という事実が共有され，一緒に解決していくための確固たる相談関係が構築されており，"児相・臨床家への信頼感"も高くなっていた．そのため，養育者の"攻撃的・拒否的態度の改善度合い"もかなり良好な状態であり，臨床家と冷静に話し合いができる状態に移っていた．"その後のケース目標"についても今までの育児の在り方，および家庭環境の

表25　ステップ2——典型例の特性把握

特徴＼典型例	養育者が虐待行為を認めた相談関係	子どもの安全に関する相談関係	エンパワメントや関連機関へつなぐ支援的関係	養育者の攻撃的・拒否的態度が継続した状態	関係が悪化した状態
虐待事実を認める度合い	高	低-中	低	低	低
養育者の後ろめたさ	高	中	中	低	—
不適切な養育を認める度合い	高	高	低-中	低	低
法的対応（裁判含む）への諦め度合い	中	高	低	低	低
（養育者or子どもに）なんらかの精神障害が疑われる傾向	中	中	高	中	—
児相・臨床家への信頼感	高	中	低-高	低	低
養育者の子どもへの愛情	強	強	弱-中	弱	—
臨床家の経験年数	ベテラン&若手	ベテラン&若手	ベテラン&若手	ベテラン&若手	若手
攻撃的・拒否的態度の改善度合い	かなり良好	やや良好	変化なし—かなり良好	変化なし	悪化
その後のケース目標	子どもとの具体的な再統合にむけた話し合い	子どもの安全な環境作りの話し合い	関係機関と切れないようにつなぎとめる	定期的に手紙を送る等，時間による養育者の変化待ち	再見立て&つながりを探す

—：該当エピソードなし

改善等，再統合に向けて話し合いを継続することが求められていた．以下に具体例を示す．

> 最終的に，すごくボコボコにしていたお母さんがこの子に謝るということをしました．「お母さんが間違っていると思う」って言われて．で，その子はすっごく喜んで．それから私達とも（お母さんは）ずっとお話できるようになって．(Info.10)

(2) 子どもの安全に関する相談関係

　この典型例も成功例のひとつであり，44例中32例がこのタイプに分類された．"法的対応（裁判含む）への諦め度合い"が高く，最低限"不適切な養育を認める度合い"が高い．"養育者の子どもへの愛情"はとても強いが，"虐待事実を認める度合い"はあまり高くはなかった（低い−中程度）．このことから，養育者は虐待行為を認めるまでには至っておらず，臨床家に対する態度や口調は攻撃的であったり，拒否的態度が継続される場合がある．しかし，子どもを取り戻すためには，養育者としてもある程度折れる必要を感じ，嫌々ながらでも臨床家が提示した指導案に養育者が乗る状態と考えられる．養育者は虐待事実を認めることはほとんどないが，内容的には子どもに対して不適切な養育をしていたことは認めていた．そのため，最低限子どもの引き取りに向けて，未来志向で前向きに安全を保証する環境を準備することについては，きちんと相談しあえる状態である．

　多くの臨床家は，保護言い渡し時に虐待告知をしている．しかし，その後の話し合いで養育者に自らの子育てを虐待と認めさせることにエネルギーを割くことは，この典型例ではしていなかった．むしろ，子どもの安全を如何に保証してもらうかという論点についてのみ一歩も譲らない姿勢で，具体的かつ現実的な子どもの安全に関する相談関係を築こうと考えていた．以下に具体例を示す．

> 家族の機能が多少まずかろうが，子どもがなんか機嫌良く安全で安心な暮らし，100％とはいわないまでも，その状況が用意されればもう僕達はとやかくいわない．（Info. 4）

(3) エンパワメントや関連機関へつなぐ支援的関係

　この典型例も成功例のひとつであり，成功例44例中8例がこのタイプに当てはまった．この典型例は，特に"（養育者もしくは子どもに）なんらかの精神障害が疑われる傾向"が高い．精神障害に起因する育児不安や抑うつ状態等が非常に強く，母子カプセル状態等において，養育者がストレスに耐え切れなくなり，そのはけ口として子どもを虐待してしまう場合がこの典型例に当てはまった．

この典型例における虐待発生のメカニズムとして，子どもに発達障害等が疑われる等，養育者は育てにくい子どもに対してストレスを感じ，その結果"子どもへの愛情"が低くなり，虐待へ至っていた．そのため，臨床家の"ケース目標"として，児相との関係が切れやすいとしても，その他の支援機関とは関係が切れないリソースとしてつなぎとめることが目指されていた．ただし，この典型例の特徴として，養育者による"児相・臨床家への信頼感"と"攻撃的・拒否的態度の改善度合い"にディメンションの広がりが見られた．例えば，臨床家の熱心な対応やエンパワメントをもとにした支援の場合は，養育者の"児相・臨床家への信頼感"が高くなり，その結果養育者の態度は落ち着き，良好な関係性を築けるという場合である．また一方で，たとえ他の支援機関につながったとしても臨床家に対しては，攻撃的・拒否的な態度は継続し，"児相・臨床家への信頼感"が低い場合である．しかしながら，このようなディメンションの違いがあったとしても，養育者が児相以外の関係機関にきちんとつながっている状況ならば，臨床家達はある程度対立関係へのアプローチが成功したと考えていた．以下に具体例を示す．

> 外との関係が薄くても閉じていかない，その家が社会から閉じていかなくって，まぁ児相なり，役所なり，誰かにいったら助けてもらえるっていうような関係性が作れるようになるっていうか．細いつながりを持つっていうのを目標にして．
> (Info. 9)

（4）養育者の攻撃的・拒否的態度が継続した状態

　この典型例は失敗例であり，失敗例26例中14例がこのタイプに当てはまった．ここの特徴は，養育者の"攻撃的・拒否的態度の改善度合い"である．養育者の攻撃的・拒否的態度は依然として高く残っており，臨床家の示した指導案に乗ることが全くない状態である．この典型例では"子どもへの愛情"が低くなっていたり，あるいは元々ほとんどない場合が共通していた（表25内では総じて弱いと記載）．エピソードの中には，児相に保護されたことで，養育者が保護された子どもを見捨てる内容も存在した．これらの背景には，養育者の親としての自覚の低さや，望まれない出産という要因があると臨床家達は考えていた．

また，子どもに発達障害の疑いがある場合には，子どもを保護されたことによって養育者は逆に生活が楽になり，子どもの引き取りを拒否し，臨床家から距離を取るエピソードも存在した．このような場合"その後のケース目標"としては，養育者の攻撃性が収まったり，拒否的態度の改善のために，定期的に臨床家から連絡を取る，あるいは子どもからの手紙を養育者へ送る等，間接的な関わりを長期的に行っていた．その他の特徴として，性的虐待の養育者が一貫して抗議を繰り返すエピソードが全エピソード中，3例見受けられた．特に養育者は性的な身体接触等を「それはスキンシップだ」と抗議を繰り返し，それ自体が性的虐待に当たるということが養育者にとって理解されていない．あるいは，地域のつながりが色濃い地方部では，性的虐待を行った親だと周りから見られることに耐えられず，否認を繰り返し，臨床家への態度変容のなさに繋がっている場合も存在した．以下に具体例を示す．

> それで子どもにとって（親と相談の）必要があるならば，その（相談に）乗って来ない人には，やっぱし会わしたらどんなことになるかわからないし．虐待されて，（児童福祉法）28条で認められたケースでも，（親は）「虐待違う！」と言い張って．で，（親とは）会えないな．(Info. 2)

(5) 児相・臨床家の要因による養育者との関係が悪化した状態

　この典型例は失敗例であり，全26例中12例がこのタイプに当てはまった．ここでは，特に"臨床家の経験年数"を基準に分類された．臨床家が虐待ケースに関わりはじめた若手の頃，ケースの全体像を見誤ったり，養育者の攻撃に巻き込まれたりすること，または連携や情報共有が不十分であったこと等により，"養育者の攻撃的・拒否的態度の変化度合い"が悪化した状態のことである．その他，入所中の子どもと関係性が築けず，子どもが施設を抜け出し自宅に帰ってしまい，養育者に子どもを囲い込まれた結果，臨床家が全く関われなくなってしまうエピソードや，マンパワーの問題として緊急対応ケースが入ると，対立関係にあるケースに十分な対応ができないことで，関係悪化に至ってしまうこと等，多くのバリエーションが見られた．そのため，共通する"その後のケース目標"では，見立てのやり直しや，細々とでも養育者との関係を切らさないように，最低限つながりを探し直すことが目指されていた．具体例を

以下に示す．

> 話し合いでもこっちの主張を養育者が全く聞き入れない．（臨床家が）何か喋ろうとすると，「お前が喋るな！」と一喝ですよ．緊張状態が続き，一瞬横を向いた際に，すかさず「お前は聞く気がない」と突っかかってきた．それに対して〈何でですか！〉と怒鳴って立ち上がってしまい，その後養育者と睨み合い．関係が悪化してしまった．（Info. 15）

(6) 仮説確定

ステップ2ではインフォーマントのデータを増やし，典型的な成功例・失敗例のバリエーションを比較検討した．その結果 (3) エンパワメントや関連機関へつなぐ支援的関係のように，支援的なアプローチを用いる典型例もあり，全ての対応が臨床家の法的対応の理性的枠組みのみで対応しているわけではなかった．また子どもへの愛情についても，養育者の中では (4) 養育者の攻撃的・拒否的態度が継続した状態のように元々子どもを取り返す気がない場合も存在していた．そのため，ステップ1で生成した仮説，「児相・臨床家の理性的な法的対応と，養育者の感情的な被害感や衝動性の間に生じた"ズレ"」部分を，より一般性を高め，「虐待行為の認識の"違い"」に改めた．

さらに，成功例で最も多かった (2) 子どもの安全に関する相談関係のように，臨床家と養育者の認識は，親との対立関係の修復よりも，子どもへのより良い子育てについて冷静に話し合うことを大切な目標としていた．そのためステップ1の仮説で示した「対立関係を克服・修正」の部分を，「養育者と子どもにとってより良い子育てへの視点から捉えなおしを図る」と改めた．

またステップ1では，お互いに主張をぶつけ合うイメージから「対立関係」と記したが，養育者と臨床家の間で葛藤があろうとも，子どもの安全という共通したゴールを目指していたことから，やはり価値中立的で，より建設的な意味を持った「対峙的関係」へと言葉を改めた．

そして，典型例の中には，子どもの引き取りに向けた話し合いへと移行する (1) 養育者が虐待行為を認めた相談関係だけでなく，(2) 子どもの安全に関する相談関係や，(3) エンパワメントや関係機関へつなぐ支援的関係のような成功例には，養育者の中でまだ攻撃的・拒否的態度が継続していようとも，再統

合の前段階として，子どもにとって最低限度の安全・安心の養育環境をどのように準備していくかについて，冷静にお互いに話し合いができる協力関係に推移した例が存在した．このことから「子どもの引き取りに向けた安全な家庭環境の改善に向けた話し合いができる」を，「子どものある程度安全な生育環境を構築するために冷静に話し合いができる協力関係に移行した状態」に改めた．

　以上のような検討を踏まえ，本章の研究では治療動機の低い攻撃的・拒否的な養育者に対する初期介入の目標を，最終的に次のように定義した．「子どもの職権保護によって生じた児相・臨床家と養育者の虐待行為の認識の違いに由来する対峙的関係を，養育者と子どもにとってより良い子育てへの視点から捉えなおしを図り，子どものある程度安全な生育環境を構築するために冷静に話し合いができる協力関係に移行した状態を目指すこと」とする．

　このように，児童相談所の臨床家によるアウトリーチ介入の目標は，保育園・保健センター・市区町村の支援者のように支援的にアウトリーチを行う目標とは異なり，より法的対応を前面に出し，重篤と考えられる場合には迷わず子どもを保護する意志決定が見える．しかしながら，保護によって逆に養育者がヒートアップし，攻撃的・拒否的態度を強化させた状態にこそ，児童相談所は法的根拠を前面に押し出し，子どもの安全に関する話し合いの余地を養育者に突き付けながら探っていくという点で，アウトリーチの質が法的権限を持たないその他の機関とは決定的に異なっていると考えられた．

第3項　対峙的関係に臨む支援者の視点とは

　生成された対峙的関係へのアプローチの目標仮説で，養育者への関わりには，まず虐待行為の認識の違いという視点を共有することが大切であることを示した．そして，その上でどのようにしたら子どもの安全・安心が保証された環境を作れるのか，今後の方針について養育者と臨床家の中で共有しながら相談していく．

　つまり，臨床家が考える成功と失敗の基準から導かれることは，養育者が子どもへの安全の視点を臨床家と共有しさえすれば，自らの子育てが"虐待"だと養育者に認めさせることは必ずしも必要でない，という現場に即した視点である．もちろん，アプローチの結果として養育者が虐待と認める場合は，現場

で数多くあると考えられ，今後実証的に検討していく必要があるが，現場が重視する対峙的関係へのかかわりは，より子どもの安心・安全をどのように養育者との間で構築していくかに焦点を当てたアプローチになっている可能性が非常に高いと考えられる．

またステップ1で得られたように，現場の臨床家達は，対峙的関係へのアプローチの最中にも，保護後の介入段階に応じて，《譲れない法的対応》と《支援的な関わり》両者のバランスを使い分けていた．すなわち，本研究で得られた対峙的関係へのアプローチの仮説は，既存の支援的ソーシャルワーク，介入型ソーシャルワーク，そしてサインズオブセーフティアプローチという3つの理論的な介入アプローチを，臨機応変に使い分け，段階に応じて統合させた，現場に即した理論的モデルの枠組みになるものと考えられる．

第4項　IIからIVのアウトリーチの構造とプロセスに向けて

前項までに得られた対峙的関係の初期目標は，対峙的関係におけるアプローチの構造とプロセスの範囲を提示するものと考えられる．すなわち「子どもの職権保護によって生じた児相・臨床家と養育者の虐待行為の認識の違いに由来する対峙的関係」は，臨床家が見立てる"対峙的関係の構造"にあたり，「養育者と子どもにとってより良い子育てへの視点から捉えなおしを図り，子どものある程度安全な生育環境を構築するために冷静に話し合いができる協力関係に移行する状態とは"対峙的関係へのアプローチの構造"および"対峙的関係へのアプローチ結果"にあたる．IIからIV以降の分析では，この関係構築を図る契機・状態・帰結について，第5章からの段階的分析手続きと同様に，「対峙的関係の構造」をIIアウトリーチを始める段階，「対峙的関係へのアプローチの構造」をIIIアウトリーチを継続する段階，「対峙的関係へのアプローチ結果」をIVアウトリーチの結果段階として，より詳細なアウトリーチ手法の検討を進めていく．

II. アウトリーチを始める段階

第1項　ステップ1——初期カテゴリの生成と関連づけ

ステップ1で得られた初期のカテゴリは表26の通りである．以下ではカテゴリの説明を行う．

《臨床家の対応》

対峙的関係の状況において一貫して存在する援助職側のカテゴリグループである．このカテゴリグループには〈チームアプローチ〉〈臨床家の緊張感〉〈関係機関の温存〉という3つのカテゴリが存在する．

〈チームアプローチ〉

虐待対応において，養育者達から何かしらの危険な反応に対する安全性の確保のために，常に児相の臨床家達は複数行動を基本としていることを示している．このカテゴリは，「証拠能力」，「役割分担」という2つのサブカテゴリがある．

「証拠能力」とは訪問面接において，複数体制で養育者の話を聞くことにより，養育者の発言をより正確に記録することを意味している．

「役割分担」とは，データにあるように，支援的なかかわりをする役割と虐待の事実確認のために，より冷静かつ批判的なかかわりをする役割を分けることである．支援的なかかわりをする臨床家と養育者の間に少しでも信頼関係を築けるよう意図されたものとなっている．

〈臨床家の緊張感〉

養育者宅へ出向く際に養育者の予期せぬ反応や危険性に対して，臨床家の不安や緊張を示したものである．表26のデータ以外にも，臨床家の緊張感を示すデータとして次のような具体例を提示する．

表26 ステップ1

カテゴリグループ	カテゴリ	サブカテゴリ	代表的なデータ
臨床家の対応	チームアプローチ	証拠能力	証拠能力なんだよね．2人でいるから確認できていることもある．2人で聴いていますよってね．(Info. 4)
		役割分担	2人が親と虐待について話すよりも，どっちか黙って聞いておく．冷静な目で見ておくっていう役割かな．で，もう片っぽが，今までの記録を取りながら，〈だからこそ手伝いたいと思ってるんだ〉というふうに，片方が社会的・批判的に関わって，もう片方が受容共感的に関わる．(Info. 2)
	臨床家の緊張感		ただピンポン（チャイムを押す）の時なんか，向こうを受容共感的に受け入れる余裕なんてないじゃんか．すごい緊張状態でしょ．(Info. 2)
	関係機関の温存		学校は学校で，まぁ児相は親から預かるっていう立場あるんで，学校が子どもを児相に渡したっていうことになってくると，学校側がまぁ親から「何で渡したんだ！」って糾弾されると，〈子どもの保護は児相の職権なんで，これはしょうがない〉って親に説明はできる．そうじゃないと，学校もなんだかんだ支援する側なのに，養育者と敵対関係になってしまうとややこしくなる．学校は温存しとくというか，児相が悪者になるっていうのかなぁ．関係機関は温存しておくっていう鉄則がありますけどね．児相が悪者になるんだ，職権でやるんだという連携ですね．(Info. 6)
公的機関の介入	事実確認のための訪問	このご時世だから	〈こういうご時世なので〉とか，あるいは〈法律でこういうことになっているんだ〉と，あるいはその〈疑いということで来ているので，間違いかもしれない〉と，まぁそういう社会の情勢なので，そうさせて頂くことになってるんだということで訪問しますね．(Info. 3)
		支援的関わり	やっぱり相手の土俵に入っていく以上は，実際は，〈どうしたんですか？〉ということを言って〈一緒に考えていきましょう〉とね．(Info. 2)
	抑止力としてのかかわり		例えば，痣がいっぱいあるからってすぐ保護するわけじゃなくって，何回か例えば1週間，1週間でずっと続いていきましたってないと，〈これはダメですよね？〉っていう話になるし．で，〈またこんなことがあったら私たちが介入して，すぐ保護しますよ〉って児相では親に最初から話をします．(Info. 8)
児相の私的空間への侵入	虐待を疑われた傷つき		通告がかかってきて，で，がーっと行って家に入れてくれたけど，やっぱし相手に対して，その相談所の職員が行くってことは，今はもうね，虐待行為＝児童相談所みたいになってるんで，非常に傷つけることはあるんだなぁって．(Info. 2)

		相談ニーズのなさ	〈子どもさん見せてください〉「いや，うちは関係ありません．何を言ってるんですか？」ってね，よくあるよ．(Info. 4)
子どもを預かる法的手続き	職権介入の子どもの保護	機械的な職権保護	まぁ何人かで入って行って，別々ですよね．まぁ子ども連れてくるチームと親対応のチームと，まぁそういうときには，警察の協力も得るわけだから，かなりの大人数ですよね．でもそれはまぁさっさと，機械的に，うん，まぁ機械的にですね．(Info. 4)
		子どもへの保護説明	〈あなたが悪かったり，親の言うこと聞かなかったから，罰でこれから一時保護所に行くわけじゃないんだよ〉っていうことは繰り返し言わないといけない．(Info. 5)
	養育者への保護言い渡し	虐待の告知	〈やっぱりこれは，お母さんこれ以上やってたら，やっぱり虐待と思われてしまいますよ〉とか，〈虐待と言わざるをえないんですよ〉とかね．(Info. 1)
		法的説明	もう淡々とですね．〈児童虐待防止法何条に基づいて，調査をし，虐待であると判断したので，児童福祉法第何条の一時保護を職務権限で行う〉ということを，口頭で淡々と伝えると，あるいは文書で示すということをしています．むしろ必要に応じてね，そのときに不服申し立てが出来る権限があると．行政措置なんで，それをしっかり教示するということを心がけています．(Info. 2)
		警察への援助要請	相手にそういう暴れようとか，危害を加えるっていう気持にさせないためにも〈警察まで来てるのよ〉っていうのは，相手への最初から制限をさせることになるよね．(Info. 1)
子どもを奪われた反応	子どもを奪われた被害感		だってそりゃ強烈でしょ．まぁ他所様から見たらひどい暮らしかもしれないけど，それなりにやってたわけだから．それで，いきなり土足でやってきてね．〈お前のとこの子育てダメだ！ お前は親失格〉って子どもを連れて行くわけですよ．そりゃアイデンティティもぐちゃぐちゃになる．(Info. 5)
	衝動的反応	虐待を認めない主張	性的虐待っていうのは，私性的虐待やりましたっていうのを認めた例はあんまり知らないなぁ．うん．必ず絶対無実を主張します．無実を主張するために親が家出をする．親自体が自殺未遂をほのめかしたり．(Info. 6)
		脅しと抗議	本庁に「知事呼べ」って言ってきたり，児相にも何度も何度も電話掛けてきてね．「児相の職員，みんな日本刀で首切って川に浮かべてやる！今から行くから首洗って待ってろ」ってね．(Info. 6)
		行動化された暴力	保護した家に行ったら，お祖父さんがわーっと出てきてすごい興奮してて，〈私，こういう者です〉って名刺持って行ったんだけど，引き千切られてパーンと投げられて，ものすごい剣幕でね．それで，そのお祖父さんがボンボンって2,3発殴ってきたけどな．で，お父さんからも跳び蹴

		りも食らって……．(Info. 6)
	意図しない怒り	「あいつが何も言わずに子どもを連れて行った」とかね，「あいつは名前も名乗らなかった」「あいつは胡坐をかいた」っていうようなことが，相手には響いてしまうっていうかな．あぁ，そこを言うかぁっていうところもありますよね．(Info. 1)
拒否的態度	臨床家の拒絶	本当に親と連絡が取れなくなったり，うちの電話を着信拒否にしてみたりみたいな感じとか．(Info. 8)
	話の通じなさ	話しても話しても，進まないケースのほうが全然しんどいですね……．何回も同じことをリピートリピートばかりしてきてっていうほうがガンガンだよね．話しても先に，先にって進まないと，同じ話しに戻ってしまうっていうことが一番しんどいですね．何回も何回も話しして，先に進まないケースだと関係って築けないと思いますけどねぇ．向こうとしては，「何度同じ話ししてるんだ！．しつこい！」ってなるだろうし．(Info. 8)

> やっぱりすごい緊張するし初対面だしねぇ．ストレスはかかるなぁ．上手いこと話ができたら良かったと思うし，案外いけないのかもしれないけど，留守で居なかったってなったらホッとするかな．よかった居なくてってどこかで思ってるっていうか．あぁ，いないんだ．仕方ないって．(Info. 8)

〈関係機関の温存〉

児相以外の関係機関と養育者との関係を切らせないために，あえて児相だけが養育者にとって悪者になるということである．

《公的機関の介入》

このカテゴリグループは行政機関として子どもの安全性を確認するための介入段階を示す．ここでは〈事実確認のための訪問〉〈抑止力としての関わり〉という2つのカテゴリが存在した．

〈事実確認のための訪問〉

このカテゴリには「このご時世だから」「支援的関わり」という2つのサブカテゴリがある．

「このご時世だから」とは，通報による安否確認において"このご時世だから"という建前的な接頭語を用いることによって養育者に臨床家の第一印象を

悪くしないような言葉遣い，配慮のことを指す．

「支援的関わり」とは，子どもの虐待事実確認において養育者に対して児相の様々なサービスを紹介することで，養育者に児相とつながるメリットを示し，相談のニーズを掘り起こそうという関わりである．

〈抑止力としての関わり〉

安否確認といえども，児相の臨床家がわざわざ養育者宅に出向くことが，子ども虐待の疑いというまなざしを向けていることを暗に示すような関わりのことである．

《児相の私的空間への侵入》

このカテゴリグループは，養育者から見れば突然臨床家が自分たちの私的な空間に押し入ってきたという養育者の被害的な認識を意味している．ここでは〈虐待を疑われた傷つき〉〈相談ニーズのなさ〉という2つのカテゴリが存在する．

〈虐待を疑われた傷つき〉

このカテゴリは児相の職員が自宅に来たということ自体に対して，自分の子育てが間違っており虐待行為として疑われたという傷つきを感じていることである．特に日頃，子育てに苦労している養育者にとってみれば，非常にショックな出来事として認識されていることがわかる．

〈相談ニーズのなさ〉

このカテゴリは，養育者自身が自分なりに最善を尽くして子育てを行っており，特に児相に対して援助を求めているわけではないことを示す．何故自分の所に児相が関わってくるのかという怒り・悲しみが含まれていることが多い．

《子どもを預かる法的手続き》

子どもの虐待が深刻で，危険度が高いと判断された場合，児童福祉法に基づき子どもを職権で保護し，その保護根拠を養育者に言い渡すという一連の内容を含んでいる．ここでは〈職権介入の子どもの保護〉〈養育者への保護言い渡し〉という2つのカテゴリが存在した．

〈職権介入の子どもの保護〉

このカテゴリは，子どもの虐待が疑われ，かつ危険度が高い場合に児相所長

の権限に基づき，強制的に養育者と子どもを分離することである．このカテゴリには，「機械的な職権保護」と「子どもの保護説明」という2つのサブカテゴリがある．

「機械的な職権保護」とは，法的根拠に基づいた職権介入であるため，なるべく事を荒立てることなく，主に養育者と離れた保育所や学校などの自宅外で保護するが，養育者の目の前であっても養育者に妨害される前に機械的に子どもを保護することである．

また「子どもへの状況説明」とは保護された子ども自身が，自らが悪い子だったから養育者と離されたのではないかという不安を抱かぬよう，保護時点でその不安を解消するような状況説明を明確に行うことである．

〈養育者への保護言い渡し〉

法的根拠に基づいた子どもの職権保護について，その法的対応としての根拠を養育者に言い渡すことである．このカテゴリには，「虐待の告知」「法的説明」「警察への援助要請」という3つのサブカテゴリがある．

「虐待の告知」とは，養育者なりに子育てを頑張っているとしても，子どもの安全が確保されなければ，養育者に明確に虐待であることを伝えるということである．

「法的説明」とは，保護に関する法的根拠の言い渡しと養育者には保護理由の不服申し立てる権利があることを淡々と伝えることである．職権保護が児相の独善的判断ではないことを伝えるとともに，法的対応として養育者にも不服申し立てを行う権利が法的にあることを示している．

そして「警察への援助要請」とは，保護時あるいは保護後に保護理由の言い渡しにおいて，養育者が臨床家に対して暴力や脅しなど，危険な反応が見られる場合には，それを抑制するために警察への協力要請を意味している．これは臨床家の安全を守るだけでなく，養育者にとっても衝動的な暴力による無駄な逮捕を避けるという養育者を守る意味も含まれている．

《子どもを奪われた反応》

子どもを臨床家に保護され，それに伴う養育者の感情の揺れ動きとその行動を含んだ内容である．ここでは〈子どもを奪われた被害感〉〈衝動的反応〉〈拒否的態度〉という3つのカテゴリが存在した．

〈子どもを奪われた被害感〉

　子どもを強権的に保護されたことによって，虐待親という烙印を臨床家に押されたと感じ，自分の養育を全否定され，さらに子どもを児相に奪われたという養育者の被害感を表している．これ以外にも安否確認から臨床家と関係があった養育者が，その後自分なりに頑張っていたにもかかわらず子どもを保護された場合に臨床家から裏切られたかのように養育者自身が感じる広範な被害感をバリエーションに含んでいた．以下に具体例を示す．

> もし安否確認から関係があるお母さんとかの場合によったりすると，「あんた，信頼してたのに．信じてたのに」っていうことになるんで．（Info. 3）

〈衝動的反応〉

　このカテゴリは，子どもを臨床家に奪われたことに対する養育者の怒りや衝動的な行動を示す内容を示している．このカテゴリには「虐待を認めない主張」「脅しと抗議」「行動化された暴力」「意図しない怒り」という4つのサブカテゴリがあった．

　「虐待を認めない主張」とは虐待行為の否認のことである．虐待を否認するだけでなく，子どもを奪われた怒りも含まれている．子どもを奪われたという被害的な養育者側のストーリーからすればごく自然の反応であるが，それ故に養育者は感情的にヒートアップしてしまい，冷静に話し合いができない状態である．以下に具体例を示す．

> お母さんのほうが，もういいよって言ってるんだけど，お父さんはお母さんに「そんな，諦めたらいけない！　返してもらうんだ！　俺らが何でこんな思いをしなきゃいけないんだ！」って．（Info. 1）

　「脅しと抗議」とは，子どもを取り返すために臨床家への脅し，あるいは法的対応への抗議として行動化されたものである．場合によっては，脅し以外にも個人的な非難が臨床家に向けられていた．特に若い女性臨床家が非難の的となることが多かった．以下に具体例を示す．

> 私，女だから色々なんだけど，私くらいの年齢で女の人でってなっちゃうと馬鹿にされるから．なんていうんだろ，こういう対人関係の仕事って，若いからって

得すること何ひとつないんです．（Info. 8）

「行動化された暴力」とは，収まらない養育者の怒りが臨床家への暴力として行動化されたものである．特に男性の臨床家に対して行われることが多かった．

また「意図しない怒り」とは，臨床家に対して，兎にも角にも怒りが収まらず，臨床家としても全く予期しないポイントにまで怒りを向けられることである．

〈拒否的態度〉

子どもを奪われたことによって，それ以後臨床家のかかわりのほとんどを，あるいは一切拒絶する態度である．このカテゴリには「臨床家の拒絶」「話しの通じなさ」という2つのサブカテゴリがある．

「臨床家の拒絶」とは，養育者が保護された被害感によって，保護以後，臨床家のかかわりに対して連絡を受け付けない状況となり，全く取っ掛かりが作れないことである．児相からの関わりが一切取れないだけでなく，親が子どもを嫌いというエピソードの場合，そもそも関わる取っかかりすら臨床家が得られないエピソードもバリエーションとして見出された．以下に具体例を示す．

> 心理的な拒否がベースにあって，子どもに対してね．熱意があって子どもを殴る人はスムーズに行くことが多いのだけど，親が子どもを嫌いとかね．最初から情緒的関係性がない中で発生している虐待とか，そういうもののほうが難しいので．（Info. 9）

また「話しの通じなさ」とは，児相との関わりにはある程度応じるが，養育者は児相の話を一切聞き入れず，話しが堂々巡りとなって一向に進まない状況を示している．

第2項　ステップ2——カテゴリの追加修正と関連づけ

ステップ2では，ステップ1のカテゴリをもとに，さらにInfo.のサンプルを拡大し，追加修正すべきカテゴリについて検討を行った．追加修正に至ったカテゴリを表27に示す．

表27　ステップ2

カテゴリ グループ	カテゴリ	サブカテゴリ	データ
公的機関の介入	事実確認のための訪問	このご時世だから支援的関わり	
		通報の信頼性確認	近所の方がちょっと変わってて，その家に恨みがあって虐待していることにしてしまって．まあそういうなんていうかな，噂を立ててしまう．そういうのが結構あるんですよね．（Info. 10）
	抑止力としてのかかわり		
子どもを奪われた反応	被害的要因	子どもを奪われた被害感	
		対人関係の不信感	すごい不信感を持っているとか，親との関係が良くなかったりとか．自分の親との関係がね．やっぱりすごい孤独な人が多いですね．びっくりするくらい孤独だなって思う．自分の親と連絡が取れないとか，地域性があるんでしょうね．地の人がやっぱり多いのでしょうけど．都市部になってくると，すごい地方から出てきた人とかで，1人でも（子育てを）やってるっていうことがわりと多いんですよね．（Info. 13）
		今後の生活の不安	ある意味，生活保護なんかにかかってたら，それを切られると困るっていうこともありますしね．（Info. 10）
	衝動的反応		
	拒否的態度		

(1) カテゴリの修正

〈子どもを奪われた被害感〉から〈被害的要因〉へカテゴリ修正

〈子どもを奪われた被害感〉は，多様な要因が「サブカテゴリ」として見出されたことから，カテゴリ名を〈子どもを奪われた被害感〉から〈被害的要因〉へと修正した．

(2) サブカテゴリの追加

《公的機関の介入》〈事実確認のための訪問〉内に「通報の信頼性確認」サブカテゴリ追加

「通報の信頼性確認」とは近隣からの通報が正確かどうかの確認を意味する．子ども虐待の近隣通報が誤報，あるいは近隣の恨みが通報という形で表出する可能性が示された．地域性が強くあるがゆえに，逆に通報の信頼性が下がることも十分ありえることを示している．

〈子どもを奪われた被害感〉内に「対人関係の不信感」サブカテゴリ追加

ステップ１で得られた〈子どもを奪われた被害感〉において，新たに「対人関係の不信感」と「今後の生活の不安」のサブカテゴリが追加された．

「対人関係の不信感」は，他者との関係に由来するものと児相や行政などの組織に由来する２つのバリエーションを持っている．他者との関係に由来するものは，元々養育者が抱えている他者への不信感であり，他者とのコミュニケーションの取りづらさを示している．近隣や自らの親族との関係も悪く，孤立する傾向にあることから，臨床家にも同様の不信感を抱き，自らかかわりを持たず，結果として〈拒否的態度〉につながるエピソードが見受けられた．一方で，児相や行政などの組織に対する不信感とは，拒否的態度が児相だけでなく，行政機関全般への不信感として保持されているものである．役所仕事に対する不信感の表れから，養育者は児相という名を聞いただけで行政機関というネガティブな先入観を持ち，関わりを拒絶する傾向が強いエピソードが見受けられた．以下に具体例を示す．

> 結局，行政の不信とか，不満があるとか．最終的なところでそこを乗り越えられない人たちとはなかなか取っ掛かりがあっても，関係構築はクリアできないですね．(Info. 10)

〈子どもを奪われた被害感〉内に「今後の生活の不安」サブカテゴリ追加

「今後の生活の不安」とは，子どもを臨床家に保護されたことによって養育者の中に生じる様々な今後の生活に対する不安を包括して示している．表28に示したように生活保護等の生活資金の当てとして子どもを見ていた場合には，

子どもを保護され，施設入所になった場合，生活保護費や児童手当がもらえなくなるばかりか施設措置費などの出費も必要となる．そのため，生活に窮している家庭では，子どもが保護されることは経済的には死活問題となっていた．また養育者が「今後の生活の不安」において逮捕されるのではないかという不安もエピソードで見出された．すなわち，前科のある養育者が再度虐待したことによって，逮捕・収監されることへの不安のことである．以下に具体例を示す．

> （前科のある養育者は）面接の中ではね，養育者が私は逮捕されるのか，なんてことは聞いてきませんよ，絶対に．だけど多くの親は実際に殴っていて，子どもに実際に傷害があるのは明白．だから逮捕されるんじゃないかっていう不安を抱いている．（Info. 15）

(2) バリエーションの拡大
〈子どもを奪われた反応〉のバリエーション拡大

ステップ1で得られた〈子どもを奪われた反応〉の新たなバリエーションの内容として，子どもに捨てられた感が見出された．これは養育者自身にも虐待された生育歴があり，その結果，見捨てられ不安が高く，子どもへの依存傾向も高い．それゆえに一時保護による分離体験を子どもに捨てられた体験として捉えてしまうことを意味していた．以下に具体例を示す．

> ただやっぱりその子どもさんが親を捨てて施設に走ったっていうことに深く傷ついたっていう親御さんは，やっぱりなかなか関われないかなぁ……．（Info. 10）

〈拒否的態度〉「話の通じなさ」のバリエーション拡大

ここでは，「話の通じなさ」の背景として，養育者自身が知的障害や精神障害を持っている場合や養育者が独自の職業体系・文化体系にどっぷりと浸かっていることから，簡単には現状理解に至らないエピソードが見受けられた．これらは「話の通じなさ」が持つバリエーションとして位置づけられた．以下に具体例を示す．

> 常にベースに精神不安，あるいは精神病的な要素があって，やっぱり通常の関係構築が基本的にできない人ですね．そう言う人は，なかなかやっぱり私たちが考えているような，そういうものを並べての話し合いはできないと思います．(Info. 17)

> ヤクザに足を洗えって言っても無理だからねぇ．多少は口は荒い，手が荒いけども，まぁ許容範囲なのかどうかだね．それが最終的に許容範囲かそうでないかということで．〈程度が過ぎたら，保護の対象になりますよ〉とかですね．実際，度が過ぎたらもう強制保護するとかですね．それをなかなか改善してっていうことは難しいですから．彼らの文化行動様式ですからね．(Info. 17)

(3) カテゴリ・カテゴリグループの関連づけ

カテゴリの関連づけ

《子どもを奪われた反応》

　表 27 についてカテゴリの説明を見てきたように，養育者達は〈被害的要因〉を感じることにより，臨床家に対して〈衝動的反応〉を示すか，あるいは一切の連絡を途絶えさえする〈拒否的態度〉に至っていた．さらにデータを検討する中で〈被害的要因〉から〈衝動的反応〉を経て〈拒否的態度〉に至っているエピソードも存在した．以下に具体例を示す．

> 性的虐待によって保護．父親が来所し「僕じゃない，僕はこんだけ子どものことをかわいがっているんだ」と一方的に虐待を認めず自分の主張を始めて，まったくこちらの話を聞き入れなかった．まったく話ができないので，こちらとしては〈うちとしては，一時保護したからすぐには返せない〉と伝えると，父親はちょっと投げやり気味になり，「じゃあ，そっちで預かったんだったら，そっちがその子を立派になるまで面倒見て下さい」と主張．その後も父親は電話でも，子どもを取り戻したいという主張を取り下げた．(Info. 13)

　ここからは子どもの保護による〈被害的要因〉，そしてそこから派生した〈衝動的反応〉としての「虐待を認めない主張」に至る．そして，子どもをすぐさま取り返せないと知ると，児相に子どもの面倒を見させるような主張と共

に，子どもを取り返すことを止め，〈拒否的態度〉の「臨床家の拒絶」に至っていることがわかる．

カテゴリグループの関連づけ

《児相の私的空間への侵入》は《公的機関の介入》に対する養育者の反応として位置づけられる．また《公的機関の介入》と《子どもを預かる法的手続き》においても時間軸において，《公的機関の介入》から《子どもを預かる法的手続き》へと保護判断がなされたと考えられる．

《子どもを預かる法的手続き》によって，養育者の〈子どもを奪われた被害感〉が湧き起こっていることから，《子どもを預かる法的手続き》と《子どもを奪われた反応》の関係も示された．《臨床家の対応》は臨床家が事実確認のアウトリーチ介入時から，子どもの保護まで一貫した態度であるため，《公的機関の介入》と《子どもを預かる法的手続き》の両方に関わるカテゴリグループであるといえる．

《児相の私的空間への侵入》と《子どもを奪われた反応》については，《子どもを奪われた反応》の〈子どもを奪われた被害感〉に含まれる裏切られ感で示した具体例の内容は，《児相の私的空間への侵入》からの更なる傷つきを示しており，《児相の私的空間への侵入》と《子どもを奪われた反応》への連続性を示していると考えられる．

第3項　ステップ3——カテゴリの精緻化とモデルの確定

ステップ3では，ステップ2までに得られたカテゴリおよびモデルについて更なる精緻化を行い，最終的なカテゴリおよびモデルの確定を目指す．追加修正したカテゴリを表28に示す．

(1)　サブカテゴリの追加

〈拒否的態度〉内に「子捨て」サブカテゴリ追加

ステップ1では《子どもを奪われた反応》の「臨床家の拒絶」におけるバリエーションとして位置づけていたが，新たに生成した「子捨て」とは，臨床家に子どもの今後一切の面倒を任せ，自分は二度と臨床家に関与しないというも

表28 ステップ3

カテゴリ・グループ	カテゴリ	サブカテゴリ	データ
子どもを奪われた反応	被害的要因		
	衝動的反応		
	拒否的態度	臨床家の拒絶	
		話しの通じなさ	
		子捨て	親御さんが今までの自分の子育てのやり方を否定して,「児相が連れて行くんだったら,あとは面倒見て下さい」ってよく言うんですけど,「(施設に)やってくれ」って.本当にその後,何を言っても,来てくれない親もいるんですよ.だから,"子捨て"みたいな状況があるわけなんですね.子どもを切れる親は,もう怖いものはないから,何度行っても,うんともすんとも……. (Info.19)

のである.ステップ3で得られた"子捨て"と言葉が現実の養育者による子どもへの対応としてリアリティが強いため,新たにサブカテゴリとして独立させ追加した.このサブカテゴリには実際に望まれない妊娠や出産により,養育者が子どもへの愛情を持っていない場合も含まれている.ステップ1でバリエーションとして示したように,元々情緒的なかかわりが子どもに対してなかった養育者が,保護によって育児から解放されたことで引き取りを拒むような場合を意味している

ステップ3では〈拒否的態度〉におけるサブカテゴリ「子捨て」のみ追加されたが,モデルの根幹となるカテゴリグループおよびカテゴリに大きな変更はなかった.そのため臨床家が考える養育者との対峙的関係の構造を示したモデルにも追加修正の箇所はなく,図15を最終的なモデルとして確定した.

III. アウトリーチを継続する段階

第1項 ステップ1——カテゴリの生成

ステップ1では初期のカテゴリとして,表29が得られた.以下ではカテゴ

```
臨床家側の対応                          養育者の対応

        ┌─────────┐          ┌──────────────┐
        │ 公的機関の介入 │ ──→ ※ ←── │ 児童相談所の私的空間への侵入 │
        └─────────┘          └──────────────┘
              │                         ↓
        ┌─────────┐          ┌──────────────┐
        │ 職権介入の子どもの保護 │          │    被害的要因    │
        └─────────┘          └──────────────┘
              ↓                    ↓       ↓
        ┌─────────┐    ※   ┌──────┐ ┌──────┐
        │ 養育者への保護の言い渡し │       │ 衝動的反応 │ │ 拒否的態度 │→
        └─────────┘          └──────┘ └──────┘

           子どもを預かる法的手続き              子どもを奪われた反応
```

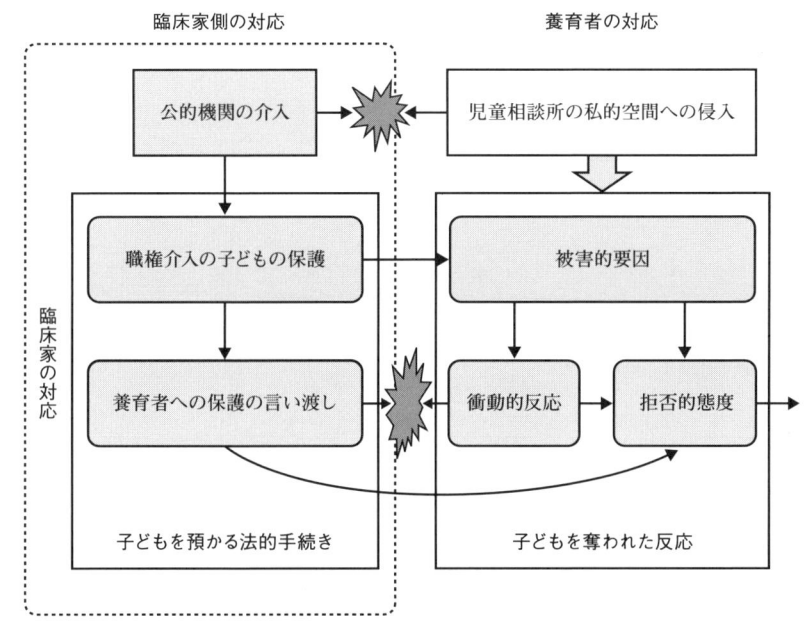

図 15　アウトリーチを始める段階

リの説明を行う．

《譲れない法的対応》

　養育者に対峙した際に，臨床家は児童相談所の職員として，法的な枠組みに沿って話をする．臨床家は虐待の事実確認を行い，深刻な虐待と認められた場合，児童相談所所長による組織決定として子どもの保護を行う．《譲れない法的対応》とは，養育者がどんなに反対しようと法的根拠に則った処遇として，ダメなものはダメと譲らない断固たる姿勢である．それでも引かない養育者には，法的枠組みにそって，裁判所に不服申し立てができることを伝えるに留まる．

《怒りへの対応》

　法的対応に納得が行かない場合，養育者はそれに対して怒りを顕わにすることが多い．ただし，臨床家は養育者が何に対して怒っているのかによって，対応するアプローチが大きく分けて〈過剰な怒りから離れる〉〈納得できなさへ

第 8 章　児童相談所の臨床家によるアウトリーチ　　223

表29　ステップ1

カテゴリ グループ	カテゴリ	データ
譲れない法的対応		こういう法的な枠組みになってるって伝えると，(養育者から)「お前ら融通利かないな」，「情のない奴らだ」とか「固い奴らや」とか，ボロかすにいわれるんだけれども，頑としてこちらは動かないですね．"ダメなもんはダメです．それはもう決められたことです"と．(Info. 2)
怒りへの対応	過剰な怒りから離れる	怒ってね，1時間も2時間も連続してね，ずーっと怒り続けてる人っていうのはそれはそれでまた問題でね．そんなに通常は怒りって持続しないんですよ．1時間も怒鳴り続けることは難しいですから．だから，そこは少し時間や距離を置くっていうのもありますよね．(Info. 5)
	納得できなさへの共感	措置に対して従えない気持ちっていうのは絶対あると思うんですよ．言ってみたら権力に虐げられたっていう思いが絶対あるじゃないですか．だからそこは目をつぶらないっていうか，従えばいいのよっていうんじゃなくって"あのー，本当は受け入れたくないよね？"っていうのを大事にしないとってすごい思います．(Info. 9)
ニーズの引出し	養育者への絶えざる関心	養育者との相談関係になる努力っていうのかな．それはやっぱり周りの人達にとっての努力がいるかもしれないし，我々もそう努力してやらないといけないかもしれないけど，そこまでなかなか全てのケースで介入はできないのだけど，誰かがそのケースへの思いがあったときに，うん，そういうつながりを作っていくことの思いをぶつけていってあげる．そういうことをすることができれば，多少なりとも変化が起きるかなと思っています．(Info. 4)
	ニーズへの焦点化	虐待ケースはニーズがあるんです．というのは，こっちが思ってるニーズじゃなくて，もっと楽になりたいとか，この子どもを抱えて大変なんだとか．もっとこっちと違うことですよね．もっと経済的に楽になりたいとかね．それは全然こっちは意図しないこと，あるいは「隣からうるさくいわれるのが嫌だ」とか．(Info. 7)
	和やかな関わり	やっぱり笑いとかね，和やかなものって大事だから，こう周りの置いてるものとか，部屋を綺麗にしてたら，"すごいですねぇ，綺麗にしてますねぇ"とか"子どもさん多いのに，どうやってるんですか？"とか．なんか好きな野球チームのグッズがあったら，"〇〇のチーム好きなんですか？"とかそういうのを大事にしますね．(Info. 7)
養育者への情緒的関わり	子育てのしんどさの受容	お父さんのしんどさが見えてきたときに，「病気も抱えて子どもにはこんな思いを持って接してきたんだけど，子どもの思いを少しわかろうとしても，思い通りにならないし……」とぽろっともらす．そういうときに"そうか，それは辛かったな"とこう返してやったらね，自分のつらさを分かってくれたって思えるでしょ．(Info. 4)

の共感〉という2つのカテゴリがあった

〈過剰な怒りから離れる〉

養育者が児相から虐待親というレッテルを張られたことや子どもを保護されると生活保護や児童手当が減ることに対して過剰な怒りを露わにする事がある．時には虐待事実を認めない衝動的な怒りや臨床家への暴力や脅迫も行われる．そのような過剰な怒りを静めるために，このカテゴリは，臨床家は意図的に徹底して時間と距離を置くことを意味している．

〈納得できなさへの共感〉

このカテゴリは，養育者が子どもに愛情を持っているならば，自らの子どもを取られたことに怒りを露わにするのは，むしろ当然の反応といえる．このような怒りに対しては，真剣に臨床家も聞く必要があると感じていた．

《ニーズの引き出し》

養育者が，臨床家に対して，拒否的な態度を継続させる場合，臨床家はまず養育者とつながれる接点を見出すアプローチを重要視する．すなわち，相談に対する動機付けやどんな小さなことでも相談ニーズを養育者の中から引き出すアプローチである．ここでは，相談ニーズを作り出すのではなく，あくまで養育者の中から引き出していくという関わりが求められていた．ここでは〈養育者への絶えざる関心〉〈ニーズへの焦点化〉〈和やかな関わり〉という3つのカテゴリがあった．

〈養育者への絶えざる関心〉

このカテゴリは，現場の臨床家が，拒否的な養育者に対してどれだけ自身が養育者に関心を持ち続けられるかが非常に大切であると考えていたことである．

〈ニーズへの焦点化〉

このカテゴリは，臨床家が思っている虐待問題の解決に向けたニーズではなく，養育者自身が持っているニーズに対して焦点を当てることである．データにもあるように，養育者のニーズは，もともと臨床家が意図するものとは大分違っていることが多い印象を持っていた．

〈和やかな関わり〉

このカテゴリは，物事の核心に移る前段階において，関係作りに臨床家が最も工夫していたアプローチのことである．対峙的状況では，養育者から臨床家

に対して敵意や怒り，あるいは拒絶が向けられている状況である．だからこそ，虐待や子どもの保護についてすぐさま話題の焦点を当てるのではなく，なるべく和やかな雰囲気を創るために臨床家は意を砕いていた．例え子どもを保護した後に養育者宅に訪問する際でも，いきなり玄関に上がらないことや，挨拶を必ずするなど，最低限の礼儀は遵守しなければならないという思いがほとんどの臨床家の中で強かった．特に拒否的反応を呈する養育者は，元々臨床家に対してネガティブなイメージを抱いていることから，関わりの持てる接点を探すためにも，少しずつでも和やかな雰囲気を構築することが，関わりの第一歩として大きな意味を持っていた．

《養育者への情緒的関わり》
養育者との対峙的関係が継続中でも，怒りや拒否的態度のピークが過ぎた際に，臨床家はそれを見過ごさず，すかさず養育者の懐に入り込むようなアプローチが示されていた．臨床家は養育者の情緒的な言葉が示されるポイントを見逃さず，子ども虐待に至った養育者の苦しみに焦点を当てた関わりへと質的に変容する段階である．言い換えれば，法的枠組みをもとに，組織の人間としてあくまで処遇として関わっていたこれまでの段階から，臨床家個人として，養育者の苦しみを理解しようという変化とも言える．ここでは〈子育てしんどさの受容〉というカテゴリが大きな意味を持っていた．

〈子育てのしんどさの受容〉
養育者が保護後の面接において，虐待に至った子育てのしんどさを語った際に，臨床家が受容的態度で接することを示す．支援的な相談関係への糸口として，関係性が変容する変局点として位置づけられる．

第2項　ステップ2——カテゴリの追加修正と関連づけ

ステップ2では，新たなデータを追加し，カテゴリグループおよびカテゴリの追加および修正を行う．得られた分析結果からカテゴリグループおよびカテゴリの関連づけを行い，初期モデルを生成する．

表30　ステップ2

カテゴリ グループ	カテゴリ	データ
ニーズの引き出し	養育者への絶えざる関心	
	ニーズへの焦点化	
	和やかな関わり	
	エンパワメント	親に対して，否定的なメッセージはできるだけ減らすっていうことは大事だと思いますね．肯定的な部分を見つけて，改善につなげるっていうところがね．（略）"親として頑張った，しつけとしてなんとか改善しようとした意図はよくわかるよ"というメッセージを伝えて返してあげる．（略）まずはできるだけ良いところ，出来ているところを見つけてフィードバックしてあげて，多少向こうの心が開かれるように，こちらが関わっていくことが大事かなと．（Info. 11）
養育者への情緒的関わり	子育てのしんどさの受容	
	限界を感じた時のもう一歩	まぁちょっと精神論みたいな感じになってしまいますけど，もう一歩っていうところが，きっとどのケースにもあって，例えばどんなケースでも，「もういいです」ってお母さんが「いいです」って言ったときに，そこでもう一歩こう，お母さんのその不信感を少し変えるとか，こっちが"これでもういっか"みたいな，なんかもうちょっと，このケースはこんなもんでいいかっていう気持ちになりそうなとき，いつもなんが精神論みたいになりますけど，仕事中ではもう一歩っていうところをすごい大事にしたいなと思ってるんですね．もう一つ近づけることを探したいって．（Info. 13）

(1) カテゴリの追加

ステップ2で新たに得られたカテゴリを表30に示す．

《ニーズの引き出し》内に〈エンパワメント〉カテゴリ追加

このカテゴリは，養育者が現時点で持っているポジティブな行動や安全なリソースに焦点を当て，そしてそれを褒める，支える等，肯定的なフィードバックを繰り返し，養育者自身の良い行動を増やしてあげることである．

《養育者への情緒的関わり》内に〈限界を感じた時のもう一歩〉カテゴリ追加

養育者との間でやっと関係性ができつつある時に，養育者が揺れ動き，態度

が急転する等，関係性を切ろうとする時がよく起こる．そのような関係性が切れそうな時にこそ，臨床家が諦めることなく，時間とエネルギーを掛けて関わることが求められる．そのため，このカテゴリは，そのような関わりが，養育者の情緒に訴えかけ，最終的に関係構築に至ることが多いとされ，非常に大切な臨床家の態度のことである．

（2） バリエーションの拡大
〈子育てのしんどさの受容〉のバリエーションの拡大
　養育者が衝動的な怒りを表出していたとしても，子育てのしんどさや養育者の生育歴が少しでも出た場合は，それを話の流れとして逃すまいとする臨床家の態度が存在した．以下に具体例を示す．

> やっぱり怒ってくる人って，どっかに聞いてほしい思いがあるんじゃないかなと思いますよね．だからこそ感情を出してくるんだろうからね．だからその怒ってくる内容の中で自分の正当性とかに自分から生育歴に触れていくことは多いと思いますね．それを逃さないようにキャッチするっていうことは，すごいしていると思いますね．（Info. 12）

（3） カテゴリ・カテゴリグループの関連づけ
カテゴリの関連づけ
　カテゴリ同士では，《怒りへの対応》の〈過剰な怒りから離れる〉〈納得できなさへの共感〉両者は共存して用いられるアプローチである．また《ニーズの引き出し》では，〈養育者への絶えざる関心〉をもとにし，そこから〈ニーズへの焦点化〉〈和やかな関わり〉〈エンパワメント〉に移り，これら3つのアプローチが繰り返し行われていた．また《養育者への情緒的関わり》において〈限界を感じた時のもう一歩〉は〈子育てのしんどさの受容〉の最後の一押しであるため，〈子育てのしんどさの受容〉の後に位置づけられた．

カテゴリグループの関連づけ
　ここでは第2段階として，今まで見てきた内容の時系列に基づき，カテゴリグループ同士の関連づけ，続いてカテゴリグループ内のカテゴリ同士の関連づ

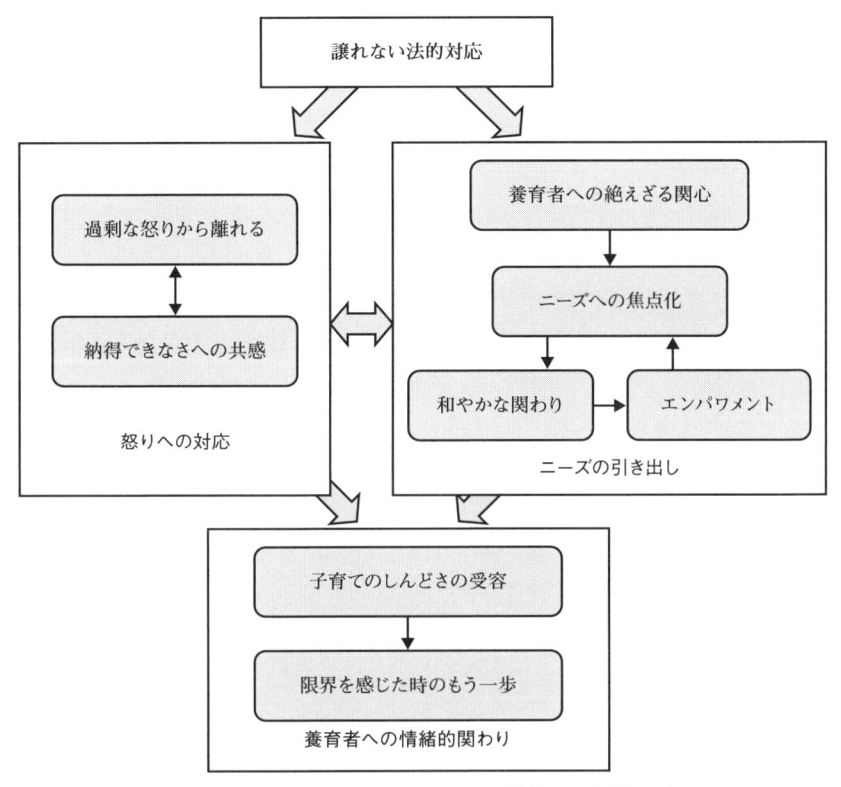

図16 児童相談所のアウトリーチを継続する段階モデル

けを行う．

　カテゴリグループでは，《譲れない法的対応》から養育者への介入が始まるといえる．そして怒りを露わにする養育者には《怒りへの対応》に移行し，一方拒否的態度を露わにする養育者には《ニーズの引き出し》へ移行する．攻撃的かつ拒否的な態度を示す養育者には《怒りへの対応》と《ニーズの引き出し》両者が行われるために，この2つのカテゴリグループは併用して用いられる．そしてこの2つのアプローチが進んでいくと《養育者への情緒的関わり》に至ると位置づけられる．

第3項　ステップ3——カテゴリの精緻化とモデルの確定

ステップ3では新たなカテゴリの追加，および修正すべきカテゴリは存在しなかった．そのため理論的飽和化と見なし，図16を最終モデルとして確定した．

IV. アウトリーチの結果段階

第1項　ステップ1——カテゴリの生成

《最低限の安全保証の約束》

このカテゴリグループは，関係構築がある意味果たされたとされる段階である．ここでの関係構築が意味することは，養育者の態度変容では，虐待行為を認め今までの子育てを改めるというレベルから，虐待行為は認めずとも，今までの子育ての不適切さは容認するというレベルまで様々である．すなわち，臨床家は，子どもの安全が最低限保証される状態を維持することが目標となり，より安全な時間に焦点をあて，それを拡張していくことで虐待のリスクを下げる試みを意図していた．この段階で，初めて子どもを引き取るために冷静に話し合いが持てると臨床家の中で位置づけられていた．養育者との対峙的関係において，養育者が虐待を認める認めないにかかわらず，冷静に話ができる段階の指標として，子どもを奪われたという思いから，子どもを預けているという思いに移ることが冷静に話し合いができる理想的な段階とされていた．以下に具体例を示す．

> （養育者から児相が）子ども奪っている（と思われている）間はずっと対立ですけど，親御さんが（児相に子どもを）預かられてたことを認めて，返してもらうために，どうしていったらいいのかっていうか，わかってくれたという時には，私たちが望む（子どもの安全・安心を守る）ことと一緒なんですよ．(Info. 9)

またバリエーションとして，現場の臨床家としても養育者に100%の変化を求めるのではなく，最低限の安全を保証するレベルまで，要求水準のハードルを下げることも求められていた．

> 普通に叩いていても身体がちゃんと成長してる子はいるじゃないですか．ご飯食わしてたり，ちゃんと洗濯はされてたりね．そういう頑張っている部分や，親がやれてること，それから子どもにいつも危険であるわけではないじゃないですか．家の中にいても安全な時間もあるでしょ？　それはどんなときでも探していく．（Info. 5）

このステップ1では，見出されたカテゴリグループは《最低限の安全保証の約束》のみであり，失敗例に関するエピソードを把握できなかった．

第2項　ステップ2——カテゴリの追加修正と関連づけ

ステップ2では，データを追加し，カテゴリの追加修正，および関連づけを行い，初期モデルを生成する．

(1)　カテゴリグループの追加

《対話の限界》のカテゴリグループ追加

どんなに手を尽くしても養育者の態度が変わらない場合は，子どもの最低限の安全が保てない状態と判断される．そのため，時間と距離を置き，行政機関の関わりとして，定期的に手紙を送る，あるいは子どもの写真を同封する等，間接的な関わりによって，養育者の反応を待つことになる．

> 児相の主張を押さえ込んでいこうというパワーのある人やったら，もう逆にずっと（子どもを）返せないよね．それはもう話し合いにならないっていう人はね，それはいますよ．要するに，こうやって，やっている中で，あなた達が「変わらない」ってこんだけ言い続けるんだったら，児童相談所の判断としては，もうあなた達にこの子の親をやってもらうことは難しいと判断せざるをえない．もう決別ですよね．（Info. 15）

その他，バリエーションとして，Ⅰ．法的権限によるアウトリーチの介入目標で示したような，児童相談所の臨床家によって，関係が悪化するエピソードも見受けられた．

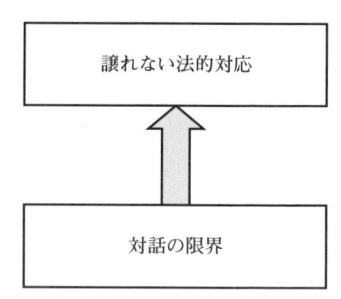

```
┌─────────────────┐
│  譲れない法的対応  │
└─────────────────┘
         ▲
         │
┌─────────────────┐    ┌─────────────────┐
│最低限の子どもの安全保証の約束│   │    対話の限界    │
└─────────────────┘    └─────────────────┘
```

図17　アウトリーチの結果段階

(2) カテゴリグループの関連づけ

養育者が虐待行為を認めるかどうかの違いはあるが，冷静に子どもの安全について話しができる場合には《最低限の子どもの安全保証の約束》に移る．一方，もし養育者の怒りや拒否的態度が収まらない場合は《対話の限界》に至り，再度児童相談所の判断として《譲れない法的対応》に戻ると考えられる．

第3項　ステップ3——カテゴリの精緻化とモデルの確定

ステップ3では新たなカテゴリの追加，および修正すべきカテゴリは存在しなかった．そのため理論的飽和化と見なし，図17を最終モデルとして確定した．

V. プロセスモデル

以上のようにアウトリーチを始める段階，アウトリーチを継続する段階，アウトリーチの結果段階という3つのそれぞれの構造を統合し，児童相談所の臨床家による相談ニーズの低い養育者に対するアウトリーチのプロセスモデルは図18のようになる．

VI. ストーリーライン

以下では，分析手続きで得られた主要なカテゴリグループ，カテゴリを用い

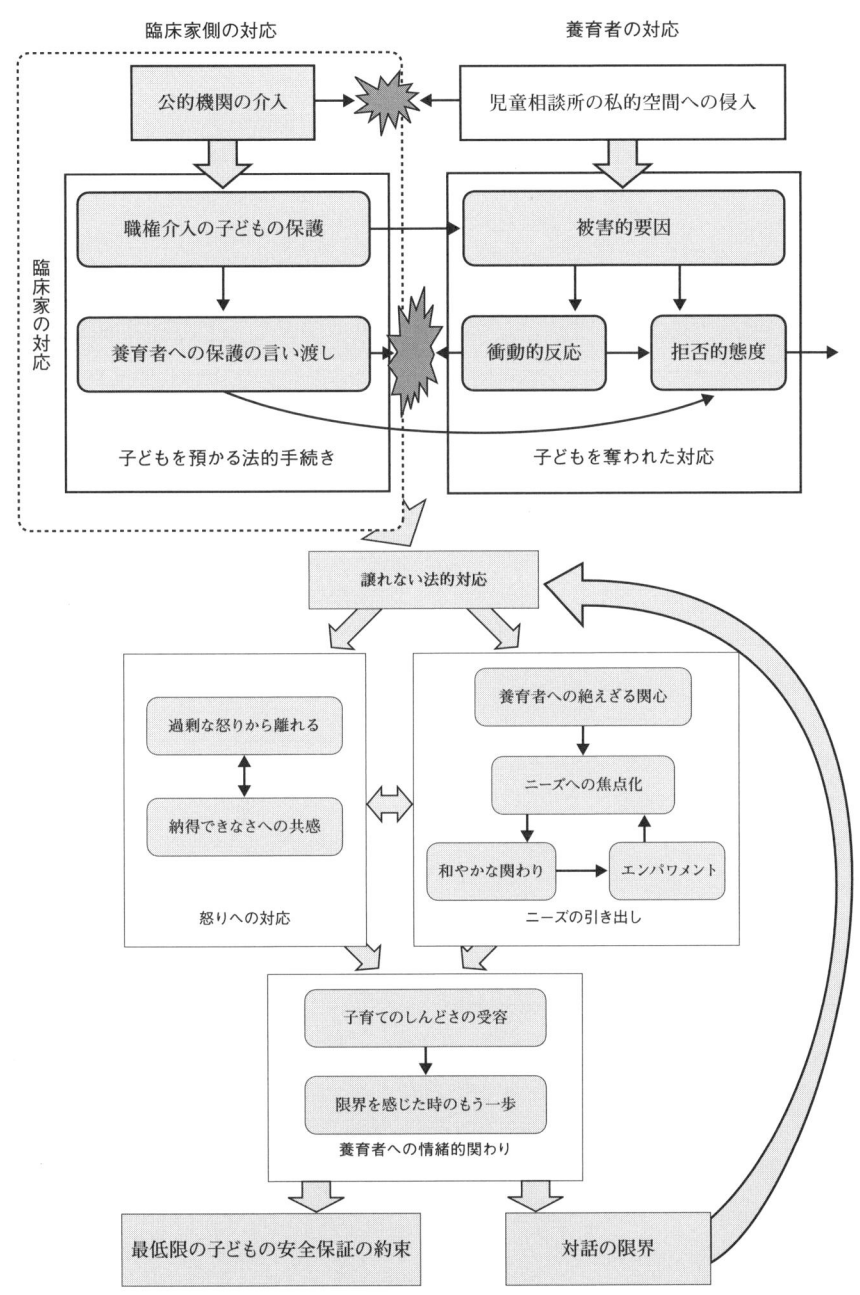

図18 児童相談所の臨床家によるアウトリーチのプロセスモデル

て児童相談所の臨床家（児童福祉司・児童心理司）によるアウトリーチのストーリーラインを述べる．

　養育者との対峙的関係とは，子ども虐待が疑われ，児相職員のアウトリーチ対応が始まり，養育者と最初にコンタクトをしたときから始まっているといえる．《臨床家の対応》として2人の臨床家が聞くことで，「証拠能力」を保持しつつ，養育者に支援的に関わる役目と，養育者に強権的に関わる役目の両者を「役割分担」をしながら意図的に関わっている．また，地域との連携を図るために，養育者の攻撃性を児相にだけに向けさせて，極力〈関係機関の温存〉を図り，児相と切れても他機関とは繋がっていられる状況を確保しておくことがアウトリーチ介入の原則となっていた．

　実際に通報の場合には，児相は《公的機関の介入》としてアウトリーチをしかけていくのであるが，緊急の場合を除き，事実確認の訪問となる．臨床家はアウトリーチ時に，「このご時世だから」という昨今の子ども虐待に対する社会情勢を枕詞として用いながら，養育者に「支援的関わり」を行っている．しかしながら，養育者が臨床家の訪問を断る，あるいは子どもを見せないということであれば，臨床家は事実確認では退却せざるをえない．だが，このようなアウトリーチは養育者に臨床家があなたを見ていますよという〈抑止力としての関わり〉の意味を持っている．

　一方で，アウトリーチを受けた側である養育者は，もともと児相に対する〈相談ニーズのなさ〉から，突然の訪問を《児相の私的空間への侵入》として捉えており，自分の子育てを否定されたかのような〈虐待を疑われた傷付き〉を抱えている．このようなことから事実確認の段階で，すでに対峙的関係が始まっていると臨床家は考えていた．

　事実確認訪問で，もし子どもの安全が確認されないということであれば〈職権介入の子どもの保護〉を行っていく．通常は養育者に刺激を与えないように，養育者が子どもと離れた保育園や学校で行うが，最悪養育者の目の前でも行政処遇として「機械的な職権保護」を行う．同時に子どもが自分のせいで親と離されたと思わないように，十分に「子どもへの保護説明」を行っている．そして保護が完了した後，〈養育者への保護言い渡し〉として「法的説明」を行う．その際に養育者の衝動的な行動の可能性がある場合には，事前に「警察への援助要請」を行う．

だが，子どもを保護された養育者はいくら行政措置だとしても，子どもを奪われたことに対して，そうやすやすと納得できるものではない．養育者としては《子どもを奪われた反応》を当然露わにする．〈被害的要因〉から児相にどうして我が子を誘拐されなければいけないのかという「子どもを奪われた被害感」や，もともと対人コミュニケーションが苦手で，臨床家に対して「対人関係の不信感」を抱いたり，子どもを保護されたことで生活保護費が削減される等「今後の生活の不安」が喚起される．そしてその後〈衝動的反応〉〈拒否的態度〉へと至る．

　〈衝動的反応〉では，「虐待を認めない主張」や臨床家に対しての個人的な非難，その他にも児相に何十回も何時間も電話を掛けてきたり，実際に押し入ってくる等の「脅しと抗議」がされる．場合によっては養育者から臨床家に対する「行動化された暴力」に至ることも現場の臨床家は経験していた．また一方で，養育者の〈拒否的態度〉では児相自体，あるいは臨床家の訪問や電話，手紙に対する「臨床家の拒絶」をしたり，望まれない妊娠やそもそも子どもに興味がない場合など，児相に我が子を任せて今後一切子どもの面倒を見ることを拒む「子捨て」という状況も存在した．また臨床家の言葉を全く受け入れず話しが堂々巡りになる等，「話の通じなさ」が生じていた．

　このように対峙的関係では，臨床家の事実確認の訪問から，養育者は一方的な傷つきを与え，対峙的な状況が芽生える．そして子どもの職権保護によって，当然のことながら対峙的状況が鮮明となっていると児童相談所の臨床家達は認識していた．

　そして児相の対峙的関係へのアプローチは，機関決定である《譲れない法的対応》から始まる．養育者が子どもを保護された怒りや虐待を認めない等の衝動的反応を露わにする場合，臨床家は《怒りへの対応》を行っていく．養育者にとってみれば，法的な保護とはいえ，自らの子どもを取られたことに怒りを感じるのは，子どもへの愛情の現れとして，むしろ当然の反応といえる．このような子どもへの愛情による怒りに対しては，〈納得できなさへの共感〉として，臨床家は真剣に耳を傾けるようにしていた．それとは別に，子どもへの愛情による怒りとは異なる怒り，例えば虐待親というレッテルへの怒り，虐待を認めない怒り，子どもがいなくなると生活保護や児童手当が減ることへの怒り，臨床家への暴力や脅し等には，怒りを静めるために時間と距離を置き，〈過剰

な怒りから離れる〉ことを徹底していた．

　一方，養育者が拒否的な反応を示す場合には《ニーズの引き出し》を行う．そこでは，臨床家がどれだけ〈養育者への絶えざる関心〉を持てるかということが非常に大切な意識となっていた．臨床家は，養育者の日常生活におけるどんなに小さなニーズであっても，ひたすら〈ニーズへの焦点化〉を行い，緩やかなトーンで〈和やかな関わり〉を継続する．そしてその中で養育者が少しでも生活の中で上手くできている点を〈エンパワメント〉し，時間をかけて関係性を築くための土台作りを行っていた．そして，虐待を受けた子どもの想いを粘り強く伝えていきながら，《養育者への情緒的関わり》にアプローチを移していく．ここでは養育者の生育歴を含め，通常のケース対応のような〈子育てのしんどさの受容〉を行っていく．ただしこの過程の中で養育者は絶えず揺れ動き，急に今までいっていた内容をひっくり返したり，保護や施設入所の同意を反古にする等，臨床家との関係を切ろうとすることがある．このような場合，臨床家がどれだけ時間とエネルギーを辛抱強くかけられるかという〈限界を感じたときのもう一歩〉が，養育者と最終的に関係構築を果たせるかどうかの分岐点となっていた．ここで上手く関係性が構築されれば，虐待行為を認めるか否かにかかわらず，養育者は子どもに不適切な養育をしていたことを理解し，《最低限の子どもの安全保証の約束》に移行する．だが一方で，もし関係が結べないとすると《対話の限界》となり，再度《譲れない法的対応》へ戻っていく．この段階では，養育者の中で子どもを引き取る準備ができていないとされ，養育者に手紙を送る等，間接的な関わりのみで，臨床家は法的対応に基づき，養育者からの反応を待つことに徹していた．

第4節　考　察
法的権限を持つがゆえのアウトリーチとは

　以下では，児童相談所における相談ニーズの低い養育者へのアウトリーチについて，考察をまとめる．特に，児童相談所は，保育園・保健センター・市区町村と違って，介入の際に法的対応をもとに対応を行っていた．そのため，本考察では法的対応に関する視点を盛り込みながら，2つのポイントから考察を行う．

第1項　法的対応と受容・共感的かかわりのバランス

　対峙的関係へのアウトリーチ介入においては，臨床家は法律および児童相談所の行政職員という背景を持っているからこそ，明確な《譲れない法的対応》をもとに，仕事として養育者に関わっていける．また〈過剰な怒りから離れる〉に示されるように，過剰な怒りには徹底して付き合わないという姿勢も養育者のペースに巻き込まれない臨床家の一貫したスタンスであった．一方で〈納得できなさへの共感〉や《ニーズの引き出し》は，養育者に加害者というラベルを貼らず，どんなことがあっても関わりの接点を見出そうとする臨床家の柔軟なスタンスと考えられる．さらに次段階の《養育者への情緒的関わり》では，臨床家は養育者の生育歴に触れる等，子育てのしんどさに対して受容・共感的な態度を色濃くしていた．このアプローチが上手く行ったならば，ある程度の関係性が構築され，《最低限の子どもの安全保証の約束》に至る．もし関係性が築けていない場合は，子どもを返せる状態ではない《対話の限界》として，児相として手紙を送る等の行政的な関わりに留まり，再度《譲れない法的対応》という臨床家は一貫した法的対応の姿勢に戻っている．このように，対峙的関係へのアウトリーチ介入には，先ず臨床家は法的対応に基づく一貫した対応を行う．そして次に《怒りへの対応》《ニーズの引き出し》のアプローチ段階では，〈過剰な怒りから離れる〉で引き続き一貫した対応を行いながらも，柔軟に養育者に対応するアプローチへ移行する．そして時間を掛けながら《養育者への情緒的関わり》で徐々に受容・共感的な関わりの度合いを増していくと考えられる．つまり，一貫した毅然とした態度と，より柔軟な受容・共感的態度のバランスを，各アプローチの段階で変化させながら対応していると考えられる．

　受容・共感的態度の必要性は，従来の臨床心理学的な観点から理解に難くないが，対峙的関係に対するアプローチとして，法律という枠組みや〈過剰な怒りから離れる〉といった一貫した毅然とした態度は，臨床心理学的な観点からはどのような意味があるだろうか？　法律の起源は禁止令に端を発するといわれているが，おそらくそのような態度は臨床心理学的な意味においては関わりの限界設定として枠を与えること，あるいはプレイセラピー等において危険な行動化が見られる時に用いられる"制限"に近い機能だと考えられる．本章の

研究で得られたモデルにおいて，《譲れない法的対応》や《怒りへの対応》の〈過剰な怒りから離れる〉ことは，まさに養育者に対する"制限"であり，これは臨床心理学における父性的な意味を持った対応ではないだろうか．一方で〈納得できなさへの共感〉や《ニーズの引き出し》《養育者への情緒的関わり》では，養育者との接点を探したり，上手くできていることを〈エンパワメント〉しながら支えていく関わりであった．問題解決アプローチの視点や実際に養育者のしんどさを抱える受容・共感的な関わりであることから，これらは従来の支援的な臨床心理学に近い母性的な意味を持った対応だと考えられる．このような観点から，臨床心理学における対峙的関係へのアプローチとは，社会性を持った父性的な対応を関わりのきっかけとし，そこから徐々に受容・共感的な母性的な対応度合いを増やしていくと考えられる．

　また，日本では子どもの安全を優先するために法的整備が急務であるが，今後法的枠組みを強化するだけでは，養育者は壁として立ちはだかる法律に対して，更なる怒りや拒否的態度を硬化させる可能性もある．なぜならば，現場の臨床家は，法的枠組みで押さえきれなかったものにこそ，向き合わなければならないからである．そのため，法に基づく父性的な介入策が強くなればなるほど，同時にカウンターバランスとして，〈納得できなさへの共感〉にあるような，法によって虐げられたという養育者の思いに向き合う受容・共感的なかかわり，つまり母性的な関わりが求められると考えられる．

　実際に，〈養育者への絶えざる関心〉や〈限界を感じた時のもう一歩〉に示されるように，おそらく攻撃的・拒否的な養育者の変容を促す根底には，状況に応じて父性的対応と母性的対応のバランスを取りながら，養育者に"それでもあなたを見ている"という，厳しくも温かい臨床家のまなざしがあるのではないだろうか．もしそうであるならば，攻撃的・拒否的な養育者へのアウトリーチ介入は，虐待を受けた子どもに対する愛着の修復的な治療アプローチと非常に親しい可能性が考えられる．どんな人間でも孤独や孤立無縁な状況には耐えられない．特に対峙的関係になりやすいとされる人格障害や対人コミュニケーションを苦手とする養育者，または密室育児で孤独な子育てを強いられ，周りに助けを求められない環境にいる養育者達は孤独そのものである．さらにいえば，攻撃的な態度や感情的な意思表示が強い養育者は，得てして地域からクレーマーとしてラベルを貼られがちであり，周りの助けを上手く得られず，孤

独への悪循環に陥っていることも多いと考えられる．孤独で誰もが関わりにくい状況だからこそ，臨床家は法的基盤という枠組みをもって一貫した態度でアウトリーチ介入を行い，臨床家は〈養育者への絶えざる関心〉を携え，自身の存在でぶつかりながら，"私があなたをいつも見ている"という眼差しを投じる必要がある．

このように，養育者の不安定さに対して，臨床家が父性的な一貫した態度を示すことと，母性的に受容・共感的な態度を示すことによって，養育者と共に揺れ動きながら臨床家と養育者の間で愛着の修復によく似た，適度な関係性を築いているのではないかと考えられる．

第2項　仕事として関わることと生身の人間関係としての関わることのバランス

上記では，対峙的関係に対するアプローチのプロセス自体に，各段階に応じてバランスが取られた父性的・母性的な眼差しの両者があると考察した．だが一方で，このような構造は，臨床家の関わる立場自体にもあると考えられる．すなわち，臨床家が養育者に対して初めは仕事として行政職務の立場で一貫して関わることと，生身の人間関係として臨床家一個人の立場で受容・共感的に関わるという二重の関係性である．Turnell（1999）は子ども虐待対応は"処遇であって，セラピーでない"と指摘する．もちろん臨床家は児童相談所の職員であり，あくまで機関決定の運びとして養育者に関わっているにすぎず，子どもの虐待問題は臨床家と養育者の個人的な関係ではなく，行政機関の処遇という枠組みで扱われている．だが一方でCleaver & Freeman（1995）によると，自らの日常生活に介入された養育者は，ワーカーと自らの関係を"単なる仕事"として対応されることを望んでいないとされる．つまり，《養育者への情緒的関わり》にもあったように，養育者との関係構築を促進させるものは，単なる仕事を超え，より臨床家と養育者の生身の関係性であると考えられるのではないだろうか．

このような観点から，自ら援助を求めない，あるいは求められない対峙的関係の養育者へのアウトリーチとは，まず法的対応に基づき仕事として物理的に養育者のもとに出向くことに始まる．そして〈養育者への絶えざる関心〉にあるように，養育者の心理的な彼岸にまで手を伸ばすように，臨床家の"眼差

し"を投じ続けること,〈子育てのしんどさの受容〉で示されるように,互いに揺れ動きながら,やっとの思いで立ち現れる養育者の子育てのしんどさに生身の臨床家が「出会う」こと.最後に〈限界を感じた時のもう一歩〉が象徴する通り,養育者自らが最低限"不適切な子育て"を認識するように,生身の児相の臨床家が一歩を踏み出して養育者を「出迎える」という一連の意味があると考えられた.

第9章
アウトリーチに関する総合考察
何が成功と失敗を分けるのか

　第5章から第8章まで，保育園，保健センター，市区町村，児童相談所のアウトリーチを見てきた．本章では，第5章から第8章までに得られた各機関のアウトリーチの構造とプロセスの違いと共通点を中心に考察を行う．

第1節　各機関によるアウトリーチの違い

第1項　保育園の保育士によるアウトリーチ

　保育園は，第5章で見てきた通り，子どもと養育者の生活の場に最も近く，ほぼ毎日親子と接点を持つ場であった．それゆえに，保育士のアウトリーチのキーワードは最も日常性に近い立ち場であるといえる．保育園では子どもの見守り役割を期待されることも多く，保育士は〈園全体で抱える〉ことを通して〈徹底した声掛け〉を行い，そしてそこから，《養育者とのつながりにくさ》を感じながらも〈適度な相談関係〉を築くことを通して，《養育者とのつながり》に至っていた．

　保育園のアウトリーチ目標は，「一歩も引かない態度で養育者を支え，時間をかけてじっくりと養育者に寄り添いながら話を聞き，養育者の肯定的な変化を促し，保育士と養育者の間にある程度の信頼関係が築けた状態を目指すこと」であった．カウンセリングの専門機関ではないため，このようにじっくりと養育者の日常に寄り添い，日常的な適度な相談関係を築きながら，実際に〈養育者の肯定的な変化〉を見るところまでをアウトリーチの目標としていた．事実，この〈養育者の肯定的な変化〉を見ることができるのは，毎日養育者に会う保育士だからこそできることであり，保健センターや市区町村，児童相談所のように，ごくたまに訪問する支援者が安全確認するのではなく，ほぼ毎日保育士は安全を確認することができる．

だが一方で，保育という子ども対応のプロフェッショナルでありながら，養育者対応のカリキュラムが整備されていない保育士は，〈保育士の抱える不安〉にあるような偏りを持っていることもひとつの特徴であったと考えられる．

虐待傾向のある養育者は，支援者を巻き込むことが多くあり，その点に関しては，保育士は対応の中で不安を感じながらアウトリーチを行っていると考えられた．そのため，連携時においては，多機関からのコンサルテーション，あるいは専門職などの巡回相談などにスーパーバイズを要求することも必要だと考えられる．

そして，第5章で触れた通り，保育士にとって，子どもだけでなく，養育者に関わることも業務のひとつとして位置づけられた今，保育士のアウトリーチとは，物理的に家庭に訪問するだけでなく，通園時に保育士から積極的に声をかける，子どもの持ち物に忘れ物が多かったり，衣類が汚かったり，ご飯を食べさせていないことがあるならば，そのような日常生活で養育者が手を掛けられないところを，保育士，そして保育園全体で子どもを通してサポートしていく関わりまでを含んでいた．すなわち，保育園の保育士によるアウトリーチとは，ただ家庭に出向くだけでなく，保育園での声掛け，子どもをサポートすることで養育者を支援する，養育者への絶えざるまなざしの機能を根底に含んだアプローチであると考えられる．

第2項　保健センターの保健師によるアウトリーチ

保健センターの保健師は医療的な見立て，精神的なケア，そして地域のリソースも知る生物-心理-社会モデルのアプローチをバランスよく行える地域ネットワークの最後の砦であった．アウトリーチの技術も，保健センター内でのベテラン保健師（メンター）から若手（メンティー）へと受け継がれ，家庭訪問に関するコンピテンシーがある程度保たれていると考えられる．

保健師のアウトリーチは，第6章で見てきたように，母子手帳交付事業，乳幼児健診事業，こんにちは赤ちゃん事業（全戸訪問事業）などのポピュレーションアプローチを皮切りに，もっとも自然な形で養育者のもとに《接点を作る》ことを可能にしていた．その際，自らの「役割を伝える」ことを通して様々な地域のリソース情報を持ち寄りながら，養育者に支援的に関わっていた．

そのなかで，訪問に対して怒りや拒否的態度を示す養育者には，徹底して〈心配な思いを伝える〉ことによって，養育者の懐に飛び込むタイミングを見計らっている．

それと同時に〈徹底した受容的態度〉によって「時間を掛けて多機関につなぐ」ことも行っていた．これは地域のリソースを知り尽くしているからこそできるアプローチである．そして，具体的な「支援のプランニング」を組み，養育者のストレングスに焦点を当てながら，養育者が〈できることの摺り合わせ〉を行っていく．保健師は，時間を掛けながら家庭訪問を繰り返し，話しをその都度聴き，そして問題解決的なアプローチを継続していると考えられた．そして，家庭訪問をした際には〈養育者からの自発的な語り〉を聞くことができる程度の関係性を，〈ある程度の信頼関係の構築〉が果たされていると考えていた．

保健師のアウトリーチ目標は，「一歩も引かない態度で，最後のセーフティネットとしての責任を感じながら，養育者との間に接点を作り，心配な思いを伝えながら，養育者のニーズを引き出す．そして，養育者のストレングスに注目しながら，多機関につなぎつつ，養育者のできる事を増やしていき，保健師との間にある程度の信頼関係が構築された状態を目指すこと」であった．これは保健師が，保育士と違って子どものリスクが低い場合は，ある程度日数を置いたアウトリーチとなるため，次までに何ができるか，養育者のストレングスを中心に，多機関のリソースを用いながらプランニングをその都度刷新していることが特徴である．そして保健師一人で対応するのではなく，なるべく地域のリソースと結びつけながら，地域全体で働きかけるコミュニティ・アプローチを行っていると考えられる．

連携においても，関係の切れやすい養育者をコミュニティのリソースとつなぐことをアプローチとして持っている．すなわち保健師は多くの機関で養育者に対して重奏的にかかわれるようなネットワークを構築することに非常に長けていると考えられる．

介入的な立場となる児童相談所の臨床家や市区町村のワーカーと違い，多くの場合，保健センターのアウトリーチは，養育者との信頼関係を第一とした受容的，支援的なアプローチが中心となっていると思われる．

第3項　市区町村のワーカーによるアウトリーチ

　市区町村のアウトリーチの目標は，「支援的に関わりつつも，虐待問題の解決が見られない場合は，ゆずれないボトムラインを伝え，養育者を見立てながら，養育者の困っているニーズを引き出し，虐待解決に向けたルール決めをスモールステップで行いながら，信頼関係が最悪できなくても，多機関／支援事業につなぎ，子どもに対する肯定的な変化が見られる状態を目指すこと」に持っていくことであった．

　市区町村のアウトリーチでは，保健師のように初回は「使える地域リソースの持参」を行うなど支援的なアプローチで訪問を行っていく．市区町村は特に，近隣からの泣き声通報などの事実確認で養育者と接点を持つが，当然近隣に通報されたといわれる養育者は，自らが子どもを虐待している親と思われていることに傷付き，《養育者の傷付き》を感じる．この点は，市区町村が保健センターと違って，自然な形での訪問がしにくい点であった．このような養育者は，怒りや拒否的な反応に態度を硬化させることも多く，それに対しては市区町村は，保健師よりも比較的強めに，〈譲れないボトムラインを伝える〉ことによって，これ以上やったら虐待に当たると明確に強く養育者に伝えることを意識していた．この点も，第一義的窓口機関として，保健センターや保育園とも一線を画す役割と考えられる．しかしながら，児童相談所と違う点は，子どもを保護できないために，粘り強く養育者の怒りや拒否的態度に付き合いながら，〈養育者の怒りを見立てる〉ことや，〈エンパワメント〉しつつ，養育者の〈ニーズへの焦点化〉として，養育者の困っている意向をなるべく発掘するように関わっていく方法しか取り得る手段を持ちえないことである．そして〈エンパワメント〉では養育者に対して，ポジティブなフィードバックだけでなく，「自らも自律し，自己統制感をもち自分自身に対してもコントロール感を有していて，かつ，環境側にも働きかけて行く力」(山本，1997) といわれるように，養育者ができている点を強化し，その養育者の主体性をも育むきっかけを与えていた．そして，子どもの問題で養育者に関わった以上，まずは「子どもの話題から入る」．続いて多機関からの「事前情報との摺り合わせ」を行い，リスクアセスメントの整合性をとりながら，「親自身の話」「困り感の特定」へと移っていた．これは市区町村のワーカーに関するひとつの戦略的なパスとして認

知されており，ある種のトリアージとしての機能があったと考えられる．

　実際に虐待問題を改善してもらうために，《養育者とのルール決め》として保健師以上に問題解決型でアプローチを行っていた．この点は，市区町村だからこそ養育者に押せるアプローチとも考えられる．スモールステップでできる課題を養育者の現状に合わせて市区町村のワーカーが設定し，少しずつ養育者との関わりの度合いを増していた．市区町村のワーカーは《養育者とのつながり》を〈信頼関係はなくてもよい〉と考えていた．むしろ関係が切れやすく孤立しやすい養育者を〈多機関／支援事業につなぐ〉ことで，リスクを減らし，そして〈子どもへの肯定的な変化〉を見出すという一歩踏み込んだ点をアウトリーチの目標として大切にしていた．

　市区町村は児童相談所と違って法的権限がない状態でも，養育者と最低限関係が切れないことを目指している．それゆえに多機関につなげ，実質的な虐待問題の解決である子どもへの肯定的変化が見出されるまで，例え信頼関係が築けなくても，虐待問題が解決されるまでは粘り強くアウトリーチを継続していくことがひとつの特徴であった．

　保健センターとも非常によく似ているが，虐待問題を養育者との間でオープンにすることで，法的権限がなくとも養育者に具体的改善，あるいは多機関／支援事業につなげられるまでは関わりを継続するのがひとつの特徴であると考えられる．

　しかしながら，第4部でも見るとおり，市区町村は要保護児童対策地域協議会の調整機関である場合も多く，その調整も，場合によっては，仕事量を激増させている状態であると考えられる．詳細は第4部で述べる．

第4項　児童相談所の臨床家によるアウトリーチ

　児童相談所は，市区町村よりも重篤な虐待ケースを扱い，さらに子どもの安全を守るために必要に応じて，事実確認のために立入調査権を行使する，あるいは職権による子どもの一時保護ができる立ち場にある．だが，同時に，この子どもの分離，一時保護によって養育者の攻撃的・拒否的な態度は非常に激化し，児相の臨床家との間で最も顕著な対峙的関係となっていた．しかしながら児童相談所は《譲れない法的対応》によって，養育者を制止し，一歩も引かな

い態度を見せる．そして怒りを顕わにする養育者には《怒りへの対応》を，そして拒否的態度には《ニーズの引き出し》によってアプローチを継続していく．児童相談所は子どもの保護が出来れば，養育者とその後について話しをすることができ，多機関で感じられていた見守りの不安などを感じずに，児童相談所の主導で話しを進める事ができる．だが，それ以上に，ヒートアップした養育者への対応が非常に困難であり，長い時間を掛けながら関係を切らさないよう，《養育者への情緒的関わり》へと移行していく．そして最低限度の子どもの安全を保証する約束を得られるかが，アウトリーチの初期目標となっていた．そして同時にこの初期目標が達成されるかどうかが，子どもを養育者のもとに返し，再統合していけるかの分岐点であった．

　児童相談所のアウトリーチの目標仮説は，「子どもの職権保護によって生じた児相・臨床家と養育者の虐待行為の認識の違いに由来する対峙的関係を，養育者と子どもにとってより良い子育てへの視点から捉え直しを図り，子どものある程度安全な生育環境を構築するために冷静に話し合いができる協力関係に移行した状態を目指すこと」とされた．

　このことは，社会心理学的な視点を投じると，ある種の強制力が変化に向かう圧力として作用する《譲れない法的対応》から，法的強制力を通して本人は何かに直面せざるを得なくさせていることと同義である．ただし，法的強制力だけでは養育者の変容は期待できず，ネガティブなサンクション（Negative Sanction）として罰（本章では〈職権介入の子どもの保護〉）だけでなく，ポジティブなアシスト（Positive Assist）（本章では《ニーズの引き出し》）を含んだ両対応が変化の動機づけになるという指摘に通じるものがある（中村，2010）．

　このように，児童相談所は，本当に重篤なケースについてのみ，法的介入による強制力を通して養育者を児相との共通の土俵に持ち上げ，そこで説得，交渉というスタンスを貫く，非常に特殊な状況で強権的なアプローチを行う機関であると考えられた．そして，この特殊な強権的かつ法的なアプローチができる事が，攻撃的・拒否的な養育者にアプローチする社会的な切り札ともなっていた．

第5項　各機関のアウトリーチ特徴から見える多機関連携への布石

　以上のように，各機関には各機関の目標仮説が見出され，子どもの安全という点は，共通するものの，関わりの場と頻度，あるいは関わりの方針，組織のスタンス等，アウトリーチでも多くの違いを呈するものであった．したがって，このような各機関のアウトリーチの違いは，第4部で扱う多機関連携においても，それぞれの機関が担う際の役割分担，あるいは各機関が担うメリットや特徴として捉えられると考えられる．

第2節　アウトリーチの共通点

　どんなにひどい親であったとしても，子どもにとって重要な存在であることには変わりない．それゆえに，保護者を大事にすることは子どもを大事にすることにもつながっているといわれる（川畑, 2009）．そして援助場面における支援者側の注意点として，保護者の先生とならないこと，保護者に自信を持ってもらうこと，感情的に振る舞わないこと，世話をしすぎないことも重要だと指摘される（神村, 2010）．これらは，相談ニーズのない養育者へのアウトリーチにも通じる視点だと思われる．だが，それ以外にアウトリーチを行う中で，共通して大切なものは何であっただろうか．以下では，各機関の各専門職によるアウトリーチの中で，相談ニーズの低い養育者に対して，共通した内容について考察する．

第1項　支援者の態度──先入観の意識化，一貫した態度，"時間・プロセス"

　ひとつは保育園，保健師，市区町村ワーカーで共通して見出された〈基本的態度〉にある「一歩も引かない態度」である．児童相談所でも，〈限界を感じた時のもう一歩〉というカテゴリが，非常に親しいものである．

　この意味は，養育者自身に対して支援者が臆せず，毅然とした態度で踏み込んだ関わりのことである．養育者の巻き込みや揺れ動きにも動じない態度，これらは支援者自身が守られた職場であることや，多くの経験から培われるもの

である．虐待という支配−被支配という関係性に支援者が巻き込まれてしまうと，援助関係自体が機能しなくなる．それゆえに，このような支援者側の一歩も引かない態度というのが，アウトリーチ時に求められる大切な要因となっていた．

支援者として，「譲れない一歩」は，養育者に対して「困った親という先入観を持たない」支援者の姿勢だけでなく，虐待という問題に対して，養育者＝加害者，子ども＝被害者という加害と被害のバイアスを外してケースを見ていくことが必要だと考えられる．

臨床心理面接において，最も大事なものは治療関係であるという（Frank & Frank, 1993）．またStrupp（1980）によれば，良好な治療同盟の基礎を作る際の妨害要因には，患者の性格的ゆがみや不適応な防衛だけではなく，治療者の個人的反応も重要な要因とされる．例えば治療が難しい患者に対して，治療者側が"難しい患者だ"と思うことによって，その後の治療経過の中でも好ましくない対応をしてしまうのは非常によくあることである．そのためSafranら（2001）は，治療者は常に治療関係へのネガティブな感覚がないかどうかに注意を向ける必要があると指摘している．これらは，今回の相談ニーズの低い養育者へのアウトリーチにおいても，「困った親という先入観を持たない」のサブカテゴリが示す通り，養育者の揺れ動き，繋がれなさ，また怒りや拒否的態度の養育者に対する支援者側の認識と態度について，同様の注意を向けることがアウトリーチを効果的に行う大切な要素なのではなかろうか．

アウトリーチにおいても面接室モデルと同等，またはそれ以上の意識を持って，支援者側の先入観に注意を向けることは必要不可欠だと考えられる．同様に，子どもの安全については絶対譲らない，支援者の一貫した「一歩も引かない態度」が非常に大切であると考えられる．そのためにも支援者は，改めて虐待行為はあくまで子どもの安全のために徹底的にやめさせるけれども，養育者自身については敬意を払う，"罪を憎んで人を憎まず"のような支援者自身の軸を確認することが必要なのだと考えられる．

そもそも，相談ニーズが低い養育者との間で対峙的関係になるのは，養育者と支援者との間で価値観や認識のズレが生じているからだと結果で見いだされたが，そのズレを修正していくためには，すぐさま養育者に急激な変化を望むのではなく，むしろじっくりと養育者の文脈と支援者側の子どもの安全という

文脈を摺り合わせて行く，あるいは馴染ませ熟成させる"時間・プロセス"が各機関のアウトリーチのモデルに存在していたと考えられる．以上のことから，相談ニーズの低い養育者にアウトリーチする際には，先入観を意識化して取り払うこと，支援者側の養育者に対するブレない一貫した態度，そして支援者側が我慢強く姿勢を示し続ける"時間・プロセス"という3要因が，アウトリーチの成功側と失敗側を分ける最も大切な要因だと考えられた．

第2項　アウトリーチ目標
——ある程度の信頼関係，多機関で見守る子どもの安全

《養育者とのつながり》において，保育士の〈適度な信頼関係〉，保健師の〈ある程度の信頼関係〉，市区町村ワーカーは〈信頼関係がなくてもよい〉，児童相談所では〈最低限の安全保証の約束〉という，親しいカテゴリが存在する．これらで共通する意味は，支援者側が望むような変化，および完璧な信頼関係の構築を養育者側に望まないことである．支援者の態度で重要なものは「一歩も引かない態度」であり，そこで重要視されることは"子どもの安全"という軸であった．アウトリーチは子どもの安全のために為されており，それゆえに養育者と完全な信頼関係を築けずとも，他の支援機関につなぐことによってリスクを分散させ，子どもの安全を高めることだといえる．

支援者は，もし《対話の限界》に至っても，再度アウトリーチを始める段階に絶えず戻り，同様のアプローチを，手を変え品を変え，粘り強く継続していた．このことは，本書で操作的に定義した，アウトリーチの成功と失敗という視点は，現場に即して読み替えると，子どもの安全をある程度守れた場合と，子どもの安全を守るためにさらに継続して関わり続ける場合という視点だったと考えられる．なぜなら子どもの安全が守れない状態はアウトリーチの失敗ではなく，まだアウトリーチを継続する段階だからである．

以上のように，アウトリーチにおける成功のための基本的な前提条件とは，支援者が諦めずに時間を掛けて養育者に付き合い，養育者の相談ニーズを引き出していく．譲れないボトムラインを守りつつも，「私はあなたが心配だから」という"I（支援者として私は）"メッセージと共に，生身の人間関係にまなざしを向け続けることが，子どもの安全を守り，そして相談ニーズの低い養育者との間に，ある程度の信頼関係を築く共通要因となっていると考えられた．

第3節　アウトリーチを発展させるより 効果的な多機関連携にむけて

　第3部では，各機関におけるアウトリーチの構造とプロセス，および各機関のアウトリーチの違い，およびアウトリーチの共通要因について検討を行った．各機関の支援の目標が異なるため，当然のことながら，アウトリーチの特徴も違う．だが，それはそのまま多機関連携における各機関の役割分担につながってくる．

　アウトリーチは，今まで仮説生成してきたアウトリーチ自体の目標が達成できれば，関係機関の支援が終わりになるものではない．重篤な虐待ケースへのアウトリーチは支援の中でも治療，すなわち，第二次予防，第三次予防につなぐという意味を持ち得ている．もちろん，保育園や保健センターのように，第一次予防としての役割，あるいは見守りとしての見かけ上第三次予防に機能が集約される地域もあるが，アウトリーチのもうひとつの本質とは，実質的な支援・介入のために第二次予防ができる機関につなぐことだと考えられる．「最低限度関係を切らさない」という共通した保育園，保健センター，市区町村のサブカテゴリもこの点を意味していたのではないだろうか．

　児童相談所は，一時保護によって，強制的な法的枠組みをもとに養育者と関わる接点を構築していたが，養育者と接点を消さないことは，子どもの安全性を保つ上で最低限求められるものである．それゆえに，児童相談所の法的枠組みは，相談ニーズが低い養育者へのアウトリーチとして必要不可欠な手段であった．

　このように相談ニーズが低い養育者へのアプローチのスタイルが，今まで見てきた4つの機関に所属する専門職でもそれぞれの役割の中で一長一短があった．そしてそれらを相互に補うためにも，アウトリーチ目標に，多機関につなぎ，子どもの安全を高めることが含まれていると考えられた．

　そのため，続く第4部では多機関連携について検討する．そもそも多機関連携が必要なのは，ひとつの機関では対応できないケースであることが非常に多いからである．すなわち，養育者が孤立しないように，関係を切らさず，子どもの安全を高めるためにこそ，連携が必要なのである．もちろんより良い支援

につなげるために情報共有なども行うが，自ら相談機関に来談しない，相談ニーズの低い養育者へのアプローチには，なおさら，多機関連携による重層的なネットワークが必要となるだろう．しかしながら，連携が上手く機能する要因とは何なのか，また連携が上手くいかない要因とは何なのか，そもそも現場の専門職は，連携でどんな方針を持っているのか，そのような視点を見定めた体系的な研究はまだほとんど乏しい状態である．

それゆえに，第4部では保育園・保健センター・市区町村・児童相談所を対象に，第3部の支援者対養育者という個人間要因ではなく，支援機関間に生じる多機関連携の視点を現場に即した形でボトムアップ的に見出していく．

第4部
保育園・保健センター・市区町村・児童相談所の多機関連携

　第3部では，各機関の専門職によるアウトリーチを検討したが，第4部では，多機関連携という機関と機関の関係性について見ていくことにする．多機関連携といっても，実は機関役割も，専門性も異なることから，多機関連携自体がうまく行かず，ケース進行上の妨げになることは少なくない．連携自体もケースバイケースで，ある種全てオーダーメイドである．だが，子どもの命が，関係機関の連携次第でどう転ぶかわからないケースも時に存在する．そのような際に，仲間割れのような状態は専門機関としても望ましいものではない．

　そのため，第4部では，連携でどういう点が上手くいって，何が上手くいかなかったのか，各機関が考える連携の成功と失敗の要因を検討することによって，現場に即した多機関連携に光を当てる．そして，今までの連携の中で，暗黙知として共有されていたものを，可能な限り浮き彫りにし，体系化することで，少しでも共有知となるよう検討を試みる．

　第3部では支援者個人と養育者個人の関係性に焦点をあてて論じてきたが，第4部では多機関連携として，機関同士の関係性について特に焦点をあてて論じることとする．

第10章
保育園から見た連携

第1節　問題と目的
地域で異なる保育園の連携特色

　保育園，幼稚園が虐待防止活動において積極的な役割を果たしていくためには，虐待を疑った段階で早めに相談（通告）できる体制を充実させ，児童相談所だけでなく，特に，役所の担当課，福祉事務所，教育委員会との連携のあり方を検討することが重要であるとされる（白石・藤井・橋本ほか，2001）．

　しかしながら，実際には，子どもが3歳未満であれば，保健センターが情報をもっているので，まずはそこに連絡，相談をする．そしてさらにネットワークを組んでの対応が必要と考えられたら，児童相談所に連絡するということが現実的になされる場合が多いとされる（庄司・白石・渡辺，2000）．それ以外にも，連絡した関係機関は大阪府，大阪市では保健所へ連絡していたが，他の県では市町村保健センターへ連絡する事例が多く，保健所への連絡は非常に少なかった（下泉，2001）という報告や，沖縄では，地域での虐待予防は「役所」が大きく機能しており，虐待のあった保育園の対応では役所へ連絡が最も多かった（瀧澤・名嘉・和氣ほか，2004）という報告がある．このように，実際には保育園の主な連携先は，地域行政の方針や，過去に一緒に仕事をしてきた歴史によって，どの関係機関につないでいくかが決定されている可能性が考えられた．

　だが，保育園では，具体的にどのような方針で連携を行っているのか，あるいは保育士が考える連携がうまくいかない場合は，どのような葛藤を感じているのか，その内容について実証的に検討を行った研究は見当たらなかった．

　そのため，本章では，保育園が，現場でどのように連携の方針をとっているのか，そして保育士が連携時に困っていること，また工夫など意識しているのかについて，保育園の連携についてモデル化を行う．

第 2 節　方　法

第 1 項　調査対象

Info. は，保育園 9 施設に勤務する保育士 11 名である（表 10 参照，※第 5 章と同様である）．

第 2 項　調査手続き

半構造化面接によるインタビュー調査を行った．調査対象者 1 人につき 2 時間から 2 時間半である（第 5 章で扱ったアウトリーチ内容を含む）．調査者が 1 人で全てのインタビュー調査を行い，その後逐語録に起こし分析を行った．

第 3 項　調査期間

2008 年 10 月から 2010 年 3 月にかけて調査を行った．

第 4 項　インタビューガイド

過去の子ども虐待対応の中で，多機関連携を行い，
① 多機関連携が上手くできたと思われる具体的エピソード
② 多機関連携が上手く果たせなかったと思われる具体的エピソード
③ 多機関連携の際に現場で連携困難なポイント
④ 多機関連携の際に現場で意識・工夫していること，以上 4 点である．

第 5 項　分析手法

得られたインタビューデータは全てプロトコルに起こし，グラウンデッドセオリー・アプローチ（Strauss & Corbin, 1998）を用いて分析を行った．分析手法については第 2 章第 2 節を参照して頂きたい．

第6項　理論的サンプリングと段階的分析手続き

　ステップ1では，Info.1から4まで現場の保育士の多機関連携についてサンプリングおよび分析を行った．この段階では，まずカテゴリの生成を目指した．
　続くステップ2では，Info.5から7まで保育士をまとめる"主任保育士"を中心にサンプリングを行い，担任となる保育士と，担任をまとめる主任保育士の立場を比較検討しながら分析を行った．この段階はデータを追加することで，カテゴリの追加と修正を目指した．その上で，カテゴリグループ，カテゴリの関連づけを行い，初期モデルを生成した．
　最後にステップ3では，Info.8から11まで地域性における"地方部"に着目してサンプリングを行い，今まで得た都市部と地方部の保育園で多機関連携に違いがあるのかについて比較検討を行った．この段階では，さらなるデータを追加することにより，カテゴリの精緻化を試み，最終的な理論的飽和をもって，現場に即した保育園の多機関連携の構造としてモデルを確定した．
　なお，現場の保育士は業務多忙であり，インタビュー調査に協力頂くためには，調査協力して頂けるInfo.のご都合に合わせて調査日程を組む必要があった．そのため，厳密な理論的サンプリングは不可能であり，分析の段階が前後左右する場合があった．ただし，各段階においても属性ごとの絶えざる比較を行いながら，できるかぎりの段階的な分析手続きを行った．

第3節　結　果

第1項　ステップ1——カテゴリの生成

　分析の結果，表31のようなカテゴリ一覧表が得られた．以下ではカテゴリの説明を行う．

《連携時の方針》
　このカテゴリグループには〈保健センター・市区町村との連携〉を含んでいる．ステップ1では，児童相談所との具体的なエピソードは見出されなかった．

表31 ステップ1

カテゴリグループ	カテゴリ	サブカテゴリ	データ
連携時の方針	保健センター・市区町村との連携	第一連携先は保健センター・市区町村	だいたい精神疾患を抱えたお母さんがやはり圧倒的に多いのでそういう場合は保健師さんも対応してる場合もあるので，どちらのほうがよりリレーションが深いかってことですよね．どっちにするみたいな話もしますけれども．（保健師に）確認はしますね．〈このお母さん知ってます？〉みたいな，〈このご家庭はご存じですか？〉みたいなことをまず聞いてからですね．（Info.3）
		保健師・ワーカー訪問の流れ作り	一応義務がありますので，地域の要するに市役所と保健センターのほうに通告をします．それで一応こういう事例がありますということを報告した後，お母さんと話をするかどうかはそこで保健師さんと話をしてどちらが話をするかっていうのを相談するわけなんですね．で，親には〈あの保健センターにはいいますよ〉と，で〈保健師さんの訪問もあります，場合によったらありますよ〉というのは報告はします．そういうふうにいわないと保健師さんが訪問できないんですよ．だから裏では（既に連携を）取ってます．ただ親御さんには〈今から（連絡を）取りますよ〉っていいます．（Info.3）
		一緒に養育者を抱える	話していいんだっていうところは，非常にほっとしたような顔をされますよね．それがもうとりあえずその後，〈保健師さんが訪問するかもしれないけど，今した話をしてもいいんだよ〉っていう．〈保健師さんにもそういう話をしといた方がいいんじゃない〉って．〈なんか会った時助けてくれる人が多い方がいいんだから〉って言って，〈今私にしたように話していいからね〉って，〈大丈夫な人だから〉ていいます．（Info.3）
		情報の摺り合わせ	で，（保健師）行くと，保健師さんとも後で摺り合わせをするんですけど，こちらと話した内容が大半ですが，保健師さんからプラスアルファの情報が出てくるときがあるんで．そんなのもちょっと，ほんと個人情報の話どうなるのかってこともあるんですが，関係もあるんでってことで，摺り合わせをしたりはしますよね．これは完全に非公式ですけれども．（Info.3）
保育園の葛藤	連携前の不安	適切な連携先を知りたい	かなり（虐待かどうか）グレーみたいなお子さんに対応する時に，どこにどう説明したもんだかみたいな感じで．日常の保育に忙殺されちゃったりなんかすることが多いので，そういうところが，ちょっと不安になったり．連携取りましょうとはいいつつも，いざ相談とかってなると，じゃあどこ？みたいな感じになりがちかなって思いますね．（Info.4）

	保育園のハードルの低さ	保育園の保育士的に見て〈これって育児放棄にならないのかな？〉ってわりと保育士のハードルは低いんですよ．でも，例えばほんとにいろんなケースを持っている子ども支援センターとかって，すごくハードルが高いっていうか，私たちはやっぱり子どもサイドについ立っちゃうので．大人が自分中心に生活してると，"もうちょっと子どものこと見てあげればいいのに．これだって育児放棄に入っちゃうよね"っていうような感じのレベルでハードル低くて．(Info. 2)
見守り時の不安	グレーゾーンの動けなさ	それがもうここで打ち止めになっちゃうんです．要するに要保護児童までいかないと児相動かないんですよ．このレベルだと要保護じゃないんですね．グレーゾーンでこれだけSOSが出てるのに，つなぐ機関がこれ以上ないんです．ですから見守り，私たちの限界ですからねとかいいながら見守りかっていいながらになっちゃうんですけど，これだけサインが出てるのにどうすることもできないんですよ．(Info. 3)
	フィードバックがない不安	ちょっとした小さなケース，むこうにしては小さなケースだと思うんですけども，もう切り離されちゃった．もっとだから時間があれば，その家庭だったり，その子ども自身もわかってもらえるんじゃないかなと思ったんだけども，あなたがついてるから大丈夫ね，みたいなかんじで，もう切り離されちゃったところがあったので．これで良いのかな良いのかなって思いながら，時が経ってしまったんですよね．だから，上手くいってるかどうかわからないけども，無駄ではなかったなって，自分に言い聞かすしかないですね．これで良かったこれで良かったと思えない．だからホントにこれで良かったのかなとかね，もし違う言葉かけ，その時にかえって話をきかない方が上手くいったのかもしれないし，あたしじゃなくて他の人が良かったのかもしれないし，わかんないですよね．(Info. 2)
	細かい報告を受ける不安	もうちょっと繋がっていくケースがあれば良いなとも思うしね．かといってそこまで私たちも仕事としてね，踏み込めないんですよね．もう任すしかないんですよね．細かい報告を受けるってことは立ち入ることにもなっちゃうから，それも難しいなと思うね．(Info. 2)
会議への要望	安心して話せる場作り	(ケース会議に) でました1回．出てみたんですけど，肩書きと年齢がものを言いますね．私完全無視でした．発言も何もかも．一番腹立ったのは，小学校の校長先生，中学校の校長先生，幼稚園の校長先生，男ですよ，3人寄り添って，会議中ずっとこそこそ話．ああこれはだめだなと．あと議員も．だめだこりゃみたいな．(Info. 3)
	他職種との温度差	ちょっと温度差があるような気がしますね．で，(専門機関が) ちょこっと来ただけで，あ，この子はこうって，こ

第10章　保育園から見た連携

			う判断されちゃうっていうのかな，一応半日ぐらい見ていったりはするんだけども，そこでのイメージが，第一印象ってのが強いのか，〈これはしょうがないわよね〉っていうふうになってしまうし．だからこの人はもっとこういうところも良いところなんだよって，私たちがアピールしない限り，〈これはもう早く離した方が良いわね〉って，そういうふうに結論に至るような，マイナス的なイメージが持たれやすいのかどうかわからないですけれども，どうもそういう気がするんですお母さんたちと会ったとしても，そのお母さんたちの良いところを見るっていうよりも，その人は何でこうなるかっていう分析をするがゆえに，悪いマイナス面っていうか，そういうところを見てるような気がするんですよね．(Info.2)
		ていねいな話し合い	結局，結果だけを，じゃこうしていきましょうっていうふうに話なっちゃうわけだから，もうちょっと時間も取ってね，見に来てもらって．もう今こういうふうにアプローチしてこうだったんで，こうしてみました．その中継がないわけですね．あんまりね，何回もしないんですもん，その会議が．じゃあもうこうしましょうってなっちゃうわけだから，もうちょっと何回か，行ったり来たり話し合いながら．で，そこで返されたことを，また保育してみてたら，今こうですよって，また会議に持ってって．こういうキャッチボールが何回か行われた方が良かったんじゃないかなと私は思うんだけども，で，私だけの意見じゃなくって，ホントだったら職場の方に出向いてもらって，その子と関わった人みんなにね，意見もらったりね．それくらいのことが必要かなって思います．結局（職場の）皆の代表で行くわけじゃないですか．(Info.2)
保育園の連携意識	事前の顔つなぎ		例えば，日頃からちょっと近くに行くついでにね，もし時間あれば市区町村，保健センター覗いてみようとかね，そういうところにちょっと顔出すだけで，繋がっていくんだと思うんですよね．(Info.2)
	方針の違いを話し合う		どんどん世の中は変わってきている．経験を積みながら情報を得る．その中で，学びあうこと，でないと前に進んでいかない．それによって変わっていける．学び合うことって認め合うことですよね．色んな価値観や，色んな理解がある．ある意味色んな価値っていうのは，それぞれ特殊な世界．身内同士が作り上げてきた文化．つまり自分達が守られているわけですよね．そういうときこそ話し合っていく？ 学び合おうとして，実際に話し合っています．(Info.1)
	連携先を悪く捉えない		少しでも"この人はちょっとでしゃばり過ぎよね"とかなんか思ってても，それが，"あぁその人は責任感がある人なんだ"，"そういうの言ってくれるんだな"って思うふ

うに見方をすれば，すごく自分もホッとしたりとかね．違う言葉かけが，良い言葉かけとしてでてくるわけですよね．それが，マイナス的にでてくると，"全くいつも！"っていうふうにでちゃったりするけれども，それが"あの人は責任感持って自信もってやってるんだな"って思えば見習おうと思うし，私の代わりにこういってくれるんだなぁって気持ちも出てくるし，そういうのって大事かなぁと思うんですね．(Info.2)

〈保健センター・市区町村との連携〉

　このカテゴリには「第一連携先は保健センター・市区町村」「保健師・ワーカー訪問の流れ作り」「一緒に養育者を抱える」「情報の摺り合わせ」という4つのサブカテゴリがある．

　「第一連携先は保健センター・市区町村」とは，保育園で虐待疑いのケースを見出し，通告する際の連絡先はまずは保健センター・市区町村であることが多いことを意味している．

　「保健師・ワーカー訪問の流れ作り」とは，養育者には通告したことをいわずに，保健師やワーカーのような支援者がいて，その訪問がありうることを養育者に伝えることである．虐待通告は支援機関においては義務であるので，養育者に確認を取らずに通告することは通常の手順である．ただし，いきなりの訪問で養育者から保育園が告げ口したからと思われることを防ぎ，保健師や市区町村ワーカーがスムーズに訪問できるきっかけを保育園から養育者との間に組み込んでいた．

　「一緒に養育者を抱える」とは，保育園だけでなく，訪問してくれる保健師やワーカーにも協働した支援者として養育者を一緒に抱えることを意味している．

　最後に「情報の摺り合わせ」とは，訪問した保健師・市区町村のワーカーと情報共有のやり取りをし，今後の方針について打ち合わせを行うことである．

　このようにこのカテゴリグループは，保育園における連携の具体的手順を示す．

《保育園の葛藤》

　このカテゴリグループには，〈連携前の不安〉〈見守り時の不安〉〈会議への

要望〉という3つのカテゴリが存在する．

〈連携前の不安〉

このカテゴリには「適切な連携先を知りたい」「保育園のハードルの低さ」という2つのサブカテゴリがある．

「適切な連携先を知りたい」とは，保育園の中で虐待の可能性があるケースを発見した場合，どの関係機関につなげばよいのか，その基準がわからないという不安がある．多くの場合，市区町村などからパンフレットが来ているが，実質的に連携を取ったことがない場合だと，どの機関につないでよいのかわからないことを意味している．

「保育園のハードルの低さ」とは，日常生活で様々な子ども達を見ていることから，通常の養育を受けている子との比較をする際に，連日洋服が汚れていることや，多少臭いのある子どもを見ると，これはネグレクトケースで心配だと捉えやすく，虐待に対する基準がかなり下がっていることを意味している．日頃からていねいに見ている分，ちょっとした変化から適切な養育を受けていない可能性を，他児と経験的に比較し推察することに至っている．このようなサブカテゴリから，このカテゴリは連携を取る以前に，既に保育士が不安を感じていることを示す．

〈見守り時の不安〉

このカテゴリには，「グレーゾーンの動けなさ」「フィードバックがない不安」「細かい報告を受ける不安」という3つのサブカテゴリがある．

「グレーゾーンの動けなさ」では，データにもあるように保育園が感じる軽度ネグレクトケースは要保護児童として該当されないレベルであり，必然的に保育園だけでその子どもに対応しなければならないことを示す．保育園として対応に困っていても，要保護児童に該当されない以上，多機関連携を取れず身動きが取れないことを意味している．

「フィードバックがない不安」とは，見守り依頼を連携の中で託された場合，保育園だけでほぼケースを抱える状況となり，保育園が本当に今の関わりでいいのか，何も多機関からのフィードバックがないことに不安を感じていることを示す．

最後に「細かい報告を受ける不安」とは，多機関連携によって多機関の介入が必要と見なされたケースでは，保健センター，市区町村，児童相談所と連絡

を取る必要がある．そして，情報共有はするものの，保育園としての主要業務は親子の見守りであり，報告を受けたとしてもケースに立ち入れないという不安を意味している．

〈会議への要望〉

このカテゴリには，「安心して話せる場作り」「多職種との温度差」「ていねいな話し合い」という3つのサブカテゴリがある．

「安心して話せる場作り」では，連携において，参加者が安心して話し合える場という，最も基本的な会議の環境条件を満たすための要望である．データにもあるように，要対協，個別ケース会議等で保育園が出席して状況を伝えたとしても，保育園の話は軽んじられてしまい，関係機関がていねいに聞いてくれない場と感じることも多いという．会議出席者の中には，連携自体にあまり経験がなかったり，多職種への理解がない関係機関（支援者）もあり，特に保育園の意見は軽んじられているような葛藤・不満をあげる保育園のデータが見受けられた．

「多職種との温度差」とは，保育園と多機関の間にディシプリンの違いから，子どもと親に対する視点が異なり，違和感を感じる点である．データにもあるように，特に日常的に親子に接している保育士と，虐待介入のために急遽関わる他職種・他機関との間では，見ている情報量やリスクアセスメントの視点が異なっていた．

「ていねいな話し合い」とは，「多職種との温度差」で感じ得たような内容の違いについて，ケース会議等の場面で，もっと情報交換をしながら，ひとつのケースに対してじっくり話し合いを重ねていくことを保育園は望んでいたことである．このカテゴリは，現実的に保育園がもっと多機関連携の際に会議で，日常場面での親子の様子を伝えながら，さらなる日常場面でのケース検討を求めていることを意味している．

《保育園の連携意識》

このカテゴリグループには，〈事前の顔つなぎ〉〈方針の違いを話し合う〉〈連携先を悪く捉えない〉という3つのカテゴリが存在する．

〈事前の顔つなぎ〉

連携する以前の日頃から，多機関の担当者と顔を合わせておくことである．

いざ連携時となったときも，顔も知らない状態は非常にやりづらいため，顔を合わせた日常的なコミュニケーションが連携しやすいという意識につながっていた．

〈方針の違いを話し合う〉

多機関多職種の中で違った価値観や考え方，支援方針の違いは当然あるもので，その違いをうやむやにせず，自分達の考えと相手の考えを会議の中できちんと話し合いながら，互いに学び合っていく姿勢を示している．

〈連携先を悪く捉えない〉

連携が上手く取れないときに，その原因を多機関・多職種のせいだと悪く捉えずに，むしろ"違い"として受け入れ，ポジティブに考えていくことを意味している．保育園自身の中で相手を非難せずに受け入れ，ポジティブにリフレーミングしながら肯定的に連携時の上手くいかなさを捉え直している．

このように《保育士の連携意識》では，連携しやすくするための意識として，連携前のコミュニケーションや，肯定的に多機関の違いを受け入れ話し合っていく，保育園に所属する保育士個人の要因が示された．そのため，このカテゴリグループでは保育園ではなく，あえて保育士の個人内要因を押し出すよう，保育士の連携意識と名付けた．

第2項　ステップ2——カテゴリの追加修正と関連づけ

ここでは，カテゴリの追加修正および，カテゴリの関連づけを行い，初期モデルを生成する．

ステップ2では，表32のようにカテゴリ，サブカテゴリが追加修正された．

(1) カテゴリの追加

〈児相との連携〉カテゴリ追加,「児相からのアドバイス」の追加

このサブカテゴリは，実際に保育園が児童相談所と連携を取る際に，保育園がどのように関わるといいか，あるいは子どもや親と見守り体制の中でどのように関わるべきかアドバイスがもらえたことが実際の連携の中でも非常に良かったという意見のことを指す．子ども虐待ケースにおいて，重篤な場合は児童相談所による一時保護など保育園が関与することはないが，むしろ深刻度が軽

表32 ステップ2

カテゴリ グループ	カテゴリ	サブカテゴリ	データ
連携時の方針	児相との連携	児相からのアドバイス	児相の方はほんとに専門の方なので，私たちがどう関わっていいかちょっとわからないところも，アドバイスいただいたりとか，どういうふうに見守っていったらいいかとか，お母さんとどういうふうにかかわっていったらいいかとか，ちょっとアドバイスなんかもいただいたので，そのへんは専門の方の意見をいただけたのは，よかったと思っています．(Info.6)
保育園の葛藤	連携前の不安	児相に連絡する不安	一度経験があるんですよ．児相に電話をして，こういう園児がいるんですけれどもって．でも児相から〈大丈夫じゃないですか〉みたいなこと言われたっていうことがあったのですね．未だにだから難しいなって思いますよ．2年間気になるぞっていうのがあっても，草々簡単に児相に連絡するとかはしづらい思いが正直ありますね．なんか，あんまり相手にしてもらえないような感じがすごくする．その位のことだとたくさんありますよっていわれてしまうような．(Info.7)
		適切な連携先を知りたい	
		保育園のハードルの低さ	

-中程度の虐待，および保護後の見守り機能において，毎日親子に会う保育園は非常に重要な役割を負うことになる．そのため，虐待の専門機関である児童相談所からのアドバイスやフィードバックは，保育園のスーパーバイザーやコンサルテーションのような安心感を与えていた．

特にこのサブカテゴリはその他のインフォーマントからも見受けられ，保育園にとっては多機関の専門職からアドバイス，すなわちコンサルテーションに近いものを受けられることが連携においても安心感につながると考えられる．

(2) サブカテゴリの追加

〈連携前の不安〉内に「児相に連絡する不安」サブカテゴリの追加

このサブカテゴリは，保育園の過去の経験から児相に連絡するのを躊躇することを意味している．もちろん重篤なケースは児相につなぐが，第一義的な窓

第10章 保育園から見た連携

口が市区町村になったことから，市区町村や保健センターに連絡を取ることが通常となっている．また，理由はそれだけでなく，保育園が連携を取りたい非常に気になるケースがあったとしても，そのケースが児相担当となるような重篤なケースに当たるのか判断しなければならないと思うことで，保育園・保育士の今までの経験に基づいた心理的不安の方が大きいことがあげられる．これは児相批判ではなく，むしろ今までの経験に基づく保育園としての機関要因，そして保育士としての個人要因の両者で見受けられる反応として捉えられる．

(3) バリエーションの拡大

「適切な連携先を知りたい」バリエーションの拡大

ステップ1で得られた「適切な連携先を知りたい」のバリエーションとして，適切な連携先がわからないことによって，保育園の中でケースを抱え込んでしまう可能性がデータから見出された．データにもあるように，守秘義務の問題はあるものの，虐待ケースは子どもの命に関わる問題であり，1つの機関だけで抱えることは非常に危険である．場合によっては守秘義務よりも優先される内容である．だが他のインフォーマントからも同様の内容が見出される．この点は保育園の保育士にとって非常に重要なポイントだと考えられる．保育園としての機関要因，または専門性・ディシプリンの要因に分類される連携ブロック要因となる．以下にそのデータを示す．

> 園の中のことは，園の中で完結しなきゃいけないのではないのかなという認識が，どっか保育園の中にあると思います．例えば虐待疑いのような問題が見え隠れするようなケースであったとしても，もちろん，むしろ問題が明確にするようなケースであればあるほど，他の場所でしゃべってはいけないような．それはでも解決するためには，例えばどういう機関がしっかり解決してくれる可能性を持っているかを知らないことが，この中だけでどうにかしなきゃいけないという理由なのかなって思います．私達が知らないだけなのか，あるいはそういう場所が存在しないのか．そこすらもあやふやなんですけど．(Info. 7)

(4) カテゴリ・カテゴリグループの関連づけ

サブカテゴリの関連づけ

〈保健センター・市区町村との連携〉では，内容を説明する際に，「第一連携先は保健センター・市区町村」「保健師・ワーカーの訪問の流れ作り」「一緒に養育者を抱える」「情報の摺り合わせ」という順で一連のサブカテゴリが関連づけられた．

カテゴリの関連づけ

《連携時の方針》《保育園の葛藤》《保育園の連携意識》が有する各カテゴリはそれぞれ独立した内容であるため，関連づけは行わない．

カテゴリグループの関連づけ

カテゴリグループ《保育園の葛藤》《保育園の連携意識》は《連携時の方針》に対して，保育士がいつも持っているイメージであり，この2つのカテゴリグループは，《連携時の方針》に関連づけが行われると考えられる．

第3項　ステップ3——カテゴリの精緻化とモデルの確定

ここでは，表33のようにサブカテゴリを追加した．

(1) サブカテゴリの追加

〈児相との連携〉内に「保育園は支援的役割」のサブカテゴリ追加

このサブカテゴリは，重篤な虐待ケースで児相と連携することとなった場合には，保育園保育士にはほとんどのケースで支援的な役割を取るようになっていた．このことは，児童相談所が法的権限をもとに強権的にアプローチすることから，当然養育者は怒りを露わにすることが多い．そのため，児童相談所が敢えて強くくる一方で，保育園のような養育者，子どもの日常に非常に親しい機関は支援的な役割分担を負うようになっていた．

このことは，支援関係を児童相談所とは切れたとしても，保育園とはむしろ切れないように関係性を強めるものである．また，データにもあるように，保育園としても養育者の全てを受容的かつ支援的役割で支援するのではなく，虐

表33 ステップ3

カテゴリ グループ	カテゴリ	サブカテゴリ	データ
連携時の方針	児相との連携	保育園は支援的役割	(児相は親に手紙を出してるのだけど，何の音沙汰も養育者からない）ただ，上の担任が直接母親に話をしたら，「実は先生，児相から手紙がきてるんだよ」っていうのを打ち明けて．「（児相から）会いたいっていわれてる．でも私は時間も取れないし，6時半に来いって言われても忙しいし」なんていってて．で，〈上の担任も，そんなにやましいことがなければ，会っちゃったほうがいいんだよ〉っていうアドバイスをしたら，うーんっていいながら，その場は終わったって．でもお母さんに（加害者疑いの）父親とお子さんが2人になる時間を作らないっていう児相との約束をもう一度伝えて．〈お母さん（虐待があったことを）知らなかったではそろそろすまされないよ〉と伝えると，お父さんがちょっとずつ子どもとの関係を意識しはじめて．(Info.8)
		児童相談所によるアドバイス	

待が保育士の目から見ても重篤な場合には，信頼関係のできている保育士からも養育者を諭す役割が望まれていた．

またこのような支援役割を取るにあたっては，「児童相談所によるアドバイス」のような，打ち合わせやコンサルテーションによって，保育士の役割をつねに話し合っておくことが現場では行われていた．

(2) サブカテゴリの関連づけ

〈児相との連携〉における「保育園は支援的役割」「児童相談所によるアドバイス」は，サブカテゴリ同士，相互に関係しながら，〈児相との連携〉が成り立っていると位置づけられた．

(3) 最終的なモデルの確定

これまで見てきた通り，〈児童相談所との連携〉において「保育園は支援的役割」が追加されたことから，保育園の保育士から見た連携の最終モデルは，図19の通り，確定した．

```
┌─────────────────────────────────────────────────────────┐
│  ┌──────────────┐    ┌──────────────────────┐           │
│  │ 児童相談所による│    │第一連絡先は保健センター・│           │
│  │  アドバイス   │    │     市区町村         │           │
│  └──────┬───────┘    └──────────┬───────────┘           │
│         ↕                       ↓                       │
│  ┌──────────────┐    ┌──────────────────────┐           │
│  │  保育園は    │    │保健師・ワーカー訪問の流れ作り│        │
│  │ 支援的役割   │    └──────────┬───────────┘           │
│  └──────────────┘               ↓                       │
│                     ┌──────────────────────┐           │
│                     │  一緒に養育者を抱える  │           │
│                     └──────────┬───────────┘           │
│                                ↓                        │
│                     ┌──────────────────────┐           │
│                     │   情報の摺り合わせ    │           │
│                     └──────────────────────┘           │
│    児童相談所との連携       保健センター・市区町村との連携   │
│                                                         │
│                   連携時の方針                          │
└───────────▲─────────────────────────▲───────────────────┘
            │                         │
 ┌──────────┴─────┐         ┌─────────┴──────────┐
 │  保育園の葛藤   │         │  保育園の連携意識   │
 │  会議への要望   │         │   事前の顔つなぎ    │
 │  見守り時の不安 │         │会議で方針の違いを話し合う│
 │  連携前の不安   │         │ 連携先を悪く捉えない │
 └────────────────┘         └────────────────────┘
```

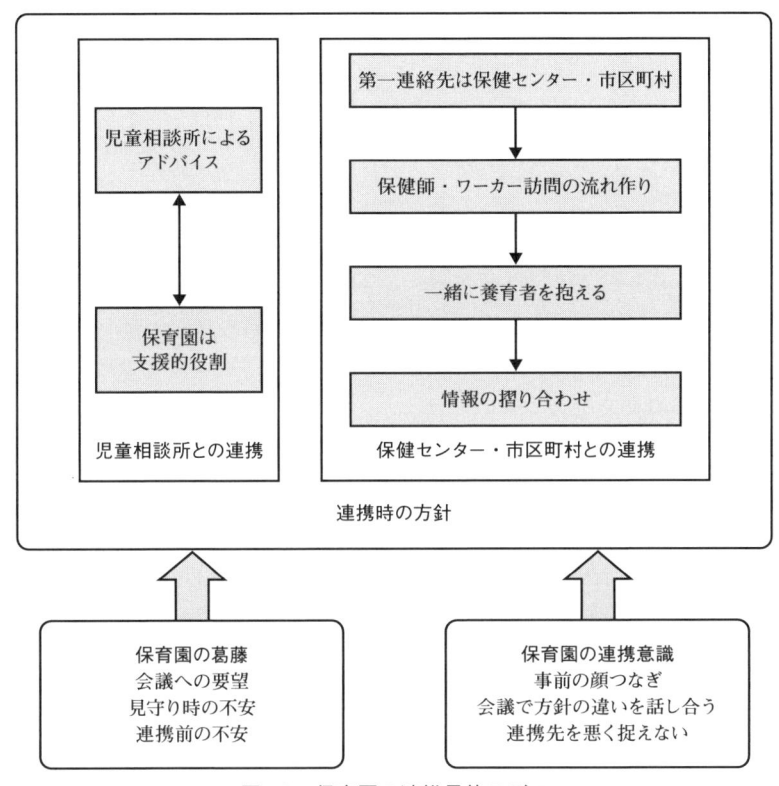

図19 保育園の連携最終モデル

第4項 ストーリーライン

保育園が連携する時の具体的な《連携時の方針》において，まず〈第一連絡先は保健センター・市区町村〉として《保健センター・市区町村との連携》を優先させていた．その場合，保育園がなんらかの虐待可能性のケースを保健センターか市区町村に通告し，自然な形で養育者に保健師あるいはワーカーが訪問できるよう，〈保健師・ワーカー訪問の流れ作り〉を行う．これは，連携時の訪問の受け入れをやりやすくするためだけでなく，保育園が情報を漏らしたと養育者に思われないようにするためである．そして保健師やワーカー達と〈一緒に養育者を抱える〉環境を整え，〈情報の摺り合わせ〉を行いながら，連携を継続する．だが，一方で虐待が重篤な場合は《児相との連携》を行う．児

相と連携を行う際は，児相が強権的に養育者と関わるために，養育者と近い日常生活の中で〈保育園は支援的役割〉にあえて入り，養育者と関係が切れないような存在を目指す．ただし，このような役割分担や動き方をするには専門家である〈児童相談所によるアドバイス〉が不可欠であり，連携は密に取っていた．

　保育園は《保育園の連携意識》として，〈事前の顔つなぎ〉で，日頃から顔を合わせたコミュニケーションを取るように意識することや，各機関の考え方や支援方針は違って当然であり，むしろ〈会議で方針の違いを話し合う〉ことによって，支援策の違いを摺り合わせていた．また，このような支援方針の違いについて多機関を批判するのではなく，〈連携先を悪く捉えない〉ことによって，支援方針の違いを肯定的に受け入れ，柔軟に保育園でできることを意識していた．

　ただし，同時に《保育士の葛藤》も存在する．〈会議への要望〉として，そもそも「安心して話せる場作り」を求めたり，《保育園の連携意識》の〈会議で方針の違いを話し合う〉にあるように，会議ではかなり保育士は〈多職種との温度差〉を感じて，気まずい思いを感じることも少なくない．そのため，会議自体に対して，リスクを減らすためだけの議論に終始するのではなく，より子どものことを第一に考える「ていねいな話し合い」を望んでいた．特に，保育園としては子どもの日常を見ている分，ネガティブなリスク要因だけでなく，ポジティブな要因も見て欲しいと思っていた．さらに，〈見守り時の不安〉として，多機関が動いてくれないような「グレーゾーンの動けなさ」を保育士は抱えていたり，見守りを行っていても「フィードバックがない不安」で，自らの現状の保育で良いのかという不安も存在する．一方で，「細かい報告を受ける不安」として，ケースに立ち入り過ぎてしまうのではないかという不安も生じていた．

　保育園として日常から子どもの様子を見ていることから，虐待に対する「保育士のハードルの低さ」を感じていたり，保育園でとても困っているケースを児相に連携を依頼しても，担当してもらえないという不安であったり，どこにつなげばよいのか分からず，「適切な連携先を知りたい」という〈連携前の不安〉も見出された．

第4節　考　察
家庭に最も近いがゆえに生じる連携の苦悩

　保育園は子どもと親にとって最も近い支援機関のひとつであり，その分緊急介入的に入る保健センター・市区町村・児童相談所とは異なる視点がいくつか存在した．

　特に《保育士の葛藤》では，どうしても見守り機能を強く求められる保育園には，〈見守りの不安〉が多くつきまとっている．また，「適切な連携機関を知りたい」等，そもそも連携先についても詳しい情報を把握できていないことが考えられた．先行研究においてもこの点は，「親から虐待していることを聞いた時の関係機関への通告については，その必要性は理解しているものの，判断を下すにあたっては上司に委ねる者が多かった」といわれていた（石原・鎌田・楢木野ほか，2003）．本章の研究では，機関連携を中心としたため，園内の連携については，調査の焦点としなかったが，確かに園内連携においては，保育士のアウトリーチで示した通り「園長の理解」（第5章）が大事であり，その援助方針の決定は園長，副園長判断であることが多かった．すなわち，保育園連携の取れ方は，園長の指針によるところがやはり非常に大きいと考えられる．

　さらに「児相に連絡する不安」からは，児相への通告のできなさを保育園が感じている可能性が考えられた．通告を躊躇する理由には，「もし間違いだったらという不安，人権侵害ではないかという心配，私達ががんばればできると思い対応できないのは保育士の力量がないからという思い，保護者との信頼関係を崩したくないと思っている」ことがあげられるという（保育と虐待対応事例研究会，2009）．実際に，本章のデータからも示された通り，ネグレクトケースの保育士による見守り等，現場の保育士は非常に多機関からのフィードバックやコンサルテーション，アドバイスを求めていると考えられる．「児相からのアドバイス」が保育園にとって非常に有用になっていたが，「児童相談所は，役割として介入への期待が強くなることで，かえって発達相談のための巡回相談そのものは市区町村が実施の主体となり，児童相談所が行う巡回相談そのものは減少する傾向にある」という（佐々木，2008）．そのため，この後は保育園の専門的な見守りフォローは，市区町村や保健センターとのやり取りを通して行われていく可能性がある．事実，第2部で示したように，市区町村に勤務す

る心理士などは，保育園への巡回型コンサルテーションを請け負っており，このような支援体制は少しずつ整えられていると考えられる（芦澤・浜谷・田中, 2008）．このように連携における保育園の不安は，多機関連携のフォローがなければ当然起こりうることであり，むしろ自機関だけで虐待ケースを持つことはリスクを孕むと考えられる．特に，隠蔽されやすく，子どもも加害者から脅されているような性虐待事例については，愛着のある日常的に接する支援者に開示することも多いため，なおさら保育園だけで判断しない体制づくりが必要である．

　そのような多機関連携として虐待ケースを見ていく際に保育園が留意していたことは，《保育園の連携意識》にあるような，多職種との視点の摺り合わせと，保育園からも多機関に情報を発信していくことであった．また保育園自身は緊急介入ではなく，第5章で示した保育士のアウトリーチ目標の仮説の通り，じっくり養育者に寄り添いながらある程度の信頼関係を築くことを大切にしている．そのため，一時保護をせずに地域で見守ることができる場合は，より保育園が求める〈会議への要望〉の「ていねいな話し合い」にあるように，保育園が会議の方針決定においても主体性を持つ必要もでてくる．保育園は，元々虐待対応が専門ではなかったため，会議の場でも他の専門職の前で意見をいうことが難しかったり，あるいは保育園の意見が軽んじられるのではないかという不安を持っていた．そのため，会議主催者は保育園が安心して話せる場作りを，個別ケース検討会議において，常に意識する必要があると考えられる．そして，地域における連携をより綿密にするには園長，副園長に明確かつ具体的に虐待通告基準を伝えるだけでなく，その後の一般的なケースの見通しや本章で明らかになったような保育士が抱えやすい葛藤についても個別ケース検討会議だけでなく代表者会議，実務者会議レベルでも共通理解を図れるまで，繰り返し伝えておくことが必要であろう．

第11章
保健センターから見た連携

第1節　問題と目的
予防段階からかかわる保健センター

　都道府県や政令市の保健所と，市町村の保健センターの役割分担については，母子保健法により規定されている．母子保健の第一線機関として保健センターを位置付け，保健所はより広域を担当している．実際の役割分担については，地域状況，経過等によって，若干の違いも見られるが密接な連携が不可欠であるとされる（渡辺，2007）．本章では，主に保健センターを対象にするが，児童相談所（児童福祉）の役割が虐待群の早期発見・防止であるのに対して，保健機関の保健センター役割は虐待予備軍の悪化を防ぐ予防活動であるとされる（中板，2002）．また保健センターと児童相談所の担当する虐待事例を比較検討した研究では，保健センターは年齢3歳以下，虐待種別ではネグレクト，心理的虐待が主であり，連携において主に医療機関につなぐことが多かったと報告されている（山田・野田，2002）．上別府・杉下・村山ら（2007）の研究によれば，全国の保健所，保健センター394カ所のうち，児童相談所との連携をコンスタントに取っているという回答は3-5割程度であったとされる．

　しかしながら，要保護児童対策地域協議会が設定されて以後，このような実態調査に基づく研究は数多くあるものの，保健センター自体が連携をどのように捉えているかに関する研究は今まさに研究がなされている途上であり，その構造をモデル化した研究は見当たらなかった．

　そのため本章では，現場の保健センターが，0歳から4歳を対象にした虐待事例において連携をする際に，どのような方針を持っているのか，またその際にどのような点に難しさを感じているのか，連携時にどのような点に注意工夫をしているかについて，現場に即した形でボトムアップ的に連携の構造を把握し，モデル化することを目的とする．

第2節　方　法

第1項　調査対象

Info.は保健センター8施設に勤務する保健師11名,および助産師1名の計12名である（第6章表15）.

第2項　調査手続き

半構造化面接によるインタビュー調査である．調査対象者1人につき1時間半-2時間である（アウトリーチの内容を含む）．調査者が1人で全てのインタビュー調査を行い，その後逐語録に起こし分析を行った．

第3項　調査期間

2009年1月から2010年5月にかけて調査を行った.

第4項　インタビューガイド

過去の子ども虐待対応の中で，多機関連携を行い，
① 多機関連携が上手くできたと思われる具体的エピソード
② 多機関連携が上手く果たせなかったと思われる具体的エピソード
③ 多機関連携の際に現場で連携困難なポイント
④ 多機関連携の際に現場で意識・工夫していること，以上4点である．

第5項　分析手法

得られたインタビューデータは全てプロトコルに起こし，グラウンデッドセオリー・アプローチ（Strauss & Corbin, 1998）を用いて分析を行った．分析手法については第2章第2節を参照して頂きたい．

第6項　理論的サンプリングと段階的分析手続き

　ステップ1では，Info.1から5まで現場の保健センターの保健師によるアウトリーチについてサンプリングおよび分析を行った．この段階では，まずカテゴリの生成を目指した．

　続くステップ2では，Info.6から9まで"地方部と都市部"の保健センターを中心にサンプリングを行い，地方部の保健センターと都市部の保健センターで地域性によって，多機関連携の違いがあるかについて比較検討しながら分析を行った．この段階はデータを追加し，カテゴリの追加と修正を目指した．サンプリングの属性を比較することで，より妥当性のあるカテゴリ内容を把握し，その上で，カテゴリグループ，カテゴリの関連づけ，および初期モデルを生成した．

　最後にステップ3では，Info.10から12まで経験年数10年以内という"経験年数の違い"，および保健センターで保健師と仕事を共にする助産師という"他職種からの視点"によってサンプリングを行い，今まで得たステップ2までの内容と比較検討を行った．この段階では，さらなるデータを追加することにより，カテゴリの精緻化を試み，最終的な理論的飽和をもって，現場に即した保健センターの構造としてモデルを確定した．

　なお，現場の保健師および助産師は業務多忙であり，インタビュー調査に協力頂くためには，調査協力して頂けるInfo.のご都合に合わせて調査日程を組む必要があった．そのため，厳密な理論的サンプリングは不可能であり，分析の段階が前後左右する場合があった．ただし，各段階においても属性ごとの絶えざる比較を行いながら，できるかぎりの段階的な分析手続きを踏襲した．

第3節　結　　果

第1項　ステップ1――カテゴリの生成

　ステップ1では，表34のようなカテゴリが得られた．以下ではカテゴリの説明を行う．

表34　ステップ1

カテゴリ グループ	カテゴリ	サブカテゴリ	データ
連携時の方針	児相・市区町村との連携	保護時の細かな取り決め	児相のやりとりは、もう、細かく取り決めをしておきますね。何時の時点で連絡がなかった場合は、誰からうちに連絡を入れてくれるのか、とか、かなり細かい取り決めをしてますね。今までだから〈なんかあったら教えて下さいね〉っていうので、それでかなりずっと流れて、大変。結局そのケースが、うやむやなまま、情報を取れないまま、転居しちゃったっていうことがあったので、それはすっごいなんていうか、しんどかったんですよ。で、その間、〈動きがあったなら教えて〉って伝えてたのに、向こうは「沢山ケースを抱えてるので」って、そういうことがあったので、〈ここらへんまでの情報を教えて下さい、次はいつ来ますか？〉って細かくね、日にちとか内容とか確認するようになったんですけど．(Info. 1)
		保健センターは支援的役割	けっこう機関によって見せる顔が違かったりしたので、そのお母さんは、保健センターにも日によっては違うし、その相手に対しても、顔が違ったので、それぞれが直接会う、共有するのはもちろんだけども、会うことで色んな面を見れたりとか、それぞれの機関に対する母親の特徴が分かってくるので．児相には断固拒否なんです。それは今も続いているのですけど、っていうのが、自分が希望しなかったのに、子どもを（養護施設に）措置されたことをすごく怒っていて．だから、お母さんとしては、すごく熱心に子どもを育てているっていう自負があるので、ちゃんと育ててるのに、なんで子どもを取られなあかんのや！っていう……．最初は自分がしんどくて、希望して預かって貰ったけど、1日経ったらその気持ちは無くなったので、すぐ返してと．でも、児相は今までの経緯があるので、すぐ返さないじゃないですか．それでもめることがあるので、その思いをうちで聞くっていうか．(Info. 2)
	保育園との連携	虐待根拠の収集	保育園から虐待絡みだったりっていう最初に傷を見つけてとか、その後関わりが親子の様子から気づいたりとかの情報交換で深くなってということはありますね．で、あと園から子どものご飯がとか、お洋服がちょっと臭いんですとかいうので分かっていくことはあります．あと、お母さんが言ってる内容とのズレがある時がありますので、お父さんいないはずなのにお父さん迎えに来りとか、そういう情報も大事にしたいですし……．たまに、「ん？」という

			時もあるのですが，でも意外なところから意外なことがわかることもあるので大事ですよね，地域の目として．(Info. 3)
		保育園へのコンサルテーション	精神疾患のお母さんにどう関わったらいいかっていう相談をこちらで保育園の先生達から受けてたりしてましたね．(Info. 4)
	生保ワーカーへの関わり依頼		今は生活保護のワーカーだけ関わってます．お金のことなので，そこのとこだけ弱いんです．どうしても伝えて欲しいことがあれば，またセンターからとか言うと怒るので，1ヶ月に1回行くケースワーカーからの助言として，伝えてほしいことを伝えて貰うようにお願いしてますね．健診のこともケースワーカーを通じてお願いをして，伝えては貰ったんですけど反応は悪かったです．ただ生活保護のワーカーとは自分がどんだけ嫌だなって思う相手であっても，自分にとっても有益なことをしてくれる人は絶対に切らないので．(Info. 2)
保健センターの葛藤	会議への要望	会議での具体的な方針決定	ケース会議って何か問題があるっていうか，必要があって開かれていて，その会自体に今日の会議は，ここを話し合いたいっていうポイントがあると思うので．それを解決するというか，前に進めるというか，そのためにはどれが一番ふさわしいかどれか選ばれるっていう形なのかなぁと思うんですけど，けっこう（事件が起こった）直後の事とか，もう本当に長期休暇に入る直前の事とか，それぞれの役割の確認だったり，次にやることが明確になるととても有意義に感じます．でも，そういう意味でケース会議をしているのに，その家の将来のこととか，その子の将来のことを考えてと主張されても，将来的には必要だと思うのですが，今現在必要かといわれればそうではないので．(Info. 2)
		対応に困ったときの他機関任せ	まだネットワーク会議に慣れてないと，お互い自分に持ってない機能が他の機関にあるのでは!?と勝手な期待を寄せちゃって．それが最悪の結果が，「どうしてやらないのですか？」って相手になすりつけるようになっちゃうんですね．それをケースの養育者にいったりするんですね．そういうことは保健センターに相談して下さいよとか．そういうことになると，ケース会議やってたのに，何なの？って．(Info. 4)
		わかりやすい言葉の選択	共通の単語があるってきっと，それこそ文化なんでしょうね．病名の略語なんかは特にそうですし．住民基本台帳のことを，私たちは住基というふうに略してしまうんですけど，同じ市役所の職員でも保育

			士さんなんかからすると,「何ですかそれ?」って.馴染みがないからだと思いますが,単語で聞いてますから発言の中でなんですよね. "このごかてい,じゅうき(住基)あります"とかいった時に,その方は何だかこう,軍事関係のもの(じゅうき=銃器)に見えてしまったみたいで.実際軍関係のケースもうちではありますし.私自身が会議に出た時もわからない言葉もありますので.この間,何かの会議の時に福祉系の方が,"コカ"って言われたんです."コカ"って何だ?と思ったら,"子ども支援課"の略式なんですよね.私の中では,そういう系の仕事をしてますけど知りませんでしたと思って.そういうのはわかんないですね.で,中々会議中のタイミングで,わからないといえない気まずい時もあるので.(Info.3)
	関係が切れた時の不安		児相とも市区町村とも切れてて,他に繋がっている機関がないからこそ,寄り添ってきたところと介入のところがうちのセンターだけで一緒にするのはどうなんだろうという思いではありますし,関係機関には動いては欲しかったですけど.だからこそ,難しいと思ってるのかもしれないです.連携したかったですね.まだ子どもが2歳代なので,5歳の年長までいかないのを考えれば,もしこれで関係切れたら,あと2年間どうしようというところはありますね.(Info.3)
保健センターの連携意識	相手の機関をよく知る	相手への気遣い	やっぱり相手の労を労うといいますかね.それぞれ関係している機関も,自分の役割以上を取ってくれてるところもすごく多くあるんですね.で,その辺りは,ケースに有害でない限り,本当に大変なところですよねって労は労います.(Info.4)
		一緒に仕事をした経験	やっぱりね,私たちもそうだと思うのですけど,一緒に仕事をやっていくことだと思うんですよ.自分の役割じゃないとかね,自分の業務じゃないとかね,そんなんじゃなくて.わからないけど,とにかく対象者を理解するために,情報交換だけを密に続けるとかね,役割だけから仕事を考えていくっていうふうにやっていくと,もう広がっていかないと思うんですよ.これを理解して,どうしようかってみんなで一緒に考えていく中でね,本来的な業務じゃないかもしれないけど,やっぱり見えてくる部分ってあると思うんですよ.なので,とにかく,ケースの話しが出た時に,もっともっと話し合いたいし情報交換も密にしたいし.役割だからって切ってしまわないで."自分に関係のないことだから,それは"っていってしまうのではなくってね.(Info.1)

情報共有する相手を確かめる	悪気があるわけじゃなくって，ついいってしまったとか色んな人がいるから，そこをいったいわないで，もしいわれるとしたらね，対象者（＝養育者）にいわれるとしたら，私がその対象者の理解っていうか，同意も得られないのに，勝手に個人情報を流したってこっちが全部悪者になってしまうのでね．だから伝えたいんだけれども，そこは皆いつもいってて，あの先生にはいってもいい？ いってはだめ？って．すごい気を遣いますよね，情報を流すのはね．(Info.1)
会議で違いを話し合う	福祉職の人だから分かり合えるっていうのも全然なくって，全然違うなっていう感じ．起こっている問題に対して，何時を何をするのかっていうことしか考えて貰ってない気がしていて，それこそ私たちはこれから起こりうる問題に対して，色々全体的にやっていきたいことに対しての，前段階の部分が全然理解してもらえなくって．結局同じような職種に見えても，対極だなっていうことも多くて，分かり合えないものなんだなって思いますね．むしろそこを話し合いで埋めていけたらいいと思うし．ですから毎回話し合いですね．(Info.1)

《連携時の方針》

このカテゴリグループでは，〈児相・市区町村との連携〉〈保育園との連携〉〈生保ワーカーへの関わり依頼〉という3つのカテゴリが存在した．

〈児相・市区町村との連携〉

このカテゴリには，「保護時の細かな取り決め」「保健センターは支援的役割」という2つのサブカテゴリがある．

「保護時の細かな取り決め」とは，子どもを保護する際に虐待の深刻度が高く，保健師としても細かな情報共有，動き方が必要とされる取り決めのことである．

「保健センターは支援的役割」というのは，児童相談所や市区町村が介入的なアプローチを取る一方で，保健センターはあえて支援的な関わりを行い，児童相談所・市区町村と養育者の関係が切れても，保健センターと養育者の信頼関係は最低限残るような役割分担を事前に相談し，作戦として組んでいた．

データにもあるように，児相により一時保護に至った際は，第3部でも見てきたように児童相談所と養育者が対立関係になってしまうことは無理もないこ

とであった.その際に,保健センターは養育者の話を聞くのであるが,その際に児童相談所がその時点で何をどこまでやっているのか「保護時の細かな取り決め」を把握しておかないと,「保健センターは支援的役割」を取ることができなくなってしまう.このカテゴリのバリエーションとして,保健センターは市区町村とも役割分担を決めながら,なるべく地域の支援的リソースとして残るために,介入的役割を取るよりも支援的役割を優先したいスタンスを貫いていた.以下に具体例を示す.

> 一番お母さんの利用頻度が高いというか,出現率が高くて関係が悪いと思ってないところについては,お母さんにとって関係の悪い機関だと思わないようにしようってされていて.全部(の支援機関)から関係が悪いとされてしまうと,立ちゆかなくなってしまうので.最後まで(養育者との関係性が)大丈夫なところは一カ所置いておこうとしているので,特にうち(保健センター)とか,ダイレクトに悪いことはしていないので,それでかなぁと思いますけど.なので,実際,(介入的には)入りたくはなかったです.入るんであれば,厳しいことを親にいう役割は違う機関にやってほしかった.(Info. 2)

〈保育園との連携〉

このカテゴリには「虐待根拠の収集」「保育園へのコンサルテーション」という2つのサブカテゴリがある.

「虐待根拠の収集」とは,保育園に日常的な見守りをお願いしている一方で,虐待の深刻度が高まった際に根拠を集めることである.特に保健センターと保育園の連携においては,日常的にフォローしている保育園に子どもの様子を毎日チェックしてもらい,子どもに虐待によるキズ,アザがないか,あるいは身長体重の伸び,表情の豊かさ,気分の安定度合い,服装の清潔さ,気になる行動の有無等,日常生活における虐待の根拠を見逃さないように依頼し,その情報を共有していた.

「保育園へのコンサルテーション」とは,精神障害の養育者の見守り対応について,具体的な関わり方の相談に乗るという役割を保健センターが非公式に負うことを指す.また,この2つのサブカテゴリも,同様に相互に関連し合っており,特に第10章の保育園から見た連携モデルにおいても保健センター・市区町村が連携時の第一連携先となっていたことから,見守りにおける情報共

有が闊達に為されていることが考えられる．

〈生保ワーカーへの関わり依頼〉

　生保ワーカーとは，生活保護ワーカーの略である．今回対象とした保育園・保健センター・市区町村・児童相談所には当てはまらないが，非常に多くのケースで生活保護ワーカーとの連携が見受けられたためカテゴリ化した．どんなに保健センターのアウトリーチに対して拒否的な態度を示す養育者であっても，生活保護のワーカーとはお金のために関係を切らさない．そのため，生活保護ワーカーの情報からリスクを見立て，見守りを続けている．

《保健センターの葛藤》

　このカテゴリグループには，〈会議への要望〉〈関係が切れた時の不安〉という２つのカテゴリが存在する．

〈会議への要望〉

　このカテゴリには，「会議での具体的な方針決定」「対応に困ったときの多機関任せ」「わかりやすい言葉の選択」という３つのサブカテゴリがある．

　「会議での具体的な方針決定」とは，保健センターが虐待介入の予防と役割において具体的にアウトリーチを行う立場であることから，次にどこの機関が何をするのか，問題解決的な視点が反映された会議を望んでいることを示す．これは保育園が会議に望んでいた「ていねいな話し合い」とは若干性質が異なり，保育園はじっくりと情報共有しながら子育てを見ていきたい思いを持っている傾向があるのに対して，保健センターは虐待という問題を早期に解決するためにアウトリーチや多機関連携を積極的に行いたいという考えが見られた．すなわち，子どもの命を守るためにも，緊急介入的なアウトリーチも行わなければならない保健センターは，ケース会議に対して，過去に戻ってケースを深めるような事例検討会を行うことよりも，次に何をするかを明確に決定する問題解決に重きを置いていると考えられる．

　「対応に困った時の他機関任せ」とは，会議での対応の行き詰まりなどの際に，他機関に対して過度の期待を持ってしまうがゆえに問題を丸投げするような事態のことを指し，データにあるように，最悪互いにケースをなすりつけ合うような連携の葛藤状況である．他にも精神障害に対して，対応できるのが地域で保健センターしかない場合，保健センターに虐待ケース自体が全て回され

てしまい他機関が関わらなくなることもバリエーションとして見出された．以下に具体例を示す．

> 保健センターだと，(親子に) 精神 (障害の可能性) っていうだけで (虐待ケースが) 回ってくる．ちょっとそれがしんどいですね．なんでもかんでも精神障害とか発達障害だと全部こっちに回ってきてしまって，まわりから任せっきりというか，しんどいところはありますね．(Info. 4)

「わかりやすい言葉の選択」とは，ケース会議で様々な専門の職種がいる中では，専門用語を使わずに，わかりやすい言葉を選択しようとする意識のことである．日頃，地域内の様々な病院などで独自の略語などがケース会議で用いられて，その都度保健センターが苦労していることも理由のひとつかもしれないが，データにもあるように，会議中，多職種が使う専門用語がわからなかった場合，会議自体でその意味を聞きにくく，"きまずい"雰囲気になったり，ケースに対する理解の妨げになる場合もあることも少なくなかった．そのため専門用語を避けるだけでなく，同音異義語や略語も避けるなど，わかりやすい言葉を使うことが積極的に意識されていた．

〈関係が切れた時の不安〉

支援機関としての役割をもった保健センターと養育者の関係が切れることへの不安である．保健センターは第3部のアウトリーチモデルでも示したように，地域の最後の砦としての役割を感じており，保健センターと養育者の関係が切れてしまうことにより，結果どの機関も養育者につながれなくなってしまうという不安である．

《保健センターの連携意識》

このカテゴリグループには，〈相手の機関をよく知る〉〈情報共有する相手を確かめる〉〈会議で違いを話し合う〉という3つのカテゴリが存在する．

〈相手の機関をよく知る〉

このカテゴリには「相手への気遣い」「一緒に仕事をした経験」という2つのサブカテゴリがある．

「相手への気遣い」とは，連携の際に相手を労ったり，その苦労に共感することである．連携の職務はやって当たり前と思わずに，その中で苦労して頑張

ってくれているという思いを言葉にして伝えたり，あるいは苦労を聞いてあげることなどを意味している．また，バリエーションとして相手の立場を考えた頼み方などもデータから見出された．以下に具体例を示す．

> 事務職の管理職の方にお願いするときは全部ではないけど意識するかな．仕方がないんですけど，年齢が上の人がなってきてるから．ご機嫌を損ねないように．何でもそうですけど，お立場を理解するっていう姿勢で．でも〈私は困ってるんですけど，助けてくれませんか？〉っていう感じでいかないと，向こうが助けてあげてるっていう感じでもっていかないと，特にうちらのほうが年下だし，腹が立つとは思います．(Info. 1)

「一緒に仕事をした経験」とは，共に連携しながら対応した時に，どのような役割をどこまでやってくれるのかを経験的に把握していくことである．一緒に支援をしていく経験を通して，関係機関のモチベーションを引き出したり，会議以外でも情報交換を密に取るなど，インフォーマルだがお互いに特性を知り合っていくことで，連携のしやすさにつながっていることを意味している．他のバリエーションとして，情報のやり取りの際に，電話で済まさず，なるべく顔を合わせた対応を意識しているデータが複数見出された．以下に具体例を示す．

> 一度会っておくとかかな．けっこう本当に電話だけのやり取りになると声のおつきあいになってしまうので，相手がわからなくなってしまう．毎回毎回出向いていって話しするのは時間的に無理ですけど，とりあえず1回だけでも会っておいてっていうのは結構ありますね．(Info. 2)

〈情報共有する相手を確かめる〉
　事前に情報共有する際には，それを共有する相手の特徴を知っておく必要があることを意味する．データにもあるように，相手によっては情報を制限したほうがケースのためにはいいと考えられる際には，情報を共有しないことが良い場合もある．誰に情報を出してよいかを判断するには，直接顔を合わせた際に相手の特徴を把握しておくことが大事であるとされ，緊急時以外はなるべく電話対応はさけることも意識されていた．また，バリエーションとして，そもそも情報共有の窓口の担当者が機関によっては独自に決められていることがあ

る．連携においてどの機関も忙しいため，相手に余計な仕事と感じてもらわないように，細かな配慮として窓口担当者の情報を仕入れておくこともデータから見出された．以下に具体例を示す．

> どの関係機関もお忙しい時もあるし，こういう問題があるときの先生の窓口が決められている場合もあって，こういう時に誰に連絡を取る方がいいのかっていうことでちょっと苦慮するときがありますね．(Info. 4)

〈会議で違いを話し合う〉

保育園でも同様のカテゴリが見出されたが，このカテゴリでも多機関連携において考え方が違っているのは自然なことであり，各機関・専門職がそれぞれの考え方で最善と思う対応を話し合うのだから，感情的に対立するのではなく，むしろ様々な支援の可能性を会議で話し合う必要性を示している．ただし，この作業は非常にエネルギーを使うものであり，支援者にとって，養育者対応以上に時間と労力がかかると感じているバリエーションも存在した．以下に具体例を示す．

> 虐待（ケース）絡みでいけば（養育者に）ニーズがないからっていう言葉はできれば，関係機関は使って欲しくないなって思います．ニーズがないから対応しませんっていわれると，でも現場で起きてること，子どもが髪の毛引っ張られて振り回されてますけど，ニーズがなくて親が相談意欲がないからいいんですか？って．子から見たらどうですか？って思ってしまうので．そんな発言にならない関係機関同士になれれば，温度差も縮まると思いますし，いいなあって．希望かもしれないんですが，丸投げというか，その課は動かないってことですね．なんかこう上手くいかないからなんですけど，そこは変わるといいなあと．そこに労力を割くよりは，本当に市民への援助に労力を割きたいので．その押し問答に労力を使ってる時間はないのに……とは思ってます．(Info. 3)

第2項　ステップ2——カテゴリの追加修正と関連づけ

ここでは，表35のようなカテゴリの追加修正を行った．

（1） カテゴリの追加

〈民生委員への夜間休日見守り依頼〉カテゴリ追加

　このカテゴリは，特にネグレクトケース等で多くみられる．しかし直ぐさま命に関わらないとしても，養育者の不適切な子育ては保健センターとして気になるケースであり，地域での見守りをより強化するために連携する必要がある．地域にいる民生委員に関係機関の業務時間外である夜間休日の見守り依頼など，最低限地域の目を子どもの安全に向けてもらうように連携をとることを意味している．

（2） サブカテゴリの追加

〈保育園との連携〉「一緒に見守る体制」サブカテゴリ追加

　「一緒に見守る体制」とは，保育園に具体的な見守りケースを依頼するだけでなく，常にそこに担当する保健センターが目を向けることである．特に虐待の深刻度が低い場合には，そのまま保育園につないで保健センターの支援は終結となることもあるが，つながれた側の保育園としては保健センターから丸投げされるより，保育園に預けられた子どもに保健センターに目を向け続けてもらうほうが保育園にとっても安心であり，保健センターと保育園の中で細やかな連携が取れていくことを意味していた．

〈保育園との連携〉「健診へのつなぎ」の追加

　「健診へのつなぎ」とは，「一緒に仕事をする経験」が保育園とできてくると，保育園からの保健センターへの依頼として，1歳半・3歳健診などで声掛けを頼まれたり，健診で気になった養育者に対して保育園でも見守りを続けてもらう等，保育園の日常生活から虐待の予防的視点を保健センターと保育園の間で共有できることを意味していた．

〈相手の機関をよく知る〉「保健センターのメリットを伝える」サブカテゴリ追加

　このカテゴリは連携機関に対して，日頃から会議や連携前の顔つなぎの際に，保健センターができる役割をアピールして伝えておくことである．多くの場合，保健センターに何ができるのかを曖昧にしか他機関の支援者が把握していないため，特に異動時期や前任者からの引き継ぎケースについては，保健センター

表35 ステップ2

カテゴリ グループ	カテゴリ	サブカ テゴリ	データ
連携時の方針	保育園との連携	虐待証拠の収集	
		保育園へのコンサルテーション	
		一緒に見守る体制	保育園に入れたので，毎日日常的に送り迎えをして，親御さんと確実に会えるのが保育園だったので，保育園の先生に，まずは見守りのお願いをしたんですね．子どもはもちろんなんですけど，両親がちょっとした子育ての不安を出すのに慣れていないので，大人と話す機会をしっかり取ってもらうっていう面を意識してやってもらって．その効果はもう絶大だったんですけれど，でも保育園だけでそれをやって下さいっていわれるのは非常に負担なんですよね．なので，私は月に保育園に行って，どうなってるかっていうのを常に確認して．その線で行きましょうってお願いをして．それで園とは上手く関係はできています．（Info.9）
		健診へのつなぎ	保育園の方で，ちょっと気になっている方とかがいたときに，もう少し健診の前とかに，「ちょっとていねいに見て下さい」みたいな声掛けがあって．それで来ると，一応ていねいに見て．なんかの拍子に上手く繋がったりとか．あとは逆に健診では全くニーズがなかったんだけど，今上手くやれてるのは保育園だけなんですけど，1歳半だと次また半年後に連絡を取るんだけど，その前に個人面談とかあったら直接伝えといてと．そういうのは良い悪いだけじゃなくって，ちゃんと分かるように伝えといて下さいといっといたあとで，まぁ親御さんもよく分かっていて．上手く相談に繋がることもあったりだとか．（Info.9）
		民生委員への夜間休日見守り依頼	やっぱり心配なので，やっぱり社会的に未熟というか，育児が本当にできるのかなみたいな．仕事するなんていってるけど，夜の仕事だねみたいな．昼間どうするの？みたいな．そういう感じのおばあちゃんと，ママと2人いて，子どもが産まれたみたいな．で，結婚はしないみたいな人だったんですけど，やっぱり，訪問したら，病院の師長さんから保健師を紹介して頂く時に，このまま帰ったら虐待しちゃうかもしれないからなんていわれちゃって．凄い（お母さんは）怒ってて．そりゃ怒りますよね．私たちは〈そんなつもりではなくって，育児の応援をしたい〉っていうことをアピールして帰ったんですけど，その後は，電話も取ってくれないし，行ってもい

			るのかいないのか．で，音はしないけど，タバコの臭いはするねって（笑）．保健師の立ち場として，そういった人達にどうしたら良いのかっていうのは，私は今も迷っていて．あとは本当に民生委員さんとか身近な人に生きてるか死んでるかの確認をしてもらうような形になっちゃうんですけど．（Info. 8）
保健センターの連携意識	相手の機関をよく知る	相手への気遣い	
		一緒に仕事をした経験	
		保健センターのメリットを伝える	機関ごとの役割とか，範囲っていうものがやっぱりそれぞれあるわけですよね．で，その中でも，例えば保健師なんかは，何をしてくれる人なのかっていうのは一番分かってもらいづらい．便利っていういい方もできれば，何するんだかわかんないっていうのもきっとあって．良い意味で自分達の活動はこういうことができるんですよって自分達の役割を伝えて．発達に関してとか，おうちの様子を見に行きやすいっていう職種なんだっていうことがわかってもらえると，相手のほうから，その保健師の得意の部分を活かして，例えば健診で「この子の様子を見てほしいんだ」っていう投げかけがあったりとか．（Info. 6）
	情報共有の配慮	情報共有する相手を確かめる	
		伝える情報の吟味	例えば，お母さん自身がこの人はちょっと難しいお母さんですねって，例えば攻撃的になりやすいとか．それって関係機関にとっては，みんな欲しい情報ではあるわけですよ．だけど，それを知ったことで，その周りの人自体がこのお母さんと関わるときに，割と固定観念をもってしまって，かかわり方がすごく引いてしまったりとか．あるいは，このお母さんは難しい母だっていうことが最初っから思われてしまって．必要なかかわりが上手く取ってもらえなかったりとか．知らないほうが飛び込めたりすることっていうのもある意味ありますよね．知ってるからこそ構えてしまったりとか．どういう情報をやっぱり相手に伝えるかっていうところは，すごく慎重にしないといけないところかなぁっていうのはありますね．（Info. 7）

の役割と限界を知ってもらえていないことも往々にしてある．職務上，連携先の機関については熟知すべきであるが，現場の忙しさもあり，知らない事を責めて，多機関との連携が悪くなるくらいであれば，積極的に保健センター自らが伝えていくことを意識していた．

〈情報共有の配慮〉の追加と「伝える情報の吟味」サブカテゴリ追加
　「伝える情報の吟味」とは，情報共有する際に，誰に，どの内容を，どの程度伝えるかを配慮することを意味している．本来であれば，「情報共有する相手を確かめる」バリエーションとして位置づけられるが，多くの保健センターが共通して情報共有に気を遣っていることから，サブカテゴリとして昇格させた．このことから，ステップ１の〈情報共有する相手を確かめる〉をサブカテゴリに落とし，「伝える情報の吟味」のサブカテゴリと共に２つをまとめるカテゴリとして〈情報共有の配慮〉というカテゴリを新たに追加した．

(3) バリエーションの拡大
〈会議への要望〉内の「対話に困ったときの他機関任せ」バリエーションの拡大
　ここでは，"とりあえず保健センターに任せよう"というように，仕事が保健センターだけの対応に丸投げされ，会議中，それぞれの自機関でやれることすら検討されないことへの不満である．会議に参加する機関は少なからず，議論中のケースについて関わりがあり，自機関で何ができるのかの方針決定をした上で，保健センターも一緒に機能するような方針決定が行われるような要望を指す．以下に具体例を示す．

> ある程度，会議をするときには，ある程度こちらでこういうふうな（支援の）方向性をもっていきたいっていうことが決められていて，それなりの根回しができていて，ある程度合意形成ができそうなところで，きちんと会議を持つと．すると，そこそこ〈じゃあこの方向で〉ってなりますよね．ただそれがみんな迷っていたりとかすると，ぐるぐる回るだけで話しが決まらないというか．「じゃあとりあえず保健師に頑張って訪問してもらって」とかそれで終わっちゃったりすると，何のために会議したのかわからない感じもしたり……．(Info. 8)

〈相手の機関をよく知る〉内の「一緒に仕事をした経験」バリエーションの拡大

多くの場合，ケース対応に自機関が困った際には，他機関の役割に過度な期待を持ってしまい，周りの機関が傍観者になってしまうことがある．このような状態を打破するためには，やはり日頃からのコミュニケーションや一緒に仕事をする等のフォーマル，インフォーマルな関係を積み重ねることが必要とされていた．以下に具体例を示す．

> すごく児童相談所っていうところに必要以上の希望なり，ニーズっていうか，こっちが期待をしてしまって，逆に変なイライラ感を持ったり，お互いにストレスを感じたり……．こっちができること，お互いができることを……（考えるべきだった）．野球だったら別にピッチャーだけでしてるわけじゃないですよね．で，たぶん三遊間抜けていくとちょっと弱いのよっていうと，みんなでネットを張ったりするし．で，みんながどっちかっていうと児童虐待だと，（他機関から）監督さん（みたいな支援者）がたくさん増えたりしているので，とってもつらいときがあって．（子どもの安全はある程度把握してるけど，他機関が養育者と関係性を築けないからって）"保健師いけー！"，"ここで絶対ヒット打て"と．時に，（私達は）「一回くらい見送ってもいいじゃない！」って．監督がいっぱいいるわと思いつつ……．で，よし，じゃあって時に，ちょっとここはごめんなさい，見送りさせてくださいっていうところが，ちょっとこう，いけると良いかなぁって思うんですけど．結局は中々難しい．みんなが子どもを想って，地域を持って，っていうところなので．そのために普段のコミュニケーションを上手くやっていくことと，自分達の役割を忘れないことと過信しないこと．それから相手の力も過信しないというか，できることをやっていくっていうところかなぁと思うんですけど．（Info. 6）

(4) カテゴリ・カテゴリグループとの関連づけ

サブカテゴリの関連づけ

〈児相・市区町村との連携〉では，「保護時の細かな取り決め」「保健センターは支援的役割」この2つのサブカテゴリは，相互に取り決めをしながらお互いの機関の支援機関／介入機関が決定されるため，相互に関連しあうと考えられる．

また，〈保育園との連携〉では，今までのサブカテゴリの説明でできたように，「保育園へのコンサルテーション」「一緒に見守る体制」「虐待証拠の収

集」が結びつきながら連携されていた．その結果，保育園と保健センターの間に理解が生まれ，保育園からも保健センターへの「健診へのつなぎ」等に発展していることから，「保育園へのコンサルテーション」「一緒に見守る体制」「虐待証拠の収集」の後に，「健診へのつなぎ」が位置づけられると考えられた．

カテゴリの関連づけ

《連携時の方針》の〈児相・市区町村との連携〉，〈保育園との連携〉は，カテゴリ説明の中でしてきたように，サブカテゴリ同士が密接に関係し，位置づけられていた．ただし，《保健センターの葛藤》と《保健センターの連携意識》のカテゴリはそれぞれ独立した内容であるため，関連づけは行わない．だが一方でカテゴリグループ《保健センターの葛藤》《保健センターの連携意識》は《連携時の方針》に対して，保健センターがいつも持っているイメージであり，この2つのカテゴリグループは，《連携時の方針》に関連づけが行われると考えられる．

第3項　ステップ3——カテゴリの精緻化とモデルの確定

ここでは，新たに追加されるカテゴリ，サブカテゴリは見出されなかった．そのため最終的なモデルは図20で確定とした．

第4項　ストーリーライン

保健センターの《連携時の方針》は，〈児相・市区町村との連携〉の際には，基本的に〈保健センターは支援的役割〉を負い，児相や市区町村という虐待対応に特化した機関が，介入的な役割を負う．そして重篤な虐待事例では，児相と市区町村と〈保護時の細かな取り決め〉として，どのタイミングでどの機関がどう動くのかを細かく打ち合わせをする．なぜならば緻密に打ち合わせをしないと，情報共有の摺り合わせができず，養育者から不信感を覚えられたりする場合も存在するからであった．〈保健センターは支援的役割〉に基本的に特化するため，〈保護時の細かな取り決め〉が児相と市区町村に対して，細かい役割設定まで詰めることを保健センターは意識していた．

```
┌─────────────────────────────────────────────────────────┐
│ ┌─────────────────┐  ┌─────────────────────────────┐    │
│ │ 保護時の細かな取り決め │  │   保育園へのコンサルテーション   │    │
│ │       ↕         │  │       ↕               ↕     │    │
│ │  保健センターは    │  │ 一緒に見守る姿勢 ↔ 虐待証拠の収集 │    │
│ │   支援的役割     │  │            ↕                │    │
│ │                 │  │      健診へのつなぎ           │    │
│ │   児童相談所・   │  │                             │    │
│ │  市区町村との連携  │  │      保育園との連携          │    │
│ └─────────────────┘  └─────────────────────────────┘    │
│ ┌─────────────────┐  ┌─────────────────────────────┐    │
│ │生活保護ワーカーへの関わり依頼│ │民生委員への夜間休日見守り依頼 │    │
│ └─────────────────┘  └─────────────────────────────┘    │
│                    連携時の方針                           │
└─────────────────────────────────────────────────────────┘
          ⇧                              ⇧
┌──────────────────┐          ┌──────────────────────┐
│ 保健センターの葛藤  │          │  保健センターの連携意識  │
│ 関係が切れた時の不安│          │相手の機関を良く知る 会議で違いを話し合う│
│  会議への要望……   │          │    情報共有の配慮……     │
└──────────────────┘          └──────────────────────┘
```

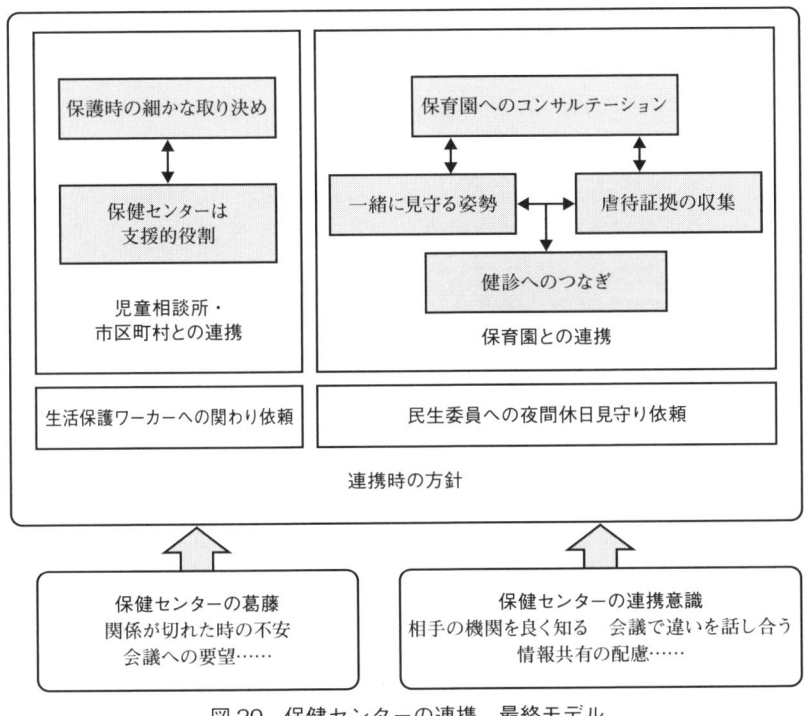

図20　保健センターの連携　最終モデル

　同様に〈保育園との連携〉では，「虐待証拠の収集」を日常生活に最も近い保育園に依頼し，〈保育園へのコンサルテーション〉をしながら〈一緒に見守る体制〉を組む．ここで「一緒に仕事をした経験」となって保健センターと保育園の関係ができてくると，保育園のほうから気になる養育者や子どもを〈健診につなぐ〉などの連絡を取れるようになり，その後の連携のしやすさにつながっていた．

　また，どうしても保健センターのアウトリーチに対して，養育者が拒否的な場合は，お金の面で絶対に養育者とは切れない〈生保ワーカーへの関わり依頼〉をしたり，〈民生委員への夜間休日見守り依頼〉によって地域の見守りの目を向け続けるよう，体制を敷いていた．

　このような連携において《保健センターの葛藤》も存在する．〈会議への要望〉では，まず多機関連携において，それぞれの機関が次に何をするのか，「会議での具体的な方針決定」を最低限行いたいと考えていた．ケースの理解

を深めることも大切だが，むしろ子どもの安全のために何が今各機関でできるのか，保健師の立場として，非常に問題解決指向が高いことが考えられた．また会議等で〈対応に困ったときの他機関任せ〉という職務の丸投げを防ぎたい思いが語られていた．連携とは，決して一機関だけに仕事を振り分けることではなく，各機関で役割分担しながら対応することであるが，対応に困った場合は連携先自体に過度な期待をしてしまうことが現場では起こっていた．さらに，会議自体には複数の専門家がいることから，会議自体を円滑に進めるために，改めて専門用語ではなく「わかりやすい言葉の選択」を求め，会議自体の環境を話しやすい雰囲気にするよう心がけていた．そして保健センターの最大の不安は，保健センターと養育者の〈関係が切れた時の不安〉であった．保健センターは，地域リソースの最後の砦という自負があることから，支援的な役割を負いながらも，多機関連携において養育者に虐待を告知するといった介入的な役割を負うことによって関係が切れることへの保健センターとしての不安や抵抗感を感じていた．

　このように，連携体制を組む際に保健センターが大切にしていたことは《保健センターの連携意識》にあるように，まず〈相手の機関をよく知る〉ことであった．機関ごとに「相手への気遣い」を忘れず，労いの言葉をかけたり，立場を理解した言葉の選び方などに配慮を常に意識していた．そして「一緒に仕事をした経験」によって，連携相手の特徴を把握しながら，相手の協力を得られるような関わりを共に育んでいく体験も重要視されていた．〈対応に困ったときの他機関任せ〉を避けるためにも，「一緒に仕事をした経験」を積み重ねながら〈相手の機関をよく知る〉ことを保健センターは地道に積み重ねながら多機関に対応を求めていた．このことは，フォーマルな動きだけでなく，顔見知りになるというインフォーマルな関係性が働きやすさにつながっていると考えられる．そして連携において，保健センターは各機関の考え方は違って当然であり，より良いケース支援のために〈会議で違いを話し合う〉ことを大事にしていた．

第4節　考　察
支援と介入役割の機関バランスをとる

　保健センターの連携の特徴は結果に示した通り,〈保健センターの葛藤〉にあるような,「対応に困ったときの他機関任せ」が最も困る点であったと考えられた.

　「保健センターのメリットを伝える」という啓発活動にも示すとおり,保健センターは地域における養育者へのアウトリーチ能力が,そのフットワークの軽さによって,支援的な機能も,虐待への介入にも対応できるものである.事実,医学的な知識を持ち合わせ,精神的なケアもでき,かつ様々な支援事業に結びつけられるコンピテンスは専門職のなかでも平均して高いと考えられる.しかしながら,連携時ケース対応が各機関でできなくなった際には,そのコンピテンスの高さゆえに,保健センターに仕事を集められてしまうこともあるのではなかろうか.〈会議で違いを話し合う〉にもあるように,菊池（2001）は,タイムリーな連携ができるためには,いいたいことを最初にいわせてもらい,何度も話し合いを持ってもらったり,本音で語り合い,ともに汗を（涙を）流す機会の増加が必要だと指摘する.このような保健センターの連携におけるスキルは,すべてオンザジョブ・トレーニングであるという指摘がある（日隈,2001）.特に効果的なケースカンファレンスを行うために,保健センターは「努力しても上手く（ケースが）運ばない」というメンバーのやるせない気持ちを受け止め,感情を分かち合う役割を期待されているともいわれる（工藤・松島・伊藤,2001）.

　すなわち,保健センターは,会議において違いを話し合うだけでなく,相手から担当を丸投げされそうな時でも,相手がこれ以上対応できないという不安や無力感の感情に焦点を当てながら,今までの連携スキルを蓄積してきたと考えられる.多機関につなぐためには,当然の事ながら,その工夫として〈相手の機関をよく知る〉ことが重要であると今回の保健師インフォーマント全員が語っていた.そして,保健センターが長年地域社会で家庭訪問を繰り返してきたスキルと,母子手帳発行や健診などのポピュレーションアプローチのシステムによって,養育者と子どもに就学前までに定期的に会う機会を持つことは,保健センターが支援的な役割として養育者のもとに寄り添う際にもきっかけと

して現場では非常に大きな力となっていたと考えられる．

　ただし，養育者のもとに介入的に入ることへは保健センターとして全体的に抵抗があり，市区町村と児相との連携においても，非常に細かな打ち合わせをする必要性を感じていた．そのため，保健センターの特性から支援的な役割から介入的な役割にはシフトしにくいことも考えられた．

　特に，連携の方針において，〈児相・市区町村との連携〉で緊急一時保護や，虐待であることを養育者に介入的に伝えなければならない場合，児相・市区町村と養育者の関係性は切れてしまう場合も少なくない．そのため，保健センターは「保護時の細かな取り決め」「保健センターは支援的役割」に回るなど，綿密な役割設定をすることで，万が一児相・市区町村と養育者の関係性が切れても，なんとか保健センターは養育者と良い関係性を築けるようなリスクヘッジを意識していた．中板（2005）は，「メンバーの危機意識がまちまちであったり，相互の役割の理解が乏しかったり，関係者が児童相談所に子どもを手渡すことに躍起となっている場合には，連携自体がうまくいかないことが多い．また，危機介入時のネットワークは一生懸命でも，保護後のケアネットワークは未だ不十分である．虐待対応において，分離はゴールではなく通過点である」と指摘する．〈保育園との連携〉において，「保育園へのコンサルテーション」を行う等，保健センターは支援的な役割を負うとしても，保育園のように毎日親子に接するような日常的なアプローチよりも，家庭訪問を通して多機関につなぐような予防的なアウトリーチを行っており，保育園とはまた質が異なる支援的役割を負っていると考えられた．また，同じように家庭訪問を行う児相や市区町村による，虐待介入としてアウトリーチ対応する役割と異なり，保健センターの保健師が取る役割は，養育者に対する支援的なアウトリーチ対応であった．このことから，連携においても，保健センターが取る立ち位置とは，日常的なアプローチを行う保育園と，虐待問題解決のために強権的にアプローチを行う児相・市区町村の中間に位置づけられ，予防と介入，支援と強権をつなぐ役割の違いを感情的にも汲み取りながら，個別ケース会議においてもバランスを取った役割を担おうとする連携の指向性が考えられた．

　以上のことから，保健センターの取る連携時の役割は，親子の日常生活と虐待介入をつなぐ役割としてアウトリーチを期待され，連携時においても，支援的役割を中心とし，かつ養育者のストレングス視点に焦点を当てた問題解決型

の関わり方をしていると考えられる.

第12章
市区町村から見た連携

第1節　問題と目的
子育て支援から虐待対応まで行う市区町村

　本章では，市区町村における連携役割を，アウトリーチを行う役割と，要保護児童対策地域協議会を取りまとめる調整機関の役割，2つの視点からまとめる．

　第7章でみたように児童福祉法が2003年，2004年に改正されて以降，虐待対応の事実確認は市区町村が担当することとなった．それゆえに，児童相談所とのケース対応の棲み分けとして，施設入所，里親委託，家庭裁判所への送致，児童福祉司による指導等の児童福祉法第27条に該当する対応が必要と判断した場合や立入調査，一時保護が必要と判断した場合，また高度に専門的な対応や判定が必要と判断した場合には市区町村から児童相談所に送致することになっている．実際には市区町村担当課だけでは，虐待が重篤で保護が必要なレベル，または養育者対応が非常に困難であり，長期に関わっても子育て環境の改善がみられないと判断したものを児童相談所に送致することになる．具体的な範囲の設定については，各市区町村が児童相談所と個別に協議するか，児童相談所管内ごとの協議によりガイドライン的なものを設定しておくことが望ましいと指摘されている（加藤・白樫・油谷ほか，2005）．事実，虐待対応のモデルを模索しながら試行錯誤で経験値を重ねている市区町村は，深刻で複雑なケース，特に精神的な問題を抱えている場合などには専門的立場からの指導，助言を必要とする場合が多くなっている．このようなケースには専門的にその問題を分析，診断し，必要に応じて治療に関与できるような精神科医，臨床心理士，精神保健福祉士，など専門家の連携が必要となるといわれている（佐伯，2005）．

　しかしながら，もし要保護児童対策地域協議会が設置されていても，地域のシステムが上手く作動しないと，結果として虐待死を惹起することになるともいわれる（社会保障審議会児童部会，2005; 2006）．市区町村ネットワークを有効

活用するには，ネットワークにおける各機関の役割を形骸化させない工夫が大切とされる（坂元・和知・井上ほか，2003）．だが，各機関は，それぞれの機関ごとの専門性をもっており，虐待対応にあたっても，スタンスの違いを感じる．アセスメントの観点が違い，行動原理や解決に向けての手法も異なる場合もある．このことは，ともすれば，多機関連携に対して相互不信を生み出しかねないという指摘もある（真田，2004）．加藤・安部（2008）によれば，要保護児童対策地域協議会（以下，要対協と略）は行政責任を持つものではない．あくまで要対協は協議をする場であり，その上で，現実にできていることとできていないことを理解し，支援の不足部分を各機関でお互いに歩み寄って取り組む姿勢を求めているという．そのためには，お互いの足りない部分を非難しないことが大切とされている．そして，少しでもよりよい連携体制が組めれば，よりよい支援の可能性が広がるため，主担当は，市か児童相談所かを，きっちりと役割分担させておくことに協議する意味があるといわれる（加藤・安部，2008）．加藤（2009）によれば，市区町村が抱える困難事例の多くはネグレクトであるか，養育者のかかわりができてくれば，「一進一退」しながら徐々に改善が図られる事例が多く報告されたという．しかし養育者との関係形成が難しい事例では市区町村としての対応に苦慮し，子どもに問題行動等があると要対協による在宅支援は困難であった．そのため「ネグレクトは市町村」ではなく，「援助関係ができているネグレクトは市町村が中心」と認識すべきとされ，児相と市区町村の連携にひとつの線引きが提案されている（加藤，2009）．

だが，現場となる市区町村では，数多くのコーディネート機能で困難ケースが存在しているという．山野（2009）は，多機関連携におけるマネージメントがうまく進まず，苦労している実態を「閉殻の連鎖」，上手く連携がまわりだす状態を「内発の連鎖」とし，その過程を現場に即して，ボトムアップ的に捉えている．だが，山野の研究は，要対協の調整担当者のみを調査対象とし，マネージメントの視点のみに特化して捉えたものであった．そのため，実際に連携をする各支援者が市区町村とその他の機関との連携をどのように捉えているかについては扱っていなかった．

以上のような問題から，本章では0歳から4歳に対する虐待対応機関としてアウトリーチを行う市区町村と要対協の調整機関としての市区町村，両視点から各機関との連携の方針，および連携の際の葛藤，あるいは注意工夫している

点を構造として捉えることを目的とする．

第2節　方　法

第1項　調査対象

Info. は表19（第7章）に示した市区町村13施設に勤務するワーカー15名である．なお，表19にもあるように，ワーカー担当者の専門職は自治体の雇用条件から違いがある．そのため，本章では専門職のアウトリーチではなく，市区町村におけるワーカーを対象としている．

第2項　調査手続き

半構造化面接によるインタビュー調査をし，時間は調査対象者1人につき2時間から2時間半である（アウトリーチの内容を含む）．調査者が1人で全てのインタビュー調査を行い，その後逐語録に起こし分析を行った．

第3項　調査期間

2008年4月から2010年7月にかけて調査を行った．

第4項　インタビューガイド

過去の子ども虐待対応の中で，多機関連携を行い，
① 多機関連携が上手くできたと思われる具体的エピソード
② 多機関連携が上手く果たせなかったと思われる具体的エピソード
③ 多機関連携の際に現場で連携困難なポイント
④ 多機関連携の際に現場で意識・工夫していること，以上4点である．
特に市区町村が要対協の調整機関として，個別ケース支援会議などを開くことも多いため，会議の方針についても，必要に応じて，インタビューを行った．

第5項　分析手法

得られたインタビューデータは全てプロトコルに起こし，グラウンデッドセオリー・アプローチ（Strauss & Corbin, 1998）を用いて分析を行った．分析手法については第2章第2節を参照して頂きたい．

第6項　理論的サンプリングと段階的分析手続き

ステップ1では，Info. 1から8まで現場の市区町村のワーカーによる多機関連携についてサンプリングおよび分析を行った．この段階では，まずカテゴリの生成を目指した．

続くステップ2では，Info. 9から12まで，"地方部と都市部"，および"10年以上のベテラン"という点からサンプリングし，比較検討を行った．この段階はデータを追加し，カテゴリの追加と修正を目指した．サンプリングの属性を比較することで，より妥当性のあるカテゴリ内容を把握し，その上で，カテゴリグループ，カテゴリの関連づけ，および初期モデルを生成した．

最後にステップ3では，Info. 13-15まで"経験年数"について比較検討を行った．この段階では，更なるデータを追加することにより，カテゴリの精緻化を試み，現場に即した市区町村による多機関連携の構造としてモデルを確定した．

なお，現場の市区町村ワーカーの方々は緊急虐待通告が入る事もあり，非常に多忙でインタビュー調査に協力頂くためには，調査協力して頂けるInfo.のご都合に合わせて調査日程を組む必要があった．そのため，厳密な理論的サンプリングは不可能であり，分析の段階が前後左右する場合があった．ただし，各段階においても属性ごとの絶えざる比較を行いながら，できるかぎりの段階的な分析手続きを踏襲した．

第3節　結　果

第1項　ステップ1——カテゴリの生成

　ステップ1では，表36のようなカテゴリ表を得た．以下にカテゴリの説明を行う．

《連携時の方針》
　ここでは〈児相との連携〉〈保育園への見守り依頼〉〈保健師の同行訪問〉〈民生委員への期限を決めた見守り依頼〉という4つのカテゴリが存在する．
〈児相との連携〉
　このカテゴリには，「市区町村は支援的役割」「児相への頼み方」「職権保護時は養育者に会わない」「保護後に養育者に会う」という4つのサブカテゴリが見出された．
　「市区町村は支援的役割」とは，児童相談所によって一時保護となるような重篤な虐待ケースで連携する際には，市区町村は役割分担として支援的役割を取ることを意味している．
　「児相への頼み方」とは，何でも一時保護を依頼するのではなく，基準として虐待の深刻度が高く，保護以外の選択肢がないと児相も納得できる程度のリスク情報・根拠を集めることである．児相が保護できない場合，市区町村による関係機関の情報収集不足や調査不足が多いことを経験的に学び，徹底して必要な条件を調べ尽くす姿勢を市区町村は大切にしていた．
　「職権保護時は養育者に会わない」というのは，養育者のもとから子どもを児相が一時保護する場面には，絶対に立ち会わないことを意味する．養育者が最も対峙的関係を強め，ヒートアップするのは，児相のアウトリーチモデルで示したように，子どもを保護する時である．その時に支援的役割を担う市区町村は，養育者から児相と同列に扱われないように，絶対にその場に立ち合わないようにしていた．ただし，養育者と会わずに，子どもからの情報聞き取りでリスクが十分に確認された場合は，そのまま児相に送致すること等はこの限りではない．

表36　ステップ1

カテゴリ グループ	カテゴリ	サブカテゴリ	データ
連携時の方針	児相との連携	市区町村は支援的役割	児相は措置権があるじゃないですか．だから，介入的なアプローチをかけれると思うのね．ただ，市区町村の支援センターのワーカーっていうのは，措置権も何も持っていないので，もう介入的なアプローチは皆無．ありえない．絶対できないです．だから，従来的な超受容的なアプローチしかできないと思っているのね．言わなきゃいけないときは言うけどさ．(Info.2)
		児相への頼み方	動かないって児相よく言われるけど，動かし方だと思うんですよ．〈こうだって思ってここまでやったんだけどできなかったから頼むね〉って．そしたらもう児相が言い返してくるのわかるんですよ．「なんで警察に行かないんだ」って，〈警察にはもう言ったけど，こうだって〉．「そんで親はなんなんだ？」とか「傷痕はどうだ？」とか．聞いてくるのだいたいわかるので，そこは事前に押さえといて，〈だから保護お願いします〉って．そのへんは駆け引きみたいなところもあるんだけど．でも僕ら子どもが守れればいいと思ってるので〈ごめんね〉って後から言いますけど．児相からは「そこまで言われたらもうしょうがねー，保護だな」って．でも，そこまで言われたらの"そこまで"が地域(の支援機関の仕事)だと思うんですよ．親と話さなくても子どもからは聞き取りして児相の送致とかね，今もありますけど．その情報は取っときますね．でないと，丸投げかよって，児相も思うから．(Info.5)
		職権保護時は養育者に会わない	それぞれの機関の立場でできることとできないこと．例えば児童相談所で支援？　そのあと例えば子ども生まれてね，地域で支援するっていうのが明確であるなら，うちが職権保護の介入のところで立ち会ったりとかするんじゃなくて黒子としてね，ちょっと連絡調整に回るとか．(Info.5)
		保護後に養育者に会う	もう保護されてたら保護先にもう行っちゃって聞いちゃうとか．だからこっちから逆に〈地域に戻ってくるんだったら保護中に(養育者に)会わせてくれ〉っていうのは児相には言ってます．そうじゃないと支援できねーからって言う話はしてます．基本的には，こそこそされる方がよっぽど嫌だと思うので．ただ，そこまで児相が介入して改善できてるかっていうとこれひとつ大きなところかなって．表ではこう言ってて，ひっくり返る方も多い．結局児相

		の門出ればもう攻撃的になってほかの機関を受けないとかってこともままあることなので，だからこういうとこではちょっとこっちが入りにくいよって．(Info.5)
	保育園への見守り依頼	途中から保育園入れたんだけどさ．保育園入っても，行かないんだよ朝，連れて行けないから．子どもが朝お着替えとかぐずるから，朝早く何時までに来たらこっそりシールをあげるとかさ，子どもにね．そういうんで，ちょっと保育園のほうにも来るようにってやってもらって，しかもちょっとスキンシップはそういう状態であれば多めにしましょうって言ってかなり濃厚に関わっていただいて支えていった．(Info.3)
	保健師との同行訪問	もう口頭で伝えるっていうことではなく，具体的に一緒に動いて家庭訪問とかも．今までは保健師が行ってたところや，保育園の園長が一人で訪問しなくちゃいけなかったところに，支援センターの職員が一緒に訪問に同行していくことで，保育園の職員がこんなに心配してるんだよっていうのを間に入って，親との支援関係を繋いだりとか．ただやるんじゃなくて，具体的に一緒に動くっていうことだよね．(Info.2)
	民生委員への期限を決めた見守り依頼	地域の民生委員さんに夜間の見守りをお願いするという形を取るんだけど．でも民生委員さんも毎日毎日ね，夜10時，11時に見に行って確認を，なんてできないから．ある程度期限を決めて，〈今日から2週間，夜確認をしてください〉，という形でお願いをして．で，その状況をつかんでいくとか，っていうことをやったり．(Info.2)
会議の方針	具体的なリスクの共有	子どもが中心じゃなくて，親対応が中心になって行っちゃう．キズ，アザとかあっても，反省してるからいいやーっていって，なあなあで保育園，幼稚園や学校の中で終わっちゃう．んで，それが外に出てこない，子どもだけがやられ続けるというパターンが多いかな．だから，その学校とかその見守りをお願いするのはいいんだけど，（通報が）上がってこないことも含めてね，リスクも含めてちゃんと連携してるかっていうところかな．だから例えば上がって来ないにしても，もう1回傷や痣があったら絶対地域に戻さないからっていう前提で見守りお願いしてるのか．あるいは，通報するための担保として，〈兄弟残ってるとあれこれうるせーから，じゃあ兄弟丸ごと保護するから，だから次上げてね〉っていうふうに．そこまでしたらこうするってとこの，そ

			れがあっての連携だと思うんだよね，勝手にあれやってくれって頼むんじゃなくて．良い状況は，別に打ち合わせなくていいわけじゃないですか？　良くなるわけだから．だけど連携ってのは悪くなったところに関して，ここまでリスクが行ったらこういう動きをするからお願いねっていうところの連携かな．(Info. 5)
		今何をどこまですべきかの共有	やっぱり他の人たちとの役割分担をきちっとしながら，議題は子どもなりの，家庭なりの問題の解決ですよね．で，それが明日解決したほうがいいのか，来週なのか一年後なのか，10年後なのかってことも踏まえて，じゃあ今何するかっていう，そういうところが，市区町村の職員としてきちっとできていくっていうのが大事だと思うんですよね．(Info. 6)
市区町村の葛藤	情報共有の難しさ	思わぬ情報の漏れ	(養育者のところに他機関の支援者が)「市役所に言われたから来ました」とかね，言われちゃったりとかね．そういうのありますね．連携で難しいっていうのは守秘義務もあるだろうけれど，相手の機関の技量をどこまでわかってるかだよね，特徴を．そこはね，大きいと思います．で，なかなかこういう現実って語られないところなんですよね，あの厚労省からの理想的なネットワークだので図とか書いてあるやつだとさ．ただそれ以前の機関の持っている機能とか，特徴とか限界だとかっていうのを分かった上でちゃんとやらないといけないかなって．で，無理にお願いして，言ってもあれだし．特にこう主任児童員さんだとか地域の方は，ずっと地域にいらっしゃるわけだから，そんなにリスクの高い見守りはお願いできない．(Info. 5)
		情報が上がってこない	こっち（市区町村）じゃ，（養育者は市区町村の話を）すんなり聴いてるけど，ほんとにうちのセンターから一歩でも出たら，もうこっちのもんだみたいになって．で，例えば通告義務あるんだけど，地域に戻ってきたら結局また地域の相談機関が矢面に立たされるんですよね．で，そうすると（親から）「なんでチクったんだ！」って攻撃されるのが嫌で（地域の支援機関が通告情報を）言わなくなってったりとか．んで，情報が上がってこないっていう……これはわりとオーソドックスな連携がうまくいかなパターンかなと思うんですけど．(Info. 5)
市区町村の連携意識	連携前の準備	情報共有する窓口を調べる	ケースに対する考え方とか接し方って結構ね，重要なとこだよね．合う合わないっていう，絶対，対人間だからあるでしょ．で，それをさ，仕事だからと言って，うまくやってくれる人もいるし，全くやっ

		てくれない人もいるよね．支援センターの仕事ってネットワークを作る仕事なので，保健師にとっては，余計な仕事を振られるって思ってる人もいるし．学校だったらそれは，校長先生と，副校長先生が居て，どちらかにまず話を持っていかないといけないんだけど，そこの校長先生と副校長先生の性格っていうのを，事前にね把握する．特に学校の方針とうちの方針が違ってるっぽいなぁって時は，教育委員会の指導員ところ行ってさ．〈こういうケースがあるんだけど，この学校の先生に相談しなくちゃいけない．については，校長先生と副校長先生どっちに相談したほうが良いでしょうか？〉っていう風に聞きに行くっていうことをやってるね．そうすると指導室に先生は，校長先生，副校長先生の性格，考え方を把握されてるので，「だったら最初はこっちに言ったほうがいいよ」って言ってくれたり，あるいは指導室から最初にちょっと根回しをやってくれたりとか．だから，直接的にいかないで，間接的にいくような手法を取ったりする．（Info. 2）
	一緒に仕事をした経験	システマチックにやるのって簡単なんだけど，結局人だと思うんですよ．見守るのも人だし，支えるのも人だし．だからなんて言うのかな，連携って難しいんだけど，1回顔見とくと全然違うかなって．で，やって見守って成果が出れば，ポジティブなサイクルだよね．結局評価されるわけだから．で，結局まったうちの関係機関としての信用になってるし．あそこに言われたんだったらじゃあやるかっていう，これはこっちの質も問われるし，あとやる量だよね．だから質担保したままこう実績を重ねてって，信頼を得てくっていう．だからで杓子定規でこうだからこうやりなさいって言われたって，信じれるわけねーよなって思うんですね．（Info. 5）
連携時の具体的対応	情報取り扱いの確認	本当に関係機関と情報を共有したり，情報交換するときは，これは絶対言わないで下さいねっていうのは，もうみんな共通認識だと思ってると，そうやって（情報がもれたりとか）やられちゃうのね．だから，情報交換するときは，必ず終わった後と，（共有）する前に，確認しなくちゃ．〈これから話すことについては，一切他言無用ですよと．お母さんにも保護者にも，誰にも言わないで下さいよ〉と．〈今日話したことについては，確認ですけど，絶対にここだけの話として，他には話さないで下さいね〉って最初と最後に確認するっていうことを絶対しなくちゃいけない．（Info. 2）

	他機関を悪くいわない	他機関から来てる情報の受け方で，受けたときの状況によりけりだと思うんですけれども，先に，その機関で挙げてしまうというのがひとつ．で，その機関から「こういうふうな関わりで子ども家庭支援センターを紹介しますよ」っていうのが必ず付いてるので．（市区町村としては）〈こういうふうに言われてきたんだけど〉っていうので，そういうときはもうその他機関の苦情だとか批判とかって出てくるんだけれども，それはもうさておきで，もう聞くだけ聞いてしまって，どういうところができるかっていうところの話になっていくのかな．見張ってるみたいで悪いねって言ってた．あの他機関を悪く言ってしまって自分たちを立てる，っていうことは極力やらないようにはしてるけど．あっちはそうだけどこっちは違いますよっていうふうに比較論にはあまり出さないようにして，〈うちはこうです〉っていうところで．向こうも事業所としての方針としてね，これ審議していきますよっていうことで．児相もおんなじようだと思うんだけれども．(Info.5)

「保護後に養育者に会う」とは，保護後に一時保護の解除，あるいは再統合を前提とした家庭復帰が児相で組まれ，地域での見守りフォローが必要なことが決定した場合には，速やかに市区町村が養育者のもとに出向き，今後の支援役割を明確に養育者に伝えていくことを意味する．

〈保育園への見守り依頼〉

日中の保育園登園時に子どもの安全と見守り依頼を保育園に行うことである．

〈保健師の同行訪問〉

養育者宅へのアウトリーチにおいて，攻撃的・拒否的な養育者のもとへは，市区町村も一緒に同行訪問するなど，具体的に共に動きながら，気になる親子への眼差しの数を増やしていた．

〈民生委員への期限を決めた見守り依頼〉

保健センターの連携モデルと同様に，ワーカーが訪問できない夜間の時間帯に期限を決めて見守り依頼をしてもらうことである．期限を決めるという見通しを含めた見守り依頼をすることで，民生委員がいつまで訪問すれば良いのかという不安を感じないように工夫をしている．

《会議の方針》

このカテゴリグループは，市区町村が持つ要対協をはじめとする，調整機能の役割に関するカテゴリグループである．ここでは〈具体的なリスクの共有〉〈今何をどこまですべきかの共有〉という2つのカテゴリが存在した．

〈具体的なリスクの共有〉

ケース会議を開く際に，虐待というリスクについて明確な設定をすることである．現状のリスクを把握したあと，次動く場合はどの程度のリスクかを関係機関で具体的に共有することを目的としていた．

〈今何をどこまですべきかの共有〉

〈具体的なリスクの共有〉をした後に，実際に子どもの安全を守り，家庭を支援するための具体的な問題解決の役割を各機関で共有することである．具体的にどの機関が何をするのか，緻密に方針を決定することを目的としていた．保健センターも市区町村も，具体的な問題解決のために，実際に今すぐにどう動くべきかという問題解決の視点が，子どもの命を守るケースワークとして非常に強く意識されていた．ここの内容が具体的なレベルで決まっていないと会議への不満や連携への不全感につながっているところもあった．

《市区町村の葛藤》

このカテゴリグループは，〈情報共有の難しさ〉を示す．調整機関としての役割を負う部分において，ステップ1では興味深いことに情報共有に関する葛藤，1点のみが見出された．これは市区町村の特徴として多機関連携のコーディネート機能が関係機関から求められているからだと考えられる．このカテゴリには「思わぬ情報の漏れ」「情報が上がってこない」という2つのサブカテゴリがある．

「思わぬ情報の漏れ」とは，多機関連携の中で，どこからか情報が漏れてしまうことである．データにもあるように，このような意図せぬ情報の漏れは，事前に守秘義務の内容を確認していたとしても，実際は思わぬ所からもれることもあり，それはケースの個別性と各支援者の力量如何によって左右されるものである．そのため，何の情報を何時，何処で，誰に，どの程度共有するかという問題は，常に調整機能をもった市区町村においてどのインフォーマントも苦悩していた．

「情報が上がってこない」とは，地域で関わる支援機関，支援者（保育園，保健センター，学校，医療機関，民生委員など）が市区町村や児相に通告をした場合，養育者から「なんでチクったんだ！」と攻撃されることへの各専門機関の担当者自身の疲弊や無力感，不安，場合によっては攻撃されるという思いこみから，市区町村に通告情報が上がってこないことを指していた．通告は義務であるにもかかわらず，支援機関から情報が上がってこないというのは，子どもの安全を守る点においても，各機関の通告義務の点からも非常に問題である．バリエーションとして，個人情報保護法を誤解し，虐待事例についても「家庭内のことは通告できない」という民事不介入と考える支援者も未だに存在した．その他にも，地域の機関が養育者から脅されて通告をためらっているケースや，市区町村や児相に介入してもらうレベルの深刻な虐待であっても地域の学校や幼稚園・保育園だけで対応できると考え，結局一機関だけで抱え込んでしまったケース，養育者が巧みに虐待を隠し，子どもにも秘密を強要している性虐待ケースなどもバリエーションとして把握された．多機関連携のシステム上，支援機関が必要不可欠な通告をしないことは，子どもの安全を守るためには非常に危険なことである．こうした背景から通告漏れがないように，市区町村は調整機関として各地域の支援機関の力，通告状況，ケース進行管理を常に把握するため，他機関への挨拶回りや，市区町村機能の予防啓発を直接出向いて行い，地域で抱え込まれている虐待ケースへのアンテナを張り巡らせていた．

《市区町村の連携意識》
　ここでは，〈連携前の準備〉〈連携時の具体的対応〉という2つのカテゴリが見出された．
　〈連携前の準備〉
　このカテゴリには，「情報共有する窓口を調べる」「一緒に仕事をした経験」という2つのサブカテゴリがある．
　「情報共有する窓口を調べる」とは，〈情報共有の難しさ〉で苦労していたことへの対応策として，初めて情報共有する，各機関に所属する支援者の特性を，情報共有の前に押さえておくことである．データにもあるように，このような支援者自体の特性を押さえることも，ある意味インフォーマルな連携のひとつ

と考えられる．

　また「一緒に仕事をした経験」とは，保健センターの連携モデルと同様に，担当者同士が顔見知りであり，お互いに安心して連携できるという信頼感を仕事で協働しながら培う体験のことである．この2つのサブカテゴリは，互いに関連し合いながら〈連携前の準備〉となっていると考えられる．

〈連携時の具体的対応〉

　このカテゴリには「情報取り扱いの確認」「他機関を悪くいわない」という2つのサブカテゴリがある．

　「情報取り扱いの確認」とは，データにも示されているように，実際に情報共有をする，まさにその瞬間において，話す前と話した後に確実に"ここだけの話"として念押しをしておくことである．これによって情報共有の漏れを予防することを目指している．そして，同様に，このようなここだけの話をできるという事は，市区町村が担当者を信頼しているという証でもあると考えられる．

　「他機関を悪くいわない」とは，連携の情報共有の際，インフォーマルな関係から他機関の苦情や批判が出たとしても，そこは聞くだけ聞いておいて，何も意見をいわないことである．市区町村は多機関連携が各機関の対応の総和として考えており，個人的に感じる連携の不安や葛藤は同僚同士ではグチのように共有するものの，組織として仲間となる他機関を公の場では絶対に悪くいわない，非難しないことを暗黙のルールにしていると全インフォーマントも話していた．

　以上のように《市区町村の連携意識》とは，情報共有への幾重にも重なる配慮である．つまり市区町村が持つ調整機関としての連携機能は，多機関で動いてもらうために，どのように情報を渡していくか，がひとつのキーワードになっている．

　市区町村は，このような連携のために，攻撃的・拒否的というニーズの低い養育者の支援に向けて，幾重にもネットワークを重ね，必ずどこかしらとは関係が繋がっているように体制を立てる．つまり，《市区町村の連携意識》に示されているように，市区町村は，相談ニーズの低い養育者へのアウトリーチ対応と同等に，多機関連携の調整に多くのエネルギーを使っていると考えられる．

　また，多くの市区町村は調整機関だけでなく，自らも多くのケース数を抱え，

家庭訪問をも行っているのである．そのような二足のわらじを履くワーカーの連携への熱い情熱を《市区町村の連携意識》というカテゴリグループ全体のバリエーションとして把握するデータが見出された．以下に具体例を示す．

> だってさ，親対応と同じくらい気遣う……．同じだもんね．結局関係機関に拒否されたら．で，そこの情報が途絶えちゃうわけだから．うちの仕事が成り立たなくなっちゃうからね．だからこそ，一つ一つ，できる限りていねいにやっていきたいんだよね．（Info. 2）

第2項　ステップ2——カテゴリの追加修正と関連づけ

ここでは，表37のようにカテゴリの追加と修正を行った．

(1) カテゴリの追加と修正
〈人間関係への配慮〉のカテゴリ追加と〈会議の目的〉の修正
ここでは，新たに《会議の方針》の中に，〈人間関係への配慮〉というカテゴリが見出された．これによって，ステップ1で見出された〈具体的なリスクの共有〉と〈今何をどこまですべきかの共有〉をサブカテゴリに落としこみ，同時にこの2つをまとめるカテゴリとして〈会議の目的〉を生成した．

〈人間関係への配慮〉
このカテゴリには，「会議前に人間関係を調整する」「会議の雰囲気作り」「日常関わっている人への配慮」という3つのサブカテゴリが存在した．
「会議前に人間関係を調整する」とは，データにもあるように，あまりにも機関ごとで考え方が異なり，会議中に支援方針が決裂する可能性が強い場合には，予め市区町村がリーダーシップを取って方針決定をするためにも，事前にケースの見立てが似た関係機関を探し，事前に根回しをしておくことを意味している．
「会議の雰囲気作り」でとは，話しやすい雰囲気作りだけでなく，座り位置の調整等も含む．また当事者である養育者を含めた支援会議もなされており，その場合は飲み物や軽食・お菓子を出したりするなど，柔らかい雰囲気を作るような環境的な配慮を行っていた．

表37　ステップ2

カテゴリグループ	カテゴリ	サブカテゴリ	データ
会議の方針	会議の目的	具体的なリスクの共有	
		今何をどこまですべきかの共有	
	人間関係への配慮	会議前に人間関係を調整する	個別支援会議でそういう状況になりえると思うんですけど，まず自分がほんとに調整が必要なケア会議があって，自分が主担当だから進行もやらないといけないっていうときは，一緒に組んでる市の方に書記的なところはおまかせして，もう自分はあの調整する方に努める．で，やっぱり比較的，担当している自分たちがこの方向にもっていきたいから，この話し合いをしたいから会議を設定っていうことが多いじゃないですか．で，反対の立場にある方がいたら，できればね，事前に〈こうやりたいと思うんだけど，ちょっと他の人もいるから，今度の会議で話し合いたいんだけど〉とか．やっぱりね，何のためのケア会議なんだってとこなので，よりよい支援をそれぞれができるようにして，家庭なり子どもの幸せをこちらがお手伝いする対応なのに，関係者が仲悪いとか話し合いで決裂するとか，そんなの本も子もないと思うので，やっぱりそれって一番無駄なことだと思うんですね．だからまあ，その辺の人間関係の調整は，もちろん自分一人でできないので，〈もしその他にも一緒に手伝って調整してくれそうな人がいたら，もしこういう話の展開になったらちょっとこういう風に意見出して，方向変えてもらえませんか〉とか，事前に根回しはしときますね．(Info. 12)
		会議の雰囲気作り	あんまり関係がよくない機関があったら，座る位置とかも，ちょっとある程度調整して，ぶつからないような位置に設定したりとかはしますね．状況によっては保護者が入る時だけでもケア会議はお茶とチョコレート1個2個ぐらいは出して，仰々しくないようにやろうとか．事前に紙コップ用意して，紅茶とか用意してとかはやりますね．やっぱり一息もつけるような中で．やっぱり支援なので，ほされてるようなね状況にならないように，話し合いによっては，やっぱりそういう工夫も必要かなとは思うので．ケースバイケースってのがあるので，難しさは常に感じてますね．(Info. 12)
		日常関わっている人への配慮	例えば児相も関わって保健師も関わって保育園もうちも市役所とか，いろんなとこ関わってると，例えば保育園が，「うち（保育園）にはすぐ連絡してくれてるんですか」みたいなね，そんなのもあるんですよね．でもやっぱり自分

			の中でも，自分発でみんなに電話をする時は，どこどこに電話をしてその情報も含めてじゃあ次の保育園に伝えようとか，そういう風に調整をするので．でも，ほんとに，常に子どもとかかわってる機関の人は一番大変だと思うんですよ．いろんな配慮もしてるし，その人たちがやっぱり困らない，こっちがほんとにゲームの駒をね，動かすみたいな感じだけじゃなくて，計り知れない対応をしてるんですよね．だからそこの方たちが一番困らない，そのケースの方向性に持っていかないといけないし，日常的に関わってる人だけが納得しなくて他の人たちが「うん，それでいいんじゃない」みたいな，それで終わるような会議にはしちゃいけないと思うので，そこは結構配慮はしますよね．やっぱりそこの差って出ますよね，関係者で．感情を持った人を動かしてるんだってことを忘れてはいけないなと思うので，もちろんそれはケースもそうだし，関係機関の一人ひとりの人もそうだと思うので，やっぱりそこは配慮が必要なのかなって，そういう人たちとの関わりだからこそ連携って難しくていいのかなと思うんですね．人によって違って当然だし，安易な連携ってないと思うので．(Info. 12)
市区町村の葛藤	情報共有の難しさ	思わぬ情報の漏れ 情報が上がってこない	
	他機関の温度差	介入役割の頼みづらさ	ここら辺がやっぱり一番保健センターでも，やってるんだけど，親が全然会ってくれないとか．あと，色々指導するんだけど，そのようにやってくれないとか．あと，会えないとかね．そこのところで出てくるのが，意外とやっぱり自分達の関係機関として，「親との関係を切りたくないっていうから」．要するにもう，「うちはもう，受容共感的なところで」，保健師だとしたら，「親との関係を切りたくないから虐待という言葉を出したくない」みたいな感じで．学校も同じなんですけど．それを言うと，結局せっかく繋がっている細い糸が切れてしまうみたいなのもあって，やっぱりまだ親との関係を切りたくないっていうので，何回も訪問しているんだけど，核心に触れられないでいるみたいなのは，けっこう保健センターみたいなのはあるんじゃないかなと．虐待とか，そういうのはやっちゃいけないんだよっていうとこまでしか言えないでいるというか．ちょっとすごくジレンマがあるところだと思います．ここのところは，特に小さい赤ちゃんがね，体重が増えないとか．体重が増えないんだけれども，親はその保健師の家庭訪問とかは上手く受け入れてくれないとか，そういう風なところで．これはネグレクトなのか，どうなのかという，保健センターのほうでも悩んでいるケースはけっこう多いんじゃないかなと思います．(Info. 11)

		調整機関としての理解されなさ	児童相談所が主になるようなところは，児童相談所が割と主になるので児童相談所を中心に動いたりするんですけど，他の市町村で持つようなケースについては，特に関係機関がすごく複雑に絡まるようなところは主の担当機関が，割と曖昧になって動いていて．「要保護児童の調整機関はここ（市区町村）だろう」という感じになっているんだけど．でも，うちもそこのところがはっきりしなくて……．調整機関ではあるけど，うちの方で全部協議会のケースを全部支援するわけではないので，そこもやっぱりちょっと難しいと思います．虐待対応は，それぞれの機関でやってるわけですよね．で，それぞれの機関でケースを持ってるんだけど，「このケースは要保護みたいだからここの協議会で（市区町村）対応して下さい」と言ってきた場合に，じゃあここでケース会議とか開いて〈保健センターが関わっているケースだし，まだ乳児だから，今保健センターで主にこの家庭のことをやって下さい〉と．で，〈主の担当機関は保健センターですよ〉って．で，その家庭の子どもは乳児もいるし，小学校もいるし，中学校もいるんだと．で，〈一応この家庭の主担当は保健センターで，それぞれの見守りは学校でやりましょう，保育園でもやりましょう〉という風な形でシステムができていると良いんだけど……．こういう風に年齢幅があるようなケースは，「うちはこの子だけだわ」とか，いや，「学校はこの子だけだわ」とかってなってくると，「じゃあこのケースは，市区町村の協議会で持てば良いんじゃない？」みたいな意識になってくると，複雑なケースが全部この協議会に溜まってきてしまって．で，協議会っていうのは，別にここが何かできるわけじゃなくって，ここは調整機関なんです．他の機関にやってもらうために振り分けをする機関なんだけど，ここにいると何か全部ケースをここに集めてみたいな，そういう意識にちょっとなってきてしまっているので，今，〈それぞれの機関が主に関わっているのを調整するのがここなんだよ〉って流れにしていきたい．（Info. 11）
市区町村の連携意識	連携時の配慮	他機関を悪くいわない	
		感情的な人には結果論で伝える	自分の手のうちって全部は見せられないですよね．例えばほんとに状況によってはタイムラグはでてきてしまうので，そこはちょっとなんか難しいかも．やっぱりなんかその辺，時にはずるいなあっていう風にももちろんね，自分自身感じながら，だけども今すぐこの情報教えられないっていうことも中にはあるのでね．関係者が多くて，いろんな関わり方をしてればしてる人が多いほど，やっぱりいろんな考え方があるので．誰かが動くとどうなっちゃうかなっていうのを見据えると，この人が関わるとちょっと厳しい，お母さん落ちちゃうかなとかいうことであれば，やっぱりそ

> こは少しタイムラグ，時間差で伝えてもいいかなって情報があるときもある．例えば，いついつに家庭復帰しましょうみたいなお家と調整をしてるときに，ほんとにもう関係者としては「まだ帰さなくていいんじゃないか！」と．だけど家は子どもを帰してほしいと．児相とかは「今度の外泊がうまくいけばいいですよ」みたいに言っても，ちょっと外泊が終わってから結果で伝えればいいかなとか．もし〈今度外泊するんですよ〉って言っとくと，「そんなの無理じゃないですか」みたいに始まっちゃって．ちょっと感情的にね，かかわってる人って思いが強い方も中には居るので．ちょっとしたことでもなんかもう泣きながら訴える方もいるんですよ．だから感情的になりやすいなっていう人こそ結果論で伝えた方が，お母さんへのあたりは強くならないかなと思ったりするときに，後々結果で言ったこともありますね．〈実はあの外泊しててこうだったんですよ〉って．(Info. 12)

「日常関わっている人への配慮」では，多機関連携のケース会議の際に，既に関わっている機関の苦労を労い，その苦労をもケース会議の中で一緒に汲み取り，参加している他機関とも共有していくような配慮のことである．支援者は専門家であるが，同時に生身の人間関係でもある．虐待というある種のトラウマに関わる場合，そのトラウマを見る・聞くことによって支援者が代理受傷・二次受傷と呼ばれる症状を呈する場合もある．そこまで行かなくても，非常にストレスを感じたり，ケースに対して支援者が無力感や罪悪感を感じる場合も少なくない．そのようなケースに関わる支援者の葛藤やストレスについても配慮しながら，多機関全体の役割をコーディネートまたはファシリテートするような調整機関の機能が市区町村では大事にされていた．

《市区町村の葛藤》内〈他機関の温度差〉カテゴリ追加

このカテゴリは，他機関の様々な支援に対する思いが交ざり合って来た時に，明確に立ち上がってくる機関ごとの温度差に関するカテゴリである．〈他機関の温度差〉には，「介入役割の頼みづらさ」「調整機関としての理解されなさ」という２つのサブカテゴリがある．

「介入役割の頼みづらさ」とは，支援的役割を取っている機関に，養育者の変化のなさや，状況の打開のために，介入的な役割として強く養育者に関わってもらうことをお願いする頼みづらさのことである．連携時の役割分担を一般

的に見た場合，法的権限を持つ児相が最も強く介入的なスタンスを取り，その次に市区町村が支援的スタンスを持ちつつ，介入的スタンスを取るスタンス，そして保健センターと保育園は一番支援的なスタンスを取ることが多かった．つまり，「介入役割の頼みづらさ」とは，どうしても虐待問題の解決が見えず，養育者の攻撃的・拒否的な態度に変化がない場合，調整機関として市区町村はケースを進展させるためにも，今まで支援的に関わってきた保健センターや保育園にも，多少なりとも介入的な役割を頼みたい場合も少なくない．だが，前章で見てきたように，それまで支援的な関わりを養育者との間に築いてきた保健センターや保育園からは，急に支援役割から介入役割に移行する心理的な不安や，移行したことで唯一養育者とつながっていた関係を失う怖さから，なかなか介入的な役割を負ってもらえないことが多いことを意味している．

「調整機関としての理解されなさ」とは，市区町村が抱える独特の葛藤であり，児相が担当するレベルではないケースで，要対協の担当となるケースが全て市区町村に振り分けられ，膨大なケース数が集められてしまうことを指す．市区町村によっては，介入的な家庭訪問機能を持っていないところや，そもそも予算の関係や部署編成の問題などでマンパワーが足りていないところもあり，市区町村が介入役割を十分に果たせない場合が存在していた．または，要対協が自らケースを担当するのではなく，担当機関に捌きながら多機関連携を行っていくことについて，他機関から理解が得られず，市区町村に対応困難ケースが丸投げされてしまう状況への苦悩も意味している．

(2) サブカテゴリの追加
〈連携時の配慮〉内「感情的な人には結果論で伝える」サブカテゴリ追加

「感情的な人には結果論で伝える」が追加されたことにより相手の感情への配慮を含んだ「他機関を悪くいわない」と同じカテゴリにまとめ，新たに〈連携時の配慮〉というカテゴリへと修正した．

「感情的な人には結果論で伝える」では，データに示した通り，あまりにも多機関連携における支援者側がケースへの感情的な思い入れが強く，場合によってはケースワークとして介入するべき適切なタイミングを逃してしまう可能性がある場合は，子どもの安全を優先する支援プランを実行後，結果だけ情報共有するというやり方によって実質的に無用な意見のぶつかりを避けていた．

連携においても，基本的に親支援・子ども支援でも，ケースに巻き込まれたり，視点が偏ってしまったり，場合によっては二次受傷・代理受傷傾向の支援機関・支援者がいると，会議や連携においても冷静に話し合いができず，多機関連携による合意形成が得にくい．そのような状況は支援者機関同士としても非常にやりにくく，避けたい場面である．なぜならば，多機関連携において情熱的ならまだしも感情的になる支援者はいささか問題だと思われるが，支援者の個人的な要因については支援者同士もなかなか踏み込めない空気感が漂っているからである．このような点も市区町村の調整機関として，感情的な支援者一人を責めるのではなく，むしろ一度多機関連携をクールダウンする期間を設けるために，支援機関に対するケースマネージメントの一環として，現場の対応における選択肢のひとつだと思われる．

(3) カテゴリ・カテゴリグループの関連づけ
サブカテゴリの関連づけ
〈児相との連携〉で見たように，児相と連携をする際には，児相により介入的な役割を任せるため保護以前は「市区町村は支援的役割」として設定され，その間に市区町村は徹底して一時保護の要件を調査し尽くしてから「児相の頼み方」を考える段階へと至る．そして実際に「職権保護時は養育者に会わない」，そして保護後に地域に見守り依頼がくる場合には「保護後に養育者に会う」という移行が関連づけられる．

カテゴリの関連づけ
《市区町村の葛藤》《会議の方針》《市区町村の連携意識》にあるカテゴリは，それぞれ内容に関する分類となっているため関連づけは行わない．

カテゴリグループの関連づけ
《連携時の方針》と《会議の方針》は，共に方針付けのための具体的な対応策であることから，この2つのカテゴリグループは相互に関係づけられる．また，《連携時の方針》《会議の方針》に対して，《市区町村の葛藤》《市区町村の連携意識》で関係しているデータが見出された．以下に具体例を示す．

> 点で考えるか線で考えるか面で考えるかだと思うんですね．行政的に考えると，訪問して指導しました，はい終わりましたっていう"点"でいいんですよね．で，例えば，しばらく（一機関で該当家庭の）様子を見ていきましょうっていうところでやっていく"線"のアプローチをしてくのか，それとももう（家庭が）孤立しているってことが把握できているのであれば，地域（の支援機関全体に）に（家庭を）つなぐっていう"面"の方のアプローチをしていくのかって，それによって入り方って違うと思うんですね．連携するためにじゃなくて，連携の中にストーリーを乗っけてくっていうのかな．どうやってプランニングするっていうのかな．だから要対協に今一番足りないのってそこなんじゃないかなって．だからほんとは逆なんですよ．想定すべき到達点があってそれに対してプランニングしていくのだけれど，そこらへんがなかなか一致できないっていう……．みんなが"点"になっちゃってるっていうのかな．でもそこを（市区町村でする）コーディネート機能になるのかなって．みんな"点"の人たちが"面"を作るためにやってるんだっていう意識っていうか，感覚を持ってもらえるって，そこが調整の上では大事じゃないかなと．で，連携ってたぶん立体なんだと思いますね．面じゃなくて，ほんとは．なんか3次元の連携なのかなって．それは一番表面のところではケース会議でやってるけど，下のとこでは〈ありがとね〉とか〈ご苦労さん〉とか，〈（最近）どう？〉とか僕たち（支援する）当事者のインフォーマルな関係だよね．実際会議なんて建前だから．お互いが建前でこういってるけど，本音はこうだよねって調整していきたい．（Info.5）

具体的な《連携時の方針》や《会議の方針》の問題に対して，なかなか一致できない〈多機関の温度差〉を含んだ《市区町村の葛藤》を，《市区町村の連携方針》によって，インフォーマルな関係性を用いて，ていねいに解決していくことが示されている．

第3項　ステップ3——カテゴリの精緻化とモデルの確定

ここでは，表38のようなカテゴリの追加を行った．

（1）　サブカテゴリの追加
〈多機関の温度差〉内「一時保護の認識のズレ」サブカテゴリ追加
「一時保護の認識のズレ」とは，一時保護に対する見方について，児相と乖

表38　ステップ3

カテゴリ グループ	カテゴリ	サブカテゴリ	データ
市区町村の葛藤	多機関の温度差	介入役割の頼みづらさ	
		調整機関としての理解されなさ	
		一時保護の認識のズレ	一時保護の基準が違うっていうのは，しょうがないなと思いつつ，やっぱり児童相談所としてはできるだけ家庭でっていうのはもちろんベースにあるし，現場の（保育園・幼稚園・学校の）先生方は，こう言っては失礼だけれども，やっぱり目の前の子どもが大変だから，なんか保護してもらうことがゴールみたいに考えてらっしゃる先生もいるんですよね．だから，養育環境が整わない，たとえば身体的虐待がある，ネグレクトがある，ろくにご飯も食べさせてもらえないみたいなお子さんを保護して，たとえば施設に入れることがゴールなんだっていうふうに認識してらっしゃるのかなって思うような現場の先生もいらして．でも児相や私たちからすると，決して施設入所がゴールではなく，その子にとっての新しいスタートであり，その子にとっては家庭から切り離される，もちろん子どもが望む場合もありますけれども，子どもが望まない例もある．(Info. 15)
		温度差の仕方なさ	学校にしろ，児相は違うと思いますけど，学校にしろ，保健所にしろ，保育園にしろ，それはそれぞれが自分たちが元々持っている事業や仕事があるじゃないですか．その中にたまたま虐待とか，こういった養育困難な家庭っていうのが入り込んできているので．主たる業務ではない中での，"困った仕事"っていう位置づけがやっぱりあるんですよね．だからやっぱり温度差は生じるのが当たり前なので，その温度差をいかに自分の物として思ってもらえるようにコンサルテーションしていくかが，うちとしてもうちの役割としてね，重要だと思うんですが，もう温度差があるのはしょうがないと思うんです．(Info. 14)
市区町村の連携意識	連携時の具体的対応	情報取り扱いの確認	
		頼み方はスモールステップ	ほんとケースバイケースなんですけど，ひとつは管理職によります．校長副校長レベルの方が，ラインをかなり広く，学校としての役割を広くお考えの管理職がいて担任が難しい場合には，担任の先生に状況を聞くときも，校長先生に是非同席してくださいって言ってそこで話せば話が済むんですよ．だから管理職次第なんですね．で，管理職自身の線引きがすごく狭い範囲でしか学校の役割を考えていらっしゃらない場合には，ほんとに10やってほしければ〈3

		つぐらい挙げて，どれか1つやるというのは難しいですかね，いかがですか，ご検討していただけますか？〉みたいな感じで小出しにして．「いやー，そんなのできないよ」っていっても，たとえば担任の先生が「それぐらいだったらクラスでもできますけど」みたいっていってくださると，「じゃあ校長先生，担任の先生がそうおっしゃって下さっているので大変だと思うんですけどお願いしていいですか？」っていうふうにいっていく．ほんとに10あるうちの1コか0.5ぐらいからじわじわ攻めていく．で，子どもはその間も成長していきますから，そんなにちんたら待ってられないので，じゃあ10あるうち学校でできないんだったらそのうちの半分は学童にいってるお子さんだったら学童に頼もうとか，地域の民生委員とかの他の機関にその役割をお願いしていきます．（Info. 14）
連携時の配慮	他機関を悪くいわない	
	感情的な人には結果論で伝える	
	柔軟なワーカーの立ち位置	やっぱりワーカーの立ち位置としては，私自身はさっきもいったようにワーカーなのか支援者なのかっていう迷いはあったけれども関係機関がどっちにつくかで私は立ち位置を決めればいいんだっていうのは思いましたね．あとはケースによっては関係機関のこの人がお母さんものすごい頼りにしてるから，〈じゃあとにかくお母さんの思い聞いてあげてください，お母さんに寄り添ってください，厳しいことは私がいいますからお願いします〉っていうふうにいう場合もあります．この人だったらお母さんに寄り添う人として適任だっていうか，お母さんとの距離がすごく縮まっていて，お母さん自身がたとえば保育園の担任の先生をものすごい頼りにしているんであれば，じゃあその人に寄り添う人になってもらおう．で，たとえば他の関係機関でお母さんに厳しくいう人がいれば，じゃあ〈私は寄り添う人になるね〉とか，あるいは，既に寄り添う人もいる，告知する人もいる時だったら，〈私はコーディネートしてその役割がきちんとできているか見守る役に回るね〉っていくケースもありますね．ただ最近では直接対応することがすごく増えてきたので，少ないですが．（Info. 14）

第12章　市区町村から見た連携

離が起こることである．児相は一時保護よりもできるだけ地域や家庭での支援を望んでいるのに対して，保育園・保健センター・学校等の現場は，児相に一時保護してもらい，子どもの安全を確保するというのが支援の目標になっている場合がある．

〈多機関の温度差〉内「温度差の仕方なさ」サブカテゴリ追加

「温度差の仕方なさ」とは，連携が通常業務以外，エキストラの仕事である（と思われている）ため，データにもあるように温度差が生じるのは仕方ないという市区町村の認識のことである．このカテゴリから考えられることとして，そもそもの多機関連携をなすためには，まず各専門機関の"考え方"や"役割"の違いをシステムとしてトップダウンに，かつ現場の感覚として現場でできる範囲の"考え方"や"役割"の違いをボトムアップに受け入れるところから始まっていると考えられる．専門機関としてそれぞれの専門性の高さから，認識が異なるため，連携が上手くいかないことの方がむしろごく自然なことであり，連携という特殊な状況に対する手段をどのようにまとめていくかが，調整機関としての難しさである．多機関の認識の違い自体を調整していくことを市区町村が大切にしながら，子どもの安全に向けた問題解決の軸は徹底的にぶらさず，それでいて機関ごとの力量や大変さも考えながら，調整していく難しさが語られていた．実際に，この認識のズレが最も顕著にでるのは，会議の場面である．バリエーションとして最も顕著に出た場合のデータを以下に示す．

> ケース会議が白熱じゃないな，ケンカ腰というか，感情むき出しの議論になってしまうのがこれですね．支援方針についてね．現場（の支援機関）と児童相談所の間に，"一時保護してほしい"と現場がいう．"これは家庭で見れないケースだ，家庭に置いといちゃ，子どもがかわいそうだ．だから児童相談所は一時保護してください"．「いや，一時保護のレベルではありません」って児相がいってるケースっていうのは，もう現場は一時保護しろ，児相はできません，もうその掛け合いみたいになってしまって．「一時保護できません，じゃあ地域での支援に切り替えましょう」ってできるケースはいいんですけど，そこがもう"地域での支援っていうレベルじゃないだろう！"って現場がいいはるっていうか……．仰る現場機関の大変さはわかるんだけれども，そこで児相が保護しないっていってる限りでは，地域の支援を始めなければいけない．もっと連携し始めなければいけな

> いのに，もうそこの平行線になっているところに，たとえばうちらが〈いや，保護の基準じゃないって言ってるので，地域で頑張りましょう〉ってことを現場の先生方に伝えてもやっぱり現場はすごく"市区町村は日々の大変さがわかんないだろう，現場がいかに大変なのか，子どもがいかに苦しんでるかあんたたちわかんないだろう"っていう返しがくることもあって．本当におっしゃるとおりなので．別に私たちも現場が大変じゃないって全然思っていないんだけど，"やっぱり日々見てる者でないとわかりませんよ"っていうふうにいわれてしまうともうね，それ以上いえないので．〈ほんとにおっしゃるとおりです〉ってなってしまって．平行線のまま長らく来てるケースっていうのはほんとに難しいですね．(Info. 15)

　このデータから分かることは，連携が上手くいかず支援機関同士が対立していることは，学校や保育園・幼稚園・保健センターなど地域の支援機関が虐待ケースに対する難しさ・苦しさを分かってもらえないこと，そして地域の機関として子どもの安全を考えた結果，切り札のように児相の一時保護を捉えており，それが叶えられないことに対して怒りを感じるという構造である．詳しい考察は第5部に記すが，現場の連携困難事例について最も共通している構造はこの一時保護に対する各支援機関におけるケースの優先順位，そして各機関の困難さを共有できるかどうかといった要因が絡む構造から発する温度差であった．

　〈連携時の具体的対応〉内「頼み方はスモールステップ」サブカテゴリ追加
　このサブカテゴリは，養育者のアプローチ同様に，多機関連携においても，頼み方はスモールステップで依頼をし，少しずつできるところ，協力してもらえるところを増やしていくというような，現場の連携における具体的な対応を意味している．

　〈連携時の配慮〉内「柔軟なワーカーの立ち位置」サブカテゴリ追加
　「柔軟なワーカーの立ち位置」とは，養育者の変化が見られない場合などには，ケースごとの内容や，連携機関のやり取りから柔軟にその役割の立ち位置を動かすことを意味している．
　基本的に先の〈他機関の温度差〉カテゴリ説明で示したとおり，児相は介入

的役割，保育園・保健センターは支援的役割，そして市区町村は基本的に支援的役割という特徴を持つ．

それ以外のカテゴリの追加および修正は見られなかった．ステップ３においても，まだ４つのサブカテゴリの追加が見られたため，理論的飽和化を満たしたとは言い難い．ただし，カテゴリグループ，カテゴリに追加修正は見られなかった．

(2) 最終的なカテゴリ，モデルの確定

カテゴリ自体の追加修正はなかったことから，最終モデルは図21で確定とした．

第４項　ストーリーライン

市区町村は，介入役割をしながら，同時に多機関の調整機関である，要保護児童地域対策協議会（要対協）の機能も持っており，市区町村としてのアウトリーチ機能と要対協としてのコーディネート機能両方を求められている場合がほとんどであった．《連携時の方針》として，市区町村が絡む虐待ケースが深刻だった場合，まず〈児相との連携〉を目指す．児相と組んだ場合は，児相が法的権限を持っていることや，養育者に強権的に介入役割を果たすことから「市区町村は支援的役割」に回ることになる．そのような中で，一時保護を児相に依頼する際には，徹底的に虐待のリスクアセスメントと保護依頼の根拠を調べ上げた上で「児相への頼み方」へと至る．その後保護が実施される場合は，「職権保護時は養育者に会わない」ことに徹する．理由は強権的な児相の職権保護によって養育者はヒートアップしてしまい，その状況で支援的な役割を負う市区町村も，養育者から児相と同じ敵だと思われてしまうことを避けたいからである．そして保護の解除が見られ，地域での支援が予定される場合には「保護後に養育者に会う」ことになる．ここでは，保護とは切り離され，支援に徹する市区町村の役割を養育者に認識してもらうためである．そして，保護の解除後，あるいは保護に至らないケースについては，〈保育園への見守り依頼〉によって安全確認を行う．拒否的態度を崩さない養育者に対しては，〈保健師との同行訪問〉によって，幾重にも切れ目のないネットワークを構築する．

```
┌─────────────────────────────────────────────────────────┐
│  ┌─────────────────┐      ┌─────────────────┐          │
│  │ 市区町村は支援的役割 │      │ 保育園への見守り依頼 │          │
│  └────────┬────────┘      └─────────────────┘          │
│           ↓                                             │
│  ┌─────────────────┐      ┌─────────────────┐          │
│  │ 児童相談所への頼み方 │      │ 保健師との同行訪問 │          │
│  └────────┬────────┘      └─────────────────┘          │
│           ↓                                             │
│  ┌─────────────────┐      ┌─────────────────┐          │
│  │   職権保護時は    │      │ 民生委員への期限を決めた │        │
│  │  養育者に会わない  │      │    見守り依頼     │          │
│  └────────┬────────┘      └─────────────────┘          │
│           ↓                                             │
│  ┌─────────────────┐                                   │
│  │ 保護後に養育者に会う │                                   │
│  └─────────────────┘                                   │
│     児童相談所との連携            連携時の方針              │
└─────────────────────────────────────────────────────────┘
                          ⇕
┌─────────────────────────────────────────────────────────┐
│                     会議の方針                           │
└─────────────────────────────────────────────────────────┘
              ⇖
┌──────────────────┐    ┌──────────────────┐
│  市区町村の葛藤     │    │ 市区町村の連携意識  │
│  多機関の温度差    │────│   連携前の準備     │
│ 情報共有の難しさ…… │    │  連携時の具体的対応 │
│                  │    │   連携時の配慮……   │
└──────────────────┘    └──────────────────┘
```

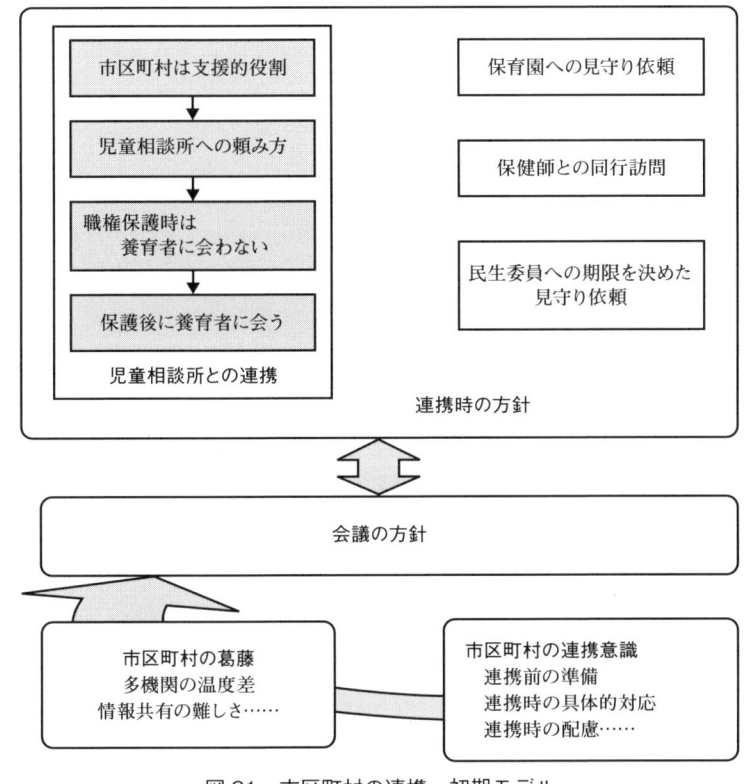

図 21　市区町村の連携　初期モデル

　また，ワーカーや保健師が関われない夜間や休日には，地域の〈民生委員への期限を決めた見守り依頼〉を行い，見守りの眼差しを向け続ける体制を整える．

　このような対応を具体的に多機関連携で行う場は，ケース会議である．市区町村のワーカーは，《会議の方針》として，そもそもの〈会議の目的〉を「具体的なリスクの共有」と「今何をどこまですべきかの共有」とした．会議では，子どもの安全を守るために，どのような問題解決の役割を各機関が担えるかを明確に設定することを意味する．ケースカンファレンスのように，ケース自体の流れを把握することも大事だが，それ以上に，次に何をするべきかという問題解決指向で会議は推し進められることになる．そして，そのような会議をなるべくスムーズに進めるために，〈人間関係への配慮〉として，「会議前に人間関係を調整する」ことを行ったり，参加者が発言しやすい〈会議の雰囲気作

り〉にも注意を払っていた．そして実際既に見守りに関わっている機関がいる際には，その機関に対して「日常関わっている人への配慮」として，関わりの苦労を労い，大変な支援のしんどさを汲んであげるような意識までされていた．

　このような配慮をする理由には，次のような《市区町村の葛藤》があるからである．様々な専門職が集まる多機関連携において，〈他機関の温度差〉が生じるのは当然のことである．例えば児相と現場支援機関との間で支援目標とするスタンスの違いから「一時保護の認識のズレ」が生じていたり，市区町村の「調整機関としての理解されなさ」から，ケースを対応できる以上につながれてしまって，多機関での連携が望めない場合も存在した．このような理由から多機関連携には「温度差の仕方なさ」を受け入れ，そのような温度差自体を議論の俎上に乗せながら，具体的な支援プランを考えて行かざるをえないと市区町村は感じていた．他にも連携の際に生じる〈情報共有の難しさ〉も葛藤として感じられていた．連携途中，「思わぬ情報の漏れ」によって，多機関連携が妨げられてしまうこともよくあるといわれる．その他にも，養育者から他機関の支援者に対して執拗な脅しや非難がなされたことで，その支援者が疲弊してしまい，その結果，虐待「情報が上がってこない」という危険な状況が，現場ではよくあることとして，市区町村の連携における葛藤としてあげられた．

　このような葛藤を解決するためにも，市区町村は《市区町村の連携意識》として，次のようなことを大切にしていた．まず〈連携前の準備〉で，「情報共有する窓口を調べる」ことによって，情報共有の漏れを未然に防止できるようにしたり，あるいは「一緒に仕事をした経験」からお互いに多機関と顔見知りになることで，連携しやすくなるような準備がされていた．また，実際の〈連携時の具体的対応〉では，ここだけの話を多機関で共有する前には話す前と話した後に「情報取り扱いの確認」を行っていた．そして，多機関に何かを依頼する際には「連携の頼み方はスモールステップ」を遵守し，いきなり様々な役割を押しつけるのではなく，連携相手に何ができてどれくらいやってもらえるのか，スモールステップで対応策を依頼することを行っていた．そして〈連携時の配慮〉では，より「柔軟なワーカーの立ち位置」をケースの個別性や連携機関の間で設定し，たとえインフォーマルな情報共有で他の機関の批判が聞こえてきたとしても「他機関を悪くいわない」注意をしていた．そのほかにも，あまりにケースに対して感情的な支援者が居る場合には，「感情的な人には結

果論で伝える」ような対応もなされていた．

このように，市区町村は介入だけでなく，多機関連携の調整役としても多くのエネルギーと時間を割きながら，対応を行っていた．

第4節　考　察
コーディネート業務に追われる調整機関

　本章の研究の結果から，市区町村は調整機関として，インフォーマルな調整も非常に大切にしていることが明らかとなった．このことは〈人間関係への配慮〉や〈連携時の配慮〉にあったように，会議の裏側で様々な人間関係を調整しながら，ケース自体のより良い進展に向けて，多くの時間とエネルギーを割いていたと考えられる．

　さらには，調整機関として機関ごとの温度差があることはむしろ当然のこととして，その違い自体を受け入れ，会議でも違いについて対応しようと試みていた．このことは，市区町村が最も葛藤を感じる情報共有や会議においても，非常に多くの注意が払われていることからも明らかである．ある意味，多機関連携自体が支援機関同士の調整といった"もうひとつのケースワーク"といえる．

　このように，表面上システムとして多機関連携を機能させるためには，その裏側で，様々な支援機関・支援者の心理的な思いを汲んだり，インフォーマルな関係性を構築することが重要であると考えられた．連携も人間関係であり，各機関の行動の結果に対して何らかのフィードバックがなければ連携先は非常に不安に感じるであろうし，そこにインフォーマルなやり取りや眼差しが向けられることによって，連携先も自らの仕事を評価され認められるという自己効力感を高められるだろう．これらは結果として，連携先のよりよい支援を強化することにつながっていると考えられる．

　増沢（2003）は児童養護施設内の研究において，チーム内に生じる関係の歪みの要因として，援助者関係のこじれ，援助チームの派閥化，援助者の孤立化を上げている．そしてこのような状況に対して，修復の過程にはカンファレンスのあり方の改善，前提となる職場の雰囲気，援助者のサポート体制，困難を乗り越えることによる援助者の成長とチームの強化を指摘している．これらの

修復におけるポイントは，本研究で得られた《会議の方針》の〈会議の目的〉〈人間関係への配慮〉および「一緒に仕事をした経験」と非常に親しいものと思われる．
　またシステムとして規定された多機関連携は，"専門家だからやって当たり前"ではなく，子どもの安全のためにネットワークを組む必要性から，専門家も生身の人間関係として，関係機関に対するホスピタリティを大切にしながら調整することが重要になっていた．
　「温度差の仕方なさ」が示す通り，人が変われば考え方も違うので，100％同意できない連携の指針もあるだろう．しかしながら，その考え方の違いを如何に受け入れ，そしてそこを活かしていくかということが連携のポイントとなっていた．またそれは「一緒に仕事をした経験」によって，支援機関同士の信頼関係が少しずつ築かれることにより，連携のしやすさが増すことも，連携のしやすさが"結果"として即時的に表れるものではなく，"プロセス"の中から見出されることを意味している．
　心理療法の最も効果的に働く要因は，治療外要因，続いてセラピスト－クライアントの信頼関係だとされるが，同様に，連携もグループワークのひとつであるとすれば，各機関の信頼関係が増せば増すほど，より効果的で柔軟な連携のあり方が各機関で見えてくると考えられる．
　連携という生身の支援者がより柔軟に専門性を活かし，パズルの1ピースとして互いに連動して動くために，各支援者が，インフォーマルな労いや共感など心理的な報酬によっても連携の齟齬を解消し，失敗を共に乗り越えるベースになっていることが見出されたと考えられる．

第 13 章
児童相談所から見た連携

第 1 節　問題と目的
法的権限を持つ児童相談所

　第8章で児童相談所（児相）のアウトリーチモデルを概観したように，虐待を行った養育者がもっとも攻撃的・拒否的態度を露わにするのは，児童相談所が子どもを職権保護した場合であった．事実，諸外国では児童相談所によって子どもと分離させられた養育者への当事者研究が進んでおり，養育者の視点からみた報告によれば，児童相談所からのネガティブな支援とは，不十分な支援，不公平な治療，ハラスメント（強権的な介入），そして子どもの分離によるトラウマとされている（Palmer, Maiter, & Manji, 2006）．

　そのような対峙的関係において，養育者は何らかの形で自らの立場を肯定し支援してくれる協力者を求めることが多い．だがそのような協力者は，その際にいたずらに対立を煽ったり違法な抗議行動を支持する者ではなく，保護者に寄り添いつつも，児童福祉法の趣旨を理解し，児童相談所の意図を伝えられる機関や人と保護者が出会えることが大切とされる（野村ほか，2010）．

　そして，このような対峙的関係の対応は，今まで児童相談所が数多く経験してきており，児童相談所が自ら有している，ともすれば暗黙知にとどまりがちな相談援助のノウハウを，目に見える形式知として地域に還元していくことが今，求められていると指摘される（藤沢・鈴木・馬場ほか，2007）．第12章の市区町村で示した通り，要保護児童対策地域協議会（要対協と略す）においても，特に児童相談所との間で一時保護を巡る支援機関同士の対立も少なくなく，そのような状況に対して川畑（2009）は，「双方の機関ともどうしたらいいかが本当は明確ではなく，（各機関が）もった意見にも十二分な自信がもてずに不安である可能性が高い．これが正しいと相手に反論し主張していても，それはその事例がどうなるかわからない不確実さに対する不安の裏返しであったり，今の相手との関係性の中で勢いを得た部分も多分にある」と報告している．

しかしながら，児童相談所が要対協や保護を絡めた際の連携において，どのような連携がうまく達成されているのか，また困難を感じているのかに関する調査研究はほとんど見当たらない．

そのため本章では，児童相談所における0歳から4歳児対応における各機関への現場の連携実態と，その際にどんな点に葛藤を覚え，あるいはその葛藤を回避するために，どのように工夫，意識をしているのかについて，児童相談所からみた多機関連携の構造を把握し，モデル化することを目的とする．

第2節　方　法

第1項　調査対象

第8章の22名に加えて，新たに7施設で勤務する児童心理司2名，児童福祉司3名，児童精神科医1名，児童養護施設職員1名の計29名（全国21の児童相談所，および1つの児童養護施設）を対象とした（表39）．

なお表内では児童心理司をCP，児童福祉司をSW，両方の役職を経験したことのあるInfo.はCP・SWとして表記した．小児精神科医はDr.と記した．

第2項　調査手続き

半構造化面接によるインタビュー調査である．調査対象者1人につき2時間-3時間である（アウトリーチの内容を一部含む）．調査者が1人で全てのインタビュー調査を行い，その後逐語録に起こし分析を行った．

第3項　調査期間

2007年4月から2010年5月にかけて調査を行った．

表39 児童相談所のフェイスシート

Info.	年齢	性別	経験年数	職種	地域性	分析手続き
Info. 1	50	男	12年	CP・SW	都市部	ステップ1
Info. 2	48	男	15年	CP・SW	都市部	
Info. 3	46	男	4年	SW	都市部	
Info. 4	58	男	25年	CP	地方部	
Info. 5	51	男	29年	CP・SW	都市部	
Info. 6	51	男	28年	CP・SW	地方部	
Info. 7	47	男	13年	CP・SW	都市部	
Info. 8	33	女	4年	SW	地方部	
Info. 9	35	女	11年	CP	都市部	
Info. 10	58	女	36年	SW	地方部	
Info. 11	47	男	8年	SW	地方部	
Info. 12	39	女	11年	SW	都市部	
Info. 13	38	女	8年	SW	都市部	
Info. 14	43	男	7年	CP・SW	地方部	
Info. 15	56	男	32年	CP・SW	都市部	
Info. 16	31	女	7年	SW	都市部	
Info. 17	63	男	35年	SW	都市部	
Info. 18	56	男	22年	CP・SW	地方部	
Info. 19	28	女	6年	SW	都市部	
Info. 20	43	女	10年	SW	都市部	
Info. 21	44	男	3年	SW	都市部	
Info. 22	32	男	4年	SW	都市部	
Info. 23	28	女	2年	CP	地方部	ステップ2
Info. 24	28	女	2年	SW	地方部	
Info. 25	24	女	2年	SW	地方部	
Info. 26	28	女	2年	SW	地方部	
Info. 27	58	男	33年	CP	都市部	ステップ3
Info. 28	50	女	25年	Dr.	都市部	
Info. 29	38	男	10年	SW	地方部	

第4項　インタビューガイド

過去の子ども虐待対応の中で，多機関連携を行い，
① 多機関連携がうまくできたと思われる具体的エピソード
② 多機関連携がうまく果たせなかったと思われる具体的エピソード
③ 多機関連携の際に現場で連携困難なポイント
④ 多機関連携の際に現場で意識・工夫していること，以上4点である．

第5項　分析手法

得られたインタビューデータは全てプロトコルに起こし，グラウンデッドセオリー・アプローチ（Strauss & Corbin, 1998）を用いて分析を行った．分析手法については第2章第2節を参照して頂きたい．

第6項　理論的サンプリングと段階的分析手続き

ステップ1では，第8章で得たエピソードをもとにし，相談ニーズの低い養育者に対して，具体的な連携プロセスについて内容の把握を行った．

続くステップ2では，Info. 23から26まで，"勤務して2年以内の新人"という若手とベテランを比較検討した．若手とベテランで，多機関連携の比較検討をしながら，カテゴリの追加と修正を目指した．サンプリングの属性を比較することで，より妥当性のあるカテゴリ内容を把握し，その上で，カテゴリグループ，カテゴリの関連づけ，および初期モデルを生成した．

最後にステップ3では，Info. 27から29まで，児相の多機関連携について少し離れた場から見たInfo.の視点からも比較検討を行った．特にInfo. 27は児童相談所所長レベルを退職した方，Info. 28は日頃児童心理司や児童福祉司と一緒に連携を行う，児相勤務の児童精神科医．そしてInfo. 29は児相と綿密にやり取りをしている養護施設の施設長である．連携状況について離れた立場の専門職から更なるデータを追加することにより，カテゴリの質的な精緻化を試み，最終的な理論的飽和をもって，現場に即した児童相談所の臨床家による多機関連携の構造としてモデルを確定した．

なお，現場の児童相談所の臨床家の方々は，緊急虐待通告が入る事もあり，非常に多忙でインタビュー調査に協力頂くためには，調査協力して頂けるInfo.のご都合に合わせて調査日程を組む必要があった．そのため，厳密な理論的サンプリングは不可能であり，分析の段階が前後左右する場合があった．ただし，各段階においても属性ごとの絶えざる比較を行いながら，できるかぎりの段階的な分析手続きを踏襲した．

第3節　結　果

第1項　ステップ1──カテゴリの生成

ステップ1では，表40のようなカテゴリ一覧を得た．以下ではカテゴリの説明を行う．

《連携時の方針》
このカテゴリグループには，〈民生委員への見守り依頼〉〈市区町村は支援的役割〉〈保育園への子どもの安全確認〉〈保健センターとの連携〉という4つのカテゴリが存在する．
〈民生委員への見守り依頼〉
保健センター・市区町村で得られた内容と同様に，保育園などで安全確認ができない場合は，民生委員に家の様子を見てもらうよう依頼をすることである．
〈市区町村は支援的役割〉
児相が介入する際に，市区町村につなぐケースであれば，市区町村を支援的な役割において，養育者との関係を後押しすることを意味している．
〈保育園への子どもの安全確認〉
養育者が拒否的であろうと，子どもの安全を保育園に確認してもらうことを示す．
〈保健センターとの連携〉
このカテゴリには，「訪問の依頼」「精神障害時の同行依頼」「児相指導への後押し」という3つのサブカテゴリがあった．
「訪問の依頼」とは，健診未受診など理由を付けて，地域に根ざした保健センターなどに訪問の対応を依頼することである．
「精神障害時の同行依頼」とは，児相が対応できない精神障害を患った養育者対応に，精神保健の保健師に家庭訪問の同行を依頼することである．児童相談所によっては，児童心理司が同行することもあるが，地域との連携を取りたい際には，保健師と同行する場合もデータのように存在した．
「児相指導への後押し」とは，以前から支援的役割を取る保健センター養育

表40　ステップ1

カテゴリグループ	カテゴリ	サブカテゴリ	データ
連携時の方針	民生委員への見守り依頼		もし保育所に来てないのであれば，保育士の先生に〈家庭訪問してください〉とか，民生委員さんに〈様子を見てください〉とか，そういうの全部かる範囲でやらしてもらうんです．本当に色んな方がおられて，夜でも電気がついてないことが多いとかね．窓が全然空いてないとかね．全部締め切ったまま，子どもさんをずっとお家の中に入れっぱなしっていうこともありますからね．だからもうそういうのはお家の人は子どもを四六時中監視していると．(Info. 10)
	市区町村は支援的役割		児相は複雑困難なケースを受けて，市町村は比較的軽易なケースを受ける．こういう役割分担になってるんですね．ですから，これは虐待のレベルにも寄るのですが，これは市町村でもやれそうだなって思うようなケースの場合には市町村と一緒に行くこともあるんですが，児童相談所が行った場合には市町村につなぐっていう行き方をするんですよ．そうすると訪問したときにですね．〈児童相談所でございます．あぁ，びっくりされたでしょうね．児童相談所っていうのは，まぁ，色々と我々が来られると嫌な面もあるでしょうから．市町村でね，そういう窓口もあるので活用してくださいよ〉というふうなやり方をすることもあるんです．そうすると市町村も入りやすくなりますね．家庭に行ったときに「何，児童相談所が来たんだって？　大変だったよねぇ．嫌だよねぇ，児相は」と，そういう形でいくと，割と親の側のスタンスにスッと入ってもらえると．(Info. 18)
	保育園への子どもの安全確認		拒否的だよって情報があれば前もって用意していくときもありますけどね．ですからそういうふうにパタンと閉められるような場合には，保育所にいってる子ならば，明日保育所に行ってるかどうか必ずチェックしてくださいとか．(Info. 10)
	保健センターとの連携	訪問の依頼	地域がどういう情報持っているかによると思いますけどね．で，あと，地域の資源の中でとか，何が使えるかとか．健診が未受診だったら，その〈未受診のフォローで訪問行ってくださいね〉とか．ちっちゃい子はありますし，〈何か理由つけて訪問してもらえませんか？〉っていいますし．私が行くより，地域のほうでつながっているほうが，訪問もしやすいのは当然なので．で，ただそれが地域がしてくれるのか，してくれないのかっていう話は別としてありますけど．(Info. 8)
		精神障害時の同行依頼	養育者に精神障害などがあれば，保健師連れて行きますよ．まぁ児相にはいないですから，市町村に協力を求めたり，

			保健所に協力を求めたり，今そこで現実的に対応するのは保健師のほうが上手ですよ．やっぱ精神保健という形で保健師はいるので．そこはやっぱりエキスパートに協力してもうらうと．(Info. 5)
		児相指導への後押し	以前から親とつながりのある保健師さんとも親がケンカになって，「私はあんたにこんなことになるように頼んでたわけではない」っていうことになってたけれども．でもその保健師さんからも，きっぱりと〈いや，子どもさんのことをずっと考えてやってきたんだけど，今の状態だと児童相談所にこのように判断されてもしょうがないと思う〉っていうようなことをきっぱり言われましたからね．(Info. 14)
児相の葛藤	他機関との温度差	児相への要求水準の高さ	児相に対する要求水準が結構高いと連携はうまくいかないと思うんですよね．何でもできる最後の砦みたいなところだと思ってる人がいて．何ゆえそう思ってるのかも全然分かんないんですけど．結構ね，それで怒りを買うことも多いですよね．児相は結局何にもしてくれない．でも口だけは出す，みたいな感じで思われてる．(Info. 2)
		児相の動けなさ	情報だけとか，そういうのもちょっと困っちゃうんですよね．それで心配だから，「とりあえず知っておいてもらいたい」とか．それだけだと処理の仕方が難しくて．情報提供だけを受けて残してはいるんですけど，なんか情報が不十分だし，だからってこっちが何かを動けるわけでもないし．通告でもないっていうし．どうしようかなぁっていう……．(Info. 4)
	見守り体制の葛藤	終結できなさ	児相がケースを終結していないのと終結しますっていうのでは，もう全然反応が違うっていうか．もうこっちでは終結しようかと思ったりみたいな話を持っていくと，すごいみんな「なんとか終結しないで，なんとかできないでしょうか」みたいな．「こっちが何か上の人に，手紙とか意見書を出せば，終結しないで済むのか」とか．終結させたくない理由とかを聞くと，そんなに児相が今すぐ関わるっていう理由じゃなかったりして．結局だから「何かあったらまた保護してもらいたいし．お父さんと児相がまぁちょっとでも，電話で様子を聞いてくれたりすれば，あとは会って話しをしてもらえば」っていうようない方をしていて．でもそれは市でも今できてることで．だから，まぁこれからも市では見守っていってもらえれば，学校も行ってる子だし，こっちとしても，今すぐいえることがないって思うんですけど．やっぱり児相が扱っているのと扱っていないのとでは，だいぶ違うんですよみたいな事をいわれて．(Info. 3)
		見守り体制のできなさ	こちらとしてはね，親にいうだけのことはいった．たとえば〈ちゃんと学校行かせてくださいね〉とか，〈三度三度

			ご飯を食べさせてくださいね〉とか，いうだけのことをいったけど，相手はフンと鼻であしらってるなと見える場合も当然あるわけですよ．そんなときに周りの見守り体制，支援体制っていうものが必ずしも上手く作れないことがあるわけですよ．そういうのが失敗というか，なんというか，どうにも嫌だねと．大きな事故が起こらないだろうっていうのは希望的観測であってね．それで毎日何かあるかもしれないと考え出すと，やっぱりどうなんだろうと，繰り返し繰り返し悩むことになりますね．見守りっていうのは，積極的にしなければ，遠巻きにした見殺しになるんですよね．そこらへんが，難しいんですよね．(Info. 18)
	若手ワーカーの苦労		まだ2,3年のワーカーの方にお話を聞くとね，何が大変かというと，親と話しするのも大変だけど，内部で上と上手く話が通じないとか理解してもらえないだとか，ケース会議に上げても，〈そこが調査不足だ〉とか，全部突っ込まれたりだとか．相手がどう意図があって突っ込むのかがわからない状態で突っ込まれてしまうとかっていうしんどさを抱えるんです，この仕事って．わからないじゃないですか，数字で見えるものじゃないし．だから最終判断はケースワーカーがどう感じているのかとか，どこまで調査したのかっていうのを，そういう状態で判断していくわけやから，そりゃ突っ込まれるわけですよ．(Info. 12)
児相の連携意識	関係機関への敬意		全て自分の思ったことを当たり前のことだと思ってないで，その当たり前，思いこみって結構誤解を生むと思うんです．だから，保健センターはこれやって当たり前でしょ，みたいな考えじゃなくって，それって結構見下してるっていうか，何ていうか，大事に，相手を大事にしてない感じがして．〈これってできますかね〉っていうふうに最初に聞く．何でも何もかも当たり前だと思わない．そうじゃないと，やっぱ怒っちゃう人もいるじゃないですか．だからやっぱ基本的に大事にしてあげる，っていうところが結構ポイントじゃないかなあ，と思うんですよね．あと，理由を聞く．(Info. 2)
	会議の進行・調整	良い面と悪い面両方見る	会議を開くときにね，地域でミーティングをするときにいろんな関係機関の人が入ってくる．でもご本人は絶対入らないっていうことで，本人がいたら絶対喋らないようなことをいうし，それが事実なのか事実じゃないのかわからない．きっとこのままでは何かあるに違いないっていう話しになるんですよ．で，悪い話しが山ほどでるんですけど，良い話しは全然でない．「ずっとご飯食べさしてもらってないって」言い張る．ずっと食べさしてもらってなかったら死んでるっていう話しで（笑）．これはいいところと悪いところとどっちにも入れられないところとを出して，みんなで話し合おうっていうことになるので．悪いところも聞きますし，〈この家族で良いところ，なんか使えそうな

		ところないんですかね？〉っていうことを聞きますし，そういえば，「マクドの前でみんなで食べてたのを見た」みたいな話しで，食べてるじゃんっていう話しで，いろんな情報を得られるようになったっていうのは，ひとつ意味があるかなと．(Info.20)
	養育者を含めた会議	それで最近は作ったプランで親を呼んで一緒にやったりもします．機関ごとに連携してると「実はね」とか，「こう思うんです」とか，「こうじゃないんでしょうか」っていう予想を……．でも不安は不安を呼ぶので，「もしかして何何だったらどうするんですか？」っていうことになりますけど，本人目の前において，もしかして何々だったらどうするんですかとはいわない．いう人もいるけど，滅多にはいわないから．そこで彼女が語る，彼が語るお父さんお母さんが語る話を直接にこの人が聞くと，印象って変わるんですよね．(Info.20)
会議の目的達成	次に何をするかを決める	あと見守りましょうっていうのはけっこう事故が多くて，見守るっていう具体的な内容は会議の最後に「次の手として，何をしましょう」っていうのを決めて終わらないとですね．だから具体的な仕事も決めれるし，お互いに責任を押し付け合わなくて済むかなって思いますね．(Info.20)

者の信頼関係においても，度を超した深刻な虐待の場合には，児相の介入方針を，信頼関係のある保健師からも押してもらうことを求めている．

　それ以外に，各機関とは児相による調査段階で家庭情報の確認などもそれぞれ共通していた．

《児相の葛藤》
　このカテゴリグループには，〈多機関との温度差〉〈見守り体制の葛藤〉〈若手ワーカーの苦労〉という3つのカテゴリが存在する．
　〈他機関との温度差〉
　このカテゴリには「児相への要求水準の高さ」「児相の動けなさ」という2つのサブカテゴリがある．
　「児相への要求水準の高さ」とは，一時保護などを含めて，児相に繋げばなんとかしてくれるという他機関からの要求水準の高さのことである．この思いがもとで，他機関から怒りを向けられることも多いと児相は感じていた．
　「児相の動けなさ」とは，他機関からの情報が不十分で，保護にも至らず，また見守り体制の依頼もできない動けなさのことである．「児相への要求水準

の高さ」同様に，この場合も児相にいえばなんとかなると他機関から思い込まれていると，児相は感じていた．

〈見守り体制の葛藤〉

このカテゴリには「終結できなさ」「見守り体制のできなさ」の2つのサブカテゴリがある．

「終結できなさ」とは，児相の関わりを終結し地域に見守り体制を任せようとしても，地域からは児相の関わりの終結を引き留めにかかり，児相としての関わりを終結することが困難になることである．

一方「見守り体制のできなさ」とは，協働して見守り体制を組んだとしても，必ずしも上手く作れない場合に，非常に児相としても悩ましいことを意味している．データにもあるように，今すぐ命に関わるケースではないが，非常に危険度がグレーゾーンにあるケースの場合は，見守り体制が不完全な場合，見守りが見殺しになってしまうのではという不安を抱えていた．

〈若手ワーカーの苦労〉

このカテゴリは，児相の虐待対策チームに入って2, 3年はまだ仕事を憶える段階として認識されており，多機関からだけでなく，児相内でも上司との間で板挟みになっている若手の苦労のことである．保育園・保健センター・市区町村の各機関でも新人の支援者の苦労や葛藤はもちろん共通する．児相でも虐待ケースにおいて処遇決定の見通しやケースの対応案についてはある程度経験を積むと大体の予測ができ，連携時もいくつかの見通しをもって進められるが，児相の若手ワーカー（児童福祉司）の場合は，児相内で管理職から調査に対する突っ込みだけでなく，他機関からも児相という組織決定について突っ込まれてしまう際に見通しが立たず，答えに窮してしまうという組織内外における苦労が見受けられた．児相の若手ワーカー全てから同様のデータが見出されたため，若手という個人要因だけでなく，ケースワークにおいて児相という権限を持った組織要因からも板挟み状態であることがさらにケース進行を遅らせる可能性を持っていたため，カテゴリとして位置づけた．

《児相の連携意識》

このカテゴリグループには〈関係機関への敬意〉〈会議の進行・調整〉〈会議の目的〉という3つのカテゴリが存在する．

〈関係機関への敬意〉

　データにもあるように，相手に敬意を持って，相手の意見や立場を大切にすることである．専門職だから当然できるだろうという思いを捨て，相手の意見の根拠にも耳を傾けていた．

〈会議の進行・調整〉

　このカテゴリには「良い面と悪い面両方見る」「養育者を含めた会議」という2つのサブカテゴリがある．

　「良い面と悪い面両方見る」とは，ケース会議において情報を集める際に，ネガティブな情報だけに偏らず，必ず良い面と悪い面の両方のバランスを大切にすることである．

　「養育者を含めた会議」とは，ケース会議に当事者である養育者を参加させることによって，関係機関だけで行う会議よりも，より当事者である養育者の気持ちに合わせて対応できるといわれる（林，2008）．近年，日本でもファミリーグループカンファレンスという呼び名で，当事者を含めたケース支援会議を行っている児相もあった．

〈会議の目的達成〉

　「次に何をするかを決める」とあるように，それぞれの機関が次の段階で，何をするのか，その具体的な内容を決めることが会議の目的となっていた．〈会議の進行・調整〉のサブカテゴリに位置づけなかったのは，会議において，現場では子どもの安全のために，どのように具体的な連携目標を設定するか，どのような条件まで設定するかという詳細な合意形成が重要視されていたことから，〈会議の目的達成〉を〈会議の進行・調整〉のサブカテゴリではなく，カテゴリに昇格させて位置づけた．

第2項　ステップ2——カテゴリの追加修正と関連づけ

　ステップ2では，表41のようなカテゴリの追加修正が見出された．

(1)　サブカテゴリの追加

〈多機関との温度差〉内に「全部は関われない忙しさ」サブカテゴリ追加

　「全部は関われない忙しさ」とは，児相としては全ての連携に参加すること

表41 ステップ2

カテゴリ グループ	カテゴリ	サブカテゴリ	データ
児相の葛藤	多機関との温度差	児相への要求水準の高さ	
		児相の動けなさ	
		全部は関われない忙しさ	前も（児相が関わっていないケースで）情報交換だけした会議を，また情報交換（のために集まってケース会議を）といわれると，情報をそこ（地域の支援機関だけ）で交換しておいてもらって．〈児相は関わってないから交換した情報を後で聞かせてください〉っていわないと，ちょっとこちらも予定もあるので……．でもなかなか理解はしてもらえなかったりとか，「児相は保護ってならないと動いてくれない！」とかいわれちゃったんですけども，それでもやっぱり，そこはやってもらわないと全部は（ケースの優先度から）やってられないなぁ……と．(Info. 24)
	見守り体制の葛藤	終結できなさ	
		見守り体制のできなさ	
		役割決めたのにやってくれない	例えば，会議を開いて，こういう方針で行きますよって決められたとしても，実際にはそれ通りに（他機関が決定された方針を）お母さんには伝えてなかったとか．そういうことがあると，何のための会議だったんだろうなとか．例えば，まぁ児童相談所に毎回行くのは大変なので，地域の教育サポートをしてくれる機関に，まずは不登校の子だったんですけど，行って欲しいと伝えて貰う．その手続きをお母さんとやってほしいという話しをしてたのだけれども，結局教育サポートのところはお母さんにそのことをあんまりちゃんと伝えてなかったのか，その後も結局何日に来て下さいということもいわないで，電話をしたら，お母さんが出なかった．「お母さんが，行きたくないといったので，一回も来てないんです」っていってみたり．役割決めたのに，やらない……．(Info. 25)
	若手ワーカーの苦労		
児相の連携意識	関係機関への敬意		

会議の進行・調整	良い面と悪い面両方見る		
	養育者を含めた会議		
	安心な雰囲気作り		会議では空気を緩めてあげると，周りの人の何ていうか「ここ何いっても平気な場所なんだ」って．例えば要対協なんかでも，真面目に話してると，なんかそうじゃない人もいて，いいにくいなあみたいな感じが出てきちゃうじゃないですか．でも，ケースの概要を説明する時に，児童相談所でこういうことがあってみたいなのをいう時に〈ちょっともう一！〉っていうような感じで私ももう感情？　私も怒っちゃった話とか，嫌だっていう話をしてあげると，ちょっと何か，「ああ，そうだよね…．やっぱそういう気持ってみんなあるよね」みたいな感じで，空気緩むみたいな時ってあるじゃないですか．で，何いってもここの場大丈夫だって．で，民生委員さんなんかから，ずっと黙ってるような民生委員さんからも，こういう心配な人がいて…とか，何かいっても大丈夫みたいな安心の雰囲気を作るようにはしてますね．（Info. 24）
		会議の時間管理	やっぱりコンパクトにまとめて伝えるっていうのも大事．人の集中力って限りがあるから．……だらだら話して，発散してる部分，それならそれで話は聞きますけど，それでいいんですけど，ただ，何かと連絡をする時に，パッと分かるように教えてくれないと困る．物理的に時間が長くなるとみんな疲れちゃうんですよね．それで「もういいよ，終わりにしようみたい」に．で，忙しいじゃないですか，みなさん．〈何時から面接があって〉とかって話になって，なんだかさっきまで「いや，それはできません」とかっていった機関が「急にできる」って話になって，えっ？　みたいな感じとか．（Info. 23）
	会議の目的達成	次に何をするかを決める	
		根拠をもった説明と情報の摺り合わせ	関係機関には自分が考えてることも伝える．で，向こうの考えも聞く．何でそう思うのか，何で保護が必要だと思うのか．学校に行けないからっていうケースがこの間入ったんですけど，そんなん保護したからって学校に行けるわけじゃないし……．施設から学校に行ける，そういうことも何か勘違いしてる人も結構多いから．施設の生活がほんとに素晴らしいものだと思ってる人もいっぱいいるので．でもそうじゃない，それを知ってるのは私達だから，〈素

> 晴らしいばかりじゃないんだよ〉〈こんな所やこんな大変なこともあるんだよ〉っていうのを伝えてあげると，やっぱ根拠で伝えてあげると，向こうも「ああ，そうですか」っていうような理解を得られるような時もありますもんね．やっぱり電話だと難しいんですけどね．やっぱ，ちゃんと顔を合わせて話をしないと，伝わらないことって結構いっぱいあるから．組織って違えば考え方が変わるのは当たり前なので，それをどうしてそう思うのかっていうのを伝えてあげるのが，うまくいえないっていうよりは，ちゃんと根拠を伝えて，すり合わせをすることが大事だと思います．（Info. 26）

ができないことを示している．データにもあるように，情報交換としてのケース会議には出られないことも多く，その点を多機関連携では理解してもらえないことも意味している．バリエーションとして，まだ児相が全く関わっていないケースについても，関係機関から対応を求められるが児相としても全ケースに関わることはケースの優先順位の点から非常に難しい．このような実状に対して関係機関からクレームが出たことも見受けられた．以下に具体例を示す．

> 個別支援会議を断るというか，相談されてもそれはまだこっち（児相）でも扱ってない．市で共有してもらってから，こっちが会議に出た方が良いんだったら声を掛けてほしいと伝えたことがあるんですけど．その話をしたら，急に市の方が，2, 3日後に来られて……．担当の人とそれから管理職と一緒に来られて，で，私の上司の人に「カンファレンスに出てもらえないことはどういうことなんだ‼」っていわれてしまって……．なんか「市のバックアップとして，児相は別に関わってなくたって，ちゃんと出ることになってるんだから‼」って話をされて，で，〈そういう意味で断ったわけじゃないんですけど，もうちょっと調べてほしいというか，それで相談してほしい〉ってお話したら，「（会議に）出ないのはどういうことだ‼」っていう対応の感じになってしまって……．（Info. 25）

〈見守り体制の葛藤〉内に「役割決めたのにやってくれない」サブカテゴリ追加

「役割決めたのにやってくれない」とは，ケース会議でそれぞれの機関に担当する役割分担が決められたとしても，その機関がケース会議で決められた役割を遂行できていない場合に感じる児相の葛藤を意味する．インフォーマント

の"地方部"という地域性によるプロパティにおいて，地方部の支援体制の遅れや，支援機関ごとの温度差なども影響している可能性が考えられるが，ステップ2において4名全員から共通したデータが見られたため，現場の声をデータをそのまま採用し，サブカテゴリの命名を行った．関係機関の力量にもよるが，基本的にケース会議で決めた内容で児相は見守り体制を組んでいるにもかかわらず，その内容を一部の他機関が果たしていない場合，やはり見守り体制が十分に機能していないという点で子どもの安全に対する児相としての連携における葛藤を示している．

〈会議の進行・調整〉内に「安心な雰囲気作り」サブカテゴリ追加
「安心な雰囲気作り」とは，互いに違った専門性や役割，限界を持つ機関同士だからこそ，支援機関の気持ちを汲みながら，会議に参加した人達が安心して意見をいえるような雰囲気を作る意識である．

〈会議の進行・調整〉内に「会議の時間管理」サブカテゴリ追加
「会議の時間管理」とは，一部の参加者だけがしゃべり続けたり，ケースへの想いを独白したりすることを避けるよう，会議自体をファシリテートすることを意味する．データにもあるように，会議への参加者は検討中のケース以外にも仕事を抱えている．そのため会議が親子の問題解決のために，会議時間内にある程度の方向性がまとまらなければ，参加者の心理的な疲労につながるだけでなく，有意義な支援についても話し合うことができず中途半端な段階で支援方針が決定されてしまう危険性を取り除く意味も込められていた．

〈会議の目的達成〉内に「根拠を持った説明と情報の摺り合わせ」サブカテゴリ追加
「根拠を持った説明と情報の摺り合わせ」とは，関係機関が意図する支援方針を聞いた上で，児相側の意図する支援方針を，根拠を持って説明し，具体的に摺り合わせを行うことである．データが示すように，特に〈多機関の温度差〉でも上げられていた一時保護に対する関係機関ごとの意識の差について，児相は「根拠を持った説明と情報の摺り合わせ」で対応することを意識していた．

(2) バリエーションの拡大

〈多機関との温度差〉内の「児相の動けなさ」バリエーション拡大

ここでは，情報が不十分なだけではなく，関係機関による保護依頼の理由の不明確さもバリエーションとして見出された．以下に具体例を示す．

> なんかまだやっぱり市は，虐待は児相っていう認識がかなり高いかなぁっていう気がしますね．虐待に限らず，養護相談とか，子ども預けたいってなると，「じゃあ児相どうぞ」ってなっちゃうんですけど．そうじゃなくて市役所とか地域で支援して，施設に入らない方法を考えた上で．それでもダメだっていうんだったら，という状況で持ってきてほしいんですけど．とにかく預けたいって窓口でいったから，「じゃあ児相で，っていっときましたから」っていわれると，ちょっとこっちはつらいものがありますね．結局，心配だから保護してくれと．何が心配なのかとか，どこが心配なのかっていうのがイマイチ伝わらない状況で，「とにかく心配だから保護してくれ」と．こっちが判断できる材料がない状態で，ポンって持ってこられちゃうと，ちょっと困っちゃいますよね．で，「児相は保護してくれない」っていわれて……．(Info. 26)

《児相の連携意識》内の〈関係機関への敬意〉バリエーション拡大

ここでは，相手に対する敬意だけでなく，現場の機関が持っている児相とは違った日常的な情報の視点についても，真摯な姿勢を持つことがバリエーションとして把握された．以下に具体例を示す．

> 一番この子のこと理解してるのは（幼稚園・保育園・小中学校・高校の）先生なんだっていう姿勢ですね．いろいろやっぱりベテランの先生から新米の方までいらっしゃるから．なかなかね，ベテランの方だったらそう思いやすいんだけど，まだ入ったばっかりの方で，なんでそんな行動しちゃうの？ とかって正直思ったりもするけれども．でもやっぱり，この子のことを毎日のように交代制ではあるにせよ見ているのはこの人だから，私が3, 4回会いに行ったぐらいでは見えないところを，毎日子どもに付き合って（見て）いる人たちだって思いながら会わないと．親への対応と一緒ですね．(Info. 23)

(3) カテゴリ・カテゴリグループの関連づけ

カテゴリの関連づけ

《連携時の方針》では，各カテゴリはそれぞれ独立した関係であり，〈保健センターとの連携〉におけるサブカテゴリも，それぞれ条件を示したものであることから，関連づけは行えない．

カテゴリグループの関連づけ

カテゴリ内容から《児相の連携意識》は《児相の葛藤》を〈会議の進行〉〈会議の目的〉などで解決を目指すものであった．そのため，《児相の連携意識》と《児相の葛藤》は互いに関連付けられながら，《連携時の方針》に移行するものと考えられる．

第3項　ステップ3——カテゴリの精緻化とモデルの確定

ここではバリエーションの拡大のみで，新たなカテゴリの追加修正は見られなかった．

(1) バリエーションの拡大

〈会議の目的達成〉内の「根拠を持った説明と情報の摺り合わせ」バリエーション拡大

ここでは，最終的な判断は児相側に決定権があるというデータが見出された．法的な立入調査権，職権に基づく一時保護等の権限を持つ児相が，立場として自らの根拠をもとに，最終的な決定を行うことが示されている．以下に具体例を示す．

> ほんとにこまめに協議を開くとか，連絡を取り合わないと．特にこちらの見立てと向こう（の見立て）が違うってことが，最初から分かってる時は，こまめに連絡取らないと上手くいかないですよね．私なんかは医師なので，たぶんまだ医師の立場で意見をいうと比較的通りやすいところがあるけど……．そうじゃない場合に，結構難しいことはあるかもしれないですね．でも，最終決定は児相なんで．しかもやっぱりその親御さんとの関係で，ある程度の見通しを（児相の）ワーカーからいっちゃってると，児相としても（個別ケース会議で）引けないのはあるんですよね．（Info. 28）

(2) 最終的なモデルの確定

以上のことから，最終的なモデルは，カテゴリの追加がステップ3で見られなかったので，図22を最終モデルとして確定した．

第4項　ストーリーライン

児童相談所の《連携時の方針》とは，基本的に児童相談所が介入する虐待が深刻な事例で，一時保護が必要なケース以外では，なるべく市区町村を始めとする現場につなぐことである．そのため，まず市区町村が介入できるケースの場合〈市区町村は支援的役割〉に設定し，児童相談所はあえて強権的な法的権限をちらつかせることで，市区町村との信頼関係を後押しすることにつなげていた．同様に〈保健センターとの連携〉においても，基本的には児童相談所よりも地域で活動する保健センターのほうが様々なリソースをもっていることから「訪問の依頼」によって，児童相談所よりも保健センターでケースを担当してもらう場合がある．また，養育者が精神障害などを持っている場合には，児童相談所が持っていない精神保健のスキルを借りるためにも，「精神障害時の同行依頼」を行っていた．基本的に，児童相談所からすると保育園・保健センターは市区町村と同様に，養育者に対して支援的役割を取ってもらう立場に置き，児童相談所は強権的・介入的役割を負うこととなる．だが，虐待の深刻度が改善されず，養育者の攻撃的・拒否的態度が継続している場合には，信頼関係のある保健センターからも「児相指導への後押し」を依頼することがあった．このような「児相指導への後押し」は保健センターだけでなく，保育園や市区町村とも同様のやり取りがあると考えられるが，ただこの「児相指導への後押し」は今まで支援的な関係を築いていた他機関からすると，強く養育者に出ることになり，場合によっては関係が切れる不安から，協力が得られないこともある．

一方，《児相の葛藤》として，〈多機関の温度差〉を関係機関との間で感じている．現場の保育園，保健センター，市区町村等の一部から，「児相への要求水準の高さ」として，過度な児相への期待を抱かれ，特に一時保護の認識のズレが顕著になる場合が多い．その結果，関係機関から児相に怒りを向けられることも多くなっていた．また都市部の児相では，抱えるケース数の多さから，

```
┌─────────────────────────────────────────────────────────┐
│  ┌──────────────────┐      ┌────────────────────────┐   │
│  │ 保健センターとの連携 │      │ 保育園への子どもの安全確認 │   │
│  └──────────────────┘      └────────────────────────┘   │
│  ┌──────────────────┐      ┌────────────────────────┐   │
│  │ 市区町村は支援的役割 │      │ 民生委員への見守り依頼  │   │
│  └──────────────────┘      └────────────────────────┘   │
│                     連携時の方針                          │
└─────────────────────────────────────────────────────────┘
              ⇧                         ⇧
   ┌──────────────────┐       ┌──────────────────┐
   │ 児童相談所の葛藤   │       │ 児童相談所の連携意識 │
   │  多機関との温度差  │       │  関係機関への敬意  │
   │  見守り体制の葛藤  │       │  会議の進行・調整  │
   │  若手ワーカーの苦労 │       │  会議の目的達成    │
   └──────────────────┘       └──────────────────┘
```

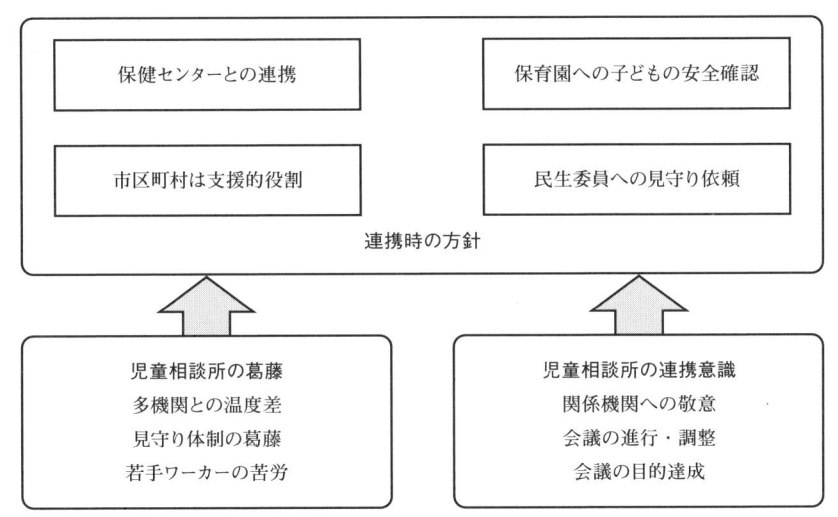

図22　児童相談所の連携　最終モデル

十分に市区町村と時間をていねいにかけた情報交換などができず,「全部は関われない忙しさ」にいつも追われている．時には，児相に一時保護依頼が来ても，保育園・保健センター・市区町村といった関係機関の調査が不十分であったり，情報提供が主で児相にはこういうケースがあることを知っておいてもらいたいという"お守り"的な扱いをされ，児相としても各ケースに対して「児相の動けなさ」を感じていることが多いことも見受けられた．

　もし一時保護にならない，あるいは保護の解除後に，地域に見守りをお願いする際には，〈見守り体制の葛藤〉として，地域から児相に関わり続けてほしいという要望から児相自体がケースの「終結できなさ」を感じていることもあった．その他にも，多機関連携で協力が得られず，児相が意図する「見守り体制のできなさ」から，子どもの安全確認に不安を覚える場合もあった．中には，ケース会議で各機関の「役割決めたのにやってくれない」場合もあり，その時には，子どもの安全度合いが図れず，児相としても非常に困惑していた．

　さらに，児相内の要因として，一時保護の実施，またはその見通しについて関係機関から強く訴えられる児相職員の中で，特に虐待対策に関わる2，3年目の児童福祉司が，「若手ワーカーの苦労」として，多機関連携において各機関からそれぞれの思いが詰まった無理難題をいわれる一方で，児相内でも上司

から様々な厳しいことを伝えられ，板挟みになっている葛藤が見られた．

そのような中で，《児相の連携意識》とは，まずは〈関係機関への敬意〉であった．どうしても児相が密接に関わらざるをえないケースは法的権限を用いることも多く，多機関連携の方針も最終決定は児相が持つことが多くなる．しかしながら，それぞれの機関が日頃から持っている専門性や役割，そして限界に対して敬意を込め，連携に臨むことを児相は大切にしていた．

さらに具体的な内容としては多機関連携で実際に方針を決める〈会議の進行・調整〉と〈会議の目的達成〉を重要視することであった．ケース会議では，児相は〈会議の目的達成〉を「次に何をするかを決める」場として，具体的に関連機関がどの機関が，何を，いつまでに，どのようにしていくのかを明確に方針決定することを目的としていた．すなわち，ケース全体の理解で終わらず，むしろその後，どのように支援をつないでいくかに焦点を当てていた．そして会議中に，関係機関で連携の齟齬や認識の不一致がある場合には，「根拠を持った説明と情報の摺り合わせ」を行い，児相が何故そのような支援方針を立てているのか，きちんと理論的背景や根拠を示しながらお互いの支援策を摺り合わせしていくことも会議のひとつの目的として大切にされていた．

そしてそのような〈会議の目的〉をもとにしながら，具体的な〈会議の進行・調整〉に移っていく．会議自体の「安心な雰囲気作り」を大切にし，同時に「会議の時間管理」を守ることで，参加者が発言しやすい会議の進行を重要視していた．また内容についても，多くの関係機関は対象となっている家庭のリスク要因，すなわちネガティブな要因ばかりを挙げるきらいがあるが，むしろ児相は家族の「良い面と悪い面を両方見る」ことで，実際のケースに対して支援機関側が持ちやすいバイアスを極力省き，客観的なリスクアセスメントの視点をもつことを意識的に行っていた．その際に，場合によっては当事者である「養育者を含めた会議」を持つことで，従来の当事者不在の支援策を踏襲するのではなく，養育者に沿った具体的な改善策を，一緒に考えていくことも視野に入れられていた．

第4節 考　察
一時保護をめぐる関係機関との温度差

　本章の結果において得られた児相の連携モデルは，語弊を恐れずいえば，一時保護要件を満たすか，満たさないかの非常にシンプルな連携手法であった．もちろん連携の際に，細かな連携手順，また保護時の情報共有の手続きなど，細かい設定についてはここでは扱わなかったが，実際に児相から見た連携困難事例は，児相による一時保護の有無にかかわる問題であったといえる．すなわち，保護前では子どもを保護をするかどうかに関する各機関の意見のぶつかり，保護時では各機関の保護への協力要請，そして保護解除後ではどのように地域と役割分担を行い，児相のケースとして終わっていくかに係わる問題であった．

　これは，地域にケースを移管しようとする流れも相まってか，児相の目指す連携のスタンスは，児相が主担当として介入する場合でも，地域にケースを移管する場合でも，児相以外の保育園・保健センター・市区町村などの他機関には支援的な役割をお願いしていた．ただし，〈保健センターとの連携〉にある「児相指導への後押し」にあるように，明らかに役割分担をしても養育者に変化が見られない場合は，保育園・保健センター・市区町村が支援的に関わっていようと，養育者に児相の指導案に乗るよう伝えてもらう場合も存在した．そして，特徴的なのは〈他機関との温度差〉である．児相だけが持っている職権保護，立入調査権を始めとする強制的な法的対応力は，他機関からすればとても魅力的な介入手法に映る．ただし，一時保護は，児相の担当福祉司だけの判断ではできない．児童相談所内での会議による組織決定の結果として行われているため，児童相談所として客観的な調査根拠に基づきながら，所内で保護するかどうかを話し合い，組織として合議的に決定されるのである．すなわち，いくら他機関が保護が必要だと児相に訴えかけても，児相内で子どもを保護するに足る要件を満たしていると判断しなければ最終的に保護にはならないのである．だが，地域の保育園・保健センター・市区町村から見ると非常に気になる虐待ケース，または虐待疑いケースに対して，自機関だけではなかなか対応できないケースを，まずは児相に一時保護してほしいという一足飛びの期待が生まれている場合もあると児相職員は考えていた．また，保護に対して過度の羨望を関係機関が抱いていることもある．保護によって逆に親と引き離される

トラウマティックな体験を子どもに追わせる可能性も考えられるが，それでも子どもの安全のために保護が必要だと児相が考える"重篤な虐待"基準，役割，そして一時保護の限界を知識として共有しているかが，他機関との間で温度差を生む一因になっていたと考えられる．

そのため，児相は，まずは多機関で集まる会議において，いかに子どもの安全を守るかという連携会議の目標を共有すべく，徹底して〈会議の目的〉を明らかにし，〈会議の進行〉に配慮したうえで児相が保護できる／できない「根拠を持った説明と情報の摺り合わせ」を他機関との間で慎重に行っていた．

ここから見えることは，虐待対応において相談ニーズの低い養育者と関わることはどの機関でも大変なことであり，しかも一筋縄では上手く行かない．そして何よりすぐさま変化を期待できず，ケースとしても時間とエネルギーがかかるということであった．それゆえに，多機関で家庭を支えながら，地域で時間とエネルギーを掛けて見守りをしてもなかなか養育者に変化が見られなかったり，子どもの安全が保たれないのであれば，児相の一時保護によってすぐさま子どもを引き離したほうが，子どもの安全も確保でき，養育者にもお灸を据えられるだろうという支援機関側の過度の期待がされる．言い換えれば，一時保護をまるで"打ち出の小槌"のようなイメージが持たれている場合もまだまだ少なくなかった．それゆえに，一時保護をすることで即刻子どもの安全が守られるため，多くの場合地域の関係機関からは，あらゆるケースについて後ろ盾として児相に関わってほしいと感じられていた点も否めない．

ここから考えられる多機関連携の意味とは，養育者と子どもに対して幾重にも多くの支援機関が支え合うだけでなく，関係が切れやすい養育者へのアプローチに対する支援機関側としての責任や不安を分散させることも根底に見いだせるのではなかろうか．同時に，このことは支援機関だけでなく，支援者個人が抱える"子どもにもし何か今晩あったら……"といった不安や葛藤（例えば勤務時間外に起こりえることや，親を諭したとしても家に帰ったら子どもにさらに暴力を振るうのではないかという懸念など）も複雑に絡まっている．

つまり，多機関連携には，様々な機関の不安や関係が切れたときの保険など，いわゆる子どもの安全に対してと，組織としての責任・専門職としての不安に対するリスクヘッジの考え方が，児相との温度差を生みやすい要因になっていると考えられた．

第 14 章
多機関連携に関する総合考察

　第10章から第13章まで，保育園，保健センター，市区町村，児童相談所の連携の方針モデル，および連携時の葛藤と，各機関が大切にしている連携意識について構造の把握を行った．本章では総合的に4機関の連携について比較検討し，考察を行うこととする．

第1節　連携に関する各機関の比較検討

第1項　連携方針の比較検討

　第10章から第13章までで得られた0歳から3歳における各機関の連携方針を，連携元と連携先ごとに見たものをカテゴリごとに纏めたものが表42である．

　第10章から第13章までは，連携元から見た連携先との連携方針，表42では"行"をモデル化して見ていった．だが，本章では，逆に連携先である他機関から見た連携元の役割，すなわち表42での"列"を見ていくことにする．

(1)　保育園との連携方針

　保育園では，表42のように，市区町村・児相からは，主に保育園での子どもの安全確認，いわゆる見守り依頼がなされているが，保健センターでは，保育園との結びつきも強いといえる．子どもの日常生活における安全確認の虐待根拠の収集を依頼するだけでなく，一緒に地域で見守る体制を作ったり，保育園へのコンサルテーションも行う機関となっていた．また，保育園も母子保健領域とは古くから地域で関係があるため，保育園から気になる親子には1歳半・3歳健診で連携を取り合う等，連携が組み上がっていた．

表42 各機関から見た連携方針

		連携先			
		保育園	保健センター	市区町村	児童相談所
連携元	保育園		保健師・ワーカーの流れ作り 一緒に養育者を抱える 情報の摺り合わせ	保健師・ワーカーの流れ作り 一緒に養育者を抱える 情報の摺り合わせ	児相に連絡する不安
	保健センター	虐待根拠の収集 一緒に見守る体制 健診へのつなぎ 保育園へのコンサルテーション		保護時の細かな取り決め 保健センターは支援的役割	保護時の細かな取り決め 保健センターは支援的役割
	市区町村	保育園への見守り依頼	同行訪問		児相への頼み方 市区町村は支援的役割 職権保護時は養育者に会わない 保護後に養育者に会う
	児童相談所	保育園への子どもの安全確認	訪問の依頼 精神障害時の同行依頼 児相指導への後押し	市区町村は支援的役割	

(2) 保健センターへの連携方針

　保健センターでは，保育園・市区町村・児相などから，全て訪問の依頼がなされている．保育園からは，保健センターと一緒に養育者を抱えるという思いが強く，保健センターの訪問を養育者に自然な形でできるよう，養育者との間に訪問へのきっかけ作りがなされていたり，互いに情報を摺り合わせながら，養育者を見守る連携がなされていた．一方，市区町村では，保健センターに訪問を依頼したり情報共有するだけでなく，むしろ地域において共に家庭訪問を請け負う機関として同行訪問という連携の形が目指されていた．さらに，児童相談所からは，養育者に何らかの精神障害が見られる場合には，精神保健に長

けた保健センターの同行依頼がなされ，生物−心理的な見立てを保健師にお願いすることが見られた．また，児童相談所としては，自然な形で養育者のもとに家庭訪問でき，関係のいい保健センターに対して，児童相談所の介入方針に乗らない場合には，保健センターからも，児童相談所の方針が妥当なものであると背中を押してほしい思いが連携の中で見出された．

(3) 市区町村との連携方針

保育園からは，保健センターの保健師と同様に，まずは市区町村が養育者宅に訪問する道筋を付けることが意識されており，その後情報共有をしながら，一緒に地域で養育者を抱える，子どもを見守る連携の方針が意識されていた．また，保健センターからすると，市区町村が主に虐待対応の窓口機関であるとし，児童相談所と同様に，重篤なケースの場合は，保護時に保健センターと市区町村がどのような役割分担を取るのか，細かな取り決めがなされていた．その場合，多くは保健センターは支援的な役割を取ることが多かった．また，児童相談所が関わる場合は，市区町村が関与できない重篤なケースや一時保護が必要なケースである．そのため，児童相談所の一時保護等が必要なケースの場合，養育者と児相の間で関係が切れても，市区町村と養育者の関係性を残すために，市区町村は支援的役割を期待されていた．

(4) 児童相談所との連携方針

保育園としては，児童相談所（児相）よりも市区町村と保健センターとの連携が優先されていた．それは，まず保育園が，保健センターと古くから母子保健関係で連携の関係が取れていたことや，市区町村とは虐待対応の第一義的窓口が市区町村になったという認識が広まったため，まずは市区町村に連絡する体制が整ってきたからだと考えられる．ただし，第5章で示した通り，児相と連携しないのではなく，緊急時の対応として，虐待が重篤な場合は児相に連絡を取ることは常に保育園でも意識されていた．保健センターから見た場合，市区町村と同様に，児相は保健センターよりも強権的に入ることから，職権を用いて一時保護する場合には，保健センターがどのように支援的な役割を取っていけるのか，細かな取り決めがなされていた．この点は，児相のニーズとして，児相の指導に乗らない養育者には，関係性が築けている保健センターから児相

の指導に乗るように養育者を後押ししてほしいという思いと微妙にすれ違う点だと考えられる．

　市区町村からは，実際に対応していたとしても，手に負えない重篤なケースは児相に送致するため，児相が動けるよう，その具体的な頼み方に意識を向けていた．また，児相が入った際には，市区町村は役割分担としてほとんど支援的役割に徹していた．そして，支援的役割として入る以上，養育者を一時的にもヒートアップさせる職権保護の際には，市区町村は養育者にはあえて会わないようにしていた．理由は，ヒートアップしている養育者に対しては，支援的なスタンスを取っていた市区町村でも，敵意を向けられ，養育者との関係性が切れる可能性が高いからである．保護時に市区町村が養育者に会うのは，保護解除，あるいは再統合が決まって地域で支援することが児相内で決定されたときである．その場合は，早めに連絡をとり，支援的な役割で市区町村が関わることを求めていた．

第2項　各機関の葛藤の比較検討

　第10章から第13章までで得られた各機関の連携時の葛藤をカテゴリごとにまとめたものが表43である．

　表43に示されたカテゴリは，連携時に各機関の支援者が感じる葛藤であるが，大きく分けて2つの特徴が見られる．1つ目は，支援的役割を負うことが多い，保育園保育士と保健センター保健師は，要対協をはじめとする個別ケース検討会議に対して，強い不満を〈会議への要望〉として顕わにしていることである．2つ目は，要対協の調整機関である市区町村が，法的対応を判断する児相が関わる会議には，〈他機関との温度差〉というカテゴリが共通している点である．

　以下に，これら2つの葛藤の特徴をもとに，検討を試みる．

（1）保育園の葛藤

　保育園が感じる〈会議への要望〉とは，会議において保育園の意見を関係機関に情報として聴いて欲しいという要望であった．保育園は親子の日常に密接に関与していることから，虐待という問題解決のために，その場その場で接

表43　各機関の葛藤

機　関	カテゴリ	サブカテゴリ
保育園	会議への要望	安心して話せる場作り 多職種との温度差 丁寧な話し合い
	見守り時の不安	グレーゾーンの動けなさ フィードバックがない不安 細かい報告を受ける不安
	連携前の不安	児相に連絡する不安 適切な連携先を知りたい 保育園のハードルの低さ
保健センター	会議への要望	会議での具体的な方針決定 対応に困ったときの他機関任せ わかりやすい言葉の選択
	関係が切れた時の不安	
市区町村	他機関の温度差	介入役割の頼みづらさ 調整機関としての理解されなさ 一時保護の認識のズレ 温度差の仕方なさ
	情報共有の難しさ	思わぬ情報の漏れ 情報が上がってこない
児　相	他機関との温度差	児相への要求水準の高さ 全部は関われない忙しさ 児相の動けなさ
	見守り体制の葛藤	終結のできなさ 見守り体制のできなさ 役割決めたのにやってくれない
	若手ワーカーの苦労	

　"点"を作る保健センター・市区町村・児相のスタンスと，親子の日常に沿った支援の"線"で関わる支援機関として明確な役割の違いがある．それゆえに保育園では，子どもの安全な生活だけでなく，そこに更に子どもの安全な育ちを保つという点に力点が存在するため，ある程度の信頼関係と子どもの安全を目的とする保健センター・市区町村・児相とは組織の性質，そして"保育"という専門性の違いがあるのだろう．それゆえに，会議に対する要望や，見守り時の不安，連携前の不安といった，保育園が他機関からの要請にきちんと応えられているかどうかという，日常生活に対する"線"としての情報のフィードバックのなさが不満として募っていると考えられる．

第14章　多機関連携に関する総合考察

(2) 保健センターの葛藤

〈会議への要望〉では，保健センターは，アウトリーチ時に持つ特徴としてストレングス重視の視点で，問題解決型の対応を目指していることから，会議においてケースの理解を深めるだけでなく，次にどの機関がどのように動くのかという具体的な方針決定がされないと保健センターとしては会議に出た意味がないと感じることが多いと考えられる．多くのリソースを持ち，様々な地域とのつながりで養育者のできるところを増やしながら支援関係を続けていこうとする保健師だからこそ，単なる事例検討会となることをよしとしていない可能性がある．これはその他の機関でも親しい専門性や組織の性質もあると考えられるが，具体的な方針が決まらず，各機関ともに接点が見いだせない場合は，家庭訪問を実質的な機能として持つ保健センターに丸投げされることも非常に困難を覚えるところであった．さらに，日頃から多くの連携をこなし，特に医療との連携で，病院ごとの独特な略語に常日頃困惑した経験をもつ保健センターは，連携時にはなるべくわかりやすい言葉を使うように意識していた．それゆえに，会議の場で多職種が集まった場合も，それぞれの専門用語ではなく，わかりやすい言葉で話されないと，会議に対する理解も深まらないと強く要望していた．さらに，孤立しやすい養育者に対して，支援的役割で家庭訪問を継続する，地域リソースの最後の砦である保健センターが介入的役割を任せられた場合や，その他の機関との連携が組めない場合に，保健センターと養育者の関係が切れた際には，どの機関も関われない状況になることを，保健センターは非常に不安に思っていた．それゆえに，保健センターとしては，自らのメリットとして自然な形で養育者に関わることができるアドバンテージからも，介入的役割はなかなか負いづらい思いを抱えていた．

(3) 市区町村の葛藤

〈他機関の温度差〉では，市区町村が，支援的役割を養育者との間で負っている保育園や保健センター等に介入的役割をお願いすると，保健センターや保育士から反発されることが予想されるため，介入役割を頼みづらいと感じていた．同時に市区町村の要対協における「調整機関としての理解されなさ」「一時保護の認識のズレ」など，役割や機能自体をきちんと認識されていないことによって，調整自体が難航したり，あるいは調整機関である市区町村にとばっ

ちりが来ることも非常に困っていた．同時に，多機関連携で思いもよらないところで情報が漏れたことにより，養育者との関係が悪化していたり，あるいはそのような養育者からの執拗な攻撃的態度によって，他の機関が縮こまってしまい，情報が上がってこないなど，悪循環になってしまうことが現場では非常に懸念されていた．情報が上がってこないということで，子どもの安全が確認されずに，予防も介入もできず，リスクが非常に高くなっている．連携が上手く行かないことで，各機関の仕事のしにくさは，そのまま子どもの安全に関するリスクへ直結しているのである．

(4) 児童相談所の葛藤

児童相談所における〈他機関との温度差〉とは，児相に対する一時保護依頼，あるいは児相に対して過度な後方支援の要求などが挙がっていた．ここでは，各支援機関が児相に対して，法的権限によって子どもと親を分離できることへの過度な期待を抱いたり，あるいはそれを保護してくれない場合に怒ったり，裏切られたと感じたりすることから，"児相は動いてくれない" という思い込みが生じ，その結果，児相のつるし上げが生じていた．また，他の支援機関から児相にスーパービジョンやコンサルテーション機能を期待されたり，児相にケースを丸投げされ，責任転嫁される場合も存在していた．

その他，情報共有でも，単なる報告に過ぎず，どう連携してほしいか具体的な機関ごとの意図が見えない場合も存在していた．児相側からすれば，現状の忙しさから，関係機関が抱える全てのケースには関わりきれないといった温度差が生じていた．

さらに，このような温度差をもとに，他機関が児相に過度な期待をするため，ケースの終結ができないこともあった．また，他機関が児相の処遇決定に異議を唱え，見守り体制ができない場合や会議でせっかく方針を決めても，役割をやってくれないことも生じていた．このような場合，児相も非常に残念な思いや他機関に裏切られたという不信感をもったりすることも多いと考えられる．すなわち，担当する地域の力というものを児相が判断せざるを得ないことである．他にも他機関で役割分担がこなせない場合，最も法的権限を持った児相に対して業務が丸投げされそうになることも先に触れたようにエピソードの中には数多く存在していた．

(5) 連携がうまくいかないこと——組織・システム，専門性，支援者個人のブロック

　連携が上手く行かない要因に，言葉の壁，縄張り意識と意地，価値観・考え方の違い，採算性を挙げ，逆に成功の要因を，目的の共有化，懇親会の開催，人事の交流，役割の明確化，相手の領域に入り込むことという指摘がある（丹治，2004）．また，我が国の機関，組織は縦割りで，横の繋がりに乏しいといわれている．そこに所属する専門職は，それぞれの機関，組織の中では，自分たちのテリトリーの中では，熱心に苦労をいとわず，自分のやるべきことは，きっちりやるという傾向があるように思われる．ただし，自分のテリトリーから外れる範囲のことになると，一緒にやりましょうというスタンスではなく，「ここまでやりましたから，後はお願いします」ということになりやすいと考えられる．

　子ども虐待についても，それぞれの機関で考え方，評価の仕方，支援の方法は同じではない．多機関が関わりを持ち，虐待事例に対応しているとき，児童相談所や市区町村が動いてくれない，対応してくれないというような不満が，主に通告した施設や実際に密接に関わりをもつ機関から出されることは少なくない．その場合，関係機関から児相や市区町村はやる気がない，逃げ腰であるというふうに見られがちである．もちろん児童相談所，市区町村の専門性を高めることは基本であるが，機関ごとに児相や市区町村に何をしてほしいのかと，児相や市区町村は何ができるのかという点が理解されていないことも多い．つまり，関係機関によって，連携に対する「思い・想い」のズレがあることも少なくないのである．逆に児童相談所が調査・介入のタイミングがはかれず，その端緒がほしいといった場面も存在する（松田，2008）．まさに，多機関連携においても様々な専門性の違い，組織役割と目的の違い，支援者個人の感情と認知のズレが起こり，それが悪循環として巡り巡って，さらにその連携における不信感が拡大する構図である．

　第3部で見たように，各機関はそれぞれの専門性を活かしながら，アウトリーチを行い養育者とのある程度の信頼関係を築いていた．藤田（2004）によれば，各機関，各専門職において，専門性の「高さ」がなければ連携は効果的には行えないが，連携はその専門性の「狭さ」という特性によって困難にもなるという．各機関の専門職の葛藤として見えたように，それぞれの専門性の違いから支援の方針が異なっていたり，ケースに対するそれぞれの担当者の思い入

れも相まって，自らの意見が関係機関に伝わっていないという不満につながっていた．一方で，会議の調整をする市区町村や児相からは，会議を開いてもまとまらなかったり，各機関の方向性や担当者の考え方などから，多くの点で先にあげたズレが生じていた．これらのことから，連携における他機関の温度差や過度の期待が生み出される背景には，連携する相手ができること，できないことといった具体的な役割について正確な情報を知らないことや，そもそも関係機関にいる人の顔を知らない，人となりがわからないといったインフォーマルな関係性から，連携元の担当者の不安や不満が，連携自体が上手くいかない原因となっている可能性が考えられる．

　このような結果を考察するために，これ以後連携がうまくいかない要因を"ブロック（阻害要因）"と名付ける．このブロックは大きく次の3つに分けられるだろう．それは①組織・システムのブロック，②専門性のブロック，③支援者個人のブロックと考えられる．

　①組織・システムのブロックとは，地域性や組織，そして組織をまとめる管理職の指向性や組織役割の限界設定など，組織間で反映されたブロックである．組織としての法的根拠に基づく役割と限界などが含まれるだけでなく，組織としての仕事量や組織間の連携歴なども含まれる．

　②専門性のブロックとは，1組織の中にも混在する違った学問体系の壁，専門役職の考え方の違い，各ディシプリン（専門性）だけでトレーニングや研修を積んできたことによる虐待に関する他領域への知識の差，解決すべき優先順位の高い問題を見抜く力の違い，支援をすべき対象（者）の選定の違い，問題に対する専門的な解決手法の違い，虐待対応に関する専門的な知識量や若手・ベテランにおける臨床経験の違いなども含まれる．

　③支援者のブロックとは，支援者自身のパーソナリティだけでなく，虐待対応に対する支援者自身の思い入れや指向性（虐待対応に積極的か消極的かなど），価値観なども考えられる．あるいは，支援者自身が体験してきた良い連携経験・悪い連携経験などをもとにした他機関の印象なども含まれる．

　本章で見てきたように情報の共有のための会議で意見がかみ合わない場合，それぞれの方針に対する不安と不満を③支援者個人のブロック（例：○○さん（特定の人物）って使えないね），②専門性のブロック（例：○○学，○○畑（特定の専門性）の人って考え方が偏っているよね）として増長させ，最終的

には①組織・システムのブロックとして，担当者だけでなく他機関自体へとネガティブなイメージが一般化されることにもつながっていると考えられる．場合によっては，一度の連携でも③支援者個人としてのブロックが発展し，うまく協働ができない場合，①組織・システムのブロックとして，特定の機関や支援者とは柔軟な連携が取れにくくなってしまうことがある（例えば，○○という特定の支援者がいるから，あの機関とは連携しないほうがよいなど）．場合によっては，その後のケースでも二度と連携をしたくないという③支援者のブロックに含まれる想いや，必要に迫られた際は相手の機関・担当者の責任に丸投げしてしまえといった①組織・システムと③個人のブロックの連鎖による悪循環も得られたエピソードから考えられた．

1つの連携困難な問題は，どれか1つのブロックが原因のこともあれば，2つまたは3つ全てのブロックが絡んだ場合も考えられる．そのため，続く第3項以降では，このような3つのブロックをどのように"解除"していくかを検討する．

第3項　各機関の連携意識の比較検討

第10章から第13章までで得られた各機関の連携意識をカテゴリ毎に纏めたものが表44である．ただし，市区町村は要対協で調整機能のために，特化させてカテゴリに昇格させた会議の目的，人間関係への配慮を表44内に採用した．なお，ここでは，第2項各機関の葛藤の比較で扱った点と絡めて，連携時に現場で大切にされていることを述べる．そのため，各機関の相違を見るだけでなく，ここでは共通点にも着目して検討を行っていく．

(1)　共通した連携時のカテゴリ

表44で得られた，連携時に大切にする連携意識の中で，それぞれの機関ごとに非常に親しいカテゴリが存在した．それは，保育園の〈連携先を悪く捉えない〉，保健センターの〈相手の機関をよく知る〉「相手への気遣い」，市区町村の〈連携時の配慮〉「他機関を悪く言わない」〈人間関係への配慮〉「日常関わっている人への配慮」，児童相談所〈関係機関への敬意〉といったカテゴリ内容である．これらは，連携する際に，相手の機関と意見が食い違うからとい

表 44　各機関の連携意識

機　関	カテゴリ	サブカテゴリ
保育園	事前の顔つなぎ	
	会議で方針の違いを話し合う	
	連携先を悪く捉えない	
保健センター	相手の機関をよく知る	相手への気遣い 一緒に仕事をした経験 保健センターのメリットを伝える
	情報共有の配慮	情報共有する相手を確かめる 伝える情報の吟味
	会議で違いを話し合う	
市区町村	連携前の準備	情報共有する窓口を調べる 一緒に仕事をした経験
	連携時の具体的対応	情報取り扱いの確認 連携の頼み方はスモールステップ
	連携時の配慮	柔軟なワーカーの立ち位置 他機関を悪く言わない 感情的な人には結果論で伝える
	会議の目的	具体的なリスクの共有 今何をどこまですべきかの共有
	人間関係への配慮	会議前に人間関係を調整する 会議の雰囲気作り 日常関わっている人への配慮
児童相談所	関係機関への敬意	
	会議の目的達成	次に何をするかを決める 根拠を持った説明と情報の摺り合わせ
	会議の進行・調整	良い面と悪い面両方見る 養育者を含めた会議 安心な雰囲気作り 会議の時間管理

って，決してネガティブに捉えないようにする現場の意識である．インフォーマントは，数々の失敗事例から，これらのことを学んだと共通して話していた．この点は，それぞれの専門性の違い，機関ごとの役割の違いなど，①組織・システムのブロック，②専門性のブロックに対して，支援者自身が受け入れ，各組織や専門性の違いとして受け入れる"ブロック解除"の手法である．

　連携時の葛藤で見てきたように，連携が上手くいかないことは，関係機関だ

けでなく，むしろケースの進行自体の悪影響となる．そのため，まずは相手の違いを悪くいわず，相手の機関の役割をよく知り，受け入れることが各機関で大切にされていた．松田（2008）は，「一緒にやりましょうを実現するためには，ある程度は，それぞれの機関，組織のことを知らなければならない．ネットワークは，組織機関の間に線が引かれていても，何の意味もない」という．また Ells（2000）は支援機関ごとの尊重すべき能力と限界を知っておくこと，そして支援機関ごとの役割と責任を理解することが重要であるという．要対協の機関連携のモデルにおいて，紙面上にそれぞれの役割が明示されているといっても，まずは担当者同士の関係性が前提となる．紙面上のモデルにはない，もうひとつのインフォーマルな機関ごとの連携とは，明文化されていないが，まずは連携先の機関を知ろうとすることから始まっていると考えられる．興味深いこととして，①組織・システムのブロック，②専門性によるブロックを解除するには，組織と専門性の役割，限界をまずは③支援者個人のブロックを外すことから始まるといえる．これはシステムとして組織が機能するには，支援者個人のブロックを外し，子どもを最優先に考える目標を共有すること，そして，その目的に対する各機関・専門職の違いをメリットとして捉え直す点から多機関連携の構築が始まるといえる．この点は次の会議場面でも検討する．

（2）会議で方針の違いを話し合うこと

保育園の〈会議で方針の違いを話し合う〉，保健センターの〈会議で違いを話し合う〉というカテゴリがある．これらは，ほぼ同様の内容を意味したカテゴリである．会議に参加する側であることが多い保育園・保健センターは，関係機関の方針の違いを受け入れた後，具体的に何をするか，それぞれの方針の違いそのものについて"話し合う"ことを望んでいた．すなわち，①組織・システムのブロック，②専門性のブロックについて，具体的な各機関の役割と限界を共通理解としてはかり，再構築することである．

上記の①組織・システムのブロック，②専門性のブロックについて，③支援者個人のブロック解除＝違いを受け入れることが前提になっていなければ，それは議論ではなく，単なる役割と責任の丸投げ，あるいは支援機関同士の対立になってしまうと現場の支援者達は考えていた．相手のスタンスを尊重し，それでも自機関の専門性から支援方針について根拠を持って主張し，各機関の役

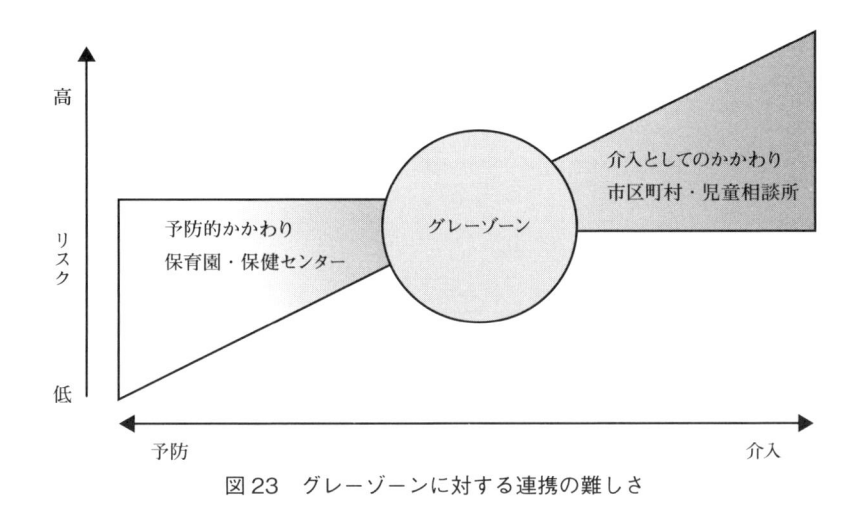

図23 グレーゾーンに対する連携の難しさ

割だけでなく限界，そして限界が来た際の次の具体的支援・介入内容についても明確に決定していくことが重視されていた．

一方で，市区町村の《会議の方針》〈会議の目的〉〈人間関係への配慮〉，児相の〈会議の目的達成〉〈会議の進行・調整〉では，会議を主催する側として，上記の保育園，保健センターと違いを話し合う場として，具体的な会議の目的と進行を大切にしていた．

いかに違いについて話し合うとしても，会議の場は支援者個人の感情的な思いを述べる場ではない．そもそも会議を開く前提は，現状の虐待問題を解決し，どのように今後各機関が協働して支援をしていくかである．専門性を持った専門家であるからこそ，支援者の感情を抑えて，子どもの安全をまず第一に考えて会議を進める．ここで意見の対立が起こるのは，子どもの安全という目的の共有がどのレベルでなされるかどうかからである．先行研究では，日本における子ども虐待対応機関が，専門職と非専門職を含めて，関連する全ての職場・職種が関係機関・行政に求めていたものは，「組織内外からの相談・助言・管理」と「多機関・多職種の積極的関与」だとされる（上田，2009）．だが，積極的な関与も，"何のために関わるのか"という認識自体にずれがあると，関係機関の中で対峙が生じる．本研究の結果でも要対協でリスクアセスメントの各機関の食い違いが起こっているインフォーマントのエピソードは，"ネグレク

第14章　多機関連携に関する総合考察　361

ト"が絡んだ虐待であることが非常に多かった．ここは，特に保育園や保健センターという予防を重点にする機関と，市区町村と児相という介入を重点にする機関において，"命に関わる"問題かどうかという視点のズレであるとも考えられる．予防と介入の狭間のようなグレーゾーン事例にこそ，各機関がどのように動くかのデファクトスタンダードが見出されない不安から，その都度各機関の意見対峙が起こりえると考えられる．

　図23は，調査者から見たグレーゾーンの連携の難しさを機関ごとに表したものである．保育園・保健センターから見れば，グレーゾーンは，介入側にあるケースであると見立てられ，市区町村・児童相談所から見れば，グレーゾーンは，予防側で対応できるだろうという見立てを立てやすい．

　それぞれの通常対応しているケースから距離があるからこそ，①組織・システムのブロック，②専門性のブロックが作用し，相手の機関任せになりやすく，現場での連携困難事例が生じていると考えられる．そしてだからこそ，この点を会議で話し合う必要性が存在する．

　ただし，ここで話し合う内容と目的は，子どもの安全を，如何に多機関で"今，ここで"最低限度守れる環境にするかであった．このような背景において対峙的になる点は，予防側からの意見は特に介入役割機関，特に児相（場合によっては虞犯・触法で警察）への"一時保護の要求"であり，介入役割機関としては予防機関への"ネグレクトケース（場合によっては不登園・不登校）は地域で見てほしい"というものであった．これは，それぞれある意味，相手機関への要求である．多機関連携は，一機関に中央集権化するのではなく，それぞれの機関が地域でどう役割を取り，動くかが前提となっている．つまりここでは，"今までこの機関はこのような関わりをやってきました．あとはそちらにお任せします"ではなく，"今までは私達の機関はこのような関わりをやってきました．今後もできる範囲で関わりを継続していきますが，うちだけでは子どもの安全を守りきれない部分もあるので，その点は他機関の力も貸して頂き，一緒に子どもの安全を守りましょう"という継続した協働の視点が鍵になると考えられる．このような視点について，川畑（2009）は，「冷静に話し合うことが必要．相手に要望してそれが満たされなければ相手を攻撃するという構造は悪循環を呼び，事態は好転しません．自分のところに事情があると同じように相手方にも事情があります．決して相手は怠けているわけではありま

せん．よそからの力で，その職場を変えようとしても無理でしょう．変えることができるのは，そしてよい仕事に向けて頑張れるのは自分の職場です」と指摘する．連携では，1つの機関がケースにおける役割を100％負っていたのを，他機関に100％引き継ぐのではなく，2つの機関で50％ずつ背負う，あるいは4つの機関で25％ずつ支えるという考え方が，現場では大切にされていたと考えられる．

　日本だけでなく諸外国でも，このような機関連携の意見対立は非常によく起こっている．Lashley（2005）によれば，多機関連携という特質を考えた際に，チーム内で意見の対峙は不可避なものであり，むしろ対峙が起こるまえに，どのように対処するかを最初に決めることが肝心だと指摘する．またチームの問題は決して個人の問題ではなく，チームで取り扱うことが必要だと指摘される．Pence & Wilson（1994）は担当事例や機関ごとの哲学の違いは，多機関連携における衝突の種になりうるので，児童相談所は意思決定（Decision-Making）を多機関との間で共有し続け，それについて他機関と話し合うことが大切と指摘している．

　日本の場合，介入側の機関であり法的権限を持つ児童相談所が，その特色ゆえに最終的な決定権を持つことがどうしても多い．しかしながら，今まで見てきたように，このような意見対立がある際に，要対協が会議を開く際に要請される能力は，リーダーシップというよりも，ファシリテート機能であった．すなわち，児童相談所が根拠を持って対応できないという場合は，ネグレクトや心理的虐待が主に絡んだ虐待ケースでは，地域の関係機関で見る以外の選択肢はほとんどない．そのため，要対協をまとめる市区町村は，今後各機関で今できることは何であるのかについて，目標設定を行い，現場の担当者達をエンパワメントしながら，それぞれの担当者に考えてもらう機会を提供していく必要がある．そして，ここまでやっても無理な場合は，再度今までの経験を"根拠"として児相に援助要請・送致・情報提供をするという具体的な手続きを共有することだと考えられる．

（3）フォーマルな連携とインフォーマルな連携

　「事前の顔つなぎ」「一緒に仕事をした経験」というサブカテゴリにあるように，共に連携しながら仕事をする過程は，顔見知りの関係機関の担当者ならど

のように動いてくれるのかを経験的に把握するものだと考えられる．①組織・システムのブロック，②専門性のブロックを共に連携してきた経験によって，③支援者個人のブロックから解除し，各機関が自分達に何が求められ，そして何ができるのか，連携のしやすさにつながるものだと考えられる．

その中で個別ケースの支援方針会議は，子どもと家族の支援を考えるために，支援者達が顔を合わせる場である．会議の場は具体的な支援方針を決めるだけでなく，各機関の担当者をインフォーマルに知る場でもあり，その結果，後の連携のしやすさにもつながってくるであろう．この点は③支援者のブロック解除も果たせる点があると考えられる．そのため，連携が上手く機能するモデルとは，行政から発布される多機関をつなぐ2次元の平面モデルではなく，そこに奥行きのz軸として，やはり人と人とのインフォーマルな関係性を多職種で据えた3次元の立体モデルで連携を見ていく必要があると考えられる．むしろインフォーマルに関係性を汲めないと，その場で情報共有などもしづらい場合や，その後の継続的な連携の際の人間関係にも悪影響を及ぼす可能性もあるだろう．また，具体的に相手の職種を信頼できないと，情報を共有していいのか，また次にどのような動きをするのか分からず，②専門性のブロックと③支援者個人のブロックが顕在化する可能性もありうる．ただし，当然のことながら，インフォーマルな各職種・支援者間の関係性だけでは子どもの安全を守るためには連携として不備がある．なぜならば，組織として各機関間における連携方針を決めなければならないからである．そのため，やはりフォーマルな関係性とインフォーマルな関係性のバランスが非常に重要になってくる．

基本的に見守りであろうと，子どもと養育者について，どのようなポイントを見守るのかを明確にし，緊急時対応の手順についてまで会議内で確認しておくことが大切である．特に，日常生活では保育園，そして地域では保健センターや民生委員とのやりとりが大切になる．そして，引き受ける方は，何かしらのフィードバックがないと自分の支援策がどのように評価されているのか不安，あるいは不満が生じると考えられる．コーディネーターは，この点についても，目を向ける必要があるだろう．なぜなら，支援機関だからこちらの望む支援ができて当然と思うことは，ひとつの支援者自身のバイアスとして，コーディネーター自身の③支援者個人のブロックとなってしまう可能性もあるからだ．

当然のことながら支援機関である以上，必要最低限の役割は遂行してもらわ

なければならない．だが，実際に関係機関によっては，リファーしてもさらに悪化するということが②専門性のブロック，および③支援者個人のブロックとして予測される場合には，なおさらリファーする側の専門性として，他の関係機関がないか検討することが必要である．そのためにも，日頃からインフォーマルな関係性を多くの関係機関と築いておくことで，本当にこの機関へリファーして良いのかどうか，担当者の特徴を知っておくことが②専門性のブロックと，③支援者個人としてのブロックを解除する上では必要不可欠である．

第2節　多機関連携に関する総合考察
しなやかな協働に向けた2つのポイント

第1項　支援者個人のブロックを外す
――目の前のリスクから目を背けないために

今まで見てきた通り，連携において，その各機関の役割と限界の違いを受け入れることが，①組織・システムのブロック，②専門性のブロック，③支援者個人のブロックを解除するために非常に重要なこととなっていた．市区町村が「温度差の仕方なさ」をポイントとしてあげていたように，最初から"各機関の支援方針は違っていて当然"というスタイルで臨むことが必要だろう．

それを前提に，そのような多機関連携の中で共有するポイントは「子どもの安全」であり，子どもにとって安心と安全の場を提供していくことが第一優先である．それを前提とした後，被害と加害を同定せずに，支援策を検討していくことが現場では大切にされていた．そしてそのような子どもの安全を守るために，多機関連携自体がひとつのグループワーク，あるいはケースワークとして捉えられていた．たとえば，自機関から「あまり情報を持っていない連携先でもリファーして送ればとりあえず対応は済む」という思い込みがもし働いていたとしたら，それは非常に危険な場合がある．連携自体がクリエイティブな支援作業のひとつであり，自機関が自ら動いて関係機関の情報収集をしなければ，その地域ごとの適切な関係機関，およびその機関に所属する適切な担当者情報は得られず，また支援自体も連携の取り方次第で悪化する可能性がありうるのだ．

つまり，連携は自機関と他機関の相互作用であることから，自機関の支援方

針だけでなく，他機関がどうしたいのか，そしてそれが子どもの安全とどう関われるのかについて検討する機会が具体的に会議の中で話し合われることが最低限必要であろう．そして相手の機関についても，こちらからどの程度のリクエストを出せるのか，そしてどの程度のことを頼んでいいのかを見定め，情報収集することが大切だと考えられる．

　だが，特に連携で問題となるのは，やはり③支援者個人のブロックであろう．少し説明を加えると，自機関・自らの専門性の役割と責任のリスクを回避するために，ⅰ）虐待のリスクに目を背けたり，なかったことにすること，または，ⅱ）攻撃的・拒否的な養育者と対立することを恐れたり，ⅲ）虐待の可能性を示すことで養育者をさらに傷つける可能性が見られるからといって，今すでに虐待のリスクが非常に高いにもかかわらず，今後の子どもの子育てには母親・父親が必要だからこそ通告しない，あるいは"虐待ではないと判断する"ような認知的不協和に陥った主観的な支援者の価値観に判断を落とし込んでいることが挙げられる．「あの他機関の対応はレベルが低い」「あの担当者の対応には不満だ」とスケープゴートを作りあげ，②専門性のブロック，③支援者個人のブロックを強化し，①組織・システムとしても連携困難な雰囲気を作り挙げてしまう可能性が考えられる．すなわち，最も危険な例は，③支援者個人のブロック，②専門性のブロックを正当化し，過去に通告しても動いてくれなかったという経験から組織としても通告をしない，あるいは自機関だけで虐待を診断，対応，解決しようと単一機関だけで抱え込んでしまうことである．このような状況は，違った専門性を活かせないだけで無く，会議における違いすら話し合わない，場合によっては会議すらしないという状況を正当化し，今苦しんでいる子ども達により良い援助の可能性や支援の方針を提供できず，リスクを見逃してしまう可能性があるだろう．

　つまり，最も連携が困難な状況とは，③支援者個人のブロックとして主観的な支援の判断をし，一機関で抱える状況を正当化し，支援者自身が他機関に通告・連携・情報提供または援助要請しない状況を維持させていることである．すなわち，子どもの安全に対するリスクを組織として共有して適切に分配することではなく，リスクをなかったことにする，または少なく見積もる，あるいは他機関でコミットせず，自機関だけで対応しようとしてしまう場合である．

　連携に対するそのようなブロックを違和感として感じた場合，そのことに関

しても各機関がそのブロック自体を皆で話し合い，子どもを最優先にした目標を共有した中で，どのような対応ができるのかを話し合わなければ，当該ケースだけでなく，その後の連携の質も向上しない．

だからこそ，要対協でも，会議自体に安全・安心を意識したインフォーマルな雰囲気作りにおいて，虐待対応に対する共感的な対応，苦労の労い，または適切な連携ができた場合の感謝の意の表明，そして今後のケースのための反省点の共有といった一連の会議の構造を知っておく必要があるのではなかろうか．多機関連携の会議は，目の前の子どもの安全を守るだけでなく，今後支援者の仕事をしやすくさせる種，そして今後のケースで子どもを守るための更なるネットワーク作りの大事な一要素になっているのである．

このような一連の会議の流れ（プロトコル）を共有していなければ，いわゆる情報共有だけして，そのまま継続して"見守り"に終わる会議となりやすい．これでは，虐待対応に問題を感じているモチベーションの高い支援者も空回りし，まわりから協力を得られず，熱意ある支援者だけが傷つき，ひいては一番傷つくのは現状から抜け出せない子ども自身である．再発予防としての第3次予防を適切にオーガナイズできない場合，現場の感覚では"この間に何も起きませんように……"と祈るしかない単なる"大惨事予防"になってしまう．支援者も不安であるし，第一に子どもに対して，見守りが見殺しになってしまわないよう，会議自体の子どもを最優先する目標共有と，各組織・専門性・支援者個人のブロック要因の理解，そしてそのブロックを解除するための作戦や工夫自体を会議で扱うために，インフォーマルな関係作りがまず機能しているのであろう．

事実，今までの結果でインフォーマントのデータに示されたように，経験がある支援者は，経験のない支援者を迎え入れ，一緒に取り組んでいくような雰囲気作りを会議の必要条件として組み込んでいた．そして何よりこの連携は，子どもや家族のためのものであり，連携が上手くいかないということは，子どもと家族に対して不利益を生ずることにもつながる．多機関・多職種の違いを受け入れて，乗り越えていくために話し合う会議での時間が，まずもって現場の多機関連携における大前提のプロトコルとして盛り込むことが必要不可欠だと考えられた．

第2項　組織・システムと専門性のブロックを外す
　　　　──感情と論理を分けて話し合うポイント

　ここまで見てきたように，現場では，非常にインフォーマルな関係性が③支援者個人のブロックを解除し，そこから②専門性のブロック，①組織・システムのブロックを解除するために，連携における重要なポイントとなっていることが考察された．だが，これは相手の機関・支援者の顔を立てる，文脈を読む，あるいは仕事のやりやすさといった非常に日本的な文化に根ざした視点だともいえる．支援機関の通告義務が法律で規定されても，日本では支援者個人としての通告よりも，組織内で判断してから通告することの方が優先されている実状も，日本における組織論や縦割り状況が関与していると思われる．だが，それはそれで日本の文化として捉えればよい．

　先に述べたように，縦割り組織であろうと，組織間の関係は，③支援者個人のブロックを解除するために，まずインフォーマルな関係性が必要であった．この組織間の関係性は，支援機関の性質や文化によって変わるであろうし，例えば警察などトップダウンのほうが機能する機関であれば，トップダウンによる通達で組織間の連携が取りやすくなることがあるだろう．だが，それもあくまで効果的に連携をするための前段階，準備段階である．そのような支援機関同士のブロックが解除され，ある程度の信頼関係が構築できれば，本来の多機関・多職種連携として，フォーマルに子どもの安全に向けて各機関が有機的かつ自律的に協働していくきっかけとなる．しかしながら，③支援者個人のブロックを解除するために，インフォーマルな関係性だけを優先するわけにもいかない．なぜならば完璧な支援がないのと同様に，完璧な多機関連携もないからである．理想通りに進む事はあっても，各機関の役割や目標達成の手順，優先順位は異なるため，どんなときにも連携の齟齬は起こりえる．そのため，ある程度の③支援者個人のブロックを外し，信頼関係が築けたならば，その後は①組織・システムおよび②専門性のブロックを解除するために，各組織・専門性の違いをいかにパズルの1ピースとして互いに活用しあうかの話し合いに移行する段階へ至る．なぜならば，多機関連携の最も大切な使命・目標（ドクトリンといってもよい）は，子どものことが最優先（Child First）だからである．支援者同士の関係性を優先して，目の前の子どものリスクが測れなければ本末転倒である．最悪，支援者のブロックが多少維持されていようと，子どもを最

優先に組織と専門性が活用されている事のほうが優先である．そのために，以下では具体的な組織としての動き方を決めるまでの，①組織・システムのブロックと，②専門性のブロックの解除について検討する．

　日本人特有の感情と思考の分化がされにくい点は，③支援者個人のブロックに含まれる価値観や思い入れなど感情が絡む部分と，①組織・システムのブロック，②専門性のブロックに含まれる機械的で論理的・合理的な思考が絡む部分であり，その両者が潮目のようにぶつかることによって，連携が困難になっていると考えられる．その場合，冷静な虐待根拠に基づく処遇の方針決定の妨げになる場合もあるため，このような場合こそ優先順位として，③支援者個人のブロックではなく，冷静に具体的な子どもの安全について情報を出し合うことによって①組織・システムのブロック，②専門性のブロックを解除し，具体的な子どものリスクと組織としての具体的な役割設定を検討することが優先される．

　具体的な会議を行う際には，③支援者個人のブロックを解除するインフォーマルな関係性を頭の片隅に入れつつも，やはり①組織・システムのブロック，②専門性のブロックを解除するフォーマルな場として"子どもの安全のために各機関は何ができるのか"，具体的な合意形成を一貫して目指すほうが優先順位が高い．基本的に連携の失敗例は，感情的なすれ違いによるものが多い場合が本研究から考えられた．だが，組織として連携をしていく以上，"具体的に子どもの安全をどう守ったか"という結果が伴わなければ，いくら（支援者側から見た）素晴らしい連携の過程があっても意味はない．関係機関同士で最高の会議ができたという自負があっても，結果として子どもが虐待で死んでしまったら，もとも子もないのである．

　会議の中で，インフォーマルな関係を保ちながら，冷静に子どもの安全について話し合う必要性から，ケースの主担当や要対協の調整者が，まず会議の冒頭で話しやすい雰囲気を作ることが現場では大事にされるべきことだと考えられる．参加機関が日頃対応に苦慮していることに対して労いを示し，逼迫した事態であってもなるべく和やかな雰囲気を作ること，そして参加機関が話しやすい環境をできるだけ作り上げることが必要である．だが，大切なのは，どの程度，現時点で子どもの安全が確保されているのか，各機関の想い・感情を入れずに，まずは感情と冷静な論理を分けるプロトコルを会議のフォーマットと

して提示していくことのほうが大切である．保護か在宅支援かという各機関の意見を打ち出すのではなく，まずは現状までの安全に関する組織ごとの経過情報を共有すること，そして各組織の専門性の見解を全機関で冷静に把握することが重要である．このときに，関係のない情報や支援者の思い入れ，長くまとまりのない話し・感想を避けることが不可欠である．

　すなわち，子どもの安全のために，まず子どもを保護するのか（そしてまたは保護要件を満たしているのか），在宅で支援を継続するかについて判断するために必要な，感情で色づけされていない客観的な情報を出しあうことが必要なのだ．そして，この情報からどの程度子どもが安全なのか，安全でないのかを冷静に見立て，具体的な連携の目的を児童相談所が児童福祉法28条で保護者の同意なく児童養護施設に入所させる措置を申し立てるレベルにまで置くのかどうか，法的根拠に基づいて確認をする．児童相談所が明らかに保護の可能性を押し出す際は，保護後の具体的な支援役割を決める．保護要件を満たさず，調査継続または在宅での見守り支援の場合には，どの機関が何を行うかについて，各機関の役割と責任を共有し，役割分担について意思統一を行うことが求められる．また在宅で支援する際には，どの機関が"いつまでにどんな支援ができるのか"具体的な期間と内容について話し合うことが必要である．そして，その期間内で，このような支援の継続を中止する条件も検討しておくことも忘れてはならない．中止条件とは，例えばネグレクト家庭の養育者に子どもを保育園・幼稚園・学校に行かせると約束したのに，子どもが1ヵ月のうち，3日しか通園・通学してない，あるいは新たな身体的な虐待の痕が発見されるなど，具体的な虐待の根拠が見出された場合には，見守り支援を停止し，直ちに児童相談所に通告する等というような連携方針の変更基準を共有することである．場合によっては，このような基準を支援者・関係機関が持っていることを当該の養育者にも伝えておくことも考えられる．このように子どもの安全に焦点を当てたフォーマルな連携の会議プロトコルを提示できれば，現実的に情報共有だけではなく，会議の場で，どの機関が，何を，いつまでにするのか，支援継続の中断条件はなにか，中断条件を満たした場合に次にどの機関が，どのように，何をするのかを検討できる．そして児童相談所が一時保護をもって関われない場合は，児童相談所（場合によっては警察・医療機関）が関わる要件はどのような内容を満たした場合か，まだ不十分な調査項目は何かについて明らか

にできれば，会議のプロトコルは①組織・システムのブロック，②専門性のブロックを解除し，各機関の具体的な支援目標をスモールステップに落とし込んだ，合意形成を目指した"交渉の場"として機能すると考えられる．

　子どもの虐待リスクを検討する際，第3部のアウトリーチにおいて，直接会ってみないとリスクアセスメントシートの得点だけでは判断することが難しいと現場が考えている理由は，家庭のリスクを見立てるには，四六時中支援者が親子にべったり貼り付いて観察しなければ本当のことはわからないと感じているからである．そのため，普段子どもに会えない際のリスクを推し量り，場合によっては③支援者個人のブロックにより，支援者の不安が投影され，過度にリスクが見積もられたり，あるいはリスクを過少視してしまう可能性があるくらいならば，推定されたリスクファクターだけでなく，直接観察可能な子どもの安全がどれだけあるのかという指標を付加した議論が会議の中で行われなければならない．

　そのため，子どもの安全のためには，各機関の感情がこもった意見よりも，まずは冷静に観察可能な根拠に基づく情報を共有することが優先となる．そして虐待が深刻な子どもを保護する場合には，例えば児童福祉法28条を家庭裁判所に申し立てる時の根拠に本当になっているのか，子どもがこれ以上もう家庭にいられないという状況になっているのかについて，支援機関同士で冷静に話し合うことが求められる．児童相談所の児童福祉司が（28条に至るケースをどれだけ経験しているかにもよるが），法的根拠に則り，親権への介入として28条のプロセスに沿うものであるかを判断することは，多機関連携における子どもの安全を守るひとつの手法であることは間違いない．ただし，あらゆるケースで28条対応ができるわけでもないし，対応しても子どもの視点からすれば最善が保証されるわけでもない．そもそも28条に至らぬように，地域で連携しながら支えていくことも，ひとつの介入目標である．

　まずは子どもの安全について状況を的確に把握するためにも，支援者側は常に情報を出す際に，③支援者個人のブロックのひとつである"感情"に左右されない，冷静な論理と誠実で正直な対応が会議の場では求められる．28条の申し立てが認められるかは裁判官が判断するものだが，万が一保護が解除され，地域に帰る場合は，具体的な援助方針の期日を決めて，2週間なら2週間と，保育園，保健センター，市区町村で，どのような支援ができるのかについて話

し合う必要があるだろう．そしてその際にネガティブな要因だけでなく，家庭の長所，家庭でできることの有無についても関係機関で共有する必要がある．それと同時に，繰り返すが先に挙げた見守りを終了する要件についても話し合うことが肝要である．具体的には，子どもの安全を守れない状態が再度確認されたら，見守り支援を終了し，即刻児相通告であるのか，それとも違う手段なのか，このポイントを取り決めることである．

　とはいっても，現場ではさまざまな要因から，関係機関の完全な支援方針の合意が取れないことも少なくないだろう．だが，具体的な方針について，期日と内容を決めることは会議では可能である．言い換えれば，多機関の支援に対する考え方（認知）を一致させることはできなくとも，具体的な支援（行動）を一致させることができればそれでよい．

　その後に，それぞれの関係機関への配慮として，③支援者個人のブロックを解除するために，互いに支援をしていくために，互いに役割を理解し，少しずつ協働関係を育むことが自然な枠組みだと考えられる．

　実際，もし各機関が感情を伴った主張がある場合，機関間の考え方の違いをすぐさま変えることは難しいことが多い．ただし，相談ニーズの低い養育者へのアウトリーチ対応と同様に，具体的な期間と支援内容の共有，および即時通告の基準についても話し合いを重ねていくことで連携の形が作られていくことに変わりはない．会議でも各機関で完全な合意形成がなくとも，最終的には方針を固め，具体的な子どもの安全を守れるよう，各機関の役割を抑えることが調整機関，およびケースの主担当者，会議主催者の責任で求められることも確かである．

　多機関連携で共有される支援とは，いずれにせよ，家庭への処遇であって，セラピーではない（Turnell, 1999）．それゆえ，会議においても感情と論理を分けて，法的根拠に則って子どもの安全を見立てることが第一原則である．日本の文化では，この2つが非常に不分明になりやすいが，特に現場では感情と論理，そしてインフォーマルな関係性とフォーマルな関係性を分けることが，会議という方針決定に向けた"交渉の場"では，必ず求められると考えられた．

第5部
結　論
効果的なアウトリーチと柔軟な会議のプロトコル

　第5部では，第3部，第4部を振り返り，各機関のアウトリーチと多機関連携に関する地域援助モデルの統合，および各部の要点を整理しながらアウトリーチと多機関連携に関する最終的なまとめを行う．そして最後に，本書の限界と今後の課題について述べる．

第15章
本書の地域援助モデル

　本書において，第2部では，市区町村における子育て支援の臨床心理学的地域援助をモデル化し，既存の臨床心理面接，および査定以外にも，アウトリーチ機能，多機関連携におけるコーディネート機能の必要性を提示した．

　続く，第3部からは，虐待死亡事例の危険性が最も高い，0歳から4歳児に関わる保育園，保健センター，市区町村，児童相談所の専門職によるアウトリーチを各機関ごとにモデル化し，それぞれの機関から見えるアウトリーチの目標を仮説生成し，比較検討を試みた．

　そして，第4部では，上記4機関が，多機関連携においてどのような方針であるのか，またどのような失敗例に基づく葛藤があるのか，最後に連携を成功させるために大切にしていることをそれぞれカテゴリ一覧として見出し，それぞれの機関ごとの役割について仮説モデルを生成した．

　本章では，これらをもとに，各機関のアウトリーチと多機関連携に関する地域援助モデルを生成し，虐待死亡事例が最も多い0歳から4歳の子どもがいる養育者に対する現場に即したモデルを提示する．

　そして，第2部から第4部について重要なポイントを振り返り，アウトリート多機関連携から見えてきた現場の視点を鑑みる．

第1節　各機関のアウトリーチと地域援助モデル

　図24は，本書のこれまでの研究の結果得られた各機関のアウトリーチと多機関連携に関する地域援助モデルである．

　保育園，保健センター，市区町村，児童相談所の4機関を対象としたが，現場で行われているアウトリーチの方針と連携における役割分担，および連携時の葛藤と工夫についてモデル化できた．現場では，連携先の役割について知ることも重要視されていたが，本書で得られたモデルによって，より一覧性をも

保育園の連携

児童相談所との連携
- 児童相談所によるアドバイス
- 保育園は支援的役割

保健センター・市区町村との連携
- 第一連絡先は保健センター・市区町村
- 保健師・ワーカー訪問の流れ作り
- 一緒に養育者を抱える
- 情報の摺り合わせ

連携時の方針

保育園の葛藤
会議への要望
見守り時の不安
連携前の不安

保育園の連携意識
事前の顔つなぎ
会議で方針の違いを話し合う
連携先を悪く捉えない

保健センターの連携

児童相談所・市区町村との連携
- 保護時の細かな取り決め
- 保健センターは支援的役割

保育園との連携
- 保育園へのコンサルテーション
- 一緒に見守る姿勢
- 虐待証拠の収集
- 健診へのつなぎ

- 生活保護ワーカーへの関わり依頼
- 民生委員への夜間休日見守り依頼

連携時の方針

保健センターの葛藤
関係が切れた時の不安
会議への要望……

保健センターの連携意識
相手の機関をよく知る
会議で違いを話し合う
情報共有の配慮……

保育園の保育士によるアウトリーチ

- 保育士の意識
- 保育士と養育者の協働作業
- 養育者とのつながりにくさ
- 養育者とのつながり
- 対話の限界

保健センターの保健師によるアウトリーチ

- 保健師の意識
- 養育者の揺れ
- 怒り／拒否への対応
- ニーズの引き出し
- 保健師と養育者の協働作業
- 養育者とのつながり
- 対話の限界

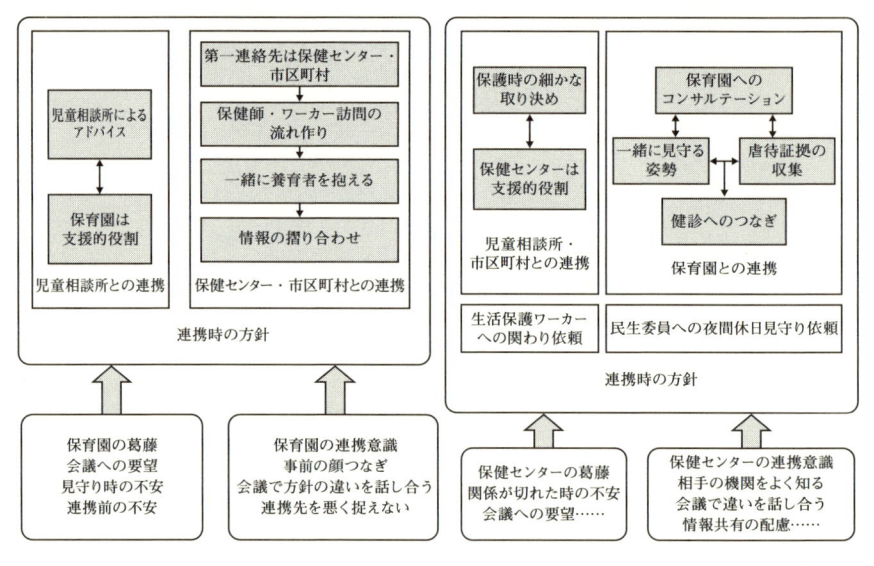

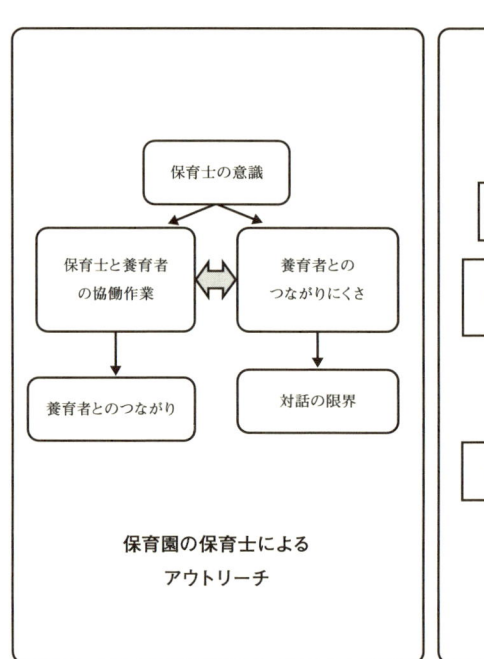

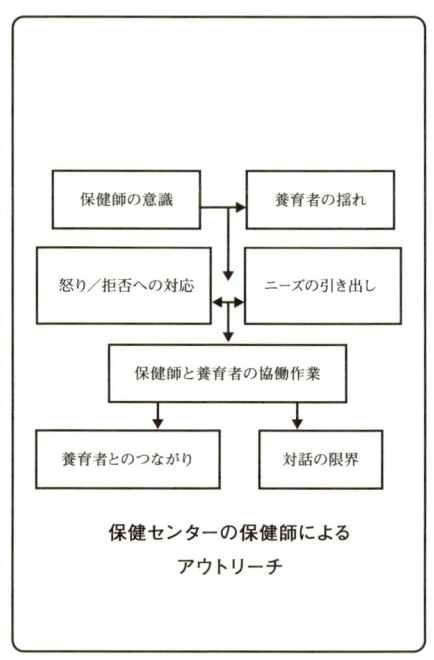

図24　各機関の専門職によるアウト

市区町村の連携

連携時の方針
- 市区町村は支援的役割
- 児童相談所への頼み方
- 職権保護時は養育者に会わない
- 保護後に養育者に会う
- 児童相談所との連携

- 保育園への見守り依頼
- 保健師との同行訪問
- 民生委員への期限を決めた見守り依頼

児童相談所の連携

連携時の方針
- 保健センターとの連携
- 保育園への子どもの安全確認
- 市区町村は支援的役割
- 民生委員への見守り依頼

会議の方針

- 市区町村の葛藤
- 多機関の温度差
- 情報共有の難しさ……

- 市区町村の連携意識
- 連携前の準備
- 連携時の具体的対応
- 連携時の配慮……

- 児童相談所の葛藤
- 多機関との温度差
- 見守り体制の葛藤
- 若手ワーカーの苦労

- 児童相談所の連携意識
- 関係機関への敬意
- 会議の進行・調整
- 会議の目的達成

市区町村のワーカーによるアウトリーチ

- ワーカーの意識 → 養育者の傷つき
- 怒りへの対応 ← ニーズの引き出し
- ↓
- 養育者とのルール決め
- ↓
- 養育者とのつながり / 対話の限界
- ↓
- 仕切り直しのアウトリーチ

児童相談所の臨床家によるアウトリーチ

- 公的機関の介入 → 児童相談所の私的空間への侵入
- ↓
- 子どもを預かる法的手続き → 子どもを奪われた反応
- ↓
- 譲れない法的対応
- ↓
- 怒りへの対応 ↔ ニーズの引き出し
- ↓
- 養育者への情緒的関わり
- ↓
- 最低限の子どもの安全保証の約束 / 対話の限界

リーチと機関ごとの多機関連携モデル

第15章　本書の地域援助モデル

って現場で行われている体系的なモデルを構築できたと思われる．

第2節　各部のまとめ

第2,3,4部の要点を整理し，本書のまとめとする．

第1項　第2部——市区町村における臨床心理学的地域援助

　虐待対応の第一義的窓口として市区町村が役割を担って以来，現場の心理士は，既存の臨床心理学的面接，査定以外に，アウトリーチ，広場でのアプローチ，啓発活動，コンサルテーションと研修，そして関係機関からの生物・医学的情報，そして経済状況を含む社会的アセスメントなど，統合的アセスメントの視点が求められていた．さらに，多機関連携のコーディネート機能も求められ，地域に根ざした虐待予防と再発防止のための関わりが明らかになることで，多機関との連携のしやすさ，連携の上手くいかなさといった現場の実状が浮かび上がってきた．

第2項　第3部——保育園，保健センター，市区町村，児童相談所のアウトリーチ

　どの機関においても共通していたものは，まず「一歩も引かない態度」という，譲れないボトムラインを提示し，養育者の攻撃的・拒否的態度にも動じない，断固たる姿勢であった．そして次に，「絶えざる養育者への関心」「困った親という先入観を持たない」といった，支援的なまなざしである．最後に，どの機関も共通していたのは，養育者との間で完璧な信頼関係を求めないという点であった．もちろん完全な信頼関係を求めなくて良いわけではなく，養育者が攻撃的・拒否的態度をある程度継続していようと，虐待という問題自体が改善されれば，信頼関係自体については，とやかくいわないというスタンスである．

　このように，アウトリーチで大事にされていたのは，子どもの安全という絶対に譲れない論理と，養育者に対して支援的な情緒に訴えかけるアプローチの

バランスを大事にしながら関わるスタンスであった．

第3項　第4部——多機関連携

連携を困難にさせるのは①組織・システムのブロック，②専門性のブロック，③支援者個人のブロックを検討した．そして各ブロックを解除するために，各機関においてアウトリーチ時の支援的，介入的な役割に違いがあろうとも，多機関専門性の違いに対してネガティブなイメージを持たず，違いをあるがままに受け入れる姿勢を連携時の前提として各機関が大切にしていた．

その上で，子どもの安全というポイントをずらさず，会議ではこの点について冷静な情報共有と援助方針の合意形成を目指すことと，同時に多機関の苦労や経験を労い，感情的な点に配慮したインフォーマルな関係性を大事にしていた．

いずれにせよ，感情的な多機関連携の対立があっても，子どもを最優先（Child First）という点を明確にし，冷静に論理的に判断していくことが求められていた．

第3節　養育者の相談ニーズを引き出すアウトリーチとは？

第1項　コントロール葛藤とケア葛藤への介入

今まで見てきたアウトリーチとは，結局どのようなものであったか．本書の第3部で見てきた点で共通していたものは，絶対に譲ってはならない"虐待行為は絶対ダメ"という強い姿勢と，そしてもう一方は「それでも私はあなたの味方でもある」という受容的かつ支援的な姿勢という，一見矛盾を孕むダブルスタンダードである．

この2つの視点を言い換えると，子どもの安全に関わる虐待という"行動"については徹底して禁止を示す視点と，もう一方は虐待してしまう養育者の"感情"には共感するという視点である．養育者が子どもを愛せない・憎いという，養育者が持つスキーマレベルの"認知"や，子育てにおける抑えきれな

い不安や怒りなどといった"感情"について，支援者は一定の共感的理解を示すものの，子どもを虐待するという"行動"については徹頭徹尾認めない姿勢だといえる．

相談ニーズの低いクライアントに対して有効とされる動機付け面接の手法において，対象者のニーズを引き出すには現実の認知と理想の認知で揺さぶることが重要だといわれる（Miller, 2002）．同様に，本書で明らかになった相談ニーズの低い養育者へのアウトリーチにおいても，子どもを虐待する行動自体はダメだという現実的な強い姿勢と，感情的には子どもを虐待したい気持ちには共感できるという2つの姿勢で，揺さぶりを掛けていくことが，相談ニーズを養育者から引き出し，関わりを継続する過程に見出された．このような結果を先行研究の知見と合わせて，まとめの考察をしていきたい．

近年注目されつつある，支援者に対して閉鎖的（拒否的な）養育者の特徴仮説に，Reder & Duncan（1999）によって提唱されたコントロール葛藤，およびケア葛藤という概念がある．コントロール葛藤とは，自分の子どもが自分以外の人間に触れると自分の子どもに対するコントロール力が弱まるという養育者の心理的葛藤であり，一方ケア葛藤とは，子どもが自分以外の人間の手でケアを受けることに対して親である養育者自身は過去にそのような愛情あるケアは受けていないという嫉妬のような葛藤を意味している．

このような養育者の特徴は生育歴による歪みが原因と考えられているが，この仮説に本研究の結果を当てはめると，先に記した支援者の絶対に譲らないという視点は，父性的な機能のようにひとつの社会的文脈における禁止として，コントロール葛藤に作用している可能性が考えられる．同様に，私はあなたを見ているという支援者側の受容的な視点は，見捨てられ不安に対する母性的な機能のように，受容的まなざしとして，ケア葛藤に作用していると考えられる．

養育者自身の生育歴に対して，臨床心理学・発達心理学から視点を投じると，虐待あるいは，それに準じた不適切な養育がなされると，愛着という親子関係に基づく基本的信頼感を未成熟な段階で止めてしまう．このことは，子どもの発達においても，養育者との愛着が不完全で子どもに基本的信頼感が育っていない場合は，衝動的で感情のコントロールの利かなさや，あるいは極端に閉鎖的な対人関係という何らかのコミュニケーション不全が表出することが多い．そして，その基本的信頼感が直結する問題は，青年期以降の「依存」と「見捨

てられ不安」,「衝動性の高さ」として表出することが考えられる.

　本書では，幅広いエピソードを得るため，養育者の抱える問題の属性限定をしなかったので，より詳細な養育者の問題別のアプローチの結果は得られていない．ただし，そのような本書の研究の限界を踏まえた上でも，相談ニーズの低い養育者に対するアプローチの共通要因からアウトリーチのモデル化を行った結果，やはり先に挙げた絶対に虐待行為自体は許さないという一歩も譲らない視点と，それでもあなたを見ているという受容的な視点がどのエピソードからも，大きなコアカテゴリとして同時に見出されていた.

　ここから考えられることは，このようなダブルスタンダードな態度を支援者が保持することは，子どもに対してやってはいけないことは毅然とした態度で「絶対にダメ」という姿勢と，そうであっても「あなたという存在を支える」という受容的な姿勢であり，本来健全な家庭環境において父親，母親の両方から分け与えられる養育環境そのものではなかろうか.

　つまり，本書で扱った支援者による積極的なアウトリーチ自体が，養育者自身に父親・母親から与えられなかった愛着により関係不全から生じるコントロール葛藤とケア葛藤に関する問題に，直面化している可能性が考えられた．これは，PTSD治療における認知行動療法のエクスポージャー（曝露）療法のプロセスによく似た側面があると考えられる．例えば不安低減理論のように最初期に支援者から虐待問題に直面化させられた場合，養育者は最も激しい抵抗や心理的苦痛を体験する．だが時間が経ち，どうしても支援者が揺らがないと養育者の抵抗や心理的苦痛はピークを過ぎ，少しずつ時間をかけて収まっていく．ただし，通常の認知行動療法のように，十分な心理教育やケースフォーミュレーションを提示する時間も場も関係性もないことや，アウトリーチ自体が治療ではなく，まずは子どもの安全を最優先にする現場の対応であることから，養育者は突然直面化された問題に対して，反動形成として攻撃的・拒否的態度を押し出しているという解釈も可能である.

　そうであるならば，養育者に対して，アウトリーチによる健全な支援者は，今まで隠されていた養育者の問題に対して，問題を突き付け，問題解決への動機付けとして最初の治療的役割を持っているかもしれない．また，そのような視点でアウトリーチの捉え直しが可能であるならば，養育者が支援者に対して接触を拒否する事象は，養育者が自らのコントロール葛藤とケア葛藤の問題に

直面することを回避している状態だとも考えられるのではなかろうか．支援者がアウトリーチを行い何度も自宅に家庭訪問を行うことは，今まで養育者がコントロール葛藤によって相手を自分の思うとおりにコントロールしてきたコミュニケーションパターンとは一線を画すものであり，それが養育者自身にとって今までとは違った体験として，支援的（治療的）な意味も包含されていると考えられる．

　そういう意味で，積極的なアウトリーチは，養育者が攻撃的・拒否的反応を示すとしても，訪問を積み重ねること自体に，養育者の中になんらかの"今までとは違うぞ"と思わせる意味があり，それが今後の支援につながる種になっているとも考えられた．

　ここまでは，アウトリーチに対する支援者のダブルスタンダードについて考察してきたが，当然のことながらコントロール葛藤，およびケア葛藤の問題に直面化され，踏み込まれたと感じる養育者は，さらなる怒りや拒否の姿勢を当然示すだろう．先の考察に戻れば，アウトリーチを行う支援者は，健全な父親像，母親像の視点を包含した存在である可能性を論じた．極論すれば，攻撃的・拒否的姿勢を示す養育者に対して，積極的にかつ諦めることなくアウトリーチを繰り返す支援者は，いかに泣き叫び反抗的な態度を示す子どもに対して，ダメなものはダメという毅然と一貫した態度を貫く父親役割と，その一方で，それでもあなたの存在を受け入れ，育てたいというある種の母親役割もあるのだろう．そして本書の研究の結果から〈養育者への絶えざる関心〉というカテゴリが，各組織においても，ほぼ共通して見出されている．この〈絶えざる関心〉は，教育心理学における教師の期待が高い生徒ほど，成績が向上しやすいといわれるピグマリオン効果のように，なかなか上手く関係が作れない養育者だとしても，支援者の中で難しい養育者とラベリングせず，むしろ近いうちにきっと養育者自身が良い変化に至るであろうという支援者の期待も意味しているのではなかろうか．その理由は，実際ベテランと若手の違いを比較検討し，第3部で見出されたように，養育者の攻撃的・拒否的反応に対して，そのような対峙的関係を当然のものと捉え，対峙的関係を出発点に，養育者へのアウトリーチを継続する姿勢がベテランの支援者にはあったからである．このような相談ニーズの低い養育者に対して，支援者が攻撃的・拒否的態度を厭わない姿勢と視点の捉え直しこそ，アウトリーチから始まる養育者の変容を引き寄せる

ひとつの鍵であると考えられた．

第2項　攻撃的な反応に対するコントロール葛藤とケア葛藤への介入視点

　緊急ケースで子どもを保護した場合には，怒りを露わにした養育者に対応するには児相によるアウトリーチの中で〈怒りへの対応〉を行っていた．ここでは，児相の支援者は養育者の怒り自体に対して場合によっては2時間，3時間をぶっ通しで付き合う覚悟を決めていたと考えられる．なぜならば，目の前で憤怒状態の人間を薬物以外ですぐさま鎮静化させることは無理な話である．特に保護後の養育者からの怒りは，支援者側が初めて養育者に支援機関側の枠を当てはめたので，養育者側の怒りはある種自然な反応と考えられる．第8章で見たように，〈過剰な怒りから離れる〉では，養育者が怒り心頭状態である際に，支援者側が行政介入の目的を理解してもらうことは，火に油を注ぐようなもので，むしろ難しいといえるだろう．そのため，支援者側のエネルギーを効果的にマネージメントするためにも，ヒートアップする養育者には，ただただ怒りとその裏側にある養育者の裏切られ感，虐待親だと思われる不安や恐怖，悲しみなどを表出させる時間と場が必要であり，そのような養育者の感情に支援者が近づきすぎず，離れすぎないアウトリーチの段階があることを，ベテランの支援者達は経験的に知っていると考えられた．

　さらに詳しくみてみると，〈怒りへの対応〉は，養育者の怒りとして現れた感情を認める時間と場として，ケア葛藤への介入として機能すると考えられる．言い換えれば"散々怒鳴り散らしても，まだ支援者は自分に付き合っている"という体験が，養育者のケア葛藤への介入として効果を持つという仮説である．

　また，子どもを保護されたこと，自分の子育てが虐待だと思われたことへの怒りが，養育者の子どもへの愛情にあるのだとしたら，その点はとことん聞いてあげることが必要であった．なぜならばこのような対応の裏側にも，養育者の存在に否定的なまなざしを向けないケア葛藤への介入的意味を持つと考えられるからである．

　その一方で，日々業務に忙殺されるハードワークの子ども虐待対応の現場では，何度も怒鳴りつけてくるような養育者には，相手のコントロール葛藤における巻き込みに支援者側が乗らないことが大切である．例えば「次の予定があ

るので，今日はここまで」というように，逆に支援者側の枠組みを呈して，養育者のコントロール葛藤にストップをかけること等である．なぜならば，コントロール葛藤への介入は父性的な毅然とした態度を示すことと同義なものと考えられるからである．

　このように，支援者側のダブルスタンダードは，攻撃的な反応を示す養育者に対して，コントロール葛藤とケア葛藤という2つのアンビバレントな状態に対応するための，ひとつの効果的な手段であることが仮説として見出された．

　続く第3項では，今度は拒否的な反応を示す養育者への介入の視点を考察する．

第3項　拒否的な反応に対するコントロール葛藤とケア葛藤への介入視点

　養育者である以上，若年の親でも少なくとも10年以上は大人からなんらかの養育を受けたはずである．ただし，その間に養育者が自らの親との間で基本的信頼感が得られず，閉鎖的・拒否的なスキーマやコミュニケーションスタイルが養育者の生育歴として育ったのならば，支援者によるたった1度，2度のアウトリーチで関係性が上手く作れるほうが珍しいと捉え直しが可能である．そのため，たった一度のアウトリーチではなく，「まずは会って話をしよう」とアウトリーチを積み重ねることに意味があるのではなかろうか．なぜならば，相手との関係を全て断絶するというコントロール葛藤，あるいは見捨てられ不安や子どもだけがケアを受けることへの嫉妬によるケア葛藤の両方が，この養育者の拒否的態度に表れている可能性も考えられるからである．だからこそ，アウトリーチをしかけ，養育者のコントロール葛藤とケア葛藤の2つに焦点を当てることが必要なのだ．

　現場では，知的水準や発達の偏りなどから，なぜ訪問されているのか理解できない養育者もいるし，コミュニケーションを自発的にとれない養育者もいる．さらには，現場では社交不安障害，うつ病，統合失調症など精神障害を抱えた養育者も少なくない．全ての拒否的態度を示す養育者がコントロール葛藤とケア葛藤の問題を抱えているわけではないが，ただ支援者側が養育者に対して絶えざる関心を持ちながら，アウトリーチを繰り返すことは，養育者の接触拒否の対人コミュニケーションパターンに，何かしらの影響を与えるのではなかろ

うか．"なんでこの人（支援者）はこんなに何回も何回も私に関わってくるのだろう？（＝ケア葛藤）いつもなら自分が何かしたら相手も引いていくのに（コントロール葛藤）"という，養育者の体験に今までなかった感覚を与えることにこそ，拒否的な養育者のコンロトール葛藤，およびケア葛藤に対するアウトリーチの介入効果があると思われる．

そのため，子どもの安全が確保された場合は，支援機関によるアウトリーチにおいて，絶えざる関心のひとつに'時間をかける'という要素が追加されるのではないか．第3部の結果で共通していた〈ニーズの引き出し〉にあるように，拒否的態度を示す養育者が今までの生育歴から周りに閉ざしてきたベールを，支援者が一気に取ろうとするのはあまり効果的ではなかった．むしろ少しずつそのベールを養育者自身のペースで取っていくことのほうが，養育者との関係構築を成功させるための共通したプロセスだと考えられる．そのために，拒否的な養育者にも，子どもへのアプローチと同様に，父親的・母親的なダブルスタンダードの視点をもって，繰り返しアウトリーチを行い，養育者のコントロール葛藤とケア葛藤に介入していくことが必要であると思われた．

第4節　より良い多機関連携をデザインする

第1項　連携の成熟モデルとジレンマ問題

第4部で見てきたように，多機関連携のモデルは，時間をかけて，失敗を繰り返し，連携の中で共に体験しながら，お互いの動きを把握していることが明らかになった．そして，その中で，感情的なインフォーマルな関係性という視点が連携における大切な要因として見出された．つまり，より良い連携への成熟とは，連携が上手くいかない葛藤状況と連携が上手くいく成功状況をスパイラル上に時間を掛けて経験を蓄積することによって形成されると考えられる（図25）．

また連携における葛藤状況とは，第4部で見てきたように，支援に対する見立ての差異などで，機関ごとの支援の摺り合わせに時間とエネルギーが必要であり，養育者への対応と同様に，場合によっては支援者にとってかなりの重荷

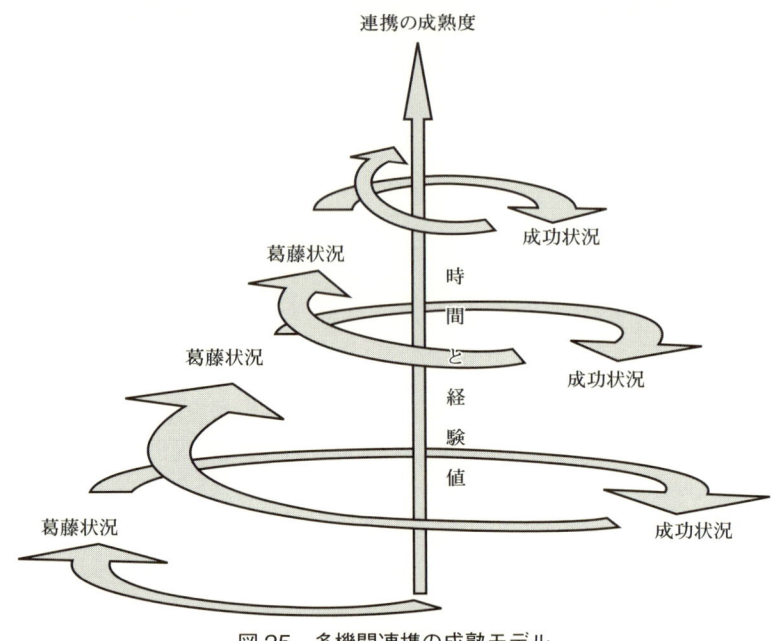

図25 多機関連携の成熟モデル

になっていることも明らかとなった．そのような背景には，他機関からのフィードバックがないことや，他機関があまり関わってくれない状況への不満，あるいは過度の役割を自分の機関に期待されることへの不満などが見出されている．

　山本（2011）は，連携時の機関間葛藤を意思決定の中で生じるジレンマ問題として提起している．子ども虐待対応では意思決定の優先順位を，1 子どもの安全の確保＞2 事態を現在よりも悪化させる危険性を避ける＞3 子どもと関係者のダメージの最小限の抑制＞4 子どもと関係者・援助者のダメージの修復，関係修復の可能性追求となっており，1から4の優先順位間にジレンマが生じることはしばしば起こることとし，優先順位を逆転させることは本来の援助目的に大きなダメージを与える危険性があると指摘する．

　たとえば，現場では子どもの安全を守るために泣き声通告の事実確認として養育者宅にアウトリーチを各機関が行った際に，適切な養育をしている養育者であったが，児相やその他の機関が訪問してきたことで，自分の子育てを虐待

だと疑われた傷つき，逆に育児不安に陥り問題が悪化することも多い場合がある．その場合，子どもの安全を守ることよりも，どこかの関係機関が事態の悪化を優先して捉えてしまうと，議論や各機関の連携の中で訪問をするべきではなかったのではないかという視点や，それでも子どもの安全を守るためにアウトリーチは仕方がないという視点，それでも他に方法があったのではないかといった考え方からジレンマが生じ，連携時の意思決定でも機関間で齟齬や葛藤が生じると指摘される．

その他にも，明確に子どもの虐待が疑われる場合に，児相が子どもを保護したが，その結果養育者は子どもを奪われたと傷つき，一種の生き別れのようにトラウマとなることも珍しくない．子どもの安全を守ることは第一だが，それによって養育者を傷つけることは支援とはいえないのではないか……といったジレンマも見られるだろう．山本（2011）は，このようなジレンマについて，「ケースの意思決定の中でその支援の優先順位を決めるのはケースの内的基準ではなくて，子どものアザやキズ，生活環境などの外的基準で決めるべきだ」と指摘する．その上で，連携の際に生じるジレンマ問題を意識した上で，話し合うことが大切であるともいわれる．

このジレンマ問題は，常に支援者・支援機関にこの支援でいいのか，という問いを発せ続ける問題である．すなわち，各ジレンマ問題の中に①組織・システムのブロック，②専門性のブロック，③支援者個人のブロックが構造として組み込まれている．すなわち，現場においてベストの選択はジレンマ問題に惑わされることなく，虐待対応で優先すべき内容（上記のジレンマ問題の1から4のステージ）について，①組織・システム，②専門性，③支援者個人のブロックを解除しながら，常に各機関が連携しながら選択を続けていくことである．そのためには，会議進行の中で各機関が各ジレンマとその中に包含される3つのブロックを顕在化して扱いながら，支援方針の意思決定ができるように可視化されたデザインが必要であると考えた．

そのため，以下第2項では，連携のソフト面として，会議の進行デザインの視点から考察を行う．また第3項では，新しい多機関連携のハード面へのモデルの提言を考察として行う．

第2項　可視化された連携会議の進行デザイン

　第4部で見てきたように，現場ではトップダウンで多機関連携が法的に義務づけられたが，実際の現場では連携自体がうまくいかない葛藤状況が存在することが明らかになった．

　この葛藤状況は，より良い連携に向けて失敗から学びの機会ともなっているので，一概に葛藤状況を全て悪く捉えることはできない．ただ実際に現場は極力スムーズで効果的な多機関連携を行いたいと思っているのもまた事実である．

　では，このような実状に対し，どのようにすればこの問題を解決し，支援機関同士の葛藤に対する時間とエネルギーの消費を抑え，子どもと養育者の支援に向けてスムーズに連携が取れるようになるであろうか．

　第4部の結果から，葛藤状況において共通した要素としてあぶり出されたのは，〈会議への要望〉という所であった．すなわち，このような多機関連携における葛藤状況を解くひとつの答えは，連携自体を円滑にする会議進行を可視化することにあると考えられる．

　なぜ可視化する必要があるのか．それは，トップダウンで多機関連携のシステムを組み入れられた要保護児童対策協議会（要対協）には，連携における大枠は規定されているものの，連携の方針を決める会議の進行の仕方についてはほとんど触れられていないからである．そのため，わかりやすく，かつシンプルな会議進行のプロトコルを作成することができれば，現場におけるより具体的かつ実践的な多機関連携への支援方針を決定できると考えられた．

　まず，要対協における会議は，代表者会議，実務者会議，個別ケース検討会議という3構造になっている．これは，代表者会議は各機関の長が出席するものであり，実務者会議は主に管理職の出席，そして個別ケース検討会議とは，実際にケースワークに従事する支援者同士の会議である．ここでは最も現場で開かれる回数の多い個別ケース検討会議を想定して考察を進める．

　もちろん既に各要対協においても，様々なレイアウトの情報共有フォーマットがあり使用されており，その紙面情報を元に具体的な支援方法を議論していると考えられるが，本項で目指すものは，情報共有フォーマットだけでなく，各機関が更なる連携の支援方針を検討する内容についても会議プロトコルに沿ったフォーマットに落とし込むことを目指す．

（1） 感情的な葛藤を避けるための会議主催者の進行方針

　第4部の考察において，筆者が述べた現場で最優先する連携目標は，機関同士のインフォーマルな関係ではなく"子どもの安全"を守ることであった．

　もちろん，各関係機関のチームワークを尊重し，③支援者個人のブロックを解除するためのインフォーマルな関係性を否定するわけではない．ただし，全てにおいて子ども虐待対応には，虐待死を防ぐために，子どもの安全が最優先となることは改めて確認しておく必要がある．

　まずい多機関連携がなされると，子どものリスクが高まると通常は予想される．だが，連携が上手くいかないと判断するのは各機関の主観であり，もしかすると多機関連携における葛藤状況を生じるケースの全てが，子どもの安全を守るという連携の目標を達成していないかというと，そうでもない場合もあるのではないか．

　具体的には，各機関間に生じた葛藤状況には，①組織・システムのブロック，②専門性のブロック，③支援者個人のブロックとして各機関の指向性や所属する支援者のディシプリンによる支援哲学，価値観がぶつかっているだけで，実際の支援では子どもの安全を守るために，各機関で適切な役割分担と対応がなされている場合もあるのではないかと考えられた．つまり，極論すれば"良い連携ができないから，子どもの安全に対して良い支援が100％できないわけではない"ともいえる．

　これは，第3部で示したアウトリーチにおいても，養育者との間で対峙的関係になろうとも，目標はあくまで子どもの安全を守るためであり，虐待を認めさせることよりも，不適切な養育であったという点に落としどころを見出すことと非常に似た考え方ではないだろうか．

　特に葛藤状況のひとつとして，②専門性のブロックとして各ディシプリンの指向性や，③支援者個人のブロックとして支援者自身の価値観は，非常に抽象的なものや「べき論」であることが多く，そこに議論を尽くすことで得られるものはあまりない．なぜならば価値観とはその支援者自身を構成する支援の経験と歴史から成り立っており，もし会議で価値観を否定されるような議論になった場合，支援者も一人の人間であるため，当然傷ついたり，自己の存在を否定されたかのように，感情的なレベルでさらに葛藤が湧き起こるのではなかろうか．そして，そのような価値観の議論に終始して，相手の専門性の価値観に

ついて理解が得られない，または理解を示せないという感情的な葛藤が維持または強化されたまま議論になってしまうと，具体的な連携の方向性が見えないまま，会議自体は何も連携の方針が決まらなかったり，感情的な価値観の議論の悪循環に陥る可能性も高い．

　そのような悪循環を断ち切るには，先に挙げた山本（2011）が指摘した虐待対応における意思決定としてジレンマ問題の意識化，および各段階での①組織・システム，②専門性，③支援者のブロックを解除するために，会議の原点である"子どもを最優先（Child First）"とする支援目的に立ち戻ることが必要である．それは，すなわち，子どもの安全をいかに多機関で連携しながら守るかという目標になる．

　虐待対応のためにより良い多機関連携を組むことは大切だが，その支援体制で各機関が仲良くなることが子どもの安全を高めることには必ずしもならない．職種ごとの価値観や哲学が違うのでお互いを理解するのは難しいという批判も考えられる．もちろん連携において相手の機関や相手の専門性を理解するに越したことはないが，多機関連携における子どもの安全を守るという目標を達成するためには，自らの機関と他機関の役割と限界を知ればよく，相手の専門性や価値観・支援哲学を全て理解しようとする必要はないのではなかろうか．

　なぜなら，相手の考えが一切分からないと他者を全否定をすることは連携として危険であり，また，専門性も生き方も全く自分と違う他者を，完全に理解できると思うことも同様に支援において危険である．相手の価値観を認めるか認めないかという0対100の問題ではなく，むしろそれはスペクトラムであって，認められるところもあれば，認められないところもあるという状態こそ自然であろう．

　そのため，会議の進行が価値観の対立にぶれた際には，とにかく原点に戻りさえすれば，緊急を要する会議において，「子どもを最優先にし，子どもの安全を守る」という目標はほとんどの場合，全機関で共有できるのではないだろうか．もし，この子どもの安全を守るという最終目標に対する視点自体が共有できないのであれば，それ自体が山本（2011）の指摘するジレンマ問題であるので，この点は意思決定における"ズラしてはならない支援目標の優先順位"として，徹底した話し合いをすべきである．

　ただ，会議において話し合われなければならないことは，やはり子どもの安

全を守るための具体的な連携手段である．具体的な連携について話し合い，そこで支援の方向性に違いが生じることは，各専門性と機関ごとに支援の範囲が異なるので，ごく自然なことである．具体的な連携手段について，様々な専門機関から多くの支援策を選択肢として挙げ，その中から選ぶ，あるいはより統合的な視点から支援のアイデアをまとめることが連携の会議として有意義な内容となる．

まとめると，会議で話し合われることは，感情的レベルを喚起する支援者の価値観ではなく，より具体的な支援方針であることを会議のプロトコルとして，主催者（会議進行のファシリテーター）が，会議出席者に向けて冒頭で確認することが大切であると考えられた．

続く（2）以降では，より具体的に会議の進行について考察を行う．

(2) 会議進行のための場作り

先に論じたように，価値観というのは，非常に抽象的なものであることが多く，そこに議論を尽くすことで得られるものは緊急対応時の会議ではほとんどない．むしろ目の前にある目標に対して，具体的に何をするのかについて話し合うことが必要な時間と場である．

心理療法に基づく多くのグループワークでも，参加者の価値観を巡る議論が湧き起こることがあるが，連携の会議においても支援者自身の価値観を導入するのは，それが参加している関係機関のサポートになる，あるいは関係機関が自らの価値観と結びつけるのに役立つ場合だけに限定することが大切だといわれる（Catano, 2002）．

すなわち，価値観を表明することは，関係機関の連携において役に立つ場合のみに限定して表明することが重要であり，連携において価値観が違っている可能性が前提としてある場合，支援者が価値観を押し出すこと行為自体について，ある程度の会議の参加者には自制の念を持つこと，そして会議進行者が場をコントロールすることが必要だと考えられる．

もし，子どもの安全についての価値観が違うために，具体的な連携方針も完全に異なる点については，それは価値観（認知）ではなく，具体的な支援の連携方針（行動）についてのみ，話の焦点を移すことを会議主催者だけでなく，参加機関もプロトコルとして共有しておく必要があるのではないか．なぜなら

支援の方針で一致している点は各機関でわかり合えるし，支援の方針で違っている点は補い合うこととして，十分話し合いが可能だからである．言い換えると，価値観の話になった際は，より具体的な行動や支援内容（どんな支援ができるのか？）といった点で議論する方に話をシフトすることを共有することである．

ただ，ここで大切なことは，具体的な支援の連携方針を話し合う際に，支援方針の違いにだけ焦点を当てるのではなく，会議主催者は，各連携方針について一見違っているように見えても，共通しているところがないかどうか整理していくことが必要である．すなわち，初心に戻り，"子どもを最優先（Child First）にし，子どもの安全について考える"ことである．

現場で違いについて議論をすることで，終わりのない議論になることはよくある．そのような場合は，考え方が違っている際は，考え方が共通しているところはないかというカウンターバランスを常に会議主催者が意識することも運営上大切な視点となる．なぜなら，人は自分と共通部分を他者に見出すほうが，安心の度合いが増すからである．

先に論じた通り，連携が連綿と流れるシステム作りをすることは大切であるが，相手の価値観といった抽象的な考え方を理解しなければ，よりよい連携ができないわけではない．再度繰り返すが，会議で議論するべきところは，相手の哲学や価値観を理解するのではなく，支援に向けた具体的な行動，言い換えれば，各機関の「機能」について連携の議論をしたほうが，もっとも効率的だと思われる．

連携における具体的な各機関の機能について議論するために，ここまで議論してきた内容を最もシンプルなポイントだけまとめると，1 最終目標と短期的目標，2 そのために各機関ができる事，3 自機関ではできないこと（＝他機関に担ってほしいこと）の3つに限られる．

以下ではこのポイントを話し合うための具体的な進行について検討する．

(3) 会議出席メンバーの選定

会議を進行するにあたり，出席者を決める必要があるが，基本的に会議をする以上，現時点でケースに必ず関わる機関に限定してメンバーを参加させることが必要であると考えられる．今後の連携で必ず関わる機関を除き，会議時点

で関わりがない，あるいは関わる必要がない機関のメンバーを無理に含めないほうがよい．その理由は，現時点であまり関係がない支援者を入れると，会議参加へのモチベーションに温度差がでることや，個人情報漏洩のリスクが高まるからである．例えば，児童相談所の職権保護が明らかに必要ないレベルのケースについては，児童相談所はその時点では呼ばなくてもそれほど問題ないと思われる．むしろ，関わりがない機関を呼ぶのであれば，第三者機関など，連携における利害関係に囚われず，客観的にリスク管理とコンサルテーションができる専門家（現場の実状に熟知し，連携機関に属さず，大学や研究機関，開業病院などに所属するベテランの心理士，ソーシャルワーカー，医師，弁護士，保健師，保育士など）を入れるほうが客観的で，具体的な話し合いができると考えられる．

(4) 具体的な初期の会議進行

先に掲げた会議で話し合う3つのポイントを確認する．
1：最終目標と短期的目標，2：そのために各機関ができること，3：自機関ではできないこと（＝他機関に協力をお願いしたいこと）である．本項では，基本的にこの順番で内容をひとつずつ検討するための会議進行を提案する．

これらの具体的な連携方針について進行するために，図26のような会議進行のフレームを作成した．以下では，図26と連動した形で会議進行のデザインを提示する．

① 共通していること

それぞれが共通だと思うアプローチの最終目標と，そのためにまず達成しやすい短期目標を設定する．なお，現場の忙しさから何度も会議はできないので，アプローチの目標について3段階程度の短期目標，中期目標（2,3ヵ月後），最終目標（6ヵ月から1年後）でゴールにいけるような目標設定が妥当ではないかと考えられる．

また，各目標は，具体的かつ明確な内容にすることが必要である．例えば「子どもの安全を確保すること」であれば，どの程度の安全を，いつまでに，どの機関同士の連携機能で目指すのかについて明確に決定する．その他にも「子どものより良い育ち」など，超長期的あるいは内容が不明瞭な目標は却下

③パーキングリストの作成
i)
ii)
iii)
iv)
v)
vi)
…

④パーキングリストから対応できる内容を消す

④パーキングリストからできること

⑤その他の機関への援助要請リスト
a)
b)
c)
…

⑥確認事項
・情報取り扱いの注意点
・会議決定の有効期限：〇〇年〇月〇日

児童相談所で出来ること
1 :
2 :
3 :
4 : …

市区町村で出来ること
1 :
2 :
3 :
4 : …

①共通していること
1：最終目標
2：短期目標・中期目標

②各機関が担う役割分担

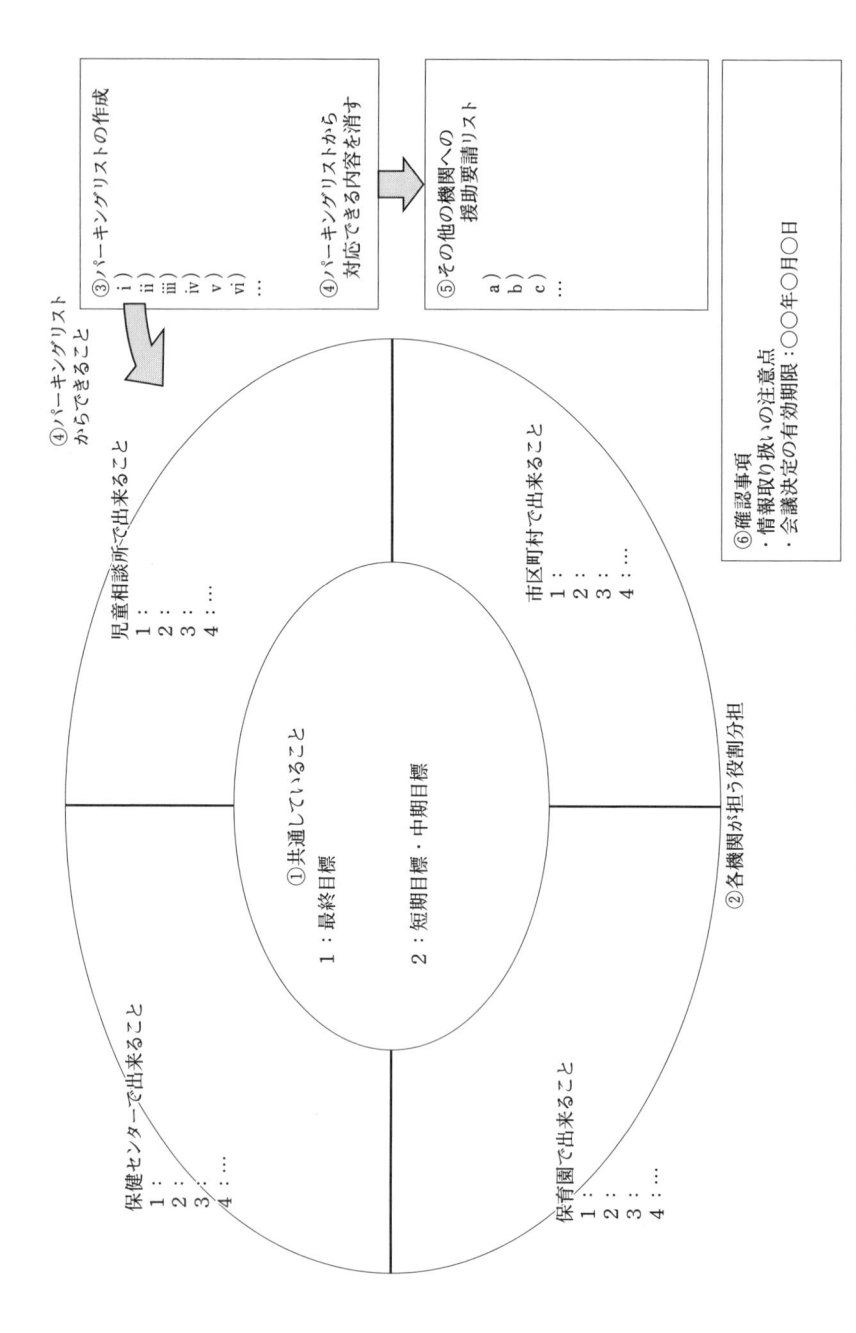

保健センターで出来ること
1 :
2 :
3 :
4 : …

保育園で出来ること
1 :
2 :
3 :
4 : …

図26 連携における会議進行フレームシート

する.

② 各機関が担う役割分担

①では共通する目標を共有した.②では,①の特に短期目標を満たすために,自機関に今,できる事をあげていく.なお会議進行者は,全機関で支援の方針が違っていて構わないことを保証しておく必要がある.そして,冷静に論理的な支援方針について検討し,先に触れた価値観などの抽象的で感情的な葛藤を喚起する議論については,進行者が場をコントロールする.

③ パーキングリストの作成

②が出そろった中で,どうしても共通目標を達成するために,支援の抜けをリストアップする.支援の抜けとは,具体的に目標達成を邪魔するもの(例えば養育者に境界性パーソナリティ障害がある,知的な遅れがある等すぐさま改善が期待できないものが当たる)であり,その他にも各機関の限界や,支援として現状では足りない点などである.

ここでも,会議進行者は,具体的な支援方針のみを扱うことが求められる.価値観の違い,考え方などの"認知"を扱わず,ここでは各機関の連携機能,言い換えれば"行動"についてのみ検討する

④ パーキングリストから,できる事や対応できる内容を消す

パーキングリストに出された内容について,各機関の機能で対応できそうなこと,各機関で支援の枠を広げれば支援の機能を相互に補完できることをリストから消して,②各機関が担う役割分担に書き込む.

⑤ その他の機関への援助要請リスト

④で検討しても,どうしても支援の抜けがある所や,参加メンバー機関では支援に限界がある点については,その他の機関や専門職への援助要請項目としてリストアップする.

⑥ 確認事項

会議で決まったことについては,各機関で次回までの会議に実践することを

ルールとして確認する.

　また，会議で出た個人情報などの扱い，あるいはケースワーク上自機関は養育者に対して知らないことになっている情報や，漏らしてはいけない情報の取り扱いについて確認する．漏らしてはいけない情報とは様々であるが，本書の第4部で引用したデータにもあるように，生活保護を受けているのに，実は養育者が働いている，あるいは養育者が自動車等の高価な品を買っている場合などがそのような情報にあたる.

　そして，最後に，会議で話し合った内容の有効期限を確認する．何年何月何日まで今回の会議で決定された連携役割を担うのかについて，具体的な有効期限を決めるのである.

　もし具体的な会議の有効期限内に短期目標が達成される場合，あるいは達成されない場合や緊急事態が生じた場合についての対応のオプションと，次の会議の具体的日程を決めることも必要である.

　このような会議進行であれば，価値観等の抽象的な議論に終始することなく，専門性のブロック，支援者個人のブロックを極力解除でき，具体的かつ実践的な各機関の機能（具体的な支援行動）についてのみ議論できると考えられる.

　また会議を視覚化することをデザインとして組み入れたが，図26をそれぞれの紙面あるいはホワイトボードとして用いることで，情報整理がしやすいことが上げられる．④パーキングリストからできる事を議論することにより，特定の機関だけに連携の役割が偏っていないかどうかを視覚化することができるだろう．つまり，自機関だけに過度な役割を期待されることや，連携役割に不公平がある場合の葛藤状況を視覚化することで，葛藤状況を多機関で共有し，公平な解決を図る機会になると考えられる．場合によっては，役割に偏りが見られたとしても，支援内容としては特定の機関でしか担えない内容もある．その場合は，その機関の特徴を活かし，その機関でしかできないものと情報を共有できるだろう.

　多機関連携が法的に義務づけられた以上，全機関で責任を持つことが多機関連携には必要となる．現場では多忙な中で，なるべく自機関の負担を減らし，ケースに関わらないほうがリスクを回避できると考えるかもしれないが，多機関連携は多くの機関で協働して養育者と子どもを支えることであり，責任自体

も多機関で子どもの安全を守るほうが実際には効果的なリスクヘッジとなることも多いのではないか．そのためのさらなる法的枠組を欧米のように日本でも制定が急がれたことや，情報共有のためのシステム開発などももちろん必要である．だが多機関連携において，共通目標として子どもを最優先に子どもの安全を共有し，具体的な連携の意思決定のプロセスをシンプルにできれば，他機関任せ，あるいは価値観の議論などに終始して，具体体な方針が決定されないまま会議が終わってしまう葛藤状況を減らせると考えられる．

(5) 2回目以降の継続的な会議進行

基本的には，(4)で提示した初回の会議進行のフレームに従うことになる．ただし，一点だけ違う点は，①の共通していることを確認する前に，前回の会議決定がどの程度実行され，効果があったのか，あるいはなかったのか，参加者メンバーによって"評価"の視点を入れ込むことが必要だと考えられる．

具体的には，前回の目標を何割達成できたと思うか，各機関で自由な数値を0点から10点満点の間でスケーリングしてみる．そして，点数が出そろった時点で，各機関から連携の短期目標が妥当なものであったかどうかを検討する．

特に，達成できた場合は，どのような点が上手くいったのかについて検討を行う．また，短期目標を達成できなかった場合は，どのような点が短期目標として不十分であったのか，再度具体的なゴール，およびそのための短期目標をより詳細かつ具体的に検討する．ここでも注意することは，価値観の共有や単一の専門性からケース理解を深めることに終始しないように気をつけるべきである．例えば，前回の目標が達成できない要因について事例検討することは大切であるが，それだけに終始してしまっては意味がない．背景や要因が明らかになったら，ではその要因に対してどのように具体的な支援目標が取れるのか，事細かに短期目標を細分化（Breakdown）していくことが望まれる．第4部でも示したように，「私はこのケースについて，こうこうこう思うから，こういう背景があって……云々」というケース理解のために，専門性を1人の参加者が長時間披露するだけで終わってしまうことは絶対に避けられるよう，会議進行者は場をコントロールする必要があるだろう．

つまり，先に記した参加者の価値観を表明する際は，他機関と協働してサポーティブに必ず働くことが予想できる場合のみであったように，各支援者の専

門性を披露する場合も，多機関連携において専門的な意見を述べたほうがより円滑な連携に繋がる可能性が高いと判断される場合のみに限定するほうがよいと思われる．

　また，もうひとつの大切な視点は，すぐさま問題解決を目指すのではなく，前回検討した際の現状が，どのように改善されたかについて検討することにこそ，次の支援に向けた有用な視点が得られると考えられる．サインズ・オブ・セーフティ・アプローチでは，養育者のストレングス，言わば養育者の中で上手くできていること，あるいは養育者の強みに焦点を当てるという言い方がされる．ストレングスという介入におけるヒントは，養育者側が少しでもポジティブな変化を起こした改善点にこそ潜んでいるものである．そのため，短期目標が達成されない場合を全か無かで切り捨てるのではなく，できない 0 点，できた 100 点とした場合、何割なら達成されているのかについて細かく検討することも有用だと考えられる．短期目標は，ほんの少しの変化でも改善したのかポジティブな視点から議論することで，より具体的で実践的な連携の短期目標を修正検討することが可能だと考えられる．

　それ以後は，(4) ①から⑥と同様の進行である．

(6)　問題解決が行き詰まった場合の会議進行
　(4), (5) と見てきた会議の進行でも行き詰まった場合には，再度ケース自体の問題解決のために，ブレーンストーミングに移るべきである (Catano, 2002a)．

　これは先に触れたように，事例検討会のように，各ディシプリンに基づいて，事例を深く読み取ることではない．むしろ多くのディシプリンから見て短期目標を達成するために，どんな意見でもまずは支援者同士，場合によっては養育者自身にも参加してもらってブレーンストーミングの手法を取ることも発想を変える視点になると考えられる．なぜならば，会議は多くの選択肢を挙げ，その中で妥当なものを選ぶ，あるいは再度方針を再構成するためにあるのに対し，葛藤状況における会議は，選択肢の幅が狭い上に，価値観のぶつかりなど，単一の答えを求める傾向が強いと考えられるからだ．そのため，葛藤状況を解決するためには，まず一度抽象的な価値観の議論から離れ，多くの具体的に行動できる対応策として選択肢を挙げることが大切となる．

ブレーンストーミングの基本原理となるのは，「判断・結論を出さない（結論厳禁），どんな雑な考え方でも歓迎する（自由奔放），量を重視する（質より量），アイデアを結合し発展させる（結合改善）」といわれる．これはどんなブレーンストーミングの書籍を見ても，必ず規定されているルールである．会議主催者は，ブレーンストーミングを始める前に，このルールを参加者に教示として確認することが必要である．

　そして，具体的なブレーンストーミングをする会議進行のプロトコルとしては，次のような①から④の内容を提案したい．プロトコルを提示する理由は，最初に行き詰まった問題を解決するために，会議全体の見通しを示したほうが，参加者にとって議論がしやすく，また抽象的な価値観の議論に入りそうな際も，参加者間で軌道修正することが容易だからである．

①　現状の認識

　どういうことが問題なのかを明確にする．例えば，養育者が拒否的態度を貫き，各機関のアウトリーチに対して，全く乗ってこないことが問題の行き詰まりになったとする．その際は，全く乗ってこないから困ったという点で議論をするのではなく，いつ（何曜日の何時に）連絡を取っているのか，どういうふうに連絡を取った際に話に乗ってくれないのか等，問題の具体的な状況を出し合うことである．ここではあくまで問題の具体的な情報共有を出し合うだけであり，どんな些細な情報でも構わない．ただし，解決の視点には触れないことを参加者に伝える．

②　関連づけ

　なぜ問題がそのように表出しているのかについて可能性ある原因・理由について可能な限り多くの視点から検討する．当然のことながら，この関連づけが問題の真の原因であるかどうかは誰も分からない．だからこそ，養育者が話しに乗ってこない理由についてあらゆる可能性を①の現状に対する理由づけではなく，仮説として数多く関連づけていく．ここで大切なのは，深い原因探索ではなく，どんなレベルでも可能性として考えられる様々な要因の関連づけが行われることが大切である．質よりも量をメインになるべく多くのアイデアを出してもらうとよい．

③ 応用

②で出てきた関連づけに対して，どのようなことができるかを検討する．①で試した事のない手法，まだ関わっていない機関の支援策を，どんな粗野な（と思われる）支援策でも構わないので，とにかく数多くリストアップする．ここでも，単一の限りなく正しい解決策ではなく，どのような対応が他にも可能であるのか，様々な選択肢を会議の中でリストアップすることが大切である．

④ 認識

それでも上手くいかないときはどうするかについて，議論をする．③までに対応できそうな連携機能の選択肢を広げたが，それでも上手く行かない場合はどうするか，具体的な内容を議論する．ブレーンストーミングで出たアイデアを結合し，特に発展させる段階でもある．

例えば，上手くいかない場合は，次の会議をいつ開くのか，あるいは養育者の拒否が強く，支援ができない場合は，最終的に法的権限を用いる児童相談所の立入調査，一時保護等を検討してもらうのか等である．あくまで連携の限界を認めた上で，最終的な着地点を保証しておくことが大切だと考えられる．

このようなブレーンストーミングを提案する理由は，第4部で見てきた連携における葛藤時に，具体的なフィードバックがない，方針が決まらないという問題もカテゴリとしてあぶり出されたからである．筆者は，調査者として，現場のインフォーマントから，"連携に正解はない，すべてケースバイケース"という視点をあらゆるインフォーマントからデータとして聞いていたのだが，葛藤状況を見てみると，フィードバックがないことや，方針が決まらない点に現場の支援者は不満を収束させていたことが明らかとなった．

このことは，葛藤状況における会議では，様々な選択肢がある連携のスタイルを無意識的に忘れ，蜘蛛の糸にすがるがごとく，単一の解を希求しているのではないかと考えられたからである．その一方で，自らの支援に対してフィードバックや労いがないと，その不安が不満に変わっているとも考えられた．

つまり，会議や連携における葛藤状況とは，ケースバイケースといわれる連携の柔軟なスタイルとは矛盾している状況であり，元々ない単一の答えを見出そうとする集団心理が対立した状態であることが考えられた．

そのため，そのような支援の行き詰まり状況における問題解決には，単一の会議決定という収束的な視点ではなく，多様な選択肢をリストアップするブレーンストーミングという拡散の視点へと発想を一度転換し，そしてその後に再度収束させることが必要だと思われた．実際にこのブレーンストーミングでも，②，③で正しい検討をするのではなく，多機関で支援の機能が違うからこそ，様々な違った選択肢を提示したほうが視点の拡がりが感じられる可能性があるのではなかろうか．なぜならば，葛藤状況においては，得てして専門職は自らの１つのディシプリンや組織の事情の中で"解"を見出そうとするため，その解が見当たらない場合は，価値観という抽象論に逃げてしまうことが多いと考えられるからである．そうなってしまうと，このような単一の解を求める葛藤状況における収束的な問題解決の会議進行は，ひとつの専門性に偏らず，多様で重層的な見方が功を奏すような，多機関連携の強みを活かす本来の会議進行と真逆になっている可能性がやはり強いと考えられた．

　連携がケースバイケースのオーダーメイドであり，正しい連携の方針はないというデータは，筆者の調査時にどのインフォーマントからも聞かれたことであった．この所以は，ある連携方針をとった場合に，あるケースではＡという連携方針は上手くいくが，違うケースでも同様にＡという連携方針では上手くいかない場合が現場では往々にしてあるからであった．これは，子ども虐待対応を巡る複雑多岐な要因がケースワークに存在し，同じケースは２つとしてない所以であるとも考えられる．

　このような実状を鑑みれば，行き詰まった問題を解決するには，何かしら正しいと思われる連携方針の単一の解を議論で煮詰めるのではなく，またこのケースはもう関わりようがないから仕方ないと支援者自身が思い込んでしまう認知的不協和状態を回避することから始めるのはどうであろうか．リスクが目の前にあるにもかかわらず，どの機関も関わりにくいからという理由で，リスクをなかったことにされてしまうよりは，一歩そこから視点を引いて，複数の様々な次元の連携の選択肢を数多く共有するほうが，専門性の多様さを認め，支援者自らの価値観を広げることができ，結果としてより柔軟で，新しい連携アイデアを模索できるのではなかろうか．

　新しい選択肢に視点を広げることができれば，自機関でできる連携の機能についても，新たに考えていなかった支援の可能性を見いだせるかもしれない．

あるいは自機関でできないことも，多機関とお互いにフォローし合っていくことで，対応が可能かもしれない．

完璧な連携の方針がないとしても，多くの違った選択肢を共有することで，お互いに補える視点を見出す手段として，本項ではブレーンストーミングの利用可能性について論じた．

（7）まとめ

実際に上手く連携ができている会議進行はどのようなものだろうか．ここまで見てきた，会議の環境を作る部分は③支援者個人のブロックを解除するために，インフォーマルな関係性を重視し，①組織・システムのブロック，②専門性のブロックを少しずつ解除していく．そして一方で，具体的な支援への意思決定については，実際に葛藤状況になりながら，意見がぶつかったとしても，徹底して子どもの安全を守るために，具体的な役割をその都度決定していくスタンスをぶらさない．このような時間を共に体験し，共有していくうちに，「この機関のこの人はこういう行動をしてくれる．であるなら，こちらはこう動こう」というような他機関と自機関の間に阿吽の呼吸で，機能的な連携が形成されていくのではないだろうか．

このことは，例えばサッカーでも，ゲーム全体の流れを作るミッドフィルダーからのパスに対して，パスを受けるフォワードは，どのスペースにパスがくるのか，または，どれくらいのタイミングやスピードでパスが来るのかということは，実際にパスを出す，受けるという行動を共に練習と試合の中で繰り返し体験することで共有されていく．そして，パス交換が上手くいかなかった場合は，どのようなパスを出せるのか，あるいはどのような強さのパスが欲しいか，実際そのパスを出してもきちんとフォワードが受け取れるのかなど，現実的で具体的な主張と話し合いを通して互いに修正しながら理解を育んでいくものである．

今までの結果において，経験が長い支援者はアウトリーチも多機関連携も失敗から学び，「連携も機関ごとの考え方の違いから他機関の理解が深まり始める」と，視点の捉え直しが行われていることも検討してきた．実際のところ，マンパワーが足りない我が国の虐待対応の現場では，価値観や哲学の違いでわかり合えないことはいくつもあるだろう．ただ，それはもしかしたら一時的な

もので，自機関はどのような連携における機能（役割と遂行能力そして限界）ができるのか，そして同時にその他の機関はどのような連携における機能を持てるのかを知ることで，多機関連携自体の動きをより細やかに捉えていけるきっかけになっていると考えられる．大切な事は，違いを知れということだけでなく，お互いの共通点を知りながら，違いを尊重しようというベテラン支援者が持ち得る懐の深さでもある．

　また，会議において葛藤が生じた際には，子どもの安全を守るという共通目標に戻り，ジレンマ問題と各ブロックを解除しながら，具体的な各機関の機能について話し合うことについて考察した．そして連携状況の葛藤でも，単一の解を収束的に求めるのではなく，幅広い選択肢を共有しながら，柔軟に動くシステムを創造し，その都度その都度，どの選択肢が適切であるかを検討できる機会の捉え直しが可能であることを本研究から考察した．

　続く第3節では，今度は第4部で見出された葛藤状況と，第3部で見出されたアウトリーチにおける各機関の養育者との対峙的関係の要因の2点から導き出される連携のハード面について，検討を行う．

第5節　養育者との対峙的関係を避ける新しい多機関連携のデザイン

　ここからは，今までの検討をもとに導き出されるハードとしての連携システムについて考察を深めたい．第2節で見てきた通り，多機関連携とは，単一の方針を決定するのではなく，ケースごとの個別性をもとに臨機応変に対応できる柔軟な選択肢を広げ，その中からもっとも適切な支援方針を選ぶ作業だと考えられた．だが，もし既存のシステムを利用し，少しだけ現場の資源が改善されれば，より効果的な連携が可能と考えられる側面が第4部の結果から考えられた．それは，"保育園の支援能力の強化"と，それによって"保育園"から保健センター，市区町村，児相に積極的につなぐ予防的な連携機能の強化である．

　もちろん，この新しい連携モデルは保育園に少なくとも所属している家庭への連携が前提であるため，保育園に所属していない家庭への連携は対象とできない．ただし，欧米では既に，介入とセットで，子育て支援と虐待予防教育も

行われている.

　カナダでは1980年代初頭に行われた「子育て支援に1ドル掛け惜しめば，7ドルのツケとなって様々な問題が起こる」というコスト分析の視点（Catano, 2002b）から，虐待対応の前に虐待予防として効果をもつ子育て支援自体に支援の力を注ぎ始めた．事実，カナダでは保育園や地域のファミリー・リソース・センターや大都市では半径500メートルにひとつ，子育て支援に関わる発達・生活支援，および障害者，高齢者支援を総合的に支援するネイバーフット・センター（Neighborhood Center）が作られている．そして，介入レベルより前の予防レベルの段階における多機関連携に力をいれることで，虐待対応における早期発見，早期介入のシステムを生み出してきたといえる.

　本書でもこのコスト分析および予防の視点を参考にして，日本における対峙的関係を極力回避する新たな多機関連携のモデルを提案したい.

第1項　保育園保育士と臨床心理士の新しい連携の視点

　そもそも連携しやすい条件とは，どのような条件であろうか．本書では，養育者と各機関が対峙的状況からアウトリーチを検討してきたが，現場では極力対峙的関係を避けたいものである．もし対峙的関係になってしまった場合，様々な機関が支援的役割，介入的役割のバランスを変えながら関わることを第3部で明らかにしてきたし，第4部でも，保育園・保健センターとしては極力支援的役割に従事したい一方で，市区町村・児童相談所からは保育園・保健センターにも介入的役割への協力をお願いしたいという利害対立があることを明らかにした.

　本書が対象とした，保育園・保健センター・市区町村・児童相談所という4つの機関の現状と限界を考えると，最も養育者の日常に接し，養育者から見ても支援的な役割を担っている保育園が最も支援的役割を担いやすいと考えられる.

　すなわち，保育園における早期対応の支援機能を強化でき，支援的なアウトリーチで解決できるケースを増やすこと，そして支援的な関係を築いている保育園から多機関の様々なサービスやリソースをポジティブに紹介することを増やせば，養育者との対峙的関係を回避して，スムーズな多機関連携へと移行す

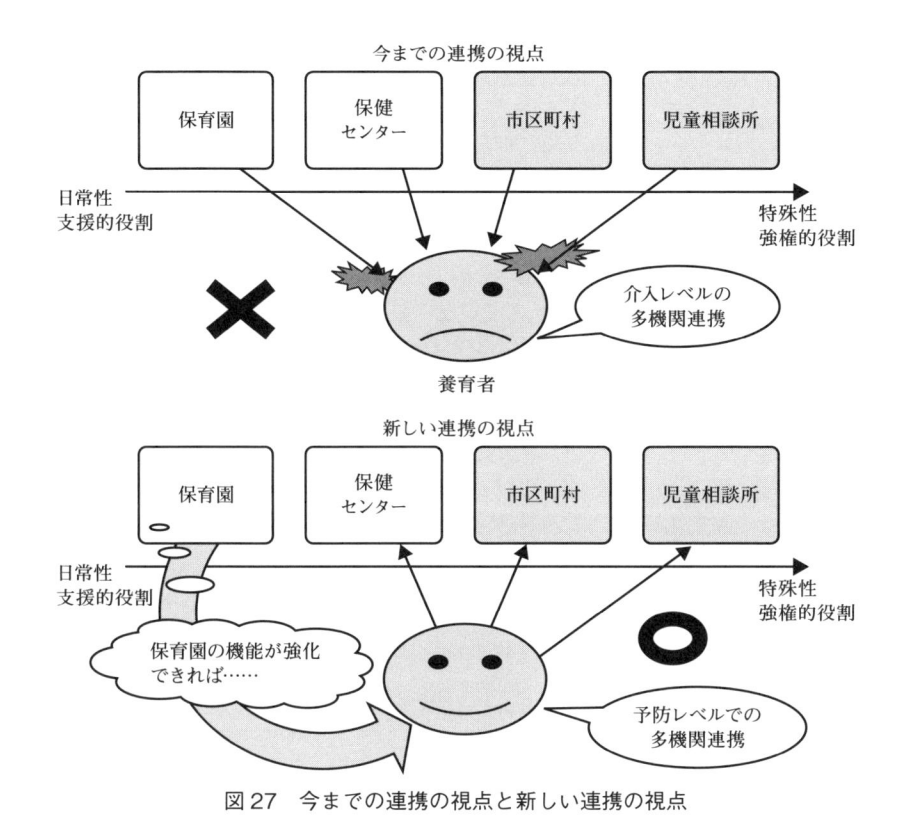

図27　今までの連携の視点と新しい連携の視点

ることが可能であると考えられる．

　図27で示したものは，今までの連携では，各機関が子ども虐待への介入レベルの段階で，それぞれ連携しながら各機関でアウトリーチを行い，それによって対峙的関係になることが非常に多かったことを表している．一方，下図は新しい連携の視点として，保育園の機能を強化できれば，虐待問題に至る前の予防段階で早期に支援へと繋げられる可能性を意味している．

　ただし，このモデルはひとつのアイデアであり，このモデルだけで全てが上手くいくわけではないことをアイデアの限界としてはじめに断った上で議論を進めたい．

第2項　地域機能強化のための巡回型臨床心理士の活用

では，どのように保育園の支援機能を強化するのか．その解は，現時点のシステムで組み込まれている，保育園に定期巡回型で訪問している臨床心理士の機能をさらに活用することである．

現在，市区町村単位で，保育園や幼稚園に巡回型の心理士を派遣する事業が広まっており，その効果が示されている（芹澤・浜谷ら，2008）．だが，定期巡回型の臨床心理士の多くは，発達障害を持った子どもへの対応で活用されることが多い．もし，この機能を既存の発達障害を持った子どもへの対応だけでなく，虐待対応，あるいは子育て支援としての枠組みにまで拡張できるとしたら，どうであろうか．

特に依存とPTSDに関する知見を持ち，虐待対応と地域臨床についてある程度経験がある心理士の巡回相談機能を拡張させ，保育園においても，スクールカウンセラーのように週1回，あるいは隔週単位でも在駐させることができれば，気になる養育者へのアプローチを早期に開始することが可能となるだろう．

2000年前後は，子育て支援における臨床心理士のモデルは試行錯誤であったが，現時点では第2部で示したように，少しずつ子育て支援における臨床心理士の役割モデルが知見として蓄積されてきている．それに伴い，都道府県や市区町村単位で，虐待およびPTSD対応の研修なども充実してきていることから，先の条件にあった臨床心理士の数は少しずつではあるが着実に増えていることが予想される．

そして第3部，第4部で見てきたように，保育園の現場で仕事をする保育士は，気になる子どもの増加や，園全体の定員が限界であったり，あるいは超過人数の子どもへの保育や，保育園全体の行事運営だけでも手一杯な状況にある．そのため，現状のシステムでは，集団保育で多数の子どもを保育する担任保育士が，登園時，あるいはお迎え時に1人の親だけにべったりと1時間，2時間と相談に乗ることは事実上不可能なことも少なくない．

だが，そのような状況に，もし養育者と保育園内で顔見知りの臨床心理士が，保育士と共に支援の可能性を広げられれば，臨床心理士が養育者の相談にその都度乗ったり，あるいはまとまった時間枠を臨床心理士のほうで定期的に気に

なる養育者との間に設けることができる．そうすれば，保育園の保育士に対して現状の養育者対応の負担を減らし，さらに保育園でも，かなりの数の養育者を介入レベルに至る前の予防の段階で，早期対応することができるのではなかろうか．

第3項　保育園に臨床心理士を定期的に巡回・在駐させる効果

　このような機能は，第2部で検討してきた市区町村が持ち得ている子ども家庭支援センターのような広場事業における心理士業務を，保育園内でも展開することに非常に親和的である．心理士が専用の相談室内で待っているのではなく，週1日，隔週の勤務でもいいので，保育園内に在駐し，登園からお迎えに至るまで，養育者と心理士が顔を合わせる機会を面接室外で設けることができれば，保育士と一緒に子どもを見ていくことができ，その結果，養育者とも臨床心理士は，ある程度顔見知りな関係性を構築できるであろう．もしそこから養育者にとって臨床心理士に対する相談への垣根が低くなれば，臨床心理士からのアプローチ，あるいは保育士を通して臨床心理士につなぐなど，広場事業と同様の形で気になる養育者への対応を早期に行うことができると考えられる．

　同様に，臨床心理士の巡回相談における虐待対応まで機能拡張ができれば，保育園の担任保育士だけでなく，園長や主任保育士など，管理職側へのコンサルテーション機能を担保できるだろう．保育園にいても，自ら援助を求めない相談ニーズの低い養育者はおそらく週1回，あるいは隔週で在駐する臨床心理士には相談しないことも予想される．むしろ，そこでは入園手続きから顔を合わす，ベテランの園長や副園長，主任保育士の方に相談することのほうが多いかもしれない．

　それ以外にも，現場の多くの園長は，ベテランの保育士であり，養育者の対応についても経験が豊富である．臨床心理士に相談しない養育者であったとしても，巡回型の臨床心理士が園長に対して，心理的な視点をコンサルテーションできれば，園長や保育園管理職の経験を基にさらなる対応の幅を保育園で持てることになるのではなかろうか．要するに，臨床心理士に養育者が直接相談するのではなく，養育者にとって相談できる選択肢を増やすこと，そして保育士を支える体制を構築するのである．

例えば，保育園から保健センターの保健師につないだり，市区町村がもつ社会資源につないだり，あるいは児童相談所にて，心理・医学・社会診断を無料で受けられることを，虐待介入レベルに至る前の支援的枠組みの予防レベルでつなぎやすくなると考えられる．
　その他にも，養育者に抑うつ傾向や他の精神障害，発達障害が見られたり，ネグレクトで家庭がゴミ屋敷一歩手前の状況ならば，保健センターの保健師と市区町村のワーカーに交代で見てもらえる状況を作ったり，生活支援ヘルパー事業につなぐなど，養育者自身のメリットを保育園からより支援的な立場で伝えることが可能になると考えられる．

第4項　児童相談所・市区町村ではなく保育園を機能強化する多機関連携

　現状における児童相談所や市区町村のアウトリーチによる介入の冒頭には，「泣き声通告があったので，お子さんを見せて下さい」，あるいは「ちょっと近くに来たので寄りました」という言葉掛けから始まることも多い．このような児相や市区町村に対して，養育者には"自分が虐待していると思われているのではないか"という不安や怒りが瞬時に沸き起こる文脈が形成される可能性は非常に高い．そして養育者の中で，児童相談所や市区町村が対応する家庭は，虐待傾向のある家庭であるという文脈が養育者の中で照らし出されるからこそ，児童相談所や市区町村に対して，養育者は執拗に"これは虐待ではなく，しつけだ"と一点張りの防衛的な反論が形成されていると考えられる．
　言い換えると，「児童相談所や市区町村によるアウトリーチ＝虐待対応」という文脈が養育者の中だけでなく，社会的に構成されているがゆえに，養育者との間で対峙的関係になりやすい構図が既に社会的に練り込まれているのである．
　実際に，そのような文脈が養育者の中で想起されれば，虐待対応をする児童相談所や市区町村の職員から共感的な言葉をいわれても，養育者がなかなかその言葉を信用することは難しいだろう．むしろ衝動的に怒りが湧いている状態や拒否的な反応を示す段階では，「どうせ，あんた達は私のことを親失格だと思ってるんでしょ」という意固地な認知のほうが強く押し出される可能性も否めない．

このように子ども虐待を巡る関係機関の役割の構図が養育者の中に形成されればされるほど，支援的なニュアンスが強い保育園での対応ならば，児相や市区町村に比べて養育者の中で対峙的関係になりにくい文脈設定がなされるのではなかろうか．

　保育園に定期的に在駐する臨床心理士と，園長をはじめとする管理職，および保育士がタッグを組み，保育園内で相談を受ける新たな連携モデルができれば，より支援的かつ予防的レベルで関わっている保育園の構図を多機関連携の中に活かすことができる．

　それ以外にも，相談内容を虐待ではなく，養育困難，子育て不安等の予防レベルの主訴として扱うことができ，他機関にもスムーズに支援へ繋げていきやすいと考えられる．

　その他，保育園ではほぼ毎日養育者と子どもに会うことができること，さらには第4部で明らかとなった保育園の保育士が抱える連携時にフィードバックがないことへの不安や虐待対応に対する知識のなさに臨床心理士が心理学的な視点からバックアップできることが考えられる．そして，保育士自身のバーンアウトも臨床心理士が身近で早期に防げることも挙げられる．

　最終的には，臨床心理士との園内での連携を通して，保育士にも養育者対応のノウハウと経験が身につき，保育園全体の養育者対応のスキルを底上げすることにもつながると考えられる．

第5項　今後の予防的地域援助モデルに向けて

　以上のように，新しく提案した連携のモデルは，対峙的関係が生じる介入段階に至るより前に早期介入，予防レベルの段階で，虐待問題の萌芽を摘み取るメリットを考察した．

　同じ枠組みで，市区町村や保健センターが持つ広場事業，または児童館にも心理士が常駐でなくとも定期的に巡回・在駐できれば，同様の効果が期待できる可能性がある．ただし，まずは保育園という養育者と子どもの日常に最も近い組織で，養育者との対峙的関係を避けられる文脈が大きな意味を持つだろう．そして連携における介入役割の押し付け合いという葛藤状況を生じさせず，スムーズに多機関連携につなげられる可能性を検討した．

一方で，このモデルにおいても，保育園に来ない養育者についてこそ，一番のリスクがあるという問題は残る．その点は，保健師・市区町村・児童相談所が協働しながら，まさにアウトリーチを介入的に仕掛けていくポイントとして，さらに今後議論していくことが可能であろう．

　現時点において，保育園への心理士の定期巡回は，今まさに実証的な効果が蓄積されはじめている段階であり，今後のコスト分析の対象になっていくと考えられる．そのため，このような新しい連携モデルを保育現場に組み込んでいくためには，福祉・医療・教育の枠組みで注目される費用対効果を論じる福祉経済学の視点から後押しが必要不可欠である．

　ただし，先進諸国が，虐待対応の介入問題を解決するために，多機関連携においても，介入から予防の視点へとシフトしてきた歴史的変遷は見過ごすことはできない．少子化の枠組みで，より質の高い子育て支援政策が求められる今，10年先，20年先を見越した予防的な視点を組み込んだ子育て支援プランとして，養育者と子どもの日常に最も近い保育園，あるいは幼稚園，児童館，場合によっては放課後のクラブ等にも臨床心理士を導入する新しい連携のアイデアは，対峙的関係を避け，スムーズな多機関連携に至るひとつの効果的なアイデアとして今後十二分に現場に活きるものと期待できる．

第 16 章
今後の子ども虐待対応の実践と研究に向けて

　本書は，現場の各機関による相談ニーズの低い養育者へのアプローチを，予備調査を含めると現場の支援者 100 人以上の声をボトムアップ的に積み上げ，機関ごとにアウトリーチモデルと多機関連携のモデル化を行った．これらは，今まさに現場で行われている知見を，議論の俎上に載せ，今後の支援方針について学際的な知見を提供したと思われる．

　また，多機関連携について，どのような葛藤が多機関連携に生じているのかについては，今まで我が国で検討してきた研究はほとんどなかった．機関決定という日本の縦割り行政での多機関連携と，各機関のアウトリーチについて，機関ごとの共通の指針を見出した本書のモデルは，今後の日本における虐待対応の指針として基礎となりうるものだと考えられる．

　一方で全てのデータを公開できなかったことは大変残念である．実際に，現場のケースには，臨機応変な対応が数多く求められるケースがほとんどである．本書でも，そのような内容について，極力バリエーションの拡大などで組み込むように意識したが，それでも全データを開示し，現場の実状の全てを描ききれるものではなかった．

　今後はさらに我が国のアウトリーチと多機関連携について網羅すべく，小学校・中学校・高等学校の教育機関や警察・検察といった司法機関，医療機関，民生委員や児童委員，生活保護に関して福祉事務所などの福祉機関のサンプリングも増やしながら，更なる理論的飽和化に向かっていく必要がある．なぜなら，アメリカやイギリスでは医療-福祉-司法の多機関連携が法律や機関間協定として根付き，10 年経った頃から，虐待対応数が減り始めているからである．

　また一方で，今回虐待の種類についてはサンプルを増やすために同定しなかったため，性虐待，揺さぶられ症候群（Abuse Head Trauma），重篤な身体的虐待／ネグレクト，代理者によるミュンヒハウゼン症候群等，事例に絞ったア

ウトリーチと多機関連携について，仮説生成型の質的研究だけでなく，仮説検証型の量的研究も展開していきたい．

　今後の日本の虐待対応は，先進諸外国から遅れを取っている分，逆にいえば，今後どのような方針を採択するのか，その自由度は非常に高いといえる．日本が，今後の虐待対応の方針について，どのように舵を切っていくのか．より良い選択のために，制度上の視点と現場の視点だけでなく，Differecial Responsibility の視点，支援を受ける側の視点，虐待死亡事例検証（Child Death Review）の視点にたった対応が必要になってくると思われる．今後の課題として，より良い支援に向けて，現場と協働しながら臨床実践と客観的な評価に基づく研究の両方を発展させていきたい．

引用文献

天野文子・松田祐子（2003）．産後うつ病傾向にある母親が退院して抱える問題――家庭訪問を通して――母性看護，34, 20-22.

Ania, W. (1995). Child killing by parents: A motivational model. *Child Abuse Review*, 4, 365-370.

Baker, A., & Duncan, S. (1984). Child sexual abuse: A study of prevalence in Great Britain. *Child Abuse and Neglect*, 9, 457-467.

Bell, L., & Feldman, L. (1999). A comparison of multi-disciplinary groups in the UK and New Jersey. *Child Abuse Review*, 8, 314-324.

Bell, L. (2001). Patterns of interaction in multidisciplinary child protection teams in New Jersey. *Child Abuse and Neglect*, 25, 65-80.

Berg, I. K., & Kelly, S. (2000). *Building Solutions in Child Protective Services*. New York: W. W. Norton & Co. Inc.（バーグ，I. K., ケリー，S., 桐田弘江・玉真慎子・住谷祐子・安藤由起美（訳）（2004）．子ども虐待の解決――専門家のための援助と面接の技法――　金剛出版）

Boehm, B. (1964). The community and the social agency define neglect. *Child Welfare*, 43, 453-463.

Bryant, H. D. (1963). Physical abuse of children: An agency study. *Child Welfare*, 42, 125-130.

Catano, J. W. (2002a). *Working with Nobody's Perfect――A facilitator's Guide――*. The minister of public Works and Government Services.（三沢直子（監訳）・杉田真・門脇陽子・幾島幸子（訳）（2002）．親教育プログラムのすすめ方　ひとなる書房）

Catano, J. W. (2002b). *Nobody's Perfect 1997 English Edition*. The minister of public Works and Government Services.（三沢直子（監訳）幾島幸子（訳）（2002）．完璧な親なんていない！――普及版カナダ生まれの子育てテキスト――　ひとなる書房）

Charmaz, K. (2006). *Constructing Grounded Theory: A Practical Guide through Qualitative Analysis*. London: Sage Publications, Ltd.（抱井尚子・末田清子（監訳）（2008）．グラウンデッド・セオリーの構築――社会構成主義からの挑戦　ナカニシヤ出版）

千葉郁子（2001）．地域における対応と支援の仕方　保育士の立場から――保育所での母親・家族への支援――　小児看護，24, 12-18.

Corby, B. (2000). *Child Abuse, 2nd edition*. Buckingham: Open University Press.（萩原重雄（訳）（2002）．明石ライブラリー 45　子ども虐待の歴史と理論　明石書店）

Cleaver, H., & Freeman, P. (1995). *Parental Perspectives in Cases of Suspected Child Abuse*. London: HSMO.

Forrester, D., McCambridge, J., Waissbein, S., & Rollnick, S. (2008). How do child and family social workers talk to parents about child welfare concerns? *Child Abuse Review*, 17, 23-35.

Drews, K. (1980). The role conflict of the child protective service worker: Investigator-helper. *Child Abuse & Neglect*, 4, 247-254.

Dumbrill, G. C. (2006). Parental experience of child protection intervention: A qualitative study. *Child Abuse & Neglect*, 30, 27-37.

Ells, J. D. M. (2000). *Forming a multidisciplinary team to investigate child abuse —— Portable guides to investigating child abuse——*. APSAC. Chicago, US.

Finkelhor, D. (1984). *Child Sexual abuse: New theory and research*. The Free Press.

Flick, U. (1995). *Introduction to qualitative research*. Thousand Oaks: Sage. (ウヴェ フェリック，小田博志・山本則子・春日常・宮地尚子（訳）(2002). 質的研究入門——〈人間の科学〉のための方法論——　春秋社）

Forrester, D., Kershaw, S., Moss, H., & Hughes, L. (2008). Communication skills in child protection: How do social workers talk to parents? *Child and Family Social Work*, 13, 41-50.

Frank, J. D., & Frank, J. M. D. (1993). *Persuasion and healing: A comparative study of psychotherapy*. Baltimore: Johns Hopkins University Press. (デイビッド・フランク，ジュリア・フランク，杉原保史（訳）(2007). 説得と治療——心理療法の共通要因——　金剛出版）

Freud, A. (1946). *The psycho-analytical treatment of children*. Imago Publishing Co.

Freud, A. (1974). *Infants without families and reports on the Hampstead nurseries 1939-1945*. The Hogarth Press and the Institute of Psycho-Analysis.

Frost, N., & Robinson, M. (2007). Joining up children's services: safeguarding children in multi-disciplinary teams. *Child Abuse Review*, 16, 184-199.

藤崎春代・木原久美子 (2005). 統合保育を支援する研修型コンサルテーション——保育者と心理の専門家の協働による互恵的研修——　教育心理学研究, 53, 133-145.

藤沢直子・鈴木昭・馬場菜緒・堀井愛子・笠井友治郎 (2007). 児童相談所は地域に何を伝えどのように連携していくか第2報——暗黙知から形式知——　子どもの虐待とネグレクト, 9, 87-96.

藤田美枝子 (2004). 児童福祉と母子保健の連携　丹治光浩・渡辺未沙・藤田美枝子・川瀬正裕・大場義貴・野田正人（編）心理臨床実践における連携のコツ　星和書店.

Glaser, B. G., & Strauss, A. (1967). *Discovery of grounded theory: Strategies for qualitative research*. New York: Aldine De Gruyter. (後藤隆・大出春江・水野節夫（訳）(1996). データ対話型理論の発見——調査からいかに理論を生み出すか——　新曜社）

Goldbeck, L., Koehnemund, A. L., & Fegert, J. M. (2007). A Randomized controlled trial of consensus-based child abuse case management. *Child Abuse and Neglect*, 31, 919-933.

南風原朝和・市川伸一・下山晴彦 (2001). 心理学研究法入門——調査・実験から実践まで——　東京大学出版会

浜崎隆司・荒木美代子・田村隆宏・岩崎美智子 (2003). 子育て支援の効果に関する保育者の認識——親への子育て支援効果について——　幼児教育研究年報, 25, 87-94.

原田正文 (2006). 子育ての変貌と次世代育成支援——兵庫レポートにみる子育て現場と子ども虐待予防——　名古屋大学出版会

林浩康（2008）．子ども虐待時代の新たな家族支援――ファミリーグループ・カンファレンスの可能性―― 明石書店

Hegar, R. L. (1982). The case for integration of the investigator and helper roles in child protection. *Child Abuse & Neglect*, 6, 165-170.

Hicks, D., Larson, C., Nelson, C., Olds, D., & Johnston, E. (2008). The influence of collaboration on program outcomes; The Colorado nurse-family partnership. *Evaluation Review*, 32 (5), 453-477.

日隈桂子（2001）．若手とベテランそれぞれの持ち味を活かすコツ　保健婦雑誌, 57, 918-920.

Hill, C. (2009). *Helping skills: Facilitating exploration, insight, and action, 3th ed.* APA.

HM Government (2006). *Working together to safeguard children: A guide to interagency working to safeguard and promote the welfare of children*. UK: The Stationary Office.

Hobbs, C. J., Wynne, J. M. & Gelletlie, R. (1995). Leeds inquiry into infant deaths: The importance of abuse and neglect in sudden infant death. *Child Abuse Review*, 95, 329.

保育と虐待対応事例研究会（2009）．続・子ども虐待と保育園――事例で学ぶ対応の基本―― ひとなる書房

Horwath, J., & Morrison, T. (2007). Collaboration, integration and change in children's services: Critical issues and key ingredients. *Child Abuse and Neglect*, 31, 55-69.

保坂隆・町田いづみ・中嶋義文（2001）．リエゾン心理士――臨床心理士の新しい役割―― 星和書店

衣斐哲臣（2003）．親子分離から家族再統合へのブリーフアプローチ　宮田敬一（編）児童虐待へのブリーフセラピー　誠信書房

井上登生（2005）．虐待をしている養育者への対応　小児科診療, 68, 305-311.

石原あや・鎌田佳奈美・楢木野裕美・橋本真紀・高橋清子・由里恭子（2003）．子ども虐待に対する保育士のアセスメントおよび関わりの傾向――保育士経験年数の差異における比較―― 大阪府立看護大学医療技術短期大学部紀要, 9, 9-18.

上別府圭子・杉下佳文・村山志保・栗原佳代子（2007）．周産期のメンタルヘルスに関する全国型保健所の取り組み　平成19年度児童関連サービス調査研究等事業報告書　上別府圭子（編）周産期のメンタルヘルスと育児支援のシステム構築に関する研究　こども未来財団

神村富美子（2010）．心理学で学ぶ！　子育て支援者のための子育て相談ガイドブック　遠見書房

Kanter, J. (Ed.) (2004). *Face to face with children: The life and work of C. Winnicott.* London and New York: Karnac.

加藤曜子・安部計彦（2008）．子どもを守る地域ネットワーク活動実践ハンドブック　要保護児童対策地域協議会の活動方法・運営 Q & A 中央法規出版

加藤曜子・白樫裕・油谷豊・安部計彦・澁谷昌文（2005）．市町村児童虐待防止ネットワーク――要保護児童対策地域協議会へ―― 日本加除出版

加藤曜子（2009）．平成20年度児童関連サービス調査研究等事業　要保護児童対策地域協議会の機能強化に関する研究　こども未来財団

川畑隆（2009）．教師・保育士・保健師・相談支援員に役立つ子どもと家族の援助法──よりよい展開へのヒント──　明石書店

河野志津子（2001）．家庭訪問のコツ　保健婦雑誌，57, 966-969．

Kempe, C. H., Silverman, F. N., Stele, B, F., Droegmuller, W., & Silver, H. K. (1962). The battered child syndrome. *Journal of the American Medical Association*, 181, 17-24.

菊池ともこ（2001）．市町村を支援する方法，市町村から信頼される方法　保健婦雑誌，57, 931-935．

桐野由美子（2003）．子ども家庭支援員マニュアル　明石書店

小林美智子・納谷保子・鈴木敦子（1995）．母子保健における養育問題事例への援助実態──被虐待児予防の地域システムにおける保健所の役割　厚生省心身障害研究　平成6年度研究報告書

厚生労働省 社会保障審議会児童部会（2005）．児童虐待による死亡事例の検証結果等について児童虐待等要保護事例の検証に関する専門委員会第1次報告，
〈http://www.mhlw.go.jp/bunya/kodomo/dv.html〉（2010年9月27日）

厚生労働省社会保障審議会児童部会（2006）．児童虐待による死亡事例の検証結果等について児童虐待等要保護事例の検証に関する専門委員会第2次報告，
〈http://www.mhlw.go.jp/bunya/kodomo/dv.html〉（2010年9月27日）

厚生労働省（2008）．子ども虐待対応の手引き，
〈http://www.mhlw.go.jp/bunya/kodomo/dv36/dl/02.pdf〉（2010年12月24日）

厚生労働省社会保障審議会児童部会（2010）．子ども虐待による死亡事例の検証結果等について第6次報告，
〈http://www.mhlw.go.jp/bunya/kodomo/dv.html〉（2010年9月27日）

厚生労働省社会保障審議会児童部会（2012）．子ども虐待による死亡事例の検証結果等について第8次報告，
〈http://www.mhlw.go.jp/stf/houdou/2r9852000002fxos-att/2r9852000002fxqi.pdf〉（2012年7月26日）

工藤恵子・松島郁子・伊藤民子（2001）．ケースカンファレンスのコツ　保健婦雑誌，57, 944-947．

小林美智子（2007）．子どもをケアし親を支援する社会の構築にむけて　小林美智子・松本伊智郎（編）　子ども虐待　介入と支援のはざまで──ケアする社会の構築に向けて──　明石書店，pp. 25-63.

来生奈巳子（2009）．こんにちは赤ちゃん事業と養育支援訪問事業　子どもの虐待とネグレクト，11, 313-321．

Lashley, J. D. (2005). *Indicators of a healthy multidisciplinary team: The newsletter of the State & National Finding Words Courses*. The National Child Protection Training Center, pp. 1-5.

Lewis, A. J., Lewis, D. M., Daniel, A. J., & Andre, J. D. (2003). *Community counseling: Empowerment strategies for a diverse society, 3rd ed.* California: Brooks, Cole Publisher Co. (ルイス A. J., ルイス D. M., ダニエル A. J., アンドレ J. D., 井上孝代（監訳）・伊東武彦・石原静子（訳）(2006). コミュニティカウンセリング――福祉・教育・医療のための新しいパラダイム―― ブレーン出版)

Lord Laming (2003). *The Victoria Climbie Inquiry Report*. House of Commons Health Committee.

Lynch & Roberts, (1977). Prediction of child abuse: Signs of bonding failure in the maternity hospital. *British Medical Journal*, 1, 624.

MacKinon, L., & James, K (1992). Raising the stakes in child-at-risk case. *Australian and New Zealand Journal of Family Therapy*, 13, 1-15.

前田清・山崎嘉久・塩之谷真弓・山田光治 (2005). 愛知県における市町村保健センターの虐待対応の実態と課題 子ども虐待とネグレクト, 7, 328-336.

Marshall, M., & Lockwood, A. (2003). *Assertive community treatment for people with severe mental disorders* (*Cochrane Review*). The Cochrane Library. Issue 3, Oxford: Update Software.

正岡里鶴子 (2007). 軽度発達障害・気になる子にかかわる保育士の危機と克服と意味づけについての一考察――保育士のキャリア形成を課題として―― 教育学研究, 7, 11-21.

増沢高 (2003). 被虐待児の援助におけるチームの歪みと修復――子どもの虐待とネグレクト――, 5, 166-175.

松田博雄 (2008). こども虐待――多職種専門家チームによる取り組み―― 淑徳大学総合福祉学部研究叢書 学文社

松山由紀・平岩幹男 (2005). 乳幼児健診と虐待の発見 小児科診療, 68, 221-226.

Merrill, E. J. (1962). Physial abuse of children: An agency study. In DeFrancis, V. (Ed.). *Protecting the battered child*. American Human Association.

Mettessich, P., Murray, C. M., & Monsey, B. (2001). *Collaboration: What makes it work, 2nd ed*. Saint Paul, MN: Fieldstone Alliance.

Miller, W. M., & Rollnick, S. (2002). *Motivational interviewing: Preparing people for change*. New York: Guilford Press. (ウィリアム・ミラー, ステファン・ロールニック, 松島義博・後藤恵（訳）(2007). 動機づけ面接――基礎・実践編―― 星和書店)

峯本耕治 (2001). 子どもを虐待から守る制度と介入手法――イギリス児童虐待防止法制度から見た日本の課題―― 明石書店

三沢直子 (2004). 子育て支援の特集に当たって――「面接室モデル」から「地域モデル」へ―― 臨床心理学, 4, 575-577.

宮井研治 (2003). 「私のやっていることは虐待ではありません」と訴える母親から教えられたこと 宮田敬一（編）児童虐待へのブリーフセラピー 金剛出版, pp. 175-187.

宮田敬一 (2003). 児童虐待へのブリーフセラピー 金剛出版

水内豊和・増田貴人・七木田敦 (2001). 「ちょっと気になる子ども」の事例にみる保育者の変容過程――特集保育者の専門性と保育者養成―― 保育学研究, 39, 28-35.

Morrison, T. (1996). Partnership and collaboration: Rhetoric and reality. *Child Abuse & Neglect*, 20, 127-140.

Munro, E. (1999). Common errors of reasoning in child protection work. *Child Abuse & Neglect,* 23, 745-758.

村本邦子（2004）．子育て支援のソーシャル・サポートとコンサルテーション　臨床心理学，4，606-611.

村中峰子（2007）．市町村の現状と課題平成19年度児童関連サービス調査研究等事業報告書　上別府圭子（編）周産期のメンタルヘルスと育児支援のシステム構築に関する研究　こども未来財団

中板育美・但馬直子・疋田理津子・高橋ゆきえ・横森喜久美・瀬戸晶子・渡辺好恵・吉原恭子・佐藤睦子・藤原千秋（2007）．「育児支援家庭訪問事業」による児童虐待の発生予防・進行防止の方向性　子ども虐待とネグレクト，9, 384-393.

中板育美（2002）．子どもの虐待予防活動の展開――その1：虐待予防システムの開発とトライアル――　公衆衛生，66, 531-533.

中板育美（2005）．虐待防止に向けた保健師活動　母子保健情報，50, 65-68.

中村正（2010）．逸脱行動と社会臨床――加害に対応する対人援助学――望月昭・サトウタツヤ・中村正・武藤崇（編）対人援助学の可能性――「助ける科学」の創造と展開――　福村出版，pp. 252-.

Nelson, G., Prilleltensky, I., & MacGillivary, H. (2001). Building value-based partnerships: Toward solidarity with oppressed groups. *American Journal of Community Psychology,* 29, 649-677.

西尾雅明（2004）．ACT入門――精神障害者のための包括型地域生活支援プログラム――　金剛出版

西澤哲（1994）．子どもの虐待――子どもと家族への治療的アプローチ――　誠信書房

野村武司・磯谷文明・坂入健二・髙岡昂太・中谷茂一・古畑淳・山本恒雄・井原正則・海老原夕美・西澤豊陽子・平澤真人（2010）．平成21年度児童関連サービス調査研究等事業　児童虐待事例で対峙する保護者への対応に関する研究　こども未来財団

能智正博（2001）．質的研究　下山晴彦・丹野義彦（編）講座臨床心理学2　東京大学出版会，pp. 41-60.

大渕憲一（1993）．セレクション社会心理学9　人を傷つける心――攻撃性の社会心理学――　サイエンス社

及川進（2002）．児童虐待への対応をめぐって　現代のエスプリ9　至文堂，pp. 109-118.

大木幸子・森田桂（2003）．何のために家庭訪問をするのか？　家庭訪問によって果たす援助機能　保健婦雑誌，59, 8-14.

Olds, D. L., Henderson, C. R., & Chamberlin, R., (1986). Preventing child abuse neglect: Arandomized trial of nurse home visitation. *Pediatrics,* 78, 65-78.

Palmer, S., Maiter, S., & Manji, S. (2006). Effective intervention in child protective services: Learning from parents. *Children and Youth Services Review,* 28, 812-824.

Pence, D. & Wilson, C. (1994). Team investigation of child sexual abuse. *The Uneasy Alliance,* 9, 9-29.

Perlman, H. H. (1972). The problem solving model in social casework. In Roberts. R. & Nee. R., (Eds.) *Theory of social casework.* Chicago: Chicago University Press.

Polansky, N., Chalmers, M., Buttenweiser, E., & Williams, D. (1974). *Child neglect: State of knowledge, Final report to the social and rehabilitation services.* Community Services Administration US Department of Health, Education and Welfare.

Polansky, N., Chalmers, M., Buttenweiser, E., & Williams, D. (1979). The absent father in child neglect. *Social Services Review*, 53, 163-174.

Reder, P., & Duncan, S. (1999). *Lost innocents: A follow-up study of fatal child abuse.* New York: Routledge.（小林美智子・西澤哲（訳）(2005). 子どもが虐待で死ぬとき――虐待死亡事例の分析―― 明石書店）

Rubak, S., Sandbaek, A., Lauritzen, A., & Christensen, B. (2005). Motivational interviewing: a systematic review and meta-analysis. *British Journal of General Practice* 55, 305-312.

佐伯裕子 (2005). 虐待発生予防へのチャレンジ――三鷹市子ども家庭支援センターの取り組み―― 母子保健情報, 50, 115-118.

Safran, J. D., Muran, J. C., Samstag, L. W., & Christoper, S. (2001). Repairing alliance. *Ruptures Psychotherapy*, 38, 235-254.

才村純 (2005). 子ども虐待ソーシャルワーク論 有斐閣

戈木クレイグヒル滋子 (2006). ワードマップ グラウンデッド・セオリー・アプローチ理論を生み出すまで 新曜社

坂口美幸・梅崎高行 (2008). 保育者の学びを促進する枠組みづくり〔支援者－被支援者〕関係を打破する試み 九州ルーテル学院大学紀要 VISIO, 37, 89-103.

坂野憲司 (2005). 臨床ソーシャルワークと関係性の概念 坂野憲司・柳澤孝主（編）福祉臨床シリーズ3 臨床ソーシャルワーク事例集 弘文堂, 8-14.

坂元洋子・和知富士子・井上直子・神谷直子・吉田恵子 (2003). 地域ネットワークにおける地方自治体の取り組み 子どもの虐待とネグレクト, 5, 427-432.

真田真仁 (2004). 児童虐待防止市町村ネットワークにおける取り組みと課題 子どもの虐待とネグレクト, 6, 110-115.

Sanders, S. (1996). The balance of prevention, investigation, and treatment in the management of child protection services. *Child Abuse & Neglect*, 20, 899-906.

産経新聞 (2010). 大阪の放置死2児，ごみ山の合間1畳で生活か，壁に触った跡母を捜したのか
〈http://sankei.jp.msn.com/affairs/crime/100802/crm1008021420016-n1.htm〉(2010年8月2日)

産経新聞 (2010). なぜ親は一線を越えるのか (5) 支援から逃げる親たち，児相からの手紙，黙殺した母
〈http://sankei.jp.msn.com/affairs/crime/100924/crm1009241800022-n1.htm〉(2010年9月24日)

佐々木大樹 (2008). 児童相談所の早期虐待予防への関与――保育所巡回相談の活用――子どもの虐待とネグレクト, 10, 250-253.

佐藤拓代 (2008). 保健分野における乳幼児虐待リスクアセスメント指標の評価と虐待予防のためのシステム的な地域保健活動の構築 子ども虐待とネグレクト, 10, 6-74.

芦澤清音・浜谷直人・田中浩司 (2008). 幼稚園への巡回相談による支援の機能と構造

──X市における発達臨床コンサルテーションの分析──発達心理学研究, 19, 252-263.
下泉秀夫 (2001). 児童虐待における保育所（園）の役割と関係機関のネットワーク 子どもの虐待とネグレクト, 3, 282-292.
下山晴彦・丹野義彦（編）(2002). 講座臨床心理学6 東京大学出版会
白石淑江・藤井泰雄・橋本幸子・千葉郁子・宇都宮美智子・庄司順一・中山健司 (2001). 保育園・幼稚園での初期対応を考える──児童相談所・福祉事務所との連携── 子どもの虐待とネグレクト, 3, 90-93.
Strauss, A. L., & Corbin, J. (1998). *Basics of qualitative research: Techniques and procedures for developing grounded theory.* London: Sage Publications. (アンセルム・ストラウス, ジュリエット・コービン, 操華子・森岡崇（訳）(2004). 質的研究の基礎 グラウンデッド・セオリー開発の技法と手法 第2版 医学書院)
Strupp, H. H. (1980). Success and failure in time-limited psychotherapy: Further evidence (Comparison 4). *Archives of General Psychiatry,* 37, 947-954.
杉山登志郎 (2007). 子ども虐待という第四の発達障害 学習研究社
鈴木敦子 (2001). 児童虐待における家族ケア──強迫観念の強い親と未熟な親への初期ケアに焦点を当てて── 小児看護, 24, 1782-1785.
庄司順一・白石淑江・渡辺好恵 (2000). 保育所・幼稚園での対応と課題 子どもの虐待とネグレクト, 2, 96-99.
高木俊介 (2008). ACT-Kの挑戦──ACTがひらく精神医療・福祉の未来── 批評社
瀧澤透・名嘉幸一・和氣則江・仲俣明夫・富永妙子・玉城弘美・島袋裕美 (2004). 沖縄県における保育児の虐待について──保育士等へのアンケート調査より── 子どもの虐待とネグレクト, 6, 250-255.
田邊千夏・望月初音・北村愛子・比江島欣慎・大久保ひろ美・小尾栄子・伊豆一郎・塙晶子 (2006). 子ども虐待の早期発見・予防に関する研究──保育士および幼稚園教諭が虐待を疑った状況と対応に関する実態── 小児保健研究, 65, 475-482.
丹治光浩 (2004). 連携の成功と失敗 丹治光浩・渡辺未沙・藤田美枝子・川瀬正裕・大場義貴・野田正人（編） 心理臨床実践における連携のコツ 星和書店
藤後悦子 (2001a). 保育現場における心理相談員の役割──心理相談活動のプロスペクティブ・スタディー 保育学研究, 39, 202-208.
藤後悦子 (2001b). 保育士による親の"良い行動"視点強化の指導とその効果──ある事例をもとにした行動コミュニティ心理学的介入── コミュニティ心理学研究, 5, 23-38.
徳永雅子 (1998). 虐待する加害者のさまざまなタイプと対応の基本 保健婦雑誌, 8, 620-625.
徳永雅子 (2005). 虐待の発生予防へのチャレンジ母子保健 母子保健情報, 50, 94-97.
徳永雅子 (2007). 子ども虐待の予防とネットワーク 親子の支援と対応の手引き 中央法規
Trotter, C. (2006). *Working with involuntary client: A guide to practice, 2nd ed.* New York: Sage publication. (クリス・トロッター, 清水隆則（訳）(2007). 援助を求めないクライエントへの対応──虐待・DV・非行に走る人の心を聞く── 明石書店)

津村寿子・白井英子・和田良子（1998）．家庭訪問における精神障害者の生活を重視したアセスメント項目の検討　保健婦雑誌，54, 393-403.
Turnell, A., & Edwards, S. (1999). *Signs of safety: A solution and safety oriented approach to child protection casework*. New York: W. W. Norton & Co.（アンドリュー・ターネル，スティーブ・エドワーズ，白木考二・井上薫・井上直美（監訳）（2004）．安全のサインを求めて——子ども虐待防止のためのサインズ・オブ・セイフティ・アプローチ——　金剛出版）
津崎哲郎（2005）．介入型アプローチにおけるアセスメントのあり方について　子ども・家族への支援計画を立てるために——子ども自立支援計画ガイドライン——　児童自立支援計画研究会
津崎哲郎（2006）．児童相談所をめぐる問題　子どもの虐待とネグレクト，8, 362-369.
津崎哲郎（2008）．日本における児童虐待問題への取り組み　津崎哲郎・橋本和明（編）　最前線レポート児童虐待はいま——連携システムの構築に向けて——　ミネルヴァ書房，pp. 3-16.
上田礼子（2009）．子ども虐待予防の新たなストラテジー　医学書院
上野昌江・山田和子（1997）．児童虐待における保健婦の役割に関する基礎的研究　大阪府立看護大学紀要，3, 15-25.
上野昌江（2008）．保健師の母親の『しんどさ』に焦点をあてた支援と虐待発生予防をめざす支援　子どもの虐待とネグレクト，10, 181-187.
上野昌江（2009）．平成20年度児童関連サービス調査研究等事業　児童虐待発生予防を目指す出生直後からの家庭訪問による子育て支援の実践と評価　こども未来財団
渡辺隆（2007）．子ども虐待と発達障害——発達障害のある子ども虐待への援助手法——　東洋館出版社
Watzlawick, P., Weakland, J. H., & Fisch, R. (1974). *Change: Principles of problem formation and problem resolution*. New York: W. W. Norton & Co Inc.（ポール・ワツラウィック，リチャード・フィッシュ，ジョン，H. ウィークランド，長谷川啓三（訳）（1992）．変化の原理——問題の形成と解決——　法政大学出版局）
Winefield, H. R., & Barlow, J. A. (1995). Client and worker satisfaction in a child protection agency. *Child Abuse and Neglect*, 19, 897-905.
藪内百治（1988）．被虐待児のケアに関する調査報告書大阪児童虐待調査研究会
山田和子・野田順子（2002）．保健所保健師が支援した子ども虐待事例に関する研究——全国保健所を対象とした調査より——　小児保健研究，61, 568-576.
山野則子（2009）．子ども虐待を防ぐ市区町村ネットワークとソーシャルワーク——グラウンデッド・セオリー・アプローチによるマネージメント実践理論の構築——　明石書店
山本和郎（1986）．コミュニティ心理学——地域臨床の理論と実践——　東京大学出版会
山本和郎（1997）．エンパワメントの概念についてコミュニティ心理学研究，1, 168-169.
山本和郎（2000）．危機介入とコンサルテーション　ミネルヴァ書房
山本和郎（2001）．臨床心理学的地域援助の展開——コミュニティ心理学の実践と今日的課題——　培風館

山本恒雄（2011）．子どもへの性的虐待・家庭内性暴力の初期対応手引き——小学校・中学校・高等学校・特別支援学校教職員および放課後児童クラブのために——．平成20-22年度厚生労働科学研究費補助金（政策科学総合研究事業（政策科学推進研究事業）「子どもへの性的虐待の予防・対応・ケアに関する研究」（研究代表者柳澤正義）．〈www.aiikunet.jp/wp-content/themes/aiikunet/.../guideline2011_7.pdf〉最終アクセス日　2012年9月3日

山本裕美子（2009）．母子保健活動の変遷から学んだ保健師活動——大阪府保健所の保健師活動を語り継ぐ会　保健師ものがたり——　せせらぎ出版

米田一実（2007）．統合保育を行う保育士が臨床心理士に望むこと　龍谷大学大学院文学研究科紀要, 29, 99-129.

吉田敬子・山下洋・岩元澄子（2006）．育児支援のチームアプローチ　周産期精神医学の理論と実践　金剛出版

あとがき

　私が子育て支援・虐待対応の現場に関わらせて頂いて，10年が過ぎた．まだまだ未熟であるが，今回の研究テーマも，現場で多くの方々と一緒に仕事をさせて頂きながら見えてきた，自分自身も含めて虐待対応の現場が今まさに直面しているリサーチクエスチョンでもあった．

　今回の調査も，自らの臨床心理学というディシプリンを超えて，保育・保健・社会福祉という領域から，支援者の熱い想いと冷静な視点を多種多様に教えて頂いた．そしてそのような貴重なインタビューを紡いでいく時間は，非常に楽しい時間であった．そして，そのような営みは，新たな関係性や新たな知見の可能性を生み出していく，創造的な過程であったと感じている．

　この本をまとめる中でふと思ったことは，違いがあれば同時に対立が当然起こりえるということである．現場のアウトリーチによって生ずる養育者との対立も，連携における支援者同士の対立も，"違い"，"ズレ"というものがひとつの共通点であった．だが，ちょっと視点を引いてみると，そもそも人は違って当然ではなかったか．多くの現場の支援者達は，専門性の違いを知り，そして受け入れることを学んでいた．そして全く違う価値観があるからこそ，自分にできることと自らの限界を知り，できないところは相手にお願いをしながら，できる範囲の点で協働する．このようなスタンスは，多くの支援者が既に知っていることであるが，支援者側に余裕がなかったり，少しでも不安が生まれると，感情が喚起され，その渦に巻き込まれ，意外にこのようなスタンスは忘れがちになっているとも，多くの現場の支援者達は語っていた．

　ネットワークはある種"生き物"である．本書ではネットワークを，システムとしてトップダウンに機能する（しなければならない）役割と限界を備えたフォーマルな要因と，各機関の支援者の個人内要因と支援者同士の関係性の要因によって各現場で機能する役割と限界を備えたインフォーマルな要因，この2つが有機的に絡み合ったものとして分析してきた．すなわち，ネットワークの形成，多機関連携自体がひとつのケースワークとして成り立つのは，それがフォーマル・インフォーマルの要因双方において機能した場合である．ネット

ワークの形成自体がインフォーマルな要因を現場で必ず持つために，どんなに組織・システムを改善しても，個々人のコミュニケーション能力に依存するところがあるのはいうまでもない．つまり，MDT 自体を"不完全なもの"と思っていたほうが望ましいと考えられる．柔軟なネットワークとは，どんな現場でも最初からは存在せず，"つぎはぎの状態"こそネットワークの初期値となる．そのため"子どもを最優先にする"というポリシーのもとに，最低限やるべきことを検討するほうが有益であると結論づけた．私が本書の一連の研究から見出した"どのように養育者や他機関と関わるか"という問いの答えは，現場の方々から教えていただいた．"養育者はなぜ分かってくれないのか""他機関はなぜ動いてくれないのか"という認知から抜け出し，"養育者とつながれる点はどこか""各機関とよりよく連携するためにはどうしたらよいか"という俯瞰的な認知に至り，そのための絶えざる行動へと移すことであった．すなわち，現場の支援者たちは，クリエイターであり，現場における養育者への対応と多機関連携を一事例ずつデザインし，コーディネートをしていたのだ．

　多様なディシプリンという根と，それに基づくアプローチが枝葉として様々に細分化されていようと，子どもの安全という幹はひとつである．

　現場では，研究の一歩も二歩も先を行き，毎日試行錯誤の中から新しい営みが生み出されている．本書でも，そのような現場の実状を描くにあたって，まだまだ不十分な点が相当多くあると感じている．だが，今回のような非常に大きなテーマに対して挑んだ本書も，今後の我が国におけるより良い子ども虐待対応に向けたひとつの基礎として，現場と研究を結ぶ役に立てばこれ以上嬉しい事はない．

　虐待問題への取り組みは，さまざまな社会問題とメンタルヘルスに対する最良の予防策のひとつだと信じている．そのためにもそれぞれの"違い"を活かす，多機関連携の制度とシステムについて，多様な専門職の教育カリキュラムや制度・施策につなげ，現場に還元できるものを今後もひとつひとつ丁寧に積み上げ，発展的に継続していきたいと考えている．

謝　辞

　本書は研究の企画段階から，執筆に至るまで，多くの人々に支えられ，お力添えを頂きました．特に研究計画から本書を書き上げるまでご指導いただいた東京大学大学院教育学研究科の下山晴彦教授に心から御礼申し上げます．

　またお忙しい中，なにより貴重なお時間を割いて私の調査にご協力いただいた本調査の99人のインフォーマント皆様，およびそれ以外にも予備調査で御協力頂いたインフォーマントの皆様合わせて総勢114名方々に，改めまして心から感謝の意を表すると共に，厚く御礼申し上げたいと思います．最後に本書の企画から編集までお力添えいただいた東京大学出版会の後藤健介さんにも心から御礼申し上げます．みなさんのお力添えがなければ本書は完成しませんでした．

　なお本書は平成24年度日本学術振興会科学研究費（研究成果公開促進費）の助成を受けて刊行されました．

　心から御礼を申し上げます．ありがとうございました．

2012年9月吉日
髙 岡 昂 太

索　引

あ　行

愛着障害　133
相手の機関をよく知る　278, 282, 359
相手への気遣い　278, 282, 359
アウトリーチ　1, 9, 31, 54, 55, 66, 67, 72, 73
　　仕切り直しのアウトリーチ　173, 176
アセスメント能力　77
飴と鞭の役割分担　72, 73
ある程度の信頼関係　104, 105, 137, 138
安心して話せる場づくり　259, 263
安心な雰囲気作り　339, 341, 359
安心を与える声掛け　153, 156
安心を感じてもらう　90, 92
安全な子育て環境の構築　197, 199
怒り
　　意図しない怒り　212, 215
　　過剰な怒りから離れる　224, 225
　　怒り／拒否への対応　128, 129
　　怒りへの対応　161, 162, 223, 224
育児教室　115
意思決定　363
1ヵ月児童健康診査　115
1歳半・3歳児検診　23
一時的な心理面接　55, 58
一時保護　66, 189
　　──の認識のズレ　317, 318
一緒に仕事をした経験　278, 282, 305, 308, 359
一緒に見守る体制　285, 286
一緒に養育者を抱える　258, 261
一歩も引かない態度　91, 93, 121, 124, 154, 157
意図しない怒り　212, 215
今何をどこまですべきかの共有　304, 307, 359
医療的な関わり　120, 123
インフォーマルなネットワーク　62
インフォーマント（Info.）　33

エジンバラ産後うつ病質問票　116
園全体で抱える　92, 95
園長の理解　92, 95
エンパワメント　162, 165, 227
オープン・コーディング　32
押し返し　10
脅しと抗議　211, 215
思わぬ情報の漏れ　304, 307
親子の見立て　89, 90
親子を多機関につなげる　56, 61
親支援プログラム　55, 58
親自身の話　163, 165
オンザジョブトレーニング　64
温度差の仕方なさ　318, 320

か　行

会議
　　会議で違いを話し合う　279, 284, 359, 360
　　会議での具体的な方針決定　277, 281
　　会議の時間管理　339, 341, 359
　　会議の進行・調整　334, 337, 359
　　会議のプロトコル　373
　　会議の雰囲気作り　310, 311, 359
　　会議の方針　303, 307
　　会議の目的　359
　　会議の目標達成　335, 337, 359
　　会議への要望　259, 263, 277, 281, 352, 353
　　会議前に人間関係を調整する　310, 311, 359
介入型ソーシャルワーク　20
介入役割の頼みづらさ　312, 314
顔見知りでない連携のしにくさ　57, 62
顔見知りとの連携しやすさ　57, 61
過剰な怒りから離れる　224, 225
関係が切れたときの不安　278, 282
関係機関
　　関係機関から情報が漏れる　172, 176
　　関係機関からの情報収集　55, 59

427

関係機関の温存　210, 212
関係機関への敬意　334, 337, 359
感情的な人には結果論で伝える　313, 315, 359
機械的な職権保護　211, 214
気軽な相談　66, 67
気になる言動への注目　89, 90
基本的態度　91, 93, 121, 124, 154, 157
きまずい雰囲気　282
虐待
　虐待事実の摺り合わせ　98
　虐待死亡事例　14, 29
　虐待証拠の収集　276, 280
　虐待の告知　211, 214
　虐待の事実確認　66, 67
　虐待を疑われた傷つき　210, 213
　虐待を認めない主張　211, 215
　身体的虐待　4
　心理的虐待　6
　性的虐待　4, 272
行政への提言　54, 55, 68, 70
拒否が強いときの一旦退却　129, 131
拒否的態度　196, 198, 212, 216
緊急介入　66, 67
緊急時の心得　91, 93
緊急時の即時対応　91, 93
具体的なリスクの共有　303, 307, 359
グランデッド・セオリー・アプローチ（GTA）　32
グレーゾーン　186
　グレーゾーンの動けなさ　259, 262
クレーマー　94
ケア葛藤　379
警察への援助要請　211, 214
啓発活動　68, 70
ケースの大幅な増加　69, 70
限界を感じたときのもう一歩　227
健診へのつなぎ　285, 286
コインロッカーベイビー　10
公的機関の介入　210, 212
行動化された暴力　211, 215
広報活動　68, 70
コーディネート　41
子返し　10

個人情報保護法　308
子捨て　221, 222
子育てサロン　41
子育てのしんどさの受容　224, 226
子ども
　子どもにケンカを練習させる場　66, 67
　子どもに手を焼く　101, 102
　子どもに話を聴く　151, 152
　子どもの障害の告知　133
　子どもの職権保護　195, 196
　子どもの様子を伝える　89, 90
　子どもの話題から入る　162, 165
　子どもへの肯定的な変化　171, 174
　子どもへの配慮　95
　子どもへの保護説明　211, 214
　子どもを預かる法的手続き　211, 213
　子どもを奪われた反応　211, 214
　子どもを奪われた被害感　196, 197, 211, 215
子ども家庭支援センター
　従来型子ども家庭支援センター　41
　先駆的子ども家庭支援センター　41
　東京都子ども家庭支援センター　39
　センター内での心理士機能　54, 55
　来なくなったら限界の広場　66, 67
このご時世だから　210, 212
細かい報告を受ける不安　259, 262
困った親という先入観を持たない　91, 93, 154, 157
困り感の特定　163, 165
ゴミ屋敷　6
コミュニケーション能力　77
コミュニティ心理学　23
コモンセンスペアレンティング　59
雇用条件による職務内容の違い　58, 64
根拠を持った説明　91, 94
　——と情報の摺り合わせ　339, 341, 359
今後の生活の不安　217, 219
コンサルテーション　56, 59, 69, 70
　——と研修　56, 59, 69, 70
コントロール葛藤　379
こんにちは赤ちゃん事業　116

さ 行

最後のセーフティネットとしての責任　121, 124
最低限関係を切らさない目標　120, 122, 152, 156
最低限の安全保障の約束　230
最低限来園を目指す　90, 92
再度接点を作る　173, 176
再発防止の見守り　56, 61
サインズ・オブ・セーフティー・アプローチ　20
サバイバー　76
支援者個人のブロック　356, 365
支援者の不備による謝罪　173, 176
支援的関わり　210, 212
支援的なかかわり　196, 198
支援のプランニング　130, 132
時間を掛けて多機関につなぐ　129, 131
仕切り直しのアウトリーチ　173, 176
軸足コーディング　32
市区町村　28
　市区町村の葛藤　304, 307
　市区町村の支援につなぐ　171, 174
　市区町村の連携意識　304, 308
　市区町村は支援的役割　301, 302, 331, 332
仕事内容の曖昧さ　121, 124
自殺　139
事実確認のための訪問　151, 152, 210, 212
事前情報との摺り合わせ　163, 165
事前の顔つなぎ　260, 263, 359
事前の情報収集　151, 152
自然な形での接点　122, 124
じっくり話を聞く　99, 101
質的研究法　31
失敗の状態　197, 200
児童虐待防止法　9
児童相談所　28
　児相からのアドバイス　264, 265
　児相・市区町村との連携　276, 279
　児相指導への後押し　331, 333
　児相との連携　264, 265, 301, 302
　児相に連絡する不安　265
　児相の動けなさ　333, 335
　児相の葛藤　333, 335
　児相の私的空間への侵入　210
　児相の連携意識　334, 336
　児相への頼み方　301, 302
　児相への要求水準の高さ　333, 335
　児相より身近な存在　210, 213
児童福祉法　1, 10
児童養護施設　27
司法面接　26
社会的アセスメント　55, 59
終結できなさ　333, 336
柔軟な心理士アイデンティティ　58, 63
柔軟な心理士役割　58, 63
柔軟なワーカーの立ち位置　319, 321, 359
従来型子ども家庭支援センター　41
従来の心理面接業務　55, 58
出頭要求　189
主任保育士　87
受容的態度　90, 92
巡回型の心理士　406
証拠能力　209, 210
上司の理解　122, 125
衝動的反応　196, 198, 211, 215
情報共有
　情報が上がってこない　304, 307
　情報共有する相手を確かめる　279, 283, 359
　情報共有する窓口を調べる　304, 308, 359
　情報共有の配慮　287, 288, 359
　情報共有の難しさ　304, 307
　情報取り扱いの確認　305, 309, 359
　情報の絞り込み　151, 152
　情報の摺り合わせ　258, 261
　多機関との情報共有　56, 61
ショートステイサービス　66
初回訪問の関わり　153, 156
職員研修　56, 59, 69, 70
職員サポート　56, 59, 69, 70
職権介入の子どもの保護　211, 213
職権保護時は養育者に会わない　301, 302
ジレンマ問題　385
新生児訪問事業　115

身体的虐待　4
心配な思いを伝える　128, 129
信頼関係はなくてもよい　172, 175
心理士　15, 49
　　——としての戸惑い　58, 63
心理的アセスメント　55, 59
心理的虐待　6
スーパーバイズ　242
スーパービジョン　111
ストレングス　354
スモールステップ　186
成功への変化　196, 199
精神障害時の同行依頼　331, 332
性的虐待　4, 272
生物–心理–社会（モデル）　80
生保（生活保護）ワーカーへの関わり依頼　277, 281
積極的な訪問　120, 122
接点を作る　120, 122
先駆的子ども家庭支援センター　41
全戸訪問事業　116
センター長の理解　155, 158
センター内での心理士機能　54, 55
全部は関われない忙しさ　337, 338
専門性のブロック　356
相談ニーズのなさ　100, 101, 211, 213
ソーシャルワーク
　　ソーシャルワーカー　15, 49
　　ソーシャルワーク的側面　58, 63
　　ソーシャルワーク能力　77
組織・システムのブロック　356, 368
組織要因　155, 158
ソリューション・フォーカスド・アプローチ　19

た　行

第一義的窓口　34, 147
第一次予防　250
第一連携先は保健センター・市区町村　258, 261
対応に困ったときの他機関任せ　277, 281
対応の自信のなさ　92, 94
対応の不備　173, 175
第三次予防　250

対峙的関係　30, 180
対人関係の不信感　217, 218
第二次予防　250
代理者によるミュンヒハウゼン症候群　4
対立関係　180
　　対立関係の生起　195, 196
　　対立関係へのアプローチ　196, 198
　　対立関係へのアプローチ結果　196, 199
対話の限界　105, 137, 138, 172, 175, 231
絶えざる関心　130, 132
多機関／支援事業につなぐ　171, 174
多機関との情報共有　56, 61
他機関の温度差　312, 314, 333, 335
多機関連携　5, 24, 41
　　——のコーディネート　56, 60
他機関を悪く言わない　306, 309, 359
多職種との温度差　259, 263
立入調査権　189
頼み方はスモールステップ　318, 321
地域
　　地域との連携　197, 200
　　地域に根ざした虐待予防　56, 61
　　地域に根ざした虐待予防・介入・再発防止　56, 61
　　地域モデル　42
　　地域リソースの知識　57, 61
チームアプローチ　209, 210
調整機関としての理解されなさ　313, 314
通告　108
通報の信頼性確認　217, 218
使える地域リソースの持参　153, 156
次に何をするかを決める　335, 337, 359
次の課題を設定する　164, 167
伝える情報の吟味　287, 288, 359
定期巡回型コンサルテーション　69, 70
丁寧な話し合い　260, 263
ディメンション　193
適切な連携先を知りたい　258, 262
適切な相談関係　99, 101
できることの摺り合わせ　130, 132
徹底した声掛け　89, 90
徹底した受容的態度　129, 131
徹底的に聞く　90, 92
動機付け面接　21

東京都子ども家庭支援センター　39
統合的アセスメント　55, 59
とにかく話を聞く　129, 131

な　行

仲間を増やす努力　57, 61
和やかな関わり　224, 225
納得できなさへの共感　224, 225
ニーズの引き出し　129, 131, 162, 165, 224, 225
ニーズへの焦点化　89, 90, 162, 165, 196, 198, 224, 225
日常関わっている人への配慮　310, 311, 359
日常的な声掛け　89, 90
乳児家庭全戸訪問事業　116
乳幼児健康診査　115
乳幼児揺さぶられ症候群　4
人間関係への配慮　310, 311, 359
ネグレクト　5
ネットワーク作り　41

は　行

パーキングリスト　395
バーンアウト　60
バイアス　94
ハイリスク　115
バックアップ機能　60
発達障害　133
話の通じなさ　212, 216
被殴打児症候群　3
被害確認面接　26
被害的要因　217
ピグマリオン効果　382
必要最低限のアドバイス　99, 101, 129, 132
広場事業　41, 115
広場でのアプローチ　54, 55, 66, 67
フィードバックがない不安　259, 262
複数で支える体制づくり　171, 174
不在時の仕掛け作り　153, 156
不服申し立て　223
ブレーンストーミング　398
プロパティ　193

ブロック
　支援者個人のブロック　356, 365
　専門性のブロック　356
　組織・システムのブロック　356, 368
保育園　28
　保育園イベントにつなぐ　89, 90
　保育園との連携　276, 280
　保育園の葛藤　258, 261, 352
　保育園のハードルの低さ　259, 262
　保育園の連携意識　260, 263
　保育園は支援の役割　267, 268
　保育園への子どもの安全確認　331, 332
　保育園へのコンサルテーション　277, 280
　保育園への見守り依頼　303, 306
　園全体で抱える　92, 95
　園長の理解　92, 95
　最低限来園を目指す　90, 92
保育士　24, 49
　保育士自身が感じる偏り　92, 94
　保育士と養育者の共同作業　99, 101
　保育士の意識　91, 93
　保育士の抱える不安　91, 94
方針の違いを話し合う　260, 264
法的説明　211, 214
訪問
　訪問型コンサルテーション　56, 60, 69, 70
　訪問時の見立て　120, 123, 153, 156
　訪問での関わり　120, 123
　訪問の依頼　331, 332
　訪問の際の意識　120, 122, 151, 152
　訪問のマナー　120, 122, 151, 152
保健師　15, 49
　保健師との同行訪問　303, 306
　保健師と養育者の協働作業　130, 132
　保健師の焦り　139
　保健師の意識　121, 123
　保健師の抱える不安　121, 124
　保健師のメリット　121, 124
　保健師・ワーカー訪問の流れづくり　258, 261
保健センター　28
　保健センター・市区町村との連携　258,

261
　　保健センター全体で抱える　　122, 125
　　保健センターとの連携　　331, 332
　　保健センターの葛藤　　277, 281, 354
　　保健センターのメリットを伝える　　285,
　　　287, 359
　　保健センターの連携意識　　278, 282
　　保健センターは支援的役割　　276, 279
　　センター長の理解　　155, 158
保護後に養育者に会う　　301, 302
保護時の細かな取り決め　　276, 279
保護者同士の調整　　96
保護に対する養育者の態度　　196, 197
ポジティブフィードバック　　89, 90
ポピュレーションアプローチ　　115

ま 行

マネージメント能力　　79
見立て違い　　137, 138, 177, 178
見通しを伝える　　164, 167
見守りしかできない不安　　121, 124
見守り時の不安　　259, 262
見守り体制の葛藤　　333, 336
見守り体制のできなさ　　333, 336
民生委員
　　民生委員への期限を決めた見守り依頼
　　　303, 306
　　民生委員への見守り依頼　　331, 332
　　民生委員への夜間休日見守り依頼　　285,
　　　286
みんなで抱える　　92, 95, 122, 125
面接室外での新たな業務　　54, 55
面接室モデル　　42
モチベーション　　103
問題解決のための訪問　　151, 152

や 行

役割決めたのにやってくれない　　338, 340
役割分担　　209, 210
役割を伝える　　120, 123
譲れない法的対応　　196, 198, 223, 224
譲れないボトムライン　　91, 93
譲れないボトムラインを伝える　　161, 162
良い面と悪い面両方見る　　334, 337, 359

養育者
　　養育者ができる内容決め　　163, 166
　　養育者からの依存　　137, 138
　　養育者からの自発的な語り　　137, 138
　　養育者とつながる視点を探す　　72, 73
　　養育者とのつながり　　104, 105, 137, 138,
　　　171, 173
　　養育者とのつながりにくさ　　100, 101
　　養育者との波長合わせ　　154, 157
　　養育者とのルール決め　　163, 166
　　養育者の怒りを見立てる　　161, 162
　　養育者のエンパワメント　　66, 67
　　養育者の傷つき　　155, 158
　　養育者の虐待認知　　196, 199
　　養育者の肯定的な変化　　104, 105
　　養育者のしんどさの受容　　196, 199
　　養育者の生活支援　　171, 174
　　養育者の小さな変化　　100, 101
　　養育者の反応を当然と思わない　　91, 93
　　養育者の不安定さ　　100, 101
　　養育者の変化　　130, 132
　　養育者の変化のなさ　　137, 138, 178, 179,
　　　197, 200
　　養育者の揺れ　　122, 125
　　養育者の揺れ動き　　100, 101
　　養育者への情緒的関わり　　224, 226
　　養育者への絶えざる関心　　163, 166, 196,
　　　199, 224, 225
　　養育者への保護言い渡し　　211, 214
　　養育者を支える　　89, 90
　　養育者を含めた会議　　335, 337, 359
要保護児童対策地域協議会　　12, 26
抑止力としてのかかわり　　210, 213
予防的役割　　85
余裕のない生活　　100, 101

ら 行

ラベリング　　158
リスクアセスメント　　92
リトリート　　131
リファー　　96
リフレーミング　　89
臨検・捜索　　189

臨床家
　臨床家・組織による対応の誤り　197,
　　200
　臨床家の拒絶　212, 216
　臨床家の緊張感　209, 210
　臨床家の対応　209, 210
臨床心理学的地域援助　23
レスパイトサービス　157
連携
　連携機関の温度差　57, 62
　連携先を悪く捉えない　260, 264, 359
　連携時の具体的対応　305, 309, 359
　連携時の配慮　359
　連携時の方針　257, 276, 279, 301, 302,
　　331, 332
　連携の上手くいかなさ　57, 62, 69, 70
　連携のしやすさ　57, 61
　連携の頼み方はスモールステップ　359
　連携の不備　178, 179
　連携前の準備　304, 308, 359
　連携前の不安　258, 262

わ　行

ワーカーの意識　154, 157
ワーカーの抱える不安　159
ワーカーの数/支援リソースの数　155,
　158
若手ワーカーの苦労　334, 336
わかりやすい言葉の選択　57, 61, 151, 152,
　277, 281

A〜Z

AHT（Abuse Head Trauma）　4
Charmaz, K　32
Corbin, J.　32
Decision-Making　363
EPDS　116
Glaser, B. G.　32
Kempe, H.　3
MCG　59
MDT（Multi-Disciplinary-Team）　→多機
　関連携
MSBP（Munchausen Syndrome by Proxy）
　4
Negative Sanction　246
Nobody's Perfect　59
SBS（Shaken Baby Syndrome）　4
Star parenting　59
Strauss, A. L.　32
Triple P　59

著者紹介

明治大学文学部心理社会学科,大阪大学大学院人間科学研究科,東京大学大学院教育学研究科博士課程修了(教育学博士),日本学術振興会特別研究員,臨床心理士,司法面接士.
現在,千葉大学大学院医学研究院子どものこころの発達研究センター特任助教
主要論文に,「子ども虐待への初期介入において児童相談所の臨床家チームは何を目指すのか」(第2回金剛出版臨床心理学論文賞)など.

子ども虐待へのアウトリーチ
多機関連携による困難事例の対応

2013年2月20日　初　版

［検印廃止］

著　者　　髙岡昂太
　　　　　たかおかこうた

発行所　　一般財団法人　東京大学出版会

　　　　　代表者　渡辺　浩

　　　　　113-8654　東京都文京区本郷 7-3-1　東大構内
　　　　　http://www.utp.or.jp/
　　　　　電話 03-3811-8814　Fax 03-3812-6958
　　　　　振替 00160-6-59964

印刷所　　株式会社三秀舎
製本所　　誠製本株式会社

© 2013 Kota TAKAOKA
ISBN 978-4-13-016116-9　Printed in Japan

JCOPY 〈(社)出版者著作権管理機構　委託出版物〉

本書の無断複写は著作権法上での例外を除き禁じられています.複写される場合は,そのつど事前に,(社)出版者著作権管理機構(電話 03-3513-6969,FAX 03-3513-6979,e-mail : info@jcopy.or.jp)の許諾を得てください.

長期入院児の心理と教育的援助──院内学級のフィールドワーク
谷口明子　A5判・256頁・5800円

家庭や学校から隔てられ，長期入院している子どもたちが集う病院内の「院内学級」に参与観察し，教師の子どもたちへの関わりから，子どもたちと病院，日常生活をつなぐ〈つなぎ援助〉モデルを提案する．

専門職としての相談援助活動
原田杏子　A5判・232頁・5600円

教育・産業・司法・医療などで起こる専門職と利用者ニーズの食い違い．心理職ならではの専門的な知識にもとづきつつ，利用者の思いに添った相談援助を行う条件を法律相談の場面をフィールドに実践的に検討する．

専門職としての臨床心理士
J. マツィリア & J. ホール［編］／下山晴彦［編訳］　A5判・440頁・5000円

臨床心理士が求められる領域，活用できる心理療法は何か，そして他職種とどのように連携できるのか．世界の臨床心理学の最前線を伝え，日本のさらなる発展のビジョンを示す"臨床心理士の仕事"全書．

臨床心理のコラボレーション──統合的サービス構成の方法
藤川麗　A5判・240頁・4500円

個人面接だけでなく，サービスをより統合的に提供するしくみをつくるには？　制度のデザインと見直し，関連職種との連携など，ある大学の相談室の立ち上げをフィールドにした参与研究からの提言．

心理援助のネットワークづくり──〈関係系〉の心理臨床
中釜洋子・髙田治・齋藤憲司　四六判・272頁・280円

家族，学校，施設などの場で「心理だからこそできる」こととは何か．それぞれのフィールドで，クライエント自身の目標と発達，カウンセラーとしての場の見立て方，動き方までをリアルに伝え，ポスト「一対一」の心理臨床を現場から構想する．

ここに表記された価格は本体価格です．ご購入の際には消費税が加算されますのでご了承ください．